Carsten Esbach

Nationalismus und Rationalität

Rationale und irrationale Aspekte in nationalen Optionen

Dietrich Reimer Verlag Berlin

Gedruckt mit Unterstützung
der Deutschen Forschungsgemeinschaft

Die Deutsche Bibliothek – CIP-Einheitsaufnahme

Ein Titeldatensatz für diese Publikation
ist bei Der Deutschen Bibliothek erhältlich

Zimmerstraße 26–27
D-10969 Berlin

Umschlaggestaltung unter Verwendung des Fotos:
*Flaggen vor dem Gebäude der Vereinten Nationen
in New York*

Gedruckt auf alterungsbeständigem Papier
Printed in Germany

ISBN 3-496-02493-3

Vorwort

Der Nationalismus ist in seiner Wirkung auf das politische Geschehen in den letzten 200 Jahren kaum zu überschätzen. Dennoch ist er in seinen Ursachen noch nicht hinreichend erklärt. Auch die Soziologie hat noch keine Theorie entwickelt, die in der Lage wäre, den Nationalismus und seine Entstehung schlüssig zu erklären. Ich hoffe, daß das vorliegende Buch dazu beitragen kann, das Phänomen des Nationalismus in seiner soziologischen Dimension besser zu verstehen.

Dieses Buch ist die überarbeitete Version meiner Dissertation, die im Februar 1999 an der Universität Salzburg angenommen wurde.

Die Anfertigung einer Dissertation ist zumeist ein recht einsames Unterfangen. Ein Grund mehr, denen zu danken, die mich bei der Entstehung und der Fertigstellung der Arbeit begleitet und mir zur Seite gestanden haben.

Danken möchte ich besonders meinem Doktorvater, Herrn Prof. Dr. Justin Stagl, der mir über die gesamte Zeit ein ebenso hilfreicher Rat- und Hinweisgeber, wie auch harter Kritiker war und von dessen breitem Wissen ich in vielerlei Hinsicht sehr profitiert habe. Ebenso möchte ich dem Zweitgutachter der Arbeit, Herrn Prof. Dr. Hanns Haas danken, der mir ebenfalls wertvolle Impulse lieferte und meinen Blick für den Brückenschlag zwischen theoretischer Arbeit und ihrer praktischen Anwendung schärfte.

Speziell hervorheben möchte ich an dieser Stelle ebenfalls Herrn Heinrich Keim, der sich im besonderen der Mühe des Korrekturlesens unterzogen, und kaum zu überschätzende Hilfe auf der letzten Etappe der Fertigstellung des Manuskripts geleistet hat.
Aber auch allen anderen, die für mich und meine Anliegen Zeit hatten und mich während der Entstehung der Arbeit auf vielfältige Art und Weise unterstützt haben, gilt mein tief empfundener Dank.

Inhaltsverzeichnis

1. Einleitung

Der Nationalismus als Problem hat, spätestens seit dem Zusammenbruch der Sowjetunion und den Umwälzungen in ihrer ehemaligen Einflußsphäre, wieder Einzug in die Sozialwissenschaften gehalten. Von der Notwendigkeit einer Beschäftigung mit dem Nationalismus kann sich auch die Soziologie nicht freimachen.

Das Phänomen des Nationalismus erscheint dem Betrachter auf den ersten Blick irrational. Es ist kaum verständlich, was Menschen dazu treibt, sich einer Nation zugehörig zu fühlen, sich mit anderen Menschen, die sie nicht einmal kennen, zu solidarisieren und zusammengehörig zu fühlen.

Ebenso schwer nachvollziehbar mutet das Engagement in Parteien und Bewegungen an, die für die Souveränität ihrer Nation eintreten, vielfach in Opposition zu existierenden Staaten stehen und sich häufig deren Repressalien ausgesetzt sehen.

Weiterhin erscheinen nationalistisch begründete Konflikte in hohem Maße durch Emotionen und Irrationalität motiviert.

Es ist jedoch sinnvoll anzunehmen, daß der Nationalismus eine rationale Komponente besitzt, da, wie D. Senghaas zu Recht anmerkt, die These kaum plausibel erscheint, „Millionen von Menschen seien einfach Treibende oder Getriebene einer letztlich nicht argumentativ nachvollziehbaren Irrationalität – und diese zu völlig unterschiedlichen Zeitpunkten innerhalb der vergangenen 200 Jahre und zum Teil in ganz konträren kulturellen Zusammenhängen.“[1]

Das muß auch die Soziologie der Gegenwart beachten: Es gibt verschiedene Versuche, eine Theorie zu entwickeln, die in der Lage ist, soziales Handeln, seine Ursachen und seine Wirkungen vollständig und widerspruchslos darzustellen und zu erklären.

Beim Versuch, diesem Anspruch gerecht zu werden, bedient sich die Soziologie zweier sozialtheoretischer Grundauffassungen, die sich in ihrem Erklärungsansatz des sozialen Handelns und dessen Beziehung zu sozialen Strukturen beinahe diametral gegenüber stehen: methodologischer Individualismus und methodologischer Kollektivismus.

---

[1] s. Senghaas, D. (1992), S. 23

Auf der Grundlage des methodologischen Individualismus existiert in der soziologischen Theorie ein ökonomisches Paradigma, das eine Erklärung sozialen Verhaltens und sozialer Phänomene auf der Basis des Konzeptes des rational handelnden, nutzenmaximierenden Menschen anstrebt. Daher wird das verwendete Handlungsmodell auch als „Rational Choice“-Modell bezeichnet.[2]

Im Rahmen der vorliegenden Arbeit soll versucht werden zu beleuchten, welchen Beitrag ein solches Modell rationalen Handelns zur Erklärung des Nationalismus leistet.

Der Nationalismus hat seit seiner Entstehung verschiedene Wandlungen durchlaufen und zeigt eine solch breite Palette an Ausformungen, daß eine Beschäftigung mit allen Formen des Nationalismus den Umfang dieser Arbeit bei weitem überschreiten würde. Daher soll nur ein allgemeiner theoretischer Rahmen entworfen werden, ohne den Anspruch auf eine vollständige Behandlung des Sujets zu erheben.

Da die Diskussion in erster Linie theoretisch geführt wird, dienen empirische Beispiele vor allem dazu, bestimmte Gesichtspunkte hervorzuheben. Sie sollen und können keinen ausreichenden Beweis für die Validität der hier vorgestellten Theorie liefern, sondern besitzen illustrativen Charakter.

Es geht vielmehr darum, die wissenschaftliche Diskussion voranzutreiben, zumal die soziologische Behandlung des Nationalismus, verglichen mit der anderer Gebiete, noch immer unzureichend ist. Außerdem werden individualistische Ansätze auf dieses Phänomen ebenfalls noch kaum angewandt. Andererseits scheinen die Erkenntnisse über soziale Protestbewegungen allgemeiner Art Hinweise zu bieten, wie insbesondere moderne nationalistische Bewegungen in ihrer entscheidenden Phase, der Mobilisierung einer breiten Unterstützung innerhalb der Bevölkerung, zu behandeln sind. Auf diesem Stadium soll auch der Schwerpunkt der Betrachtung liegen.

---

[2] Der Begriff eines wissenschaftlichen Paradigmas geht auf T.S. Kuhn zurück, G. Ritzer konkretisiert die Kuhnsche Definition: „*A paradigm is a fundamental image of a subject within a science. It serves to define what should be studied, what questions should be asked, how they should be asked, and what rules should be followed in interpreting the answer obtained. A paradigm is the broadest unit of consensus within a science and serves to differentiate one scientific community (or subcommunity) from another. It subsumes, defines, and interrelates the exemplars, theories and methods within it.*“ (s. Ritzer, G. (1991), S. 120) Vgl. zum Paradigmabegriff auch die fundamentalen Ausführungen bei Kuhn, T.S. (1976), S. 31 ff..

Bei der Anwendung des Modells rationalen Handelns finden vor allem die Arbeiten von James S. Coleman besondere Berücksichtigung. In vielen Fällen soll seiner Terminologie gefolgt werden. Coleman hat speziell durch sein Buch „Foundations of Social Theory" der Rational Choice-Theorie entscheidende Impulse gegeben. Dieses Werk, das in seiner Bedeutung für die Soziologie gelegentlich mit Talcott Parsons „The Structure of Social Action" verglichen wird, kann zur Zeit noch immer als der ambitionierteste Versuch gelten, eine Theorie rationalen Handelns auf weite Bereiche des menschlichen Lebens anzuwenden.

Eine Konzentration auf Formen des Nationalismus am Ende des 20. Jahrhunderts erscheint angebracht, um den Umfang der vorliegenden Arbeit zu beschränken, aber auch, weil sich der heutige Nationalismus vom Nationalismus des 19. Jahrhunderts grundlegend unterscheidet.

Es lassen sich grundsätzlich drei Arten nationalistischer Probleme in der heutigen Welt gegeneinander abgrenzen:[3]

1. Bewegungen für Autonomie und Sezession durch ethnisch oder kulturell unterschiedliche Regionen in fortschrittlichen industriellen Gesellschaften (Franko-Kanadier in Quebec, Basken u.a.);
2. Auflösung von Staaten, etwa der früheren Sowjetunion, Jugoslawiens und der Tschechoslowakei in die entsprechenden Republiken auf der Basis ethnischer und kultureller Identität;
3. Spannungen und Konflikte ethnischer Art in Entwicklungsländern wie bspw. der Konflikt zwischen den buddhistischen Singhalesen und den Hindu-Tamilen in Sri Lanka.

Das Hauptaugenmerk der Arbeit soll auf den ersten beiden Phänomenen liegen.

Dabei bietet sich der Rückgriff auf das Individuum als kleinste Analyseeinheit deswegen an, weil nicht alle Angehörigen einer Nation nationalistisch handeln. Wenn man also von Nationalismus der Serben, der Basken oder der Tamilen spricht, verkürzt man die Wirklichkeit insofern, als daß sich immer nur eine relativ geringe Anzahl von Menschen engagiert, der Rest jedoch passiv die weitere Entwicklung abwartet.[4]

Einführend erfolgt zunächst ein allgemeiner Abriß der Ursprünge des ökonomischen Paradigmas, der von den Ideen der schottischen Moralphilosophen über verhaltenstheoretische Einflüsse bis zum „Constrained Choice"-Ansatz führt.

---

[3] vgl. Findlay, R. (1995), S. 150

[4] vgl. die Ausführungen bei Ronen, D. (1997), S. 114 f.

Danach wird eine Einordnung des ökonomischen Paradigmas in die soziologische Theorie der Gegenwart vorgenommen, zunächst mittels eines darstellenden Vergleichs zwischen ökonomischem und soziologischem Menschenbild, des weiteren durch eine Betrachtung des Begriffs der Rationalität und der Verwendung verschiedener Rationalitätskonzepte im Rahmen der Theoriebildung. Zudem wird auf einen bedeutenden Aspekt innerhalb der menschlichen Interaktion eingegangen, nämlich Normen und die Erklärung ihrer Entstehung innerhalb einer Theorie rationalen Handelns.

Im zweiten Teil wird versucht, sich den komplexen Begriffen der Nation und des Nationalismus zu nähern. Dazu erfolgt zunächst ein Abriß der Entwicklung des Begriffs „Nation" und der dabei existierenden Probleme. Im Anschluß soll die soziologische Bedeutung der Nation erörtert werden, inklusive der Implikationen der zuvor dargelegten Nationsbegriffe. Weiterhin geht es um die entscheidenden Bezugspunkte der Nation und um die Möglichkeit der Konstruktion einer Nation auf Basis dieser Bezugspunkte.

Auf der Grundlage dieser Überlegungen erfolgt eine Beschäftigung mit dem Nationalismus. Auch hier soll wieder die Entwicklung der Begrifflichkeit nachgezeichnet werden, nicht zuletzt, um einen Einblick in die Problematik der Verwendung auch dieses Begriffs zu ermöglichen. Nachfolgend sollen die einflußreichsten neueren Theorien zur Ursache nationaler Bewegungen dargestellt, sowie die Rollen von Staat und Bürokratie für den Nationalismus beleuchtet werden. Dieser Teil schließt mit einer knappen Einführung in mögliche Zusammenhänge von Nationalismus und Konflikt.

Den Hauptteil der Arbeit eröffnet die Verbindung individueller Interessen mit ethnischen und nationalen Aspekten. Daran schließt sich eine Konzeption von Nation und Staat auf Basis des Handelns individueller Akteure an, die in eine Diskussion des Nationalismus als rationale politische Strategie mündet.

In einem weiteren Punkt wird das für den Erfolg einer nationalistischen Bewegung ausschlaggebende Problem kollektiven Handelns und dessen mögliche Lösung behandelt. Damit in engem Zusammenhang stehen auch die beiden folgenden Abschnitte, die sich mit Normen und Sanktionen, sowohl innerhalb als auch außerhalb der nationalen Bewegung, und der Bedeutung existierender Netzwerke für kollektives Handeln beschäftigen.

Ebenfalls Beachtung finden soll das im Zusammenhang mit nationalistischen Bestrebungen häufig vorzufindende Phänomen des Fanatismus und seine Integration in den Rahmen einer Theorie rationalen Handelns. Im weiteren wird zu klären sein, welchen Einfluß intraindividuell ablaufende Prozesse auf das menschliche Verhalten haben und inwieweit sie mit dem Rational Choice-Ansatz vereinbar sind.

Auf der Basis der vorhergehenden Ausführungen erfolgt eine kritische Diskussion des Explikationspotentials des ökonomischen Paradigmas für den modernen Nationalismus. Es soll dargelegt werden, welche Vorzüge die Anwendung des Modells rationalen Handelns auf den Nationalismus besitzt, aber auch wo die Grenzen dieses handlungstheoretischen Ansatzes liegen.

Den Abschluß bildet eine Zusammenfassung der gewonnenen Erkenntnisse und ein Ausblick auf mögliche weitere Entwicklungen.

2. Das ökonomische Paradigma in der Soziologie

2.1. Ökonomie und Soziologie. – Ursprünge und Aussagen des ökonomischen Erklärungsansatzes in der Soziologie.

Der Ursprung einer individualistischen Sozialtheorie kann auf Ideen zurückgeführt werden, die von der schottischen Moralphilosophie entwickelt wurden. Ihre entscheidenden Protagonisten waren D. Hume, A. Smith und A. Ferguson.

Diese vertraten die Ansicht, daß zur Sicherung gesellschaftlicher Ordnung nicht auf kollektive Entitäten oder eine autokratische Autorität (wie von Hobbes zur Vermeidung des Krieges aller gegen alle gefordert) zurückzugreifen sei. Vielmehr lasse sich eine solche Ordnung durch die menschliche Natur und die elementaren Bedingungen des Zusammenlebens von Menschen erklären. Die Menschen würden durch ihr Selbstinteresse zu Handlungen motiviert, die den Interessen anderer nicht zuwider liefen, sondern ihnen sogar zuträglich seien.[5]

Die vorgenannten Moralphilosophen entwickelten einen Ansatz evolutionstheoretischer Tauschtheorien. In dessen Vordergrund steht die Herausbildung von Märkten als Konsequenz koordinierter Austauschbeziehungen zwischen eigennützigen Individuen. Durch die gegenseitige Anpassung des Verhaltens entstehe wiederum eine soziale Ordnung, die sich als unintendierte Folge zielgerichteten individuellen Handelns darstellt.[6]

---

[5] vgl. Vanberg, V. (1973), S. 12 und Bohnen, A. (1975), S. 10. Diese Sichtweise dürfte beeinflußt worden sein von B. Mandevilles „Bienenfabel". Mandeville ist der Auffassung, daß gesellschaftlicher Zusammenhalt nicht auf der Gleichheit menschlicher Interessen, sondern vielmehr auf deren Ungleichheit beruht, und daß die menschlichen Schwächen Grundlage für die Existenz von hochkultivierten Gemeinschaften sind. (vgl. Mandeville, B. (1968), S. 59 ff.) Eine eingehendere Betrachtung des Mandevilleschen Gedankenguts findet sich bei: Vanberg, V. (1975), S. 8 ff.. Vgl. zum Verhältnis von A. Smith zu Mandevilles Ansichten auch Schumpeter, J.A. (1965), S. 244 f..

[6] vgl. Wiesenthal, H. (1987), S. 436. Albert charakterisiert das Erkenntnisprogramm des klassischen ökonomischen Ansatzes durch fünf grundlegende Ideen: methodologischer Individualismus, Existenz von Gesetzmäßigkeiten, Knappheit der Mittel, Orientierung des menschlichen Verhaltens am Selbstinteresse und Kanalisierung menschlichen Verhaltens durch eine Rechtsordnung. (vgl. Albert, H. (1977), S. 183 f.) Vgl. auch Vanberg, V. (1982), S. 43, der darauf verweist, daß die schottische Moralphilosophie der individualistisch-vertragstheoretischen Erklärung sozialer Strukturen des Naturrechts eine individualistisch-evolutionstheoretische Konzeption gegenüberstellt. Für eine allgemeine Darstellung nichtintendierter sozialer Folgen individueller Handlungen vgl. Wippler, R. (1978).

Obwohl diese Sichtweise sich als richtungsweisend für die klassische Ökonomie erwiesen hat, darf nicht übersehen werden, daß sie auch fundamentale Auswirkungen für individualistische Erklärungsansätze jenseits des rein wirtschaftlichen Handelns besitzt.[7]

Weiter systematisiert wurde ein solches ökonomisch-individualistisches Programm insbesondere durch J. Bentham und J. Mill, Hauptvertreter der utilitaristischen Bewegung. Diese wollten nicht nur die Vorgänge am Markt, sondern das gesamte gesellschaftliche Geschehen aus psychologischen Motiven der Individuen ableiten.[8]

Der Utilitarismus erklärt das soziale Handeln allein durch das Motiv „Erzielung des größtmöglichen Nutzens durch kleinstmöglichen Einsatz an Mitteln". Eine inhaltliche Nutzendefinition erfolgt nicht.[9]

Psychologische Grundlagen dieser utilitaristischen Theorie sind zwei Hauptannahmen: Ein umfassender motivations- und verhaltenstheoretischer Grundsatz sowie ein allgemeines Lernprinzip.[10]

Der Utilitarismus und sein Programm der psychologischen Reduktion prägten das Programm der Ökonomie nachhaltig, während sich im Bereich

---

[7] Vanberg schreibt dazu: „Als „Paradigma" *individualistischer Sozialtheorie* kann dieser Ansatz insofern gelten, als für ihn bestimmte Grundideen kennzeichnend sind, die für den Versuch einer individualistischen Erklärung sozialer Phänomene schlechthin konstitutiv sein dürften." (s. Vanberg, V. (1975), S. 5) Schanz beschreibt diesen Sachverhalt noch prägnanter: „Die Begründer der theoretischen Ökonomie waren in Wirklichkeit – Sozialwissenschaftler." (s. Schanz, G. (1979), S. 270) Auch Albert weist mehrfach darauf hin, daß die klassische Ökonomie als eigenständiges soziologisches Erkenntnisprogramm betrachtet werden könne. (vgl. z.B. Albert, H. (1968), S. 8 u. (1977), S. 184)

[8] Albert erkennt zwei Ideen, die, ausgehend von der empiristischen Sozialphilosophie im 18. Jahrhundert, zur Entstehung der Sozialwissenschaft beigetragen haben. Zum einen: „die *theoretische* Idee eines relativ autonomen *Marktsystems*, das als Anreiz und Steuerungssystem nach bestimmten erkennbaren *Gesetzmäßigkeiten* funktioniert, eine Idee, die schon bei *Adam Smith* zu voller Entfaltung kam", zum anderen: „die *methodische* Idee der Zurückführung aller *sozialen Vorgänge*, auch der Prozesse in diesem Marktsystem, auf die *Bedürfnisse* und die *Bedürfnisbefriedigung* der an ihnen beteiligten und von ihnen betroffenen *Individuen*, eine Idee, die zwar schon im frühen klassischen Denken erkennbar war, aber erst im Erkenntnisprogramm des *Bentham*schen Utilitarismus ganz zum Durchbruch kam und schließlich das ökonomische Denken der Neoklassik durchtränkte." (s. Albert, H. (1965), S. 142)

[9] vgl. Reimann, B.W./Wienold, H. (1994), S. 702

[10] vgl. Bohnen, A. (1975), S. 25 ff., auch für eine eingehendere Betrachtung dieser beiden Annahmen. Als entscheidendes Merkmal der utilitaristischen Verhaltenstheorie sieht Bohnen die motivierende Kraft der erwarteten Belohnungen oder Bestrafungen für die Art des Handelns. Vgl. auch Boudon, R./Bourricaud, F. (1992), S. 628, welche die im Utilitarismus verankerte Ökonomie durch den Übergang vom Interessen- zum Präferenzbegriff ihren „utilitaristischen Kinderschuhen" entwachsen glauben.

der Soziologie -in erster Linie durch E. Durkheims Utilitarismuskritik und seinen Soziologismus- der individualistische Erklärungsansatz nicht durchsetzen konnte bzw. gänzlich verschwand.[11]

Durkheim propagiert in seinen Schriften ein strikte Trennung der Soziologie von der Psychologie und den anderen Nachbarwissenschaften. Es geht ihm bei dem Begriff des Sozialen um eine geistige und moralische Totalität, die dem Individuum überlegen, und daher auch zur Ausübung von Zwang legitimiert ist. Soziale Phänomene sind für ihn in keiner Weise durch (individual-)psychologische Phänomene zu erklären.[12]

Der Funktionalismus T. Parsons', der Durkheims Idee einer autonomen sozialen Entität übernahm, ebnete der Vorherrschaft einer kollektivistischen Sichtweise in der Soziologie endgültig den Weg.[13]

Die Vorstellung, soziales Verhalten als Austausch zu begreifen, rückte erst Anfang der sechziger Jahre dieses Jahrhunderts wieder in den Mittelpunkt der soziologischen Theoriebildung.

Vor allem G. C. Homans greift den nationalökonomischen Austauschansatz wieder auf. Explizit vertritt er die Auffassung, daß „... die Interaktion zwischen Personen (...) als Austausch von materiellen und nichtmateriellen Gütern betrachtet werden [kann].“[14] Durch die Einbettung der Austauschtheorie in eine allgemeine Verhaltenstheorie kann er der individualistisch geleiteten Soziologie zu neuen Impulsen verhelfen; er strebt quasi eine Integration von Verhaltenspsychologie und elementarer Nationalökonomie an. Er glaubt mit deren Hilfe empirische Aussagen am besten erklären zu können.[15]

---

[11] Auf eine Darstellung der angesprochenen Kritik Durkheims am Utilitarismus soll an dieser Stelle verzichtet werden. Kritische Auseinandersetzungen finden sich bei Vanberg, V. (1975) und Bohnen, A. (1975).

[12] vgl. Jonas, F. (1976), S. 32

[13] Luhmann bemerkt: „Die Soziologie hatte sich jedoch mit Durkheim und Parsons auf die Annahme gegründet, daß nicht Individuen die Gesellschaft konstituieren, sondern die Gesellschaft die Individuen.“ (s. Luhmann, N. (1985), S. 115)

[14] s. Homans, G.C. (1973), S. 247, dort betont Homans auch die Nützlichkeit einer Annäherung der Soziologie an die Wirtschaftswissenschaft, die er als am weitesten entwickelte Wissenschaft vom Menschen ansieht. Auch Blau operiert mit der Idee, grenzt sich allerdings vom verhaltenstheoretischen Ansatz bewußt ab. (vgl. Blau, P.M. (1964)) Vgl. zum Austauschansatz zusammenfassend Vanberg, V. (1975), S. 54 ff. und Vanberg, V. (1982), S. 47 ff.. Zum Prinzip der Reziprozität, der Gegenseitigkeit von Leistungen als Grundlage des Austauschs, vgl. Gouldner, A.W. (1984).

[15] vgl. Homans, G.C. (1968), S. 10 f.

Homans legt sein Hauptaugenmerk auf die lerntheoretische Erklärung menschlichen Verhaltens und sozialen Handelns, indem er Thesen aus der behavioristischen Psychologie übernimmt und modifiziert.[16]

Die Vernachlässigung von kognitiven Elementen in einer rein behavioral orientierten Soziologie veranlaßt Homans zwar, in seinen späteren Werken lerntheoretische mit rationalistischen Aussagen zu ergänzen. Er bleibt jedoch dem Behaviorismus verhaftet.[17]

Als weitere Richtung einer individualistischen Sozialwissenschaft neben dem behavioristischen Modell entwickelte sich ein ökonomisches Programm in der Soziologie mit dem Ziel, in der Wirtschaftswissenschaft verwendete individualistische Hypothesen für die Soziologie nutzbar zu machen.[18]

Die Entwicklung eines ökonomischen Paradigmas in der Soziologie wurde nicht nur durch die Wiederentdeckung des Erkenntnisprogramms der sozialwissenschaftlichen Klassiker begünstigt, sondern auch durch die Ausdehnung der ökonomischen Theorie auf genuin nicht-ökonomische Bereiche.[19]

---

[16] vgl. ebd., passim. Eine zusammenfassende Darstellung des lerntheoretischen Ansatzes, basierend auf Homans' Theorie elementaren sozialen Verhaltens, gibt z.B. Weede, E. (1992), S. 81 ff..

[17] vgl. Voss, T. (1985), S. 13 f. Eine Diskussion der Nachteile behavioristischer Verhaltenstheorien findet sich auf S. 11 ff.. Vgl. auch Coleman, J.S. (1978), S. 78. Coleman grenzt sich von Homans ab, indem er feststellt, daß Homans sich dem Behaviorismus zugewandt hat, nachdem er den Gedanken des sozialen Austausches in die Soziologie eingeführt und die Notwendigkeit der Gründung soziologischer Theorie auf der Ebene des Individuums unterstrichen hat. Der Behaviorismus ist jedoch nach Colemans Ansicht mit einer zweckorientierten Handlung als Grundlage der Austauschtheorie unvereinbar.

[18] vgl. Opp, K.-D. (1978), S. 131. Opp datiert die Verschiebung vom behavioralen zum ökonomischen Programm auf Mitte der siebziger Jahre. (vgl. Opp, K.-D. (1985), S. 217) Vanberg betont allerdings, daß zwar zu Recht von einem ökonomischen Paradigma in der individualistischen Sozialtheorie gesprochen werden sollte, jedoch nicht wegen der Vorbildlichkeit des ökonomischen Verhaltensmodells, sondern wegen der Konsequenz, mit der die Ökonomie individuelles Handeln zum Ausgangspunkt der Erklärung sozialer Phänomene macht. (vgl. Vanberg, V. (1982), S. 69)

[19] Das wohl bekannteste Werk ist Becker, G.S. (1982), mit gleicher Intention: McKenzie, R.B./ Tullock, G. (1984). Für einen Überblick der Anwendungen der Ökonomie auf neue Gebiete vgl. z.B. Frey, B.S. (1989), S. 80 f. und Engelhardt, G. (1989), S. 22 f. und die dort angegebenen Quellen.

Das ökonomische Verhaltensmodell ist gekennzeichnet durch drei grundlegende Merkmale:[20]

1. Analyseeinheit ist das Individuum.
2. Die Entscheidungssituation des Individuums wird durch dessen Präferenzen und Restriktionen definiert, zwischen denen strikt unterschieden wird.
3. Die Individuen versuchen, ihren Nutzen zu maximieren.

Im einzelnen bedeutet dies:
ad 1.)
Kollektive Erscheinungen werden auf das Handeln von Individuen zurückgeführt, es gilt das Prinzip des methodologischen Individualismus.[21]

Dieser geht davon aus, daß Erklärungen sozialer Phänomene nur durch das Wissen über Dispositionen, Verhaltensweisen, Haltungen und Interessen von Individuen zu begründen seien. Das individuelle Verhalten hingegen sei nicht allein durch gesellschaftliche Faktoren oder makrosoziologische Phänomene zu erklären.[22]

---

[20] vgl. z.B. Opp, K.-D. (1989), S. 104 f., wo, ausgehend vom Postulat des methodologischen Individualismus, auf Basis verschiedener grundlegender Schriften zum ökonomischen Verhaltensmodell, drei Kernannahmen identifiziert werden, die sich von der Intention mit den hier dargestellten Elementen inhaltlich decken. Vgl. auch Kirchgässner, G. (1991), S. 12 ff.. Frey, B.S. (1990), S. 4 ff. unterscheidet hingegen fünf Merkmale als Kennzeichen des ökonomischen Verhaltensmodells, die jedoch ebenfalls mit den hier genannten drei weitgehend kongruent sind. Für Vanberg ist das ökonomische Paradigma lediglich gekennzeichnet: „a) durch einen methodologischen Individualismus und b) durch die Annahme „eigeninteressierten Verhaltens".“ (s. Vanberg, V. (1978), S. 652) Becker allerdings bemerkt: „Die Annahmen des nutzenmaximierenden Verhaltens, des Marktgleichgewichts und der Präferenzenstabilität – strikt und ohne Einschränkung – machen zusammen den Kern des ökonomischen Ansatzes aus, so wie ich ihn sehe.“ (s. Becker, G.S. (1982), S. 4)

[21] vgl. z.B., für den modernen ökonomischen Ansatz grundlegend, Meckling, W.H. (1976), S. 545, der von einem „Model of the Individual“ spricht. Vgl. auch Raub, W./Voss, T. (1981), die als Kern des individualistischen Programms zwei Erklärungsthesen und eine Rekonstruktionsthese identifizieren. Die Erklärungsthesen lauten: „Singuläre sozialwissenschaftliche Explananda können unter Rückgriff auf Hypothesen über individuelles Verhalten erklärt werden“ und „Sozialwissenschaftliche Generalisierungen können unter Rückgriff auf Hypothesen über individuelles Verhalten erklärt oder modifiziert werden“. Die Rekonstruktionsthese besagt: „Kollektivbegriffe sind durch Individualbegriffe rekonstruierbar.“ (s. Raub, W./Voss, T. (1981), S. 16 ff., dort finden sich auch weitere Erläuterungen der drei Thesen.)

[22] vgl. Lenk, H. (1977), S. 34 sowie Rönsch, H.D. (1994), S. 293. Popper versteht unter methodologischem Individualismus „die wichtige Lehre, daß alle sozialen Phänomene, insbesondere das Funktionieren der sozialen Institutionen, immer als Resultat der Entscheidungen usf. menschlicher Individuen verstanden werden sollten und daß wir nie mit einer Erklärung auf Grund sogenannter «Kollektive» (Staaten, Nationen, Rassen, usf.) zufrieden sein dürfen.“ s. Popper, K.R. (1980), S. 124. Zur Begründung des Konzeptes des methodolo-

Während der analytische Primat bei sozialen Systemen respektive der Gesellschaft liegt, liegt der theoretische Primat beim Individuum, welches analytisches Interesse nur insoweit beanspruchen kann, wie es als Instrument für die Erklärung von Phänomenen auf einer übergeordneten sozialen Ebene benötigt wird.[23]

ad 2.)
Restriktionen begrenzen den Handlungsraum eines Individuums, aus dem es unter den ihm zur Verfügung stehenden Alternativen auswählen muß.

Grundlegend als allgemeine Handlungsbeschränkung ist die Tatsache, daß alles Handeln der Individuen unter der Voraussetzung der Ressourcenknappheit vonstatten geht. Durch unterschiedlichen Besitz von Ressourcen und unterschiedlichen Zugang sind die Möglichkeiten der Erreichung von Zielen für fast alle Individuen unterschiedlich, was zur Existenz von unterschiedlichen Opportunitätskosten zwischen den Individuen führt.[24]

---

gischen Individualismus vgl. neben Vanberg, V. (1975) auch Heine, W. (1983), der auf die deutschsprachigen Klassiker dieser Richtung fokussiert. Zur zentralen Stellung des Individuums in der ökonomischen Analyse vgl. u.a. McKenzie, R.B./Tullock, G. (1984), S. 28. Der methodologische Kollektivismus hingegen betrachtet individuelles Verhalten als kausal abhängig von gesellschaftlichen Faktoren, sieht gesellschaftliche Phänomene jedoch nicht als durch individuelles Verhalten erklärbar an. (vgl. Rönsch, H.D. (1994a), S. 345) Eine ausführliche Darstellung und Gegenüberstellung beider Ansätze findet sich bei: Vanberg, V. (1975), der pointiert von zwei Soziologien spricht.

[23] vgl. Wippler, R./Lindenberg, S. (1987), S. 138 ff., wo zwischen zwei Arten des Individuums unterschieden wird. $Individuum_1$ entstammt der Psychologie und vereint analytisches und theoretisches Primat auf sich, während $Individuum_2$ in Ökonomie und Soziologie gebraucht wird und, wie erwähnt, theoretisches Primat hat, während das soziale System analytisches Primat besitzt. Nur $Individuum_2$ erfüllt den Sinn des methodologischen Individualismus. Wippler und Lindenberg sehen es als Verdienst Homans' an, das Mikro/Makro-Problem in die Soziologie eingeführt zu haben. Er äußerte sich jedoch unklar in bezug auf das analytische Primat des sozialen Systems, was ihm den Vorwurf des psychologischen Reduktionismus einbrachte. Vgl. auch Lindenberg, S. (1990), S. 736 ff.

[24] vgl. Friedman, D./Hechter, M. (1988), S. 202. Opportunitätskosten bezeichnen diejenigen Kosten, welche aufgrund des durch die ausgeführte Handlung notwendigen Verzichts auf die nächsterstrebenswerte Handlung entstehen. Je höher die Opportunitätskosten einer Handlung, desto geringer ihr Netto-Nutzen, so daß Individuen nicht immer die Handlung wählen, die vor der Betrachtung der mit ihr verbundenen Opportunitätskosten am attraktivsten erschien. Unter Ressourcen können nicht nur Güter verstanden werden, sondern allgemeiner auch immaterielle Dinge wie z.B. soziales Ansehen oder Zuneigung. Diese Sichtweise vertritt entschieden Opp, der zudem eine Einengung der Präferenzen auf materielle Güter weder als notwendig noch als angemessen erachtet. (vgl. z.B. Opp, K.-D. (1989), S. 106 und Opp, K.-D. (1991), S. 109) Daß als Gut prinzipiell jede Wesenheit oder jedes Ziel verstanden werden kann, wird bereits nachdrücklich hervorgehoben bei Alchian, A.A./Allen, W.R. (1972), S. 20. Im Zusammenhang mit Knappheit und Opportunitätskosten muß der Blick auch auf relative Preise als Determinanten des individuellen Handelns gerichtet werden, die es insofern beeinflussen, daß der Akteur um so weniger von einem Gut konsumieren wird, je

Als Restriktionen sind nicht nur wirtschaftliche Einschränkungen (verfügbares Einkommen, Güterpreise, für Konsum bzw. Handeln benötigte Zeit) und rechtliche Einschränkungen (Gesetze u.ä.) von Bedeutung, sondern auch soziale Einschränkungen, in erster Linie soziale Normen, aber auch Traditionen.[25]

Präferenzen sind Ziele, Wünsche oder Motive der Individuen, sie können sowohl materieller als auch immaterieller Art sein. Grundsätzlich kann jede Art der Präferenz das Verhalten der Individuen bestimmen.

Eine Präferenz für eine Handlungsalternative liegt dann vor, wenn ein Individuum, vor die Wahl zwischen zwei Handlungen A und B gestellt, sich immer für die Alternative A entscheidet, also A präferiert.[26]

Präferenzen sind in der Ökonomie ein deskriptiver Begriff und werden als exogen gegeben angenommen. Es besteht die Tendenz, die Erklärungsbedürftigkeit oder -fähigkeit von Präferenzen im Rahmen des Modells rationalen Handelns zu negieren.[27]

Die Aufgabe der Erklärung von Präferenzen und ihrer Entstehung wird zumeist in den Bereich der Sozialpsychologie verwiesen, da angenommen wird, daß sich sowohl kollektive als auch individuelle Präferenzstrukturen aus den jeweiligen Wertsystemen der Umwelt ergeben.[28]

---

teurer es im Vergleich zu gleichwertigen anderen ist. (vgl. für eine ausführliche Betrachtung z.B. Lindenberg, S./Frey, B.S. (1993), S. 192 ff.)

[25] vgl. Frey, B.S. (1989), S. 72 f.. Insbesondere auf Normen als Determinanten menschlichen Handelns im Rahmen der Rational Choice-Theorie wird weiter unten noch eingegangen.

[26] vgl. Wiswede, G. (1987), S. 43, vgl. auch Raub, W. (1984), S. 47. Ein Individuum kann auch indifferent sein. Dies ist dann der Fall, wenn beide Alternativen mit der gleichen Wahrscheinlichkeit gewählt werden.

[27] vgl. Raub, W./Voss, T. (1981), S. 47. Stigler und Becker gehen gar von Stabilität der Präferenzen sowie deren Gleichheit unter den Menschen aus. Solche Präferenzen können als universal angesehen werden und bedürfen keiner weiteren Erklärung. Neben solchen universellen Präferenzen existieren weitere instrumentelle Präferenzen, die als Mittel zur Befriedigung der universellen Präferenzen benutzt werden. Diese instrumentellen Präferenzen variieren jedoch interindividuell aufgrund der unterschiedlichen Ausstattung der Menschen mit Konsumkapital. (vgl. Stigler, G.J./Becker, G.S. (1977), S. 76 ff.) Zu den Vorteilen einer solchen Vorgehensweise vgl. Raub, W. (1984), S. 70 ff.. Kritisch zur Erklärungskraft des Ansatzes von Stigler und Becker bspw. Goodin, R.E. (1990), S. 217 ff. oder Lindenberg, S./Frey, B.S. (1993), S. 195, die als dessen Hauptproblem die fehlende Spezifizierung der universalen Präferenzen hervorheben, welche die Gefahr der Tautologisierung mit sich bringt. Zu den Problemen der Annahme, daß alle Individuen die gleiche Nutzenfunktion haben vgl. außerdem Arrow, K. J. (1986), S. S389, der zudem feststellt, daß, wenn alle Akteure gleich sind, kein Raum für Handel besteht.

[28] Es ist beispielsweise die Möglichkeit der Internalisierung von Normen als Präferenzen für eine bestimmte Verhaltensweise mit dem ökonomischen Verhaltensmodell vereinbar. Präfe-

Eine soziologische Erklärung wird allerdings durch die Heterogenität interkultureller und interindividueller Wertordnungen erschwert, ebenso durch den Umstand, daß die Kenntnis der Werthaltungen eines Individuums keinen sicheren Rückschluß auf seine Entscheidungen zuläßt.[29]

Aufgrund der Schwierigkeiten bei der Erfassung von Präferenzen und deren Veränderung geht das ökonomische Modell bei einer Verhaltensänderung zumeist von einer Veränderung der Restriktionen aus. Zumindest kurzfristig werden die Präferenzen der Individuen als konstant angenommen. Auf diese Weise entgeht man der Tautologisierung der ökonomischen Erklärung menschlichen Verhaltens. Sie ergibt sich, wenn menschliches Verhalten aufgrund von Präferenzen erklärt werden soll, welche wiederum anhand des menschlichen Verhaltens identifiziert werden.[30]

Nichtsdestoweniger wandeln sich Präferenzen und unterliegen kontextspezifischen Variationen. Ebenso können sie unter verschiedenen situativen Bedingungen Inkonsistenzen aufweisen.[31]

Die Betrachtungsweise des Individuums als passives Objekt seiner Präferenzen bedarf offensichtlich einiger Einschränkungen. Eine aktive, stra-

---

renzen entstehen dabei im Laufe des Sozialisationsprozesses. Sie sind somit nicht als a priori gegeben anzusehen. (vgl. Opp, K.-D. (1989), S. 119 f. sowie Kirchgässner, G. (1988), S. 109 und Kirchgässner, G. (1991), S. 13 f.) An dieser Stelle sei bereits darauf verwiesen, daß zwischen Werten und Normen unterschieden werden muß, der Normbegriff ist enger gefaßt. Wie Lautmann feststellt: „Normen betreffen nur das Handeln, Werte das Handeln und alle weiteren Objekte dazu." (s. Lautmann, R. (1969), S. 69, vgl., ebd. S. 69 ff. für eine ausführliche Begründung der Trennung der beiden Begriffe) Wenn Werte auch die Präferenzen bestimmen können, so weist Lautmann doch zu Recht darauf hin, daß der Rückschluß von (deskriptiven) Präferenzen auf (normative) Werte anfechtbar ist. (vgl. ebd., S. 37) Zu einer Erklärung der Veränderung von Werten auf der Basis des ökonomischen Menschenbildes vgl. jedoch Brunner, K. (1987), S. 382 ff..

[29] vgl. Wiswede, G. (1987), S. 43

[30] Auf ein verwandtes Problem in der behavioristischen Lernpsychologie verweist bspw. Weede, E. (1989), S. 25. Vgl. aber auch Levi, M./Cook, K.S./O'Brien, J.A./Faye, H. (1990), S. 7, welche auf die Notwendigkeit eines verbesserten Verständnisses der Entstehung und Ordnung der menschlichen Präferenzen hinweisen. Sie tun dies auf Basis der Beobachtung, daß scheinbar gleiche Individuen sich signifikant in ihren Entscheidungen unterscheiden, entweder wegen Unterschieden in ihren Präferenzen oder zumindest in ihren Präferenzordnungen sowie aufgrund der Tatsache, daß trotz der Annahme stabiler und transitiver Präferenzen Individuen inkonsistente bzw. nicht-rationale Entscheidungen treffen.

[31] vgl. Wiswede, G. (1987), S. 41. Vgl. weiterhin Grether, D.M./Plott, C.R. (1979) und Tversky, A./Slovic, P./Kahnemann, D. (1990) für eine Darstellung des Phänomens „Preference Reversal", welches allerdings unter Laborbedingungen und bei komplexen Aufgaben festgestellt wurde. Vgl. aber auch Brunner, K. (1987), S. 383, der bemerkt, daß viele soziale Muster, die gemeinhin Veränderungen von Einstellungen und Orientierungen zugeschrieben würden, zumindest zu einem Teil als Konsequenzen unterschiedlicher Restriktionen angesehen werden könnten.

tegische Einstellung gegenüber den eigenen Präferenzen scheint im Rahmen unvollständiger Rationalität durchaus möglich.[32]

Das Fehlen einer schlüssigen Theorie zur Erklärung der Entstehung von Präferenzen kann jedoch als ein Hauptproblem des ökonomischen Verhaltensmodells angesehen werden.[33]

ad 3.)

Das Prinzip der Nutzenmaximierung stellt die Grundlage für den Begriff des rationalen Handelns dar, wie er in der Ökonomie verwendet wird.

Dieses Prinzip entspringt der ökonomischen Entscheidungskonzeption, daß das Individuum, bei vorgegebenen Preisen und beschränktem Budget, diejenige Kombination von Gütern wählen wird, die auf seiner Präferenzskala am höchsten steht.[34]

Vom Konsum jeder Einheit eines Gutes, wobei als Güter alle Objekte von Handlungen, die den Individuen Wohlbefinden verschaffen, verstanden werden können, geht für das Individuum eine bestimmte Nutzenstiftung aus. Sie trägt zur Bedürfnisbefriedigung bei und führt somit zur Steigerung des Wohlbefindens.[35]

Vor- und Nachteile, respektive Nutzen und Kosten, verschiedener Handlungsalternativen werden gegeneinander abgewogen, und es wird diejenige Alternative aus dem Handlungsraum des Individuums ausge-

---

32 vgl. Elster, J. (1987), S. 107 ff.. Vgl. auch die Zusammenfassung der Weiterentwicklungen zur Anreicherung der Präferenzen im ökonomischen Verhaltensmodell bei Frey, B.S. (1989), S. 90 f..

33 vgl. z.B. Coleman, J.S. (1994), S.172 u. S. 178. Opp hingegen vertritt die Meinung, daß es einer solchen Theorie nicht bedürfte, da jede sozialwissenschaftliche Theorie unabhängige Variablen beinhalte, die nicht erklärt werden müßten. (vgl. z.B. Opp, K.-D. (1983), S. 50) Ferner geht er davon aus, daß Präferenzen mit den Methoden der empirischen Soziologie relativ einfach meßbar wären.

34 Samuelson faßt diesen Konzeption zusammen: „*The utility analysis rests on the fundamental assumption that the individual confronted with given prices and confined to a given total expenditure selects that combination of goods which is highest on his preference scale.*“ (s. Samuelson, P.A. (1947), S. 97 f.)

35 vgl. Ramb, B.-T. (1993), S. 7. Es gilt dabei das erste Gossensche Gesetz (Gesetz des abnehmenden Grenznutzens), wonach jede weitere konsumierte Gütereinheit weniger Nutzen stiftet als die vorherige. Die Idee der Steigerung des psychischen Wohlbefindens geht auf A. Smith zurück, ebenso wie sich soziales Ansehen als zweites universelles Nutzenargument bereits bei Smith findet. Diese beiden sog. Grundbedürfnisse spielen auch bei der Formulierung von Nutzenproduktionsfunktionen eine Rolle. Vgl. dazu Esser, H. (1996), S. 7. Prinzipiell kann jedoch Nutzen auch rein formal verstanden werden. Wie Höffe bemerkt: „Er meint jede Art von finanziellen, zeitlichen, psychischen, intellektuellen, ästhetischen und anderen Vorteilen, wie sie sich aus den Bedürfnissen und Interessen, aus den Zielen, Zwekken und Werten des jeweils Handelnden ergeben.“ (s. Höffe, O. (1984), S. 154)

wählt, die am ehesten dessen Präferenzen entspricht, bzw. den höchsten Netto-Nutzen verheißt.[36]

Dieser Vorgang der Entscheidungsfindung läßt sich als Nutzen- bzw. Werterwartungstheorie formalisieren: Von mehreren Handlungsalternativen wird diejenige durch das Individuum ausgewählt, deren Konsequenzen am positivsten bewertet werden und die als am wahrscheinlichsten erachtet wird, so daß die subjektiven Werterwartungen der Handlung maximiert werden.[37]

Die so beschriebene Konstellation kann auch als das Prinzip der zielgerichteten Handlung eines rationalen Akteurs formuliert werden.[38]

Häufig wird unter der Maximierung des Nutzens eigennütziges im Sinne von egoistischem Verhalten der Individuen verstanden.

Das Postulat der Nutzenmaximierung impliziert jedoch lediglich eigeninteressiertes Verhalten in dem Sinne, daß die Menschen ihren Präferenzen entsprechend handeln.[39]

Es wird in erster Linie eine Neutralität des Individuums gegenüber seinen Mitmenschen angenommen, eine Geisteshaltung, die Rawls als „gegenseitig desinteressierte Vernünftigkeit" bezeichnet.[40]

---

[36] vgl. Opp, K.-D. (1991), S. 108, der auf die Berücksichtigung der Handlungsbeschränkungen durch das Individuum verweist. Vgl. auch Kirchgässner, G. (1991), S. 14 f., der von menschlichem Verhalten als „Nutzenmaximierung unter Nebenbedingungen unter Unsicherheit" spricht, bei der das Individuum entsprechend seines Informationsstandes einzelne Alternativen anhand von Zielen und Mitteln bewertet. Kirchgässner bemerkt ferner: „Letztlich gibt es nur ein einziges Ziel, welches nicht selbst auch Mittel ist, nämlich das Ziel der Nutzenmaximierung, dem die Auswahl aus den zur Verfügung stehenden Alternativen dient." (s. Kirchgässner, G. (1991), S. 15)

[37] vgl. Opp, K.-D. (1978), S. 131 f.. Die erste systematische, auf verschiedene Axiome gegründete Formulierung der Werterwartungstheorie lieferten 1944 von Neumann und Morgenstern. (vgl. von Neumann, J./Morgenstern, O. (1944)) Grundlegend zum Prinzip des subjektiv erwarteten Nutzens ist auch Savage, L.J. (1954). Zu den substantiellen Annahmen der Werterwartungstheorie: Ausschließlichkeit, Transitivität, Dominanz und Invarianz, neben den eher technischen Annahmen Vergleichbarkeit und Kontinuität, vgl. die ausführliche Betrachtung bei Tversky, A./Kahnemann, D. (1986), S. 252 f.. Einen Überblick über die verschiedenen Arten von Entscheidungssituationen gibt z.B. Harsanyi, J.C. (1977), S. 22 ff.. Dort findet sich auch eine ausführliche formale Darstellung der Werterwartungstheorie. Zu verschiedenen Varianten der Werterwartungstheorie und den Schwierigkeiten bei ihrer Anwendung vgl. z.B. Shoemaker, P.J.H. (1982).

[38] vgl. Coleman, J.S. (1991), S. 17. So auch bspw. Riker, W.H./Ordeshook, P.C. (1973), S. 12 f. oder Harsanyi, J.C. (1977), S. 16 f.. Auf den Begriff der Rationalität und dessen Implikationen wird im folgenden noch separat eingegangen.

[39] Kirchgässner betont die „Eigenständigkeit der Entscheidung", Handeln erfolgt entsprechend der Präferenzen des Individuums und nicht entsprechend der Präferenzen anderer. (vgl. Kirchgässner, G. (1991), S. 16)

[40] vgl. Rawls, J. (1975), S. 168

Dabei ist altruistisches Verhalten durchaus denkbar unter der Voraussetzung, daß das Individuum seine Mittel auch hierbei gemäß des Optimierungskriteriums einsetzt.[41]

Ein solch altruistisches Verhalten scheint in Kleingruppen mit hohem Zusammengehörigkeitsgefühl jedoch wahrscheinlicher als in einer anonymen Umgebung bzw. in einer Großgruppe, wo die restriktiveren Annahmen des egoistischen, eigennutzorientierten Verhaltens greifen dürften, was häufig zur unten behandelten Diskrepanz zwischen individueller und kollektiver Rationalität bzw. dem Problem öffentlicher Güter führt.[42]

Hervorzuheben ist, daß das Individuum die Nutzenüberlegungen nicht bewußt durchführen, und der Nutzen der verschiedenen Alternativen nicht bewußt evaluiert werden muß. Auch wenn verschiedene motivationale Komponenten das Verhalten der Individuen beeinflussen, so kann dennoch davon ausgegangen werden, daß Individuen so agieren, „als ob" sie kalkulieren und ihre Nutzenfunktion maximieren würden.[43]

Auf eine Erhebung des subjektiven Erwartungsnutzens wird aufgrund verschiedener Operationalisierungsprobleme zumeist verzichtet. Eine solche wird vielfach auch gar nicht als notwendig erachtet.[44]

Durch die betriebene Strategie der Heranziehung des subjektiven Nutzens wird allerdings deutlich, daß sich quasi alles als Nutzenargument in die Nutzenfunktion des Individuums einsetzen läßt und dadurch die Möglichkeit der Einführung von ad hoc-Annahmen gegeben ist, was zur Sinnentleerung der gesamten Nutzentheorie führen kann.[45]

---

[41] vgl. hierzu Badelt, C. (1987), S. 60 ff. und Kliemt, H. (1984), S. 32, der dem homo oeconomicus die Fähigkeit zuschreibt, in beliebiger Mischung altruistische und egoistische Ziele zu verfolgen, solange diese Zielverfolgung den Ordnungsbedingungen formaler Rationalitätskriterien genügt. Vgl. aber auch Kirchgässner, G. (1988a), S. 136, der zu Recht auf die Gefahr der Immunisierung der Aussagen durch die Einführung des Nutzens anderer in die Nutzenfunktion des Individuums hinweist.

[42] vgl. Olson, M. (1968), S. 63, der dies nicht zuletzt damit begründet, daß in Großgruppen Altruismus nicht bemerkt würde und Menschen ihre vorhandene Nächstenliebe somit eher darauf verwenden würden, jemandem spürbar zu helfen. Vgl. auch Weede, E. (1989), S. 26.

[43] vgl. Schlicht, E. (1990), S. 704

[44] vgl. zu verschiedenen Operationalisierungsproblemen z.B. Prisching, M. (1983), S. 266 ff. oder Friedrich, J./Stolle, M./Engelbrecht, G. (1993), S. 2 ff.

[45] vgl. Lindenberg, S. (1981), S. 25, der sich der Gefahr einer Entleerung der Aussage durch Anreicherung der Nutzenfunktion mit zu vielen Argumenten bewußt ist und explizit anmerkt: „Ohne systematische Annahmen über Nutzenargumente, Präferenzänderung (bzw. -stabilität) und subjektive Wahrscheinlichkeiten, ist die Nutzentheorie wie ein leerer Sack, dessen Vorteil gegenüber anderen Menschenbildern darin besteht, dass (sic!) er zum Füllen auffordert." (s. ebd., S. 26) Daher empfiehlt Lindenberg, für Erklärungen im Aggregat so wenig Nutzenargumente wie möglich zu gebrauchen, allgemeine Nutzenargumente beinhal-

Aus diesem Grund wird nach einer Möglichkeit gesucht, den theoretischen Kern zu erweitern, um soziologische Aussagen zu ermöglichen, die empirisch gehaltvoll sind. Es werden daher zusätzliche Annahmen eingeführt, die als Brückentheorien, Brückenannahmen oder Brückenhypothesen bezeichnet werden, da sie eine Brücke zwischen den speziellen sozialen Bedingungen und der allgemeinen Erklärung individuellen Handelns schlagen sollen.[46]

Individuelles Handeln wird in modernen Spielarten der Rational Choice-Theorie als Ergebnis von Wahlhandlungen des Individuums unter Berücksichtigung struktureller Zwänge betrachtet, was eine gewisse Konzession an den Soziologismus darstellt.

Die strukturelle Komponente im Rationalmodell menschlichen Handelns wird durch den Constrained Choice-Ansatz berücksichtigt. Dieser geht von der Idee aus, daß menschliche Entscheidungshandlungen in zwei hintereinander geschaltete Filterprozesse aufgespalten werden können.

Der erste Filterprozeß reduziert die Menge der prinzipiell möglichen Handlungen auf die tatsächlich realisierbaren. Der zweite führt zur Auswahl einer Möglichkeit aus der Anzahl der realisierbaren Handlungsalternativen.[47]

Während der erste Filterprozeß weitgehend durch die Umwelt vorgenommen wird, und so quasi das strukturalistische bzw. funktionalistische Element der Theorie darstellt, ist der zweite originäres rationales Verhalten, determiniert durch menschliche Präferenzen als Kausalfaktoren der Handlung.[48]

---

tende Brückentheorien zu suchen sowie weitere Nutzenargumente nicht vom Individuum her, sondern durch institutionelle Gegebenheiten aufzubauen. (vgl. ebd., S. 31)

[46] vgl. z.B. Esser, H. (1991), S. 42. Zur Notwendigkeit der Brückenannahmen zur Anreicherung des Theoriekerns der Werterwartungstheorie und den Möglichkeiten für deren Gewinnung vgl. Kelle, U./ Lüdemann, C. (1995) und die daraus resultierende Diskussion zwischen Lindenberg, S. (1996), Kelle, U./ Lüdemann, C. (1996), Opp, K.-D./Friedrichs, J. (1996) und wiederum Lindenberg, S. (1996a). Diskutiert wird dabei vor allem der Vorschlag Lindenbergs, der Annahme einer Zielhierarchie, ausgehend von den beiden Zielen physisches Wohlbefinden und soziale Anerkennung, welche die Präferenzen der Individuen steuert.

[47] vgl. Elster, J. (1987), S. 106 f.. Vgl. auch Franz, P. (1986), S. 38 f., der diesen Ansatz aufgreift und diskutiert. Während Vertreter der strukturalistischen Auffassung den ersten Prozeß als den einzig relevanten ansehen werden und den zweiten aufgrund des nicht mehr vorhandenen Handlungsspielraums des Individuums vernachlässigen, wird ein rein psychologisch orientierter Entscheidungstheoretiker die Relevanz des ersten Filterprozesses negieren und die gesamte Aufmerksamkeit auf den zweiten richten. Vgl. weiterhin Raub, W. (1984), S. 43 ff.

[48] Elster ist der Auffassung, daß Individuen im Rahmen unvollständiger Rationalität selbst ihren Handlungsspielraum aufgrund „inkonsistenter Zeit-Präferenzen“ beschränken können. Als Beispiel nennt er Odysseus, der sich bei der Vorbeifahrt an den Sirenen von seiner

2.2. Rationalität und rationales Handeln

Der Begriff der Rationalität bzw. des rationalen Handelns präsentiert sich als zentrales Element des ökonomischen Verhaltensmodells.

Allgemein formuliert kann Verhalten als rational beschrieben werden, wenn zur Erreichung eines gegebenen Zieles die am besten geeigneten Mittel auf der Grundlage sachlicher Überlegungen ausgewählt werden. Eine solche auch formal oder prozedural genannte Rationalität kann mit jedem beliebigen Zielsystem vereinbart werden und liefert keine Aussagen über empirische Sachverhalte.[49]

Konkretisiert man das Zielsystem des Akteurs inhaltlich, z.B. durch die Annahme einer bestimmten motivationalen Basis des Handelns, spricht man von substantieller Rationalität.[50]

Wie oben angeführt, zeichnet sich der rationale Akteur der Ökonomie durch zielgerichtetes Handeln dergestalt aus, daß er, bei gegebenen Präferenzen und korrekter Wahrnehmung der Restriktionen, diejenige Handlungsalternative auswählt, die seinen Nutzen maximiert, allgemeiner gesagt, die seinen Interessen am ehesten entspricht.[51]

Das Prinzip der Maximierung stellt somit den Aspekt der formalen Rationalität dar. Der substantielle Aspekt kommt durch die Annahme der Maxi-

---

Mannschaft an den Mast fesseln ließ. (vgl. Elster, J. (1987), S. 67 ff.) Auch Sparprogramme oder Ratenzahlungen entsprechen diesem Prinzip.

49 vgl. Boudon, R./Bourricaud, F. (1992), S. 410, die für eine solche Verwendung des Rationalitätsbegriffes als Anpassung der Mittel an die Zwecke auch auf die wirtschaftswissenschaftliche Tradition im Sinne Paretos verweisen. Vgl. ferner Gäfgen, G. (1963), S. 27 f..

50 vgl. Badelt, C. (1987), S. 55. Eine solche substantielle Rationalität wird z.B. durch die Unterscheidung der ökonomischen Theorie zum Ausdruck gebracht, daß die Unternehmer ihren Gewinn maximieren, die Konsumenten hingegen ihren Nutzen. Zur Unterscheidung der beiden Formen von Rationalität und möglicher Probleme vgl. auch Riker, W.H. (1990), S. 173 f..

51 vgl. Harsanyi, J.C. (1977), S. 8, der es als eine Errungenschaft der klassischen ökonomischen Theorie erachtet, das allgemeine Konzept dahingehend erweitert zu haben, daß das Individuum nicht nur aus einer Anzahl von Mitteln zur Erreichung eines gegebenen Zieles wählen kann, sondern auch aus einer Anzahl verschiedener Ziele. Rational ist Handeln für ihn dann, wenn es bestimmte Konsistenz-Anforderungen bzw. Rationalitätspostulate erfüllt. Die Notwendigkeit der Wahl eines Zieles resultiert aus der Knappheit der Mittel, die es dem Individuum unmöglich macht, alle seine Ziele auf einmal zu erreichen. Vgl. zu diesem Punkt auch Biervert, B./Wieland, J. (1990), S. 18.

mierung des Nutzens als dominantes Ziel der Individuen zum Tragen, nimmt allerdings nur eine Nebenrolle ein.[52]

Deutlich wird dies auch dadurch, daß zumeist auf eine weitere inhaltliche Präzisierung des Nutzenbegriffs bzw. der Zielsetzungen des Individuums verzichtet wird.[53]

Dieser Verzicht auf eine inhaltliche Nutzendefinition leitet über zu einem wichtigen Aspekt innerhalb der Rational Choice-Theorie: der Unterscheidung zwischen subjektiver und objektiver Rationalität. Was für den Akteur, also subjektiv, rationales Handeln darstellt, muß aus Sicht des Beobachters nicht rational sein. Objektiv falsches Verhalten kann vom Akteur als richtig erachtet werden.[54]

Die neoklassische Ökonomie hat auf Basis der Rationalitätsannahme, d.h. der Möglichkeit des Individuums, seine Präferenzen konsistent zu ordnen, eine Art Homunkulus erschaffen: nämlich den perfekt und kostenlos informierten, mit unendlicher Reaktionsgeschwindigkeit jederzeit nutzenma-

---

[52] vgl. Badelt, C. (1987), S. 55 In der Minimalversion des Rationalitätspostulats wird jedoch nicht mehr als eine gewisse Konsistenz der menschlichen Präferenzen gefordert, der Akzent liegt deutlich auf dem formalen Aspekt.

[53] M. Allais merkt dazu an: „Man kann es nicht deutlich genug sagen: *außer den Bedingungen der Kohärenz gibt es kein Kriterium für die Rationalität der Zwecke als solcher.* Diese Zwecke sind ganz und gar willkürlich. (...) Mit ihnen verhält es sich ähnlich wie mit dem Geschmack. Sie sind, was sie sind. Es sind Gegebenheiten, die bei jedem Individuum unterschiedlich sind." (zitiert nach: Godelier, M. (1972), S. 55) Zu verschiedenen Varianten des Nutzenbegriffs vgl. z.B. Arni, J.-L. (1994), S. 62.

[54] Eine solche Sichtweise steht in engem Zusammenhang mit dem Prinzip der „bounded rationality". Vgl. dazu ausführlich Boudon, R. (1989), der die Idee subjektiver Rationalität als entscheidend für die Sozialwissenschaft ansieht und bemerkt: „As long as we do not perceive the importance of the notion of subjective rationality, however, and endorse a narrow definition of rationality – reasons are good when they are objectively good – we tend to see behavior as irrational too easily." (s. Boudon, R. (1989), S. 176) Vgl. auch Tietzel, M. (1981), S. 129, der objektive und subjektive Rationalität als die beiden Formen „unvollkommmener" Rationalität ansieht, wobei objektive Rationalität den Rückgriff auf das zum relevanten Zeitpunkt verfügbare Wissen nötig macht, während subjektive Rationalität konstatiert werden kann, wenn der Akteur im Einklang mit dem ihm zum relevanten Zeitpunkt zur Verfügung stehenden Wissen handelt. Auch Coleman weist explizit darauf hin: „Daß vieles üblicherweise als nicht rational oder irrational bezeichnet wird liegt (...) einfach daran, weil die Betrachter nicht die Sichtweise des Akteurs entdeckt haben, von der aus die Handlung rational ist." (s. Coleman, J.S. (1991), S. 22) Ähnlich äußert sich Esser, H. (1991), S. 60. Zur Problematik dieser Sichtweise vgl. z.B. Smelser, N.J. (1992), S. 398 f., der sie für theoretisch vage hält. Unter der neoklassichen Annahme der vollkommenen Voraussicht des Akteurs nivelliert sich die Unterscheidung zwischen objektiver und subjektiver Rationalität, da der Akteur imstande ist, das objektive Maximum zu erreichen. (vgl. dazu bspw. Gäfgen, G. (1963), S. 34)

ximal handelnden, von Transaktionskosten unbeeinflußten homo oeconomicus.[55]

Es ergibt sich bei der Betrachtung eines solchen Menschenbildes gleichsam von selbst die Erkenntnis, daß dieses in hohem Maße realitätsfern ist. Der Mensch stellt sich vielmehr als kognitiv und in seiner Ressourcenaustattung begrenztes Wesen dar, dem perfekte Information im Zusammenspiel mit der optimalen Entscheidung verwehrt bleibt. Dies resultiert zum einen aus der begrenzten Informationsverarbeitungskapazität des Menschen und zum anderen daraus, daß Information nicht unbegrenzt kostenlos zur Verfügung steht.[56]

Dem oben beschriebenen Nutzenmaximierungsmodell mit seinen realitätsfernen Annahmen wurde daher die These des „satisficing“ bzw. der „bounded rationality“ gegenübergestellt, um den kognitiven Restriktionen und der Unvollkommenheit des menschlichen Entscheidungsraumes Rechnung zu tragen.[57]

Der Begriff der „bounded rationality“ verweist auf den Umstand, daß menschliches Entscheidungshandeln nicht als übergreifende Maximierung betrachtet werden kann, sondern vielmehr aus einer Anzahl verschiedener Einzelentscheidungen besteht, die nicht völlig miteinander integriert sind

---

[55] H.A. Simon stellt dazu fest: „Traditional economic theory postulates an "economic man," who in the course of being "economic" is also "rational". This man is assumed to have knowledge of the relevant aspects of his environment which, if not absolutely complete, is at least impressively clear and voluminous. He is assumed also to have a well organized and stable system of preferences, and a skill in computation that enables him to calculate, for the alternative courses of action that are available to him, which of these will permit him to reach the highest attainable point on his preference scale.“ (s. Simon, H.A. (1955), S. 99) Vgl. zu den logischen Problemen, die die Annahme vollkommener Voraussicht aufwirft z.B. Tietzel, M. (1981), S. 127 f.

[56] s. auch Arni, J.-L. (1994), S. 64, der anmerkt: „Optimierungsprinzipien (...) lassen sich mithin nur auf *fiktive* (ideale) Akteure anwenden; und zwar auf fiktive Akteure, die ‘geeignete’ Zielsysteme bzw. Nutzenfunktionen$_z$ (Präferenzstrukturen$_z$) aufweisen und nicht in ‘allzu schwierige’ Situationen hineingestellt sind. Und dementsprechend gewinnt die ‘*klassische*’ Rationalitätsqualifikation, welche auf der Vorstellung von Zieloptimalität basiert, nur mit Bezug auf derartige fiktive Individuen wirklich greifbare Konturen.“ Mit dem Index „z“ kennzeichnet Arni die Nutzenkonzepte als zielsystembezogen.

[57] Grundlegend sind hier die Ausführungen von Simon, H.A. (1955), Simon, H.A. (1956) und Simon, H.A. (1957). Vgl. auch Arrow, K.J. (1986), der ebenfalls die Problematik der Informationsbeschaffung und -verarbeitung betont. Zur Darstellung und Unterscheidung verschiedener Konzeptionen menschlicher Rationalität in der Psychologie vgl. Abelson, R.P./Levi, A. (1985), S. 232 ff.. Vgl. auch Boudon, R. (1979), S. 65, der hervorhebt, daß nur ein Begriff begrenzter Rationalität einen Realitätsbezug vorweisen kann, wenngleich er auch einräumt, daß ein solches Modell sowohl falsch als auch ersetzbar sein kann.

und in Situationen teilweiser Information und begrenzter Reflexion vorkommen.[58]

Unter „satisficing" wird verstanden, daß Akteure bestimmte Anspruchsniveaus stellen und daß sie, wenn diese (nicht) erfüllt werden können, höhere (niedrigere) Anspruchsniveaus herausbilden.[59]

Dieses Konzept, das breite Akzeptanz gefunden hat, kommt der sozialen Realität zwar näher; es muß jedoch für eine Theorie rationalen Handelns nicht unbedingt herangezogen werden, da die explizite Annahme einer tatsächlichen Maximierung des Nutzens nur für die quantitative Sozialtheorie als wichtig erachtet werden kann.[60]

Ferner bietet die Annahme der Nutzenmaximierung und das ihr angelehnte Menschenbild den Vorteil der Einfachheit und klaren Strukturiertheit zur Erklärung menschlichen Handelns. So kann das Modell des homo oeconomicus seine Stärke aus der ihm innewohnenden großen explanatorischen Kraft ziehen.[61]

Es kann dabei jedoch auch eine breitere Formulierung des Prinzips der Nutzenmaximierung verwendet werden, in der angenommen wird, daß rationale Individuen zielgerichtet handeln und daß, nachdem die Ziele

---

[58] vgl. Sen, A. (1987), S. 70

[59] vgl. dazu z.B. Simon, H.A. (1955), S. 103 ff.. Vgl. auch Klopstech, A./Selten, R. (1984), S. 12 f., die neben Informationsaufnahme- und -verarbeitungsgrenzen der Rationalität auch deren emotionale Grenzen erwähnen.

[60] vgl. Coleman, J.S. (1991), S. 23. Vgl. auch Weede, E. (1992), S. 103, der sich ähnlich äußert und bezweifelt, daß durch das Prinzip der „bounded rationality" die in der Empirie festgestellten Anomalien erklärt werden könnten. Argumentiert werden kann in Bezug auf begrenzte Rationalität auch, daß Akteure unter der Restriktion maximieren, daß die Kosten weiterer Informationen deren Nutzen nicht übersteigen dürfen. (vgl. z.B. Riker, W.H./Ordeshook, P.C. (1973), S. 22 oder auch Homann, K./Schuchanek, A. (1989), S. 77) Auch Becker erwähnt explizit, daß der ökonomische Ansatz, wie er ihn vertritt, nicht unterstellt, „daß alle Teilnehmer in jedem Markt vollständige Information haben, oder daß Transaktionen kostenlos sind." (s. Becker, G.S. (1982), S. 5) Er geht an selber Stelle ebenfalls von einer rationalen Beschaffung der mit Kosten behafteten Informationen durch das Individuum aus. Simon wiederum stellt jedoch zu einer solchen Sichtweise fest, daß sich dabei ein erneutes schwerwiegendes Problem ergibt, nämlich das Abschätzen von Grenznutzen und -kosten der Information, das er als mindestens so schwer zu lösen einstuft wie das Originalproblem. (vgl. Simon, H.A. (1987), S. 244) Als Problem der eingeschränkten Rationalität ergeben sich allerdings Schwierigkeiten bei ihrer Formalisierung.

[61] Sen merkt dazu an: „Rational behavior in the form of maximization in pursuit of self-interest makes the analysis of behavior a good deal more tractable than a less structured assumption would permit. This is certainly one of its appeals." (s. Sen, A. (1987), S. 69) Vgl. auch Hirshleifer, J. (1985), S. 54, der ebenfalls der Hypothese des rationalen eigeninteressierten Menschen trotz ihrer Ungenauigkeit große Erklärungskraft attestiert.

klargeworden sind, diejenigen Handlungen ausgeführt werden, die dem Individuum am effektivsten zur Zielerreichung erscheinen.[62]

Einschränkend auf die Aussagekraft der Theorie der Nutzenmaximierung bzw. der Werterwartungstheorie und den mit ihr verbundenen Rationalitätsannahmen, speziell der konsistenten Ordnung der Präferenzen durch das Individuum, wirken allerdings in mehreren experimentellen Studien festgestellte Abweichungen vom durch die Theorie subjektiver Nutzenerwartung angenommenen menschlichen Entscheidungsverhalten.[63]

Solche Abweichungen nehmen der Werterwartungstheorie und dem ihr angelehnten ökonomischen Menschenbild streng genommen die Aussagekraft.[64]

Die genannten Modifikationen werden im allgemeinen jedoch als Beweis für die Grenzen bzw. die Unvollständigkeit menschlicher Rationalität angesehen. In diesem Rahmen kann und soll die Werterwartungstheorie als Theorie zur Erklärung menschlichen Handelns bestehen bleiben, nicht zuletzt wegen der deduktiven Stärken, die sie besitzt.[65]

Sie findet aber auch deswegen weiter Verwendung, weil es an überzeugenden alternativen Theorien fehlt, die in der Lage wären, die empirischen

---

[62] vgl. z.B. Coleman, J.S. (1994), S. 167

[63] vgl. hierzu Kahnemann, D./Tversky, A. (1984), Tversky, A./Kahnemann, D. (1986) und Tversky, A./Slovic, P./Kahnemann, D. (1990) sowie die Zusammenfassung der Ergebnisse bei Weede, E. (1992), S. 98 ff.. Zu nennen sind demnach im einzelnen: Bevorzugung eines sicheren kleinen Gewinns gegenüber einem größeren wahrscheinlichen Gewinn, auch wenn letzterer eine höheren Erwartungswert aufweist; demgegenüber jedoch risikofreudiges Verhalten bei der Vermeidung von Verlusten; stärkere Empfindung und höhere Bewertung von Verlusten als von Gewinnen in gleicher Höhe; von der Problemformulierung abhängiges Entscheidungsverhalten; Übergewichtung oder völlige Vernachlässigung von Ergebnissen mit sehr geringen Wahrscheinlichkeiten; Beeinflussung der Entscheidung durch die Transparenz der Problemlage. Vgl. ebenfalls den Überblick bei Esser, H. (1996), S. 2.

[64] Das Paradox des Wählens sei an dieser Stelle nur kurz angesprochen; eine ausführliche Betrachtung würde den Rahmen dieser Arbeit bei weitem sprengen. Gemäß einer strikten Theorie rationalen Handelns dürfte der rational kalkulierende Akteur nicht zu Wahl gehen bzw. sich der Stimme enthalten, da er seinen eigenen Einfluß auf das Wahlergebnis als infinitesimal klein ansehen muß, das Wählen ihm jedoch Kosten verursacht, die nicht durch den zu erwartenden Nutzen des Wählens aufgewogen werden. Die Realität widerlegt jedoch diese Prognose, so daß entweder festgestellt werden kann, daß die Theorie rationalen Handelns in Situationen, die nur niedrige Kosten verursachen, nicht anwendbar ist, oder weitere Motive des Individuums herangezogen werden müssen, wie bspw. eine eigene Ethik des Wählens. Vgl. dazu die grundlegenden Ausführungen bei Downs, A. (1968), S. 37 ff., die Kritik bei Barry, B. (1975), S. 28 ff. sowie die ausführliche Diskussion der verschiedenen Erklärungsansätze bei Mueller, D.C. (1989), S. 348 ff..

[65] vgl. Weede, E. (1992), S. 101 f.

Schwächen der Nutzenerwartungstheorie zu vermeiden und die mit allen Entscheidungssituationen kompatibel wären.[66]

Als Alternative zur direkten Verwendung der Werterwartungstheorie kann ihre indirekte Verwendung im Rahmen einer Modellbildung unter der Verwendung des Prinzips von Nutzenmaximierung, von Zusatzannahmen und Brückenhypothesen herangezogen werden, um zu testbaren Aussagen zu gelangen. Die Frage der direkten Nutzenmessung mit den ihr anhaftenden Problemen der empirischen Anwendung wird dabei umgangen.[67]

An die Annahme der Rationalität werden aus Gründen der empirischen Haltbarkeit somit zumeist schwache Anforderungen gestellt. Dies geschieht auch, um dem Vorwurf der Einengung menschlichen Handelns entgegenzutreten.[68]

Der Rationalitätsbegriff muß zudem in Bezug zu den situationalen Strukturen gesetzt werden, unter denen die Entscheidung des Akteurs stattfindet. Unterschiedliche situationale Konstellationen können zu verschiedenen Ausprägungen dessen führen, was als rational bezeichnet wird. Die Struktur der Entscheidungssituation kann die Form der Rationalität determinieren.[69]

G. Kirchgässner relativiert den Rationalitätsbegriff im Sinne einer modernen Interpretation des ökonomischen Verhaltensmodells folgendermaßen: „Rationalität bedeutet hier lediglich, daß das Individuum prinzipiell in der Lage ist, entsprechend seinem relativen Vorteil zu handeln, d.h. seinen

---

[66] vgl. zu diesem Punkt z.B. Braun, N./Franzen, A. (1995), S. 233 und die dort angegebene Literatur.

[67] vgl. zu den Vor- bzw. Nachteilen der einzelnen Vorgehensweisen die Diskussion zwischen Diekmann, A./Preisendörfer, P. (1992), Diekmann, A./Preisendörfer, P. (1993) und Lüdemann, C. (1993) sowie Braun, N./Franzen, A. (1995)

[68] vgl. Trapp, M. (1986), S. 325

[69] Boudon sprich in diesem Zusammenhang von kontextgebundener Rationalität in dem Sinne, daß Rationalität verschiedene Formen durch verschiedene Kontetxte annehmen kann, so daß die Handlungen der Individuen prinzipiell immer verständlich sind, sofern man ausreichend über die entsprechende Situation informiert ist. (vgl. Boudon, R. (1987), S. 64) Vgl. auch Boudon, R./Bourricaud, F. (1992), S. 414 f., die als Beispiel darauf hinweisen, daß es unter Umständen rationaler sein kann mögliche Verluste zu minimieren, anstatt mögliche Gewinne zu maximieren.

Handlungsspielraum abzuschätzen und zu bewerten, um dann entsprechend zu handeln."[70]

H. Kliemt identifiziert den Minimalgehalt des Konzeptes des homo oeconomicus schließlich nur noch als „die Vorstellung eines Individuums, das sich in einem folgenorientierten Versuchs- und Irrtumsprozeß an Veränderungen seiner Umwelt unter Beiziehung seiner Zielsetzungen und Präferenzen anzupassen sucht."[71]

Solche Erweiterungen des Rationalitätsprinzips bergen natürlich aus wissenschaftstheoretischer Sicht das Problem der geringen Falsifizierbarkeit in sich. Es kann und muß jedoch trotzdem als falsifiziert gelten, nicht zuletzt aufgrund der oben angesprochenen empirischen Ergebnisse.

Entscheidend für ein Festhalten am Paradigma rationalen Handelns erscheint jedoch die Tatsache, daß das Modell rationalen Handelns trotz verschiedener falscher auch viele wahre Implikationen besitzt, eine ausreichende Approximation an die Realität darstellt und heuristisch fruchtbar sein kann.[72]

---

[70] s. Kirchgässner, G. (1988a), S. 130, ähnlich auch McKenzie, R.B./Tullock, G. (1984), S. 29, die Individuen als rational in dem Sinne betrachten, daß diese innerhalb gewisser Grenzen ihre Wünsche ermessen können und danach trachten werden, diese so gut wie möglich zu erfüllen.

[71] s. Kliemt, H. (1984), S. 16

[72] vgl. dazu Tietzel, M. (1981), S. 134 f., der sich auf Überlegungen von Popper und Watkins stützt.

2.3. Homo oeconomicus und homo sociologicus – Zerrbilder oder Abbilder der Realität?

Das Konzept des rationalen Handelns ist, wie bereits erwähnt, in der Soziologie umstritten. Der optimal informierte, jederzeit nutzenmaximal handelnde homo oeconomicus ist als Zerrbild entlarvt. Er greift zwar für die mikroökonomische Haushaltstheorie, bildet aber die Realität sozialen Handelns nur äußerst unzureichend ab. Es mangelt nicht an ihm entgegengebrachter Polemik.[73]

Fraglich erscheint jedoch, ob der antipodisch konstruierte Typ des homo sociologicus die Basis für eine schlüssige Erklärung sozialen Verhaltens liefern kann.[74]

Ausgangspunkt für die Konstruktion eines homo sociologicus ist die Überzeugung der in der Tradition von Durkheim und Parsons stehenden Soziologie, daß das zentrale Hobbessche Problem sozialer Ordnung nicht durch eine utilitaristisch-individualistische Soziologie gelöst werden könne.[75]

S. Lindenberg unterscheidet zwei Modelle des Menschen in der Soziologie, die er in Akronyme faßt und als SRSM sowie als OSAM bezeichnet.

Der SRSM entspricht dem Menschenbild des strukturellen Funktionalismus, ein **S**ocialized **R**ole-playing **S**anctioned **M**an, während der OSAM das Menschenbild des soziologischen Empirismus repräsentiert; es handelt sich um einen **O**ptionated **S**ensitive **A**cting **M**an.[76]

Während das Menschenbild des Empirismus' direkt auf Durkheims Arbeit basiert, kann der homo sociologicus des strukturellen Funktionalis-

---

[73] Eine Zusammenfassung findet sich bei bspw. bei Tietzel, M. (1981), S. 117

[74] Dahrendorf beschreibt den homo sociologicus: „Am Schnittpunkt des Einzelnen und der Gesellschaft steht der *homo sociologicus*, der Mensch als Träger sozial vorgeformter Rollen. Der Einzelne *ist* seine sozialen Rollen, aber diese Rollen *sind* ihrerseits die ärgerliche Tatsache der Gesellschaft. Die Soziologie bedarf bei der Lösung ihrer Probleme stets des Bezuges auf soziale Rollen als Elemente der Analyse; ihr Gegenstand liegt in der Entdeckung der Strukturen sozialer Rollen." (s. Dahrendorf, R. (1965), S. 16)

[75] vgl. Vanberg, V. (1988), S. 149. Zur Rekonstruktion und Kritik des Durkheimschen Programms und des soziologischen Erbes vgl. Lindenberg, S. (1983a). Eine ausführliche Betrachtung und Kritik der Sichtweise Parsons' zu Hobbes' Problem der sozialen Ordnung und der utilitaristischen Tradition findet sich bei Vanberg, V. (1975), S. 172 ff. Vgl. dazu auch Darstellung von Camic, C. (1979).

[76] vgl. Lindenberg, S. (1983), S. 14 f. und Lindenberg, S. (1985), 100 ff., wo die Menschenbilder auch kurz beschrieben werden.

mus' im Sinne Parsons' als dem Erbe Durkheims verpflichtet angesehen werden.[77]

H. Esser konstatiert noch eine weitere Abart des homo sociologicus: das dem interpretativen Paradigma (im Gegensatz zum normativen Paradigma) entspringende SSSM-Modell. Es handelt sich hierbei um den **S**ymbols interpreting **S**ituations defining **S**trategic acting **Man**.[78]

Für das Durkheimsche Menschenbild, das sein Handeln an internalisierten Normen und Sanktionen ausrichtet, lassen sich aus ökonomisch orientierter Sicht drei grundsätzliche Schwächen feststellen:[79]

1. Nicht jede Handlung kann als normativ gesteuert betrachtet werden. Handeln, das nicht an Normen und Sanktionen ausgerichtet ist, kann nicht erklärt werden.
2. Normabweichendes Verhalten kann nicht erklärt werden. Viele Menschen richten sich jedoch nicht nach Normen.
3. Es bestehen häufig zwei konkurrierende Normen, denen sich das Individuum ausgesetzt sieht. Es kann nicht erklärt werden, ob und wie zwischen diesen konfligierenden Normen entschieden wird.

Eine weitere Schwäche offenbart das Postulat der Normbefolgung im Hinblick auf den Kostenaspekt, der nicht berücksichtigt wird. Kreativität des menschlichen Handelns kommt nur im SSSM-Modell vor. Dieses wiederum vernachlässigt Maximierungsaspekt und Restriktionen.

Als zentrales Problem aller drei Varianten des soziologischen Menschenbildes erkennt Esser jedoch das Fehlen einer expliziten und präzisen Selektionsregel für das Handeln. Dieser Umstand nimmt seiner Auffassung nach den Handlungstheorien den Kern.[80]

---

[77] vgl. ebd.. Der Funktionalismus betrachtet als kleinste Einheit nicht das Individuum, sondern die Rolle, die sich durch die Befolgung einer Anzahl von Normen durch das Individuum herausbildet und die dessen Handeln lenkt.

[78] vgl. Esser, H. (1993), S. 234

[79] vgl. Opp, K.-D. (1985), S. 220 f.. Darauf weist auch Dahrendorf hin, der einen Bereich feststellt, in dem der Einzelne frei ist, seine Rollen selbst auszugestalten. Außerdem gäbe es kaum einen Menschen, der nicht zumindest gelegentlich gegen Erwartungen verstoßen würde. (vgl. Dahrendorf, R. (1965), S. 32 u. 78 f.) Fraglich ist jedoch, ob eine solche Kritik trifft. Durkheim ging davon aus, daß jeder auf irgendeine Weise unmoralisch sei, so daß nicht nur die Norm durch das Individuum internalisiert würde, sondern auch die Normabweichung und der Normkonflikt. (vgl. König, R. (1970), S. 61)

[80] vgl. Esser, H. (1993), S. 235 f. Esser konstatiert zwei weitere Probleme des Durkheimschen Programms in der Soziologie, nämlich daß bisher nicht die unverzichtbaren allgemeinen Zusammenhänge auf der Makro-Ebene gefunden werden konnten sowie die Unvollstän-

P. Weise bemerkt zu Recht, daß sowohl für den traditionellen, eng gefaßten homo oeconomicus als auch für den homo sociologicus ein Überleben nur in einer Gleichgewichtswelt möglich ist. Sobald der homo oeconomicus Normen bzw. Zwängen Folge leisten muß oder der homo sociologicus frei zu handeln hat, sie also in eine Ungleichgewichtssituation geraten, greifen beide Erklärungsansätze nicht mehr.[81]

Die Ökonomie hat den Einwänden gegen die konventionelle neoklassische Form des homo oeconomicus Rechnung getragen, ihn weiterentwickelt und den REMM als Erklärungsmodell geschaffen, den **R**esourceful **E**valuative **M**aximizing **M**an.[82]

Lindenberg hat dieses Modell übernommen und um Erwartungen und Restriktionen erweitert.
Er benutzt das Akronym RREEMM und erklärt es folgendermaßen:[83]

- **R**esourceful: der Mensch ist in der Lage, Möglichkeiten zu suchen und zu finden. Er kann lernen und ist erfinderisch;
- **R**estricted: der Mensch wird mit Knappheit konfrontiert und muß wählen;
- **E**xpecting: der Mensch verbindet subjektive Wahrscheinlichkeiten mit zukünftigen Ereignissen;
- **E**valuating: der Mensch hat seine Präferenzen geordnet und bewertet zukünftige Ereignisse;
- **M**aximizing: der Mensch maximiert seinen erwarteten Nutzen, wenn er eine Handlungsvariante auswählt;
- **M**an.

---

digkeit der bisher gefundenen empirischen Zusammenhänge von soziologischen Variablen. (vgl. Esser, H. (1991), S. 40)

[81] vgl. Weise, P. (1989), S. 148. Einschränkend muß jedoch gesagt werden, daß Weise sich speziell beim homo oeconomicus am schon zurückgewiesenen Modell der Neoklassik orientiert.

[82] vgl. Meckling, W.H. (1976), S. 545. Ein ähnlich reformuliertes, individualistisches Menschenbild findet sich bei Franz, P. (1986), S. 36 f.

[83] vgl. Lindenberg, S. (1981), S. 25 und Lindenberg, S. (1983), S. 10 f.. Esser übernimmt die Akronyme von Lindenberg und sieht, in Anlehnung an diese, den homo oeconomicus der Neoklassik als unvollständigen Spezialfall an, den er als RPSMM (Restricted, perfect informed, stable preferring, maximizing man) bezeichnet. (vgl. Esser, H. (1991), S. 52 f.) Vgl. auch Kirchgässner, G. (1980), S. 439, der den homo oeconomicus ebenfalls als Spezialfall eines umfassenderen individualistischen Verhaltensmodells einordnet. Lindenberg betrachtet den homo oeconomicus als RREEMM, angereichert mit sehr unrealistischen Modellannahmen. (vgl. Lindenberg, S. (1983), S. 54)

Unter Berücksichtigung der oben gemachten Einschränkungen der vollkommenen Rationalität und des vorgestellten Menschenbildes, kann das Treffen von Entscheidungen seitens des Individuums als Prozeß betrachtet werden, der sich in drei Phasen unterteilt: die Kognition der Situation, die Evaluation der Konsequenzen, die Selektion von Handlungsalternativen.[84]

Dieses Konzept der Aufspaltung menschlicher Entscheidungsfindung in Phasen besitzt den Vorteil, daß es Platz für die rationale Erklärung zweier Kritikpunkte am Rational Choice-Konzept bietet.

Dabei handelt es sich zum einen um die Kritik, daß sich menschliches Handeln meist als unreflektierter „habit" darstelle, speziell in ungewohnten, intransparenten Situationen, zum anderen, daß Präferenzen nicht konstant seien, sondern gemäß eines Relevanzrahmens („frame") für jede neue Handlungssituation neu definiert würden. Rationalität könne in diesem Zusammenhang bestenfalls als nachträgliche Rechtfertigung des Handelns, aber nicht als Grund der Handlung gesehen werden.[85]

Esser vertritt jedoch die Meinung, daß sich „habits" und „framing" in eine Theorie rationalen Handelns integrieren lassen, sie sogar abrunden. Eine Beibehaltung von Routine und Konservation einer Relevanzstruktur wird von ihm als rational angesehen. Das Individuum greift bei der Lösung von Alltagsproblemen auf bereits bekannte Mittel zurück, womit auch traditionales Handeln erklärt werden kann. Durch „framing" hingegen werden Situationen und ihre Zielstrukturen vereinfacht. Der Entscheidungsprozeß wird ökonomisiert.[86]

---

[84] vgl. Esser, H. (1990), S. 232

[85] vgl. ebd., S. 233 f.. Vgl. auch Esser, H. (1991), wo er auf die Schützsche Idee zurückgreift, daß sich Handeln vielfach nicht durch eine neu abgewogene Zweck-Mittel-Beziehung vollzieht, sondern im Rahmen von routineartigen Vereinfachungen erfolgt. Die Idee einer Richtschnur zur Rechtfertigung bestimmter Handlungen findet sich bereits bei Pareto, der von „Derivation" spricht. (vgl. dazu bspw. Eisermann, G. (1962), S. 103)

[86] vgl. Esser, H. (1990), S. 244. Esser bietet Erklärungen der „habits" sowohl aus lerntheoretischer Sichtweise (als Folge von Konditionierungen, die durch bestimmte Stimuli ausgelöst werden) als auch auf intentionaler Ebene an (es gibt „gute Gründe", standardisierte Prozesse ablaufen zu lassen, die meist unaufwendig, relativ effizient und normativ gestützt sind, so daß eine rationale Kalkulation nicht mehr vollzogen wird). „Framing" wird aus ethnomethodologischer Sicht durch Kommunikation und Aushandeln erklärt, aus stärker soziologisch geprägter Sichtweise als Folge von Institutionalisierungsprozessen, wobei Institutionen als festgelegte Regeln zur Lösung von Problemen definiert werden. Framing ist aber auch insofern von Bedeutung, als durch den Vorgang der Rahmung der Situation die Formulierung der Problemstellung das menschliche Handeln beeinflußt. Die Vermeidung eines Verlustes besitzt einen größeren Verhaltensanreiz als das Erzielen eines Gewinnes. Ebenso sind kulturelle Einflüsse auf die Rahmung der Situation zu konstatieren. Grundle-

In diesem Zusammenhang ist wiederum die Subjektivität menschlicher Entscheidungsfindung hervorzuheben. Das Individuum muß jede sich ihm stellende Situation definieren sowie Präferenzen und Erwartungen strukturieren, bevor es zu einer Handlungsselektion kommt. Es kommt zu einer Rahmung der Situation unter einem maßgeblichen Aspekt des weiteren Verlaufs, einer Art der Vereinfachung und Zuspitzung einer Situation im Hinblick auf ein leitendes Oberziel.[87]

Die Wirkungsproblematik von externen Normen auf menschliches Handeln wird vom ökonomischen Ansatz dadurch gelöst, daß sie als den individuellen Handlungsraum begrenzende Restriktionen betrachtet werden.[88]

Der homo sociologicus wird vom Individualismus als Unterfall rationalen Verhaltens bezeichnet, dessen Rahmen sich aus Überlebensdruck, Umweltansprüchen und Individualität konstituiert. In kleinen stabilen und relativ undifferenzierten Gesellschaften und unbeschränkten Situationen kann sich der RREEMM verhalten, als ob er ein OSAM oder SRSM wäre.[89]

Evolutionäre Veränderungen verwirren den SRSM. Der REMM bzw. RREEMM kommt zum Vorschein, die Verbindung zwischen optimalem Kosten-Nutzen-Verhältnis, wie es anhand der Präferenzen des Individuums bewertet wird, und dem überlieferten konformen Verhalten bricht zusammen. Nur so kann es zu Innovationen kommen.[90]

Normen wirken in den ersten beiden Punkten, welche die Situation beschreiben, als Bestandteile der Situation, als Nebenbedingungen. Im Rah-

---

gende Ausführungen zum Thema „framing" finden sich bei Tversky, A./Kahnemann, D. (1986). Essers Theorie wiederum wird bei Srubar, I. (1992), S. 163 als nicht schlüssig und mit nur geringem Erklärungswert behaftet kritisiert. Zur Bedeutung und Vernachlässigung von „habits" innerhalb der soziologischen Theoriebildung vgl. insbesondere Camic, C. (1986), S. 1039 ff..

[87] vgl. Esser, H. (1996), S. 2 ff., der sich dabei auf das Thomas-Theorem bezieht, nach dem Situationen real in ihren Konsequenzen sind, wenn Menschen sie als real begreifen. Menschen simplifizieren Situationen mit ihrem Übermaß an Informationen anhand der Rahmung eines leitenden Gesichtspunktes.

[88] vgl. Frey, B.S. (1989), S. 72. Die Adaption von Regeln kann jedoch auch aus rationalen Gründen erfolgen, wenn die Befolgung solcher Regeln einen höheren Nutzen verspricht als eine Entscheidung von Fall zu Fall. Gründe für die Befolgung von Regeln können die möglichen Kosten einer Entscheidungsfindung, das Fehlerrisiko und das Problem bereits bestehender Verpflichtungen sein. (vgl. hierzu Vanberg, V. (1988), S. 155 f.)

[89] vgl. Lindenberg, S. (1983), S. 54

[90] vgl. Brunner, K. (1987), S. 381, der ferner darauf verweist, daß Innovationen in der Geschichte in den allermeisten Fällen durch die Anstrengungen rationaler individueller Akteure zustande gekommen sind und nicht durch die Gesellschaft erzwungen wurden.

men des letzten Aspektes, der die subjektiven Faktoren kennzeichnet, treten sie als nicht von vornherein in ihrer Verhaltenswirksamkeit bestimmbare Zielgrößen auf.[91]

Deutlich wird durch eine solche Gegenüberstellung, daß der homo sociologicus keinen größeren Erklärungsgehalt besitzt als der homo oeconomicus, also ebenfalls einer Weiterentwicklung bedarf, um ein schlüssiges Handlungsmodell zu liefern.

Ein ökonomisch geprägtes Menschenbild kann trotz festgestellter und im weiteren noch zu konkretisierender Schwächen durchaus als Basis für die Erklärung sozialer Phänomene herangezogen werden; es eignet sich grundsätzlich nicht weniger als ein Modell, in dem der Mensch als Träger gesellschaftlich determinierter Rollen fungiert.

Dies gilt um so mehr, als es der soziologischen Theorie weiterhin an einer Handlungstheorie mangelt, welche in der Lage wäre, die angedeuteten Schwächen zu vermeiden und explikative Kraft zu entfalten.

---

[91] vgl. Zintl, R. (1986), S. 236. Gleichzeitig wird auf die Problematik hingewiesen, die sich aus diesem Ansatz ergibt. Wenn nur die Situation rationalistisch erklärt wird, bleibt ein Residuum, das nur aus dem subjektiven Bestandteil erklärt werden kann und daher die Gefahr des Scheiterns der Prognose an der Realität in sich birgt. Wenn andererseits die subjektive Komponente in die Situationsbeschreibung einbezogen wird, besteht die Gefahr der Entleerung des Ansatzes mangels empirischer Überprüfbarkeit.

2.4. Individuelle und kollektive Rationalität

Individuelles Handeln stellt sich in den meisten Fällen nicht als autonom, ohne Berücksichtigung des sozialen Umfeldes und der Handlungen anderer dar, es ist vielmehr mit Interdependenzen behaftet.

Rationalität in sozialen Situationen muß die Handlungen und Interessen anderer berücksichtigen, also zumindest Vermutungen über deren Verhalten anstellen. Sind diese Vermutungen gebildet, wird das rationale Individuum seine Handlungen daran orientieren und versuchen seinen Nutzen zu maximieren.[92]

Dabei kommt es jedoch durch das individuell rationale Handeln häufig zu kollektiv suboptimalen Ergebnissen.

Spieltheoretische Modelle vom Typ des Gefangenen-Dilemmas (im folgenden auch „PD", nach dem englischen „Prisoner's Dilemma", abgekürzt) haben in den Sozialwissenschaften weite Verbreitung zur Darstellung von Problemen der kollektiv optimalen Entscheidung rational handelnder Subjekte gefunden.[93]

Die Konstellation des Gefangenen-Dilemmas wird auf folgende Weise beschrieben:[94]
Zwei Personen werden beschuldigt, ein schweres Verbrechen begangen zu haben, die Beweise reichen nicht für eine Verurteilung aus. Eine kleinere Straftat kann jedoch bewiesen werden, auch wenn beide leugnen. Sie würde für jeden ein Jahr Gefängnis nach sich ziehen. Wenn jedoch einer der beiden (E) das große Verbrechen gesteht, bringt ihm das Straffreiheit und dem anderen (A) eine zehnjährige Gefängnisstrafe ein. Falls beide das schwere Verbrechen gestehen, bringt dies beiden acht Jahre Haft.

---

[92] vgl. Tack, W.H. (1991), S. 155, der in diesem Zusammenhang von „strategischer Rationalität" spricht, im Gegensatz zur „individuellen Rationalität", bei der die Handlungskonsequenzen nur von der Handlung des Individuums abhängen.

[93] In diesem Problemkreis stechen besonders die Arbeiten von Ullmann-Margalit, Schotter und Axelrod hervor, die auch die Basis dieses Abschnitts bilden. Während sich Ullmann-Margalit und Axelrod explizit mit Normen beschäftigen, spricht Schotter von „social institutions"; dieser Ausdruck kann jedoch als synonym zu Normen angesehen werden.

[94] vgl. Singer, G. (1976), S. 69. Ähnliche Darstellungen finden sich in allen Büchern zur Spieltheorie oder zu Problemen kollektiven Handelns.

Die folgende Matrix verdeutlicht die Situation:

		A: leugnen	A: gestehen
B	leugnen	-1 / -1	0 / -10
	gestehen	0 / -10	-8 / -8

Das Gefangenen-Dilemma in Matrixform
Quelle: Singer, G. (1976), S. 70

Die Problematik stellt sich folgendermaßen dar: Der beste Ausgang für beide wäre zu leugnen, sie kämen mit jeweils einem Jahr davon.

Falls nun beide aus Mißtrauen dem anderen gegenüber gestehen, also rational handeln, indem sie versuchen ihren Nutzen zu maximieren, bzw. in diesem Fall durch ein Geständnis ihren Schaden zu minimieren, werden sie das kollektiv ungünstigste Ergebnis realisieren, nämlich acht Jahre Haft für jeden. Es wäre somit für beide nützlich, wenn sie einem gewissen Verhaltensmuster folgen könnten, das ihnen eine Möglichkeit zur Vermeidung des ungünstigen Ausgangs eröffnet.

Es kann festgehalten werden: Zwei Egoisten, die ein so geartetes Spiel mit der Möglichkeit zur Kooperation oder zur Defektion nur einmal oder eine begrenzte Anzahl von Durchgängen spielen, besitzen keinen Anreiz zu kooperieren. Sie werden ab dem ersten Durchgang defektieren.[95]

Menschen können nicht nur als individuell handelnd betrachtet werden, sie formieren vielmehr auch Gruppen und Organisationen, die das Handeln von Individuen zu einem kollektiven Verhalten oder Handeln transformieren.[96]

Dabei treten jedoch Konstellationen auf, die unter Annahme des Nutzenmaximierungskonzeptes rational handelnder Individuen zu Problemen führen.

---

[95] vgl. Axelrod, R. (1987), S. 9, vgl. auch Schotter, A. (1981), S. 12, der als Prämisse für seine Überlegungen wiederkehrende Situationen voraussetzt. Im oben beschriebenen Gefangenen-Dilemma kann Leugnen als Form der Kooperation betrachtet werden, Gestehen als Defektion.

[96] vgl. auch die Unterscheidung zwischen der Rationalität von Akteuren und der Rationalität von Systemen bei Godelier, M. (1972).

Ausgangspunkt solcher Überlegungen ist die These M. Olsons über das Verhalten von rationalen Individuen in einer Gruppe: „Außer wenn die Zahl der Individuen in einer Gruppe ziemlich klein ist oder Zwang oder irgendein anderes spezielles Mittel angewendet werden kann, um die einzelnen zu bewegen, in ihrem gemeinsamen Interesse zu handeln, *werden rationale, im Eigeninteresse handelnde Individuen tatsächlich nicht so handeln, daß ihr gemeinsames oder Gruppeninteresse verwirklicht wird.*“[97]

Individuen gründen Organisationen, weil sie mit deren Existenz einen bestimmten Zweck verbinden. Die Aufgabe von Organisationen kann beispielsweise die Herstellung, Beschaffung oder Bereitstellung eines öffentlichen oder kollektiven Gutes sein.[98]

Kennzeichnend für ein Kollektivgut sind zwei Eigenschaften:[99]

1. Gemeinsamkeit der Versorgung, d.h., der Konsum einer Person reduziert die verfügbare Menge der anderen nicht.
2. Unmöglichkeit des Ausschlusses, was bedeutet, daß es nicht möglich ist, Mitglieder der Gruppe, für die das Kollektivgut bestimmt ist, vom Konsum des Gutes auszuschließen.

Wie schon oben angedeutet, wird es einer kleinen Gruppe wahrscheinlich leichter fallen, ein Kollektivgut zu beschaffen als einer großen. Es existieren aber noch andere Einflußgrößen, welche die Wahrscheinlichkeit der Herstellung eines Kollektivgutes beeinflussen. So wird ein Kollektivgut dann hergestellt, wenn eine bestimmte Menge eines Kollektivgutes zu Kosten bereitgestellt werden kann, die, gemessen am Nutzen, so gering sind, daß ein Mitglied der Gruppe noch etwas gewinnen würde, wenn es das Gut alleine herstellt.[100]

---

[97] s. Olson, M. (1968), S. 2. Als Gruppe bezeichnet Olson „eine Anzahl von Personen mit einem gemeinsamen Interesse“. (s. ebd., S. 7) Olsons Gruppendefinition vernachlässigt allerdings in der Soziologie wesentliche Definitionselemente einer sozialen Gruppe, wie ein „Wir-Gefühl“ der Gruppenzugehörigkeit oder ein System gemeinsamer Normen und Werte. (vgl. für eine Zusammenfassung solcher Definitionselemente z.B. Schäfers, B. (1994), S. 21)

[98] vgl. ebd., S. 14 f.. Es kann jedoch auch um die Beseitigung eines öffentlichen Ungutes gehen, wie es beispielsweise Coleman mit Hilfe von Äsops Fabel „Der Rat der Mäuse“ verdeutlicht. (vgl. Coleman, J.S. (1991), S. 350) Zum Problem der „Collective Bads“ vgl. auch Hardin, R. (1982), S. 61 ff.. Die Begriffe der Herstellung, Beschaffung und Bereitstellung eines öffentlichen Gutes werden im folgenden synonym verwendet.

[99] vgl. Hardin, R. (1982), S. 17. Coleman bezeichnet die erste Eigenschaft als Nichterhaltung.

[100] vgl. Olson, M. (1968), S. 21

Aus der geringen Teilbarkeit von Kollektivgütern ergibt sich, daß die erste Einheit des Gutes um ein Vielfaches teurer ist als die restlichen Einheiten, was den einzelnen zu folgenden Fragen veranlaßt: Zum einen, ob sein Gesamtnutzen, falls er einen Teil des Gutes beschafft, größer ist als die Gesamtkosten dieser Menge des Gutes; zum anderen, wieviel er beschaffen sollte. Die Antwort ergibt sich aus dem Verhältnis Grenzkosten-Grenznutzen.[101]

In Kleingruppen trägt folglich das Mitglied mit dem größten Nutzen einen überproportionalen Teil der Kosten; es besteht die Tendenz der Ausnutzung der Großen durch die Kleinen. Für niemanden besteht mehr ein Anreiz ein Kollektivgut zu beschaffen, wenn die Menge mit dem größten Wert schon bereitgestellt wurde.

Wenn die Wahrscheinlichkeit der Beschaffung in Kleingruppen auch relativ groß ist, so besteht doch eine Tendenz zur suboptimalen Versorgung mit Kollektivgütern.[102]

Schon am Beispiel von Kleingruppen sind die Schwierigkeiten erkennbar, die sich bei der Beschaffung von Kollektivgütern ergeben. Diese Schwierigkeiten verstärken sich mit zunehmender Größe der Gruppe.

Große oder, wie Olson sie auch nennt, latente Gruppen sind viel weniger von sozialem Zusammenhalt geprägt als Kleingruppen. Die Handlung einzelner fällt weniger ins Gewicht, soziale Anreize greifen weniger. Eine große Gruppe ist keine Freundschaftsgruppe.[103]

Das Verhalten von Individuen in großen Gruppen kann im engeren Sinne als eigennützig bezeichnet werden. Wie schon oben bemerkt, erscheint in großen Gruppen eine restriktive Egoismusannahme für das individuelle Verhalten passender.

Große Gruppen werden ohne Zwang oder äußere Anreize nicht einmal geringe Mengen eines Kollektivgutes herstellen.[104]

---

[101] vgl. ebd., S. 25

[102] vgl. ebd., S. 26 ff.. Zu einer optimalen Versorgung kommt es nur, wenn die Grenzkosten zusätzlicher Einheiten des Gutes auf die gleiche Weise wie der Nutzen aufgeteilt werden.

[103] vgl. ebd., S. 61 f.. Als Sonderfall beschreibt er eine sog. föderative Gruppe, eine große Gruppe als Vereinigung von Kleingruppen.

[104] vgl. ebd., S. 47. Eine Kritik an dieser Sichtweise findet sich bei Oliver, P.E./Marwell, G. (1988), die davon ausgehen, daß größere Gruppen größere Ressourcen zur Verfügung haben und eine höhere Anzahl stark am Entstehen von Kollektivgütern interessierter Individuen beherbergen. Für sie nimmt die Wahrscheinlichkeit der Beschaffung nur dann ab, wenn die Kosten der Beschaffung mindestens proportional zur Zahl der Gruppenmitglieder steigen, so daß bei zunehmender Gruppengröße die Bereitschaft zum Trittbrettfahren steigt.

Dabei wird der homo oeconomicus, bei Annahme der weitgehenden Präferenzunabhängigkeit der Handlungsrationalität, in einer Situation kollektiven Handelns als „worst case“ angesehen. Er wird selbst dann die Kooperation verweigern, wenn die Bereitstellung eines öffentlichen Gutes ein von ihm besonders präferiertes Objekt betrifft.[105]

Selbst wenn in großen Gruppen kollektive Güter beschafft werden sollten, besteht immer noch das Problem der „Trittbrettfahrer“, derjenigen, die zwar von den Vorteilen eine Kollektivgutes profitieren, jedoch selbst keinen Beitrag leisten.

Hier ist, wie V. Vanberg es in Abwandlung des bekannten Idioms von A. Smith formuliert, eine „sichtbare Hand“ nötig, um im Zusammenspiel verschiedener individueller Interessen ein soziales Resultat zu schaffen, das die Interessen aller Beteiligten optimal kombiniert.[106]

Ein Kollektivgut wird demnach nur entstehen, wenn die Gruppe gewisse Mechanismen installiert, welche die Individuen dahingehend beeinflussen, entgegen ihrer ursprünglichen individuellen Rationalität zu handeln und sich an der Bereitstellung des Kollektivgutes zu beteiligen.

Olson subsumiert solche Mechanismen unter besonderen und „selektiven“ Anreizen, die in einer latenten Gruppe wirken müssen. Selektiv in dem Sinne, daß diejenigen Gruppenmitglieder, die sich der auf das Gruppenziel hinarbeitenden Organisation anschließen, anders behandelt werden müssen als diejenigen, die dies nicht tun. Olson sieht z.B. gesellschaftliche Belohnungen und Sanktionen als selektive Anreize dadurch begründet, daß gesellschaftliche Stellung und Geltung als private Güter anzusehen sind.[107]

Zur Installation solcher Mechanismen ist, zumindest in größeren Gruppen, eine Form der Gruppenorganisation nötig, die als Sanktionsinstanz die selektiven Anreize so steuert, daß es im Eigeninteresse jedes Individuums liegt, seinen Beitrag zum Entstehen des Kollektivgutes zu leisten. Berücksichtigt werden müssen jedoch die Organisationskosten, die mit zunehmender Gruppengröße steigen.[108]

---

[105] vgl. Schüßler, R. (1988), S. 453

[106] vgl. Vanberg, V. (1978), S. 660

[107] vgl. Olson, M. (1968), S. 49 u. S. 59 f., auch für die Darstellung weiterer Anreize. Olson führt aus: „Nur ein *besonderer* und *„selektiver“ Anreiz* wird ein rational handelndes Mitglied einer latenten Gruppe dazu bewegen, gruppenorientiert zu handeln. Unter solchen Umständen kann ein gemeinsames Handeln nur durch einen Anreiz erzielt werden, der nicht wie das Kollektivgut unterschiedslos auf die Gruppe als Ganzes wirkt, sondern vielmehr *selektiv* auf die einzelnen Personen in der Gruppe.“ (s. Olson, M. (1968), S. 49 f.)

[108] vgl. ebd., S. 45 ff. und Vanberg, V. (1978), S. 664

Olson hält fest, daß die einzigen Organisationen, die über selektive Anreize verfügen, diejenigen sind, die über Macht und Fähigkeit zur Ausübung von Zwang verfügen und den Gruppenmitgliedern einer latenten Gruppe positive Anreize bieten können.[109]

Ungelöst bleibt bei der Argumentation Olsons jedoch die Frage, warum Individuen private Güter, die sie besitzen, als selektive Anreize einsetzen sollen.

Der Einsatz selektiver Anreize, um andere zum kollektiven Handeln zu bewegen, stellt selbst eine Form des kollektiven Handelns dar. Es handelt sich hier auch um ein kollektives Gut.[110]

Die Ansicht, daß der Mensch rein egoistisch handelt, hat jedoch, auch vor dem Hintergrund der Entfernung vom traditionellen Bild des homo oeconomicus, eine gewisse Modifikation erfahren. Bestimmte Präferenzen der Gruppenmitglieder wie Gerechtigkeitsempfinden, Prinzipien der Fairneß oder Altruismus können das Kollektivverhalten von Individuen unabhängig von selektiven Anreizen beeinflussen.[111]

Nichtsdestoweniger ist die Einbindung möglichst aller Gruppenmitglieder und die Verhinderung von Trittbrettfahren als zentrales Problem kollektiven Handelns anzusehen.

Eine Lösung des Problems öffentlicher Güter ist auch in Sicht, wenn die Möglichkeit der Exklusion gegeben ist, d.h., wenn diejenigen Personen, die sich nicht für eine Teilnahme entscheiden, vom Genuß der Vorteile des öffentlichen Gutes ausgeschlossen werden können.[112]

Das Trittbrettfahrerproblem löst sich in dem Moment auf, wenn die einzelnen Akteure erkennen, daß eine Weigerung zu kooperieren, sie vollständig von den Vorteilen ausschließt, die ihnen das öffentliche Gut bringen würde.

---

[109] vgl. Olson, M. (1968), S. 131 ff., wo auch die Lobbybildung in latenten Gruppen als Nebenprodukt abgehandelt wird.

[110] vgl. Oliver, P. (1980), S. 1361

[111] vgl. Knoke, D. (1988), S. 326, der weiterhin eine Betrachtung verschiedener Anreizmechanismen liefert. Vgl. auch Weede, E. (1992), S. 129 und die dort angegeben Literaturhinweise zu empirischen Untersuchungen in dieser Richtung. Der Ursprung dieser Präferenzen kann sowohl im Menschen an sich liegen, z.B. während des Sozialisationsprozesses entstanden sein. Sie können aber durch die Umgebung verstärkt oder gar geschaffen werden

[112] vgl. Buchanan, J.M. (1984), S. 57. In diesem Fall wird ein öffentliches Gut allerdings eher über einen gemeinsamen Konsum als über das Kriterium der Nichtexklusivität definiert.

Eine solche Exklusion eines oder mehrerer Mitglieder kann für die in der Gruppe Verbleibenden jedoch ausgesprochen kostspielig sein. Es muß allerdings nicht zu Exklusionen kommen, da allein die Androhung eines solchen Vorgehens die Mitglieder zur Kooperation anhalten kann.[113]

Weitere Interaktionssituationen, die zur Erreichung eines kollektiv rationalen Ergebnisses der Entstehung von Normen bedürfen, sind Koordinationssituationen. Ebenso werden Ungleichgewichtssituationen und Probleme des Typs kooperativer Spiele als Auslöser für Normentstehung diskutiert.[114]

Die beiden letzten genannten Typen haben jedoch nicht den gleichen systematischen Stellenwert wie die beiden erstgenannten. Deshalb sollen sie hier vernachlässigt werden.[115]

Ein Koordinationsproblem liegt z.B. bei der Wahl der zu befahrenden Straßenseite vor. Falls alle Verkehrsteilnehmer auf der von ihnen aus rechten Seite fahren, werden keine Probleme entstehen. Falls alle auf der linken Seite fahren ebenfalls nicht. Problematisch wird es allerdings dann, wenn ein Teil der Verkehrsteilnehmer links und ein anderer Teil rechts fährt. Es wäre also für alle Beteiligten vorteilhaft, ihr Verhalten zu koordinieren.

Koordinationsprobleme können dadurch gekennzeichnet werden, daß sie Situationen interdependenter Entscheidungen sind. Dies sind Situationen, in die zwei oder mehr Personen involviert sind und sich für eine von mehreren Handlungsalternativen entscheiden müssen. Das Ergebnis der Handlung hängt jedoch von der Handlungsentscheidung des oder der anderen ab, in dem Sinne, daß mindestens zwei Handlungskombinationen existieren, die von allen Beteiligten präferiert werden könnten. Die beste Entscheidung jedes einzelnen hängt also davon ab, welche Handlung er vom anderen erwartet, in der Gewißheit, daß der andere ebenfalls Vermutungen anstellen wird, was das erste Individuum tun wird.[116]

Es existieren verschiedene Formen von Koordinationsproblemen, je nachdem, inwiefern die Interessen der Beteiligten übereinstimmen.

---

[113] vgl. ebd.. In solchen Fällen kommt wiederum die Idee Olsons der Nebenprodukte zum Tragen, die besondere Bedeutung besitzen, wenn ein Ausschluß von den Vorteilen öffentlicher Güter einhergeht mit der Aberkennung bestimmter Rechte aus privaten Gütern. (vgl. hierzu Olson, M. (1968), S. 130 ff.)

[114] vgl. Ullmann-Margalit, E. (1977), S. 9 und Schotter, A. (1981), S. 22

[115] vgl. zur Begründung: Schotter, A. (1981), S. 26 f. und Vanberg, V. (1984), S. 130 f.

[116] vgl. Ullmann-Margalit, E. (1977), S. 78

Bei einer vollständigen Übereinstimmung der Interessen spricht man von einem vollkommenen Koordinationsproblem. Den handelnden Personen ist es gleichgültig, durch welche Art der Handlung das Koordinationsproblem gelöst wird. Es ist, um oben genanntes Beispiel aufzugreifen, egal, ob rechts oder links gefahren wird. Von einem unvollkommenen Koordinationsproblem wird gesprochen, wenn die Akteure Präferenzen für eine bestimmte Lösung des Problems haben, also entweder für Rechtsfahren oder für Linksfahren sind. Diese Präferenzen überwiegen aber nicht das grundsätzliche Interesse an der Lösung des Koordinationsproblems.[117]

Durch eine Art Lernprozeß kann sich bei repetitiven Spielen von der Art eines Koordinationsproblems ein Gleichgewichtszustand oder eine Konvention herausbilden, die bei einem erneuten Auftauchen desselben Problems angewendet wird.[118]

Das Koordinationsproblem unterscheidet sich von der PD-Situation dadurch, daß bei ersterem kein Beteiligter einen Anreiz zur Defektion besitzt, da es ihm, um das Verkehrsbeispiel aufzugreifen, keinen Vorteil bringt, als einziger auf der falschen Straßenseite zu fahren.

Solche Probleme zeichnen sich also durch die Herausbildung selbsttragender bzw. selbstverstärkender Konventionen aus.[119]

Während Normen in Koordinationssituationen eher den Charakter von Verhaltensregelmäßigkeiten haben und zumeist keiner zusätzlichen Unterstützung bedürfen, da kein oder ein nur sehr geringer Anreiz zur Defektion existiert, besteht beim Gefangenen-Dilemma die Notwendigkeit der Unterstützung von Normen. In n-Personen-PD-Situationen kann Defektion dem einzelnen Vorteile zu Lasten der Allgemeinheit bringen.

Ein n-Personen-Gefangenen-Dilemma kann auch zur Illustration der Problematik kollektiven Handelns herangezogen werden. Es wird wiederum

[117] vgl. ebd.. Weede macht den Unterschied zwischen Koordinations- und PD-Situationen recht drastisch deutlich, indem er erstere gutartig und letztere bösartig nennt. (vgl. Weede, E. (1992), S. 29)

[118] vgl. Schotter, A. (1981), S. 23 u. S. 39

[119] vgl. Ullmann-Margalit, E. (1977), S. 96 f. u. Schotter, A. (1981), S. 9 f.. Zum Begriff der Konvention vgl. auch Hardin, R. (1982), S. 158 f.. Als besonderes Beispiel einer Koordinationsprobleme lösenden Konvention kann der Gebrauch von Geld gelten. (vgl. Vanberg, V. (1984), S. 137) Zur Lösung von Kooperationsproblemen durch ihre Betrachtung als Lernsituation vgl. auch Schmid, M. (1995), S. 43.

ein Modell konstruiert, in dem die Beteiligten zwei Wahlmöglichkeiten haben, nämlich zu kooperieren oder zu defektieren.[120]

Wenn kein Beteiligter defektiert, passiert nichts. Wenn jedoch eine Person defektiert, so wird dies ihr einen Gewinn und den anderen eine Verlust bringen. Falls sie wiederum beim Defektieren „erwischt" wird, so entsteht ihr ein herber Verlust durch Bestrafung. Der bestrafenden Person aber entstehen ebenfalls Kosten für die Bestrafung.

Das System besteht in diesem Fall aus zwei Komponenten: der Kühnheit der Defektierenden und der Bestrafungswilligkeit der Anderen.[121]

Die entscheidende Bedingungen, um eine Norm zu setzen und stabil zu halten, sind demnach: der Wille der Kooperierenden zur Bestrafung derer, die Defektion erkennen und nicht bestrafen sowie der Wille zur Bestrafung der Defektierenden selbst.[122]

Eine Entstehung und Beibehaltung von Normen ist in PD-Situationen also nur durch zusätzliche Sanktionierung von Defektion bzw. durch Androhung von Sanktionen möglich, so daß die kurzfristigen Vorteile der Abweichung durch die langfristig entstehenden Nachteile kompensiert oder überschritten werden.[123]

Heckathorn weist jedoch einschränkend auf die Instabilität kollektiver Sanktionen als Mittel der Verhaltenskontrolle in PD-Situationen hin. In dem Maße, wie sie Zustimmung hervorrufen können, können sie auch eine Rebellion verursachen. Die Reaktion der Gruppe hängt von Gruppengröße, interner Kohäsion und verwandten Faktoren ab.[124]

Das Erfahren von Sanktionen für abweichendes Verhalten kann bei wiederkehrenden PD-Situationen zu einem Lernprozeß führen, der dem bei Koordinationsproblemen ablaufenden ähnlich ist und langfristig zu Verhaltensregelmäßigkeiten führt, die sozial vorteilhaft sind.[125]

---

[120] vgl. Hardin, R. (1982), S. 27 f. u. Axelrod, R. (1986), S. 1098

[121] vgl. Axelrod, R. (1986), S. 1098

[122] vgl. ebd., S. 1102. Axelrod bezeichnet diese Konstellation als „Metanorm".

[123] vgl. aber auch Raub, W./Voss, T. (1986), S. 316, die durch die Möglichkeit der Spieler, andere mit Nichtkooperation zu bedrohen, die Entstehung eines endogenen Sanktionsmechanismus' in Betracht ziehen, so daß eine strategische Interdependenz entsteht, die eine externe Überwachung und Sanktionierung überflüssig macht.

[124] vgl. Heckathorn, D.D. (1988), S. 536. Dem Akteur eröffnen sich dabei laut Heckathorn drei Verhaltensmöglichkeiten: Anpassung, Passivität oder Aufstand. (vgl. ebd., S. 543)

[125] vgl. Vanberg, V. (1984), S. 139

Weitere Komponenten, die eine Normentstehung in PD-Situationen unterstützen und zu deren Stabilität beitragen können, sind: Dominanz einer Gruppe über eine andere, Internalisierung von Normen, Abschreckung, soziale Bestätigung, Mitgliedschaft und Reputation.[126]

Als mögliche Lösung des Gefangenen-Dilemmas kommt jedoch auch die auf dem Prinzip der Reziprozität beruhende TIT FOR TAT-Strategie in Frage, die sich in einer von Axelrod veranstalteten Art Computer-Turnier als erfolgreichste Strategie bei der Bewältigung des Problems der PD-Situation erwies.[127]

Eine weitere Lösung von Problemen kollektiven Handelns nach Art des Gefangenen-Dilemmas kann, neben der spontanen Lösung durch die Beteiligten, auch eine externe Lösung durch eine äußere beobachtende und sanktionierende Kraft sein.[128]

Das Problem der Trittbrettfahrer ist das Hauptproblem bei der Beschaffung und Nutzung öffentlicher Güter.

Wie am Beispiel des Gefangenen-Dilemmas gezeigt, bestehen für den einzelnen Anreize, sich bei der Beschaffung öffentlicher Güter abweichend gegenüber der Majorität zu verhalten. Dies ist immer dann der Fall, wenn er davon ausgehen kann, daß die Masse sich konform verhält und er somit trotz seiner Defektion in den Genuß des beschafften Gutes kommt.

Trittbrettfahren kann deshalb, wie oben schon ausgeführt, vor allem durch ein funktionierendes System von Normen und Sanktionen reduziert bzw. eliminiert werden. Andererseits ist zu beachten, daß die durch das Gefangenen-Dilemma dargestellte Situation notwendigerweise eine verkürzte Darstellung realer Handlungen darstellt.[129]

---

126 vgl. Axelrod, R. (1986), S. 1102 ff.

127 vgl. Axelrod, R. (1987), S. 25 ff.. Das TIT FOR TAT-Modell, eingereicht von A. Rapoport, beginnt mit kooperativem Verhalten und tut danach, was der andere Spieler im vorangegangenen Zug getan hat; es ist somit prinzipiell bereit, abweichendes Verhalten der anderen zu bestrafen. Vanberg und Buchanan beschreiben die TIT FOR TAT-Strategie als Basismuster des Konzeptes der Reziprozität. Diese wird von Individuen angenommen, weil sie ihnen Erfolg verspricht. Die Muster reziproken Verhaltens können als Mischung zweier Mechanismen angesehen werden, nämlich zum einen der genetischen Evolution und zum anderen des individuellen Lernens. (vgl. Vanberg, V./Buchanan, J.M. (1988), S. 145 f.)

128 vgl. Taylor, M. (1990), S. 225. Eine solche externe Lösung kann wiederum in zentralisiert und dezentralisiert unterteilt werden. Eine dezentralisierte Lösung ist dadurch gekennzeichnet, daß die Initiative für eine solche Lösung von vielen Gruppenmitgliedern ausgeht, während die zentralisierte Lösung nur von einigen wenigen getragen wird. Als Beispiel für eine zentralisierte Lösung dient der Staat, Beispiel für eine dezentralisierte Lösung ist eine Gemeinschaft.

129 vgl. dazu auch die Kritik bei Hechter, M. (1990b)

2.5. Entstehung sozialer Normen und deren Anwendung

Menschliches Verhalten wird zu einem beträchtlichen Teil von sozialen Normen beeinflußt. Die zweite fundamentale Determinante des Handelns sind die Präferenzen des Individuums.

Während die Soziologie eine Trennung zwischen Präferenzen und Restriktionen kaum vornimmt, trennt die Ökonomie streng zwischen beiden.[130]

Normen werden in der Ökonomie nicht, oder allenfalls am Rande behandelt, weil für die Nationalökonomie Wirtschaft nur dann vorliegt, wenn soziale Normen das wirtschaftliche Handeln der einzelnen nicht vollständig bestimmen. Daher müssen diese Normen relativ allgemeiner Natur sein, um den Handelnden einen Entscheidungsspielraum zu lassen.[131]

Eine Theorie der Normen, die auf dem Modell rationalen Handelns basiert, muß daher gewisse Freiräume für die Individuen berücksichtigen und soll die Entstehung von Normen als evolutionären Prozeß im Rahmen der Interaktion eigeninteressierter Akteure erklären. D.h. die Existenz eines überindividuellen gesellschaftlichen Anpassungsmechanismus ist nicht notwendig.[132]

Normen, die auf dem Verhaltensmodell des Rational Choice-Ansatzes basieren, sind bei Coleman, dessen Terminologie hier gefolgt werden soll, durch verschiedene Faktoren abgegrenzt und klassifiziert:[133]

- Normen sind auf bestimmte Handlungen gerichtet, die Fokalhandlungen genannt werden.
- Es wird unterschieden zwischen proskriptiven Normen, die eine Fokalhandlung verbieten, und präskriptiven, die eine Fokalhandlung vorschreiben.

---

[130] vgl. Kirchgässner, G. (1980), S. 425 f.. Grund für die mangelhafte Trennung könnte die Schwierigkeit der Soziologie sein, Einflußfaktoren, die auf Präferenzen wirken, von auf Restriktionen wirkenden Einflußfaktoren zu separieren. Als Beispiel benutzt Kirchgässner, daß die Präferenzen bestimmende Schichtzugehörigkeit nicht unabhängig vom Restriktionen determinierenden Einkommen ist. Vgl. auch Frey, B.S. (1980), S. 24 zur Unterscheidung zwischen monetären und nicht-monetären Restriktionen.

[131] vgl. Tenbruck, F.H. (1964), S. 278, auch Coleman erwähnt die Möglichkeit der Vernachlässigung sozialer Normen im Rahmen der Theorie der rationalen Wahl, betrachtet dies jedoch als unzulässige Einschränkung der Theorie. (vgl. Coleman, J.S. (1991), S. 312)

[132] vgl. Vanberg, V. (1984), S. 123 sowie Vanberg, V. (1978), S. 654

[133] vgl. Coleman, J.S. (1991), S. 318 f. und die auf S. 316 f. angegebenen Beispiele.

- Mitglieder einer Klasse von Akteuren, deren Handlungen Fokalhandlungen sind, werden Zielakteure genannt.
- Personen, die von einer Norm profitieren und das Recht besitzen, die Zielhandlung zu kontrollieren, sind Nutznießer.
- Wenn bei einer Norm Zielakteure und Nutznießer nicht identisch sind, spricht man von einer disjunkten Norm. Sind die Akteure gleichzeitig Nutznießer und Ziel der Norm, handelt es sich um eine konjunkte Norm.
- Erfolgt die Wahl einer Fokalhandlung willkürlich und wird die korrekte Handlung durch eine Konvention festgesetzt, spricht man von einer konventionellen Norm. Falls die Zielrichtung der Norm von mehr als nur Konventionen abhängt und ein Interesse der Nutznießer an einer Handlung besteht -gleichgültig ob eine Norm existiert oder nicht- handelt es sich um eine essentielle Norm.

Der Normbegriff, der im Rahmen des Rational Choice-Ansatzes verwendet wird, soll und kann lediglich einen Ausschnitt des üblicherweise mit dem Begriff der Norm verbundenen Spektrums abdecken.

Normen spezifizieren die von einer Gruppe als korrekt oder inkorrekt angesehenen Handlungen. Die Personen, die eine Norm kreieren, versprechen sich einen Gewinn von der Normbefolgung und fühlen eine Beeinträchtigung, falls die Norm nicht befolgt wird; als Durchsetzungsmechanismen fungieren Sanktionen.[134]

Coleman definiert den Begriff der Norm: „Ich möchte sagen, daß in bezug auf eine spezifische Handlung eine Norm existiert, wenn das sozial definierte Recht auf Kontrolle der Handlung nicht vom Akteur, sondern von anderen behauptet wird."[135]

Dies impliziert gleichzeitig einen Konsens innerhalb des sozialen Systems über den Besitz des Kontrollrechts über eine Handlung durch andere.[136]

---

[134] vgl. ebd., S. 313, vgl. auch Opp, K.-D. (1983), S. 29 f., der die Annahme, daß die Entstehung von Normen unmittelbar mit den mit einer Normsetzung verbundenen Belohnungen und Bestrafungen zusammenhängt, als „Basishypothese" der Normentstehung bezeichnet.

[135] s. Coleman, J.S. (1991), S. 313, vgl. auch Coleman, J.S. (1986), S. 56. Opp meint hingegen: „Es erscheint (...) gerechtfertigt, *Normen* als *geäußerte Erwartungen* zu bezeichnen. Entsprechend *besteht eine zentrale Frage einer Theorie der Normentstehung darin zu erklären, unter welchen Bedingungen Erwartungsäußerungen auftreten.*" (s. Opp, K.-D. (1983), S. 4)

[136] vgl. Coleman, J.S. (1991), S. 313. Ein nicht gesetzlich definiertes Recht wird von mindestens zwei Personen konstituiert, wobei über die Existenz eines Rechtes, in einer bestimmten

Zentraler Begriff für die Entstehung sozialer Normen ist die Existenz externer Effekte (auch Externalitäten).

Externe Effekte entstehen immer dann, wenn das Handeln eines Akteurs Konsequenzen für einen anderes Individuum hat.

Aus ökonomischer Sicht werden externe Effekte definiert als interindividuelle Wohlfahrtswirkungen, die sich nicht in Marktvorgängen niederschlagen, so daß die Lösungen des Marktes inkonsistent zu den Gleichgewichtsbedingungen des Wohlfahrtsoptimums sind.[137]

Bei der Existenz positiver externer Effekte ist eine Handlung für einen anderen gewinnbringend; existieren negative externe Effekte, so schadet die Handlung einem anderen. Es ist auch der Fall denkbar, daß eine Handlung für ein anderes Individuum positive, und für ein weiteres Individuum negative externe Effekte hat.[138]

Opp spricht von Externalitäten als „...positiv oder negativ bewertete[n] Konsequenzen sozialer Interdependenzen...“, die somit nur bei einer Interaktion von mindestens zwei Individuen auftreten können.[139]

Externe Effekte rufen bei den von ihnen Betroffenen Reaktionen hervor. Diese fallen wiederum auf die Verursacher dieser Externalitäten zurück.

Im Falle negativer externer Effekte werden die Betroffenen ein Interesse daran haben, daß die Ursachen für die externen Effekte beseitigt werden oder eine angemessene Entschädigung erfolgt, was den Verursachern nicht zusagen wird. Bei der Existenz positiver externer Effekte werden die Nutznießer verständlicherweise ein Interesse an der Beibehaltung und ggf. För-

---

Situation etwas zu tun oder zu unterlassen, Konsens oder Dissens bestehen kann. Diese Konstellation kann als Handlungsrecht bezeichnet werden. Coleman faßt zusammen: „Vorläufig kann man sagen, daß ein Akteur das *Recht* hat, eine Handlung auszuführen oder ausführen zu lassen, wenn alle, die von der Ausführung dieses Rechts betroffen sind, die Handlung ohne Einwand hinnehmen.“ (s. Coleman, J.S. (1991), S. 62) Vgl. auch Coleman, J.S. (1993), S. 219 f.. Vgl. aber auch Lindenberg, S. (1993), S. 235, der diese Definition als unzureichend betrachtet und den Rückgriff auf einen mehr oder minder stabilen Konsens der von einer Handlung Betroffenen über das, was unter bestimmten Umständen richtig oder falsch ist, vorschlägt.

137 vgl. Krüsselberg, H.-G. (1983), S. 64, wo vier verschiedene Arten von externen Effekten unterschieden werden: Solche zwischen Produzenten, zwischen Konsumenten, zwischen Produzenten und Konsumenten sowie zwischen Faktoranbietern.

138 vgl. Coleman, J.S. (1991), S. 321. Beispiel für positive externe Effekte kann der Fall des Imkers und des Obstbauern sein, als Beispiel für einen negativen externen Effekt ist Umweltverschmutzung zu nennen.

139 s. Opp, K.-D. (1983), S. 69 (Zitat im Original kursiv)

derung der diese Effekte produzierenden Handlung haben. Die Verursacher werden darauf drängen, eine Prämie für ihre Handlung zu bekommen.[140]

Coleman weist darauf hin, daß solche Konstellationen mit Hilfe eines Marktes für Kontrollrechte an Handlungen zu lösen wären, ein solcher Markt jedoch in vielen Fällen nicht praktizierbar oder gar illegal ist.[141]

Wenn solche externen Effekte auftreten, die oben genannten Märkte jedoch nicht installierbar sind, entsteht bei den Betroffenen das Bedürfnis nach einer Norm.[142]

Eine Norm entsteht, wenn externe Effekte nicht durch einfache Überantwortung der Kontrolle über die auslösende Handlung an diejenigen, welche die externen Effekte erfahren, beseitigt werden können.[143]

Aus dieser Prämisse leitet sich ab, daß mögliche Nutznießer einer Norm alle von dieser Handlung Betroffenen sind. Normkonflikte können auftreten, falls die Handlung für eine Personengruppe positive und für eine andere negative externe Effekte hervorruft.[144]

Falls die externen Effekte positiv sind, kommt es zu einem Bedarf an einer präskriptiven Norm, welche die Fokalhandlung fördert; im Fall negativer Externalitäten entsteht Nachfrage nach einer proskriptiven Norm, welche die Fokalhandlung unterbindet.[145]

Mit Hilfe einer Norm sollen somit Externalitäten internalisiert werden. Die negativen Folgen externer Effekte sollen weniger von den Betroffenen als von den Verursachern getragen werden. Die positiven Folgen sollen weniger den Profitierenden als den Verursachern zugute kommen. Es findet quasi eine Bestrafung der Verursacher negativer Externalitäten oder eine Belohnung der Verursacher positiver externer Effekte statt. Dies kann durch die Setzung von Normen bewirkt werden, z.B. durch die Existenz von Schadensersatzregelungen oder Patentrechten.[146]

---

140 Opp nennt dies eine „Asymmetrie der Interessen“ (s. ebd., S. 70, im Original kursiv)

141 vgl. Coleman, J.S. (1991), S. 323. Als Beispiel dient ein Nichtraucher, der sich durch einen Raucher gestört fühlt, aber vermutlich weder willens noch in der Lage ist, diesem das Recht zu rauchen abzukaufen.

142 vgl. ebd., S. 323 f.. Eine Norm kann aber auch präventive Funktion zur Verhinderung erwarteter externer Effekte haben. (vgl. hierzu Opp, K.-D. (1983), S. 83)

143 vgl. Coleman, J.S. (1991), S. 324

144 vgl. ebd.

145 vgl. Coleman, J.S. (1986), S. 57 u. Coleman, J.S. (1990), S. 251

146 vgl. Opp, K.-D. (1983), S. 72

Externalitäten können auch auf andere Art internalisiert oder gar eliminiert werden. Beispiele hierfür sind Verbote aus dem Strafgesetzbuch oder die Möglichkeit, die Ursache oder den Verursacher zu beseitigen. Es ist jedoch auch der Fall denkbar, daß der von externen Effekten Betroffene nichts unternimmt, da er eine Beseitigung aufgrund der herrschenden (Macht)Verhältnisse für aussichtslos hält.[147]

Externalitäten werden nur dann internalisiert, wenn die Kosten der Internalisierung geringer sind als der Nutzen, der durch die Internalisierung entsteht.[148]

Im Rahmen dieser Internalisierung sind verschiedene Konstellationen denkbar:[149]

Wenn ein Konsens über Nutzen und Kosten einer Internalisierung vorliegt, dann wird jedes Mitglied der vorgesehenen Norm entsprechen und Vorkehrung für Sanktionen treffen.

Im Falle eines Dissenses wird eine Norm dann entstehen, wenn die Machtverhältnisse zwischen Parteien verschiedener Meinung unterschiedlich verteilt sind. Dies geschieht z.B. dann, wenn einige Mitglieder eine Norm als richtig herausstellen und über die notwendigen Mittel verfügen, diese Norm durchzusetzen.

Die dritte Möglichkeit ist, daß Normen durch eine Entscheidungsinstanz gesetzt werden. In diesem Fall werden Normen dann entstehen, wenn der Nutzen der Internalisierung externer Effekte für die Entscheidungsinstanz größer ist als die auftretenden Kosten. Als Beispiel wäre ein Parlament zu nennen, das im Falle von Umweltverschmutzung nicht selbst von den externen Effekten dieser Umweltverschmutzung betroffen zu sein braucht, aber fürchten muß, Wählerstimmen zu verlieren, falls keine adäquate Reaktion auf die Umweltverschmutzung erfolgt. Bei einer solchen Konstellation spricht man von externen Effekten zweiter Ordnung.

Für den Bedarf nach einer Norm durch die Existenz externer Effekte ist kein großes Maß an Kommunikation nötig, weil externe Effekte von den Betroffenen selbst erfahren werden. Für die Entstehung von Normen zu deren Internalisierung ist das Vorhandensein von Kommunikation notwendig. In allen Fällen, in denen eine Norm entstehen kann, ist ein zweiseitiger Austausch zwischen den Akteuren möglich. Wenn also eine Handlung

---

[147] vgl. ebd., S. 72 ff. für eine ausführliche Darstellung möglicher Reaktionen auf externe Effekte.

[148] vgl. ebd., S. 84, wo in diesem Sinne eine „Internalisierungsthese" formuliert wird.

[149] vgl. ebd., S. 90 ff.

eines Akteurs für den anderen externe Effekte positiver oder negativer Natur hat, die größer als die Kosten oder Gewinne sind, welche die eigennützige Handlung für den Akteur bringt, so ist ein beiderseitig vorteilhafter Austausch denkbar.[150]

In einer einmaligen Situation vom Typ des Gefangenen-Dilemmas, ohne Kommunikation zwischen den Beteiligten vor oder nach der Handlung, ist eine Entstehung von Normen nicht möglich.

Normen entstehen jedoch nicht nur durch die Existenz externer Effekte. Vorstellbar ist auch, daß Normen, z.B. eine bestimmte Kleiderordnung, entstehen, um ein stärkeres Zusammengehörigkeitsgefühl innerhalb einer Gruppe zu erreichen.

Solche Kleidungsvorschriften können als ein Sonderfall konventioneller Normen klassifiziert werden. Ihre Besonderheit ist, daß sie, unabhängig von externen Effekten bei der Entstehung, positive Externalitäten für die Gruppe erzeugen, in der sie gelten.[151]

Das Vorkommen externer Effekte erklärt jedoch nicht hinreichend die Entstehung sozialer Normen. Sonst würde das Trittbrettfahrerproblem bei gleichgelagerten Interessen der beteiligten Akteure nicht auftreten.

Sanktionen sind mit Normen auf das engste verknüpft. Viele Normdefinitionen setzen, wie oben angesprochen, Sanktionen als konstituierendes Merkmal für Normen voraus.[152]

In der Soziologie wird unter Sanktion sowohl die Belohnung konformen Verhaltens als auch die Bestrafung devianten Verhaltens verstanden.[153]

Eine Asymmetrie besteht jedoch in der Hinsicht, daß normkonformes Verhalten, wenn überhaupt, viel schwächere positive Sanktionen nach sich zieht als ein normdeviantes Verhalten, das häufig relativ schwere negative Sanktionen nach sich ziehen dürfte.[154]

---

[150] vgl. Coleman, J.S. (1991), S. 327

[151] vgl. ebd., S. 332 f. Auch Statusgruppen, Anstandsregeln und Sprachstandards können positive externe Effekte schaffen. Coleman betont jedoch den Umstand, daß die Theorie der Entwicklung von Normen zur Kreation positiver externer Effekte zum Teil auf Vermutung basiert und empirischer Untersuchung bedarf.

[152] vgl. z.B. Lautmann, R. (1969), S. 108 oder Korthals-Beyerlein, G. (1979), S. 62 f., 92 f., 252 ff., vgl. auch Weede, E. (1989), S. 34, der von einem Dreigespann Herrschaft, Norm, Sanktion spricht.

[153] vgl. zur Definition des Sanktionsbegriffes ausführlich: Schumann, K.F. (1968)

[154] vgl. König, R. (1969), S. 980, vgl. auch Popitz, H. (1980), S. 22

Sanktionen sind elementarer Bestandteil einer Theorie der Normentstehung auf der Basis rationalen Handelns. Die Wirksamkeit einer Norm hängt von der Existenz einer wirksamen Sanktion ab, die gegen Abweichler erhoben werden kann.[155]

Diejenigen, die eine Norm behaupten, erheben gleichzeitig auch Anspruch auf das Recht, eine Sanktion anzuwenden, und billigen dieses Recht auch den anderen Behauptern der Norm zu. Die der Norm Unterworfenen berücksichtigen die möglichen Belohnungen und Bestrafungen dadurch, daß sie diese in ihr Entscheidungskalkül einbeziehen.[156]

Die Sanktion kann als Ausübung des Rechtes zur Kontrolle einer Fokalhandlung bezeichnet werden unter der Prämisse, daß die Behauptung einer Norm die Inanspruchnahme eben dieses Rechts ist.[157]

Sanktionen sind auch für das Problem kollektiven Handelns von Bedeutung. Während die Beschaffung oder Bereitstellung eines kollektiven Gutes an sich ein Problem des öffentlichen Gutes erster Ordnung ist, kann das Sanktionsproblem als Problem des öffentlichen Gutes zweiter Ordnung bezeichnet werden.[158]

Da eine Sanktion gegenüber einem Abweichler für den sanktionierenden Akteur gewisse Kosten beinhaltet, kann diese für die Akteure wiederum ein öffentliches Gut darstellen, da die Kosten dafür zumeist den aus der Sanktion zu erwartenden Gewinn übersteigen.

Im Fall eines Drei-Akteure-Projektes wären die Sanktionen gegenüber einem abweichenden Akteur ein gemeinschaftliches Problem der beiden übrigen Akteure. Daraus folgt allgemein, daß das Problem öffentlicher Güter zweiter Ordnung immer mit einem Akteur weniger zu tun hat, als das Problem öffentlicher Güter erster Ordnung.[159]

Auf der Basis solcher Überlegungen hält Coleman externe Effekte für die erste Bedingung der Entstehung sozialer Normen, das Überwinden des Sanktionierungsproblems für die zweite Bedingung. Dies bedeutet, daß die

---

155 vgl. Coleman, J.S. (1991), S. 348

156 vgl. ebd., S. 313

157 vgl. ebd., S. 320. Coleman bemerkt an anderer Stelle explizit: „... I will mean by "norm" nothing more than the set of sanctions that act to direct the behavior in question. I will use the term "sanction" to refer to a single instance of this, that is an action which, if effective, guides the target action.“ (s. Coleman, J.S. (1990), S. 251)

158 vgl. Coleman, J.S. (1991), S. 350, vgl. auch Heckathorn, D.D. (1988), S. 543

159 vgl. Coleman, J.S. (1991), S. 350 f.

rational handelnden Akteure als Nutznießer der Norm in der Lage sein müssen, die einem einzelnen Sanktionsträger entstehenden Kosten angemessen zu verteilen oder entsprechende Anreize zu schaffen, daß die Sanktionen von mehreren Nutznießern der Norm getragen werden. Es entsteht eine sogenannte inkrementelle Sanktion.[160]

Normen werden zumeist durch inkrementelle Sanktionen durchgesetzt. Dies bedeutet, daß die Sanktionen von mehreren getragen werden. Belastung und Risiko sind für den einzelnen gering. Doch ergibt sich durch Addition der einzelnen Wirkungen eine umfangreiche Gesamtwirkung.[161]

Notwendig für die Wirksamkeit einer inkrementellen Sanktion ist eine vorherige Absprache der Träger, damit sich alle oder zumindest möglichst viele an der Sanktion beteiligen.[162]

Es ist jedoch nicht in allen Fällen möglich, die Sanktion auf viele zu verteilen. Dann kann es zu einer sog. heroischen Sanktion kommen, einer einzelnen Sanktionshandlung eines einzelnen Sanktionsträgers, die einen Nicht-Beitragleistenden zur Leistung seines Beitrags veranlaßt. Auf diesem Sanktionsträger lasten dann auch die gesamten Kosten der Sanktion. Der Unterschied zwischen inkrementeller und heroischer Sanktion liegt also in der Verteilung der Kosten.[163]

In Erweiterung zu der oben erwähnten Notwendigkeit von Kommunikation für die Entstehung von Normen sind soziale Beziehungen zwischen den Akteuren auch zur Unterstützung von Sanktionen von Bedeutung.

Dabei geht es zum einen um Kommunikation, die gemeinschaftliches Handeln ermöglicht, zum anderen um eine Struktur verschiedener Erwartungen und Verpflichtungen innerhalb sozialer Beziehungen, die zu einer Hebelwirkung bei der Installation von Sanktionen führen können.[164]

Weiterhin wird „Klatsch" von Coleman als wichtiger Faktor bei der Durchsetzung von Normen beschrieben. Bedeutsam wird Klatsch dadurch, daß er die Erzeugung von Sanktionen unterstützt, indem diejenigen Personen, die an der Normbehauptung und der Sanktionierung abweichenden

---

160 vgl. ebd., S. 353

161 vgl. ebd., S. 360

162 vgl. ebd., S. 363

163 vgl. ebd., S. 361 u. S. 364 f.. Als Beispiel dient wiederum Äsops Mäusefabel, in der eine einzelne Maus die gesamte Sanktion und somit auch die gesamten Kosten tragen muß, indem sie der Katze die Glocke umhängt.

164 vgl. ebd., S. 349

Verhaltens interessiert sind, ebenso ein Interesse an der Verbreitung von Informationen haben. Denn die führen zu einem Konsens über legitime Sanktionen. Die Wirksamkeit von inkrementellen Sanktionen kann durch einen breiten Konsens erhöht werden. Dieser reduziert die Kosten für die Sanktionsträger, erhöht aber den Einfluß der Sanktion.[165]

Dieser Klatsch entsteht, wenn sich die von einer Anzahl von Akteuren erfahrenen externen Effekte ähneln und sie zu Nutznießern einer Norm machen. In diesem Fall werden sie die Verbreitung von Konsens gewinnbringend finden und ein gemeinsames Interesse am Vorschreiben oder am Verbot der auslösenden Handlung haben. Zum anderen muß unter den betroffenen Personen relativ häufiger Kontakt bestehen; die Geschlossenheit der Sozialstruktur ist von Bedeutung, und die Kosten für die Verbreitung von Klatsch müssen gering sein.[166]

Ein Aspekt, der von Coleman vernachlässigt wird, ist die Sanktionierung abweichenden Verhaltens durch den Normbrecher selbst. Sie kann z.B. dann zum Tragen kommen, wenn der bei der Defektion Erwischte durch Selbstbestrafung der Sanktionierung durch andere zuvorkommen und sich quasi von deren Sanktionen freikaufen will.[167]

Normbefolgung durch Individuen kann verschiedene Ursachen haben. Eine Norm wird befolgt, wenn die Handlung vorteilhaft innerhalb der Nutzenfunktion ist, die Norm quasi als nicht bindende Handlungsbeschränkung dient. Des weiteren kann eine Norm aus habituellen Gründen als Routineregel befolgt werden. Eine Normbefolgung kann ebenfalls aus Furcht vor Sanktionen resultieren; sie stellt dann eine sanktionierte Verhaltensbeschränkung dar. Der Akteur kann sich aber auch nach einer Norm richten, weil er ihre Aussage internalisiert hat und sich ihr moralisch-ethisch verpflichtet fühlt. Die aus diesen vier Möglichkeiten resultierenden Alternativkosten machen Devianz von der Norm mehr oder minder unattraktiv.[168]

---

[165] vgl. ebd., S. 368. Vgl. zum Klatsch auch die ausführliche Studie bei Bergmann, J.R. (1987). Vgl. in diesem Zusammenhang ebenfalls die Ausführungen zum „indirekten Moralisieren“ bei Luckmann, T. (1996), S. 10.

[166] vgl. ebd., S. 369

[167] vgl. zu diesem Aspekt ausführlich Popitz, H. (1980), S. 55 f.

[168] vgl. Weise, P. (1989), S. 152

3. Nation und Nationalismus

3.1. Die Nation

3.1.1. Zum Begriff der Nation

Die Antwort auf die Frage nach der Nation, ihrer Begrifflichkeit und ihrer Bedeutung, stellt in den Sozialwissenschaften eines der vielschichtigsten und schwierigsten Probleme dar.

Dies rührt zum einen daher, daß das Wort „Nation" im Laufe der Jahrhunderte eine Reihe von Wandlungen in seiner Bedeutung durchgemacht hat. Dies trug zu einem großen Teil zur begrifflichen Ungenauigkeit und zur Problematik der Abgrenzung dessen bei, was eine moderne Nation eigentlich ist.

Zu anderen fehlt es zumeist an einer trennscharfen Unterscheidung zwischen Nation und verwandten bzw. synonym verwendeten Begriffen wie Ethnie, Volk oder Staat.[169]

Der wertfreien Definition von Volk und Nation abträglich ist vor allem ihre politische Instrumentalisierung. Indem beide Begriffe den Zielvorstellungen einzelner Autoren angepaßt werden, findet eine ideologische Verfärbung statt, so daß häufig Ideal- an die Stelle der notwendigen Realbegriffe treten.[170]

Ferner kann in jedem Definitionsversuch des Begriffes „Nation" ein Widerspruch zwischen der Notwendigkeit einer ausführlichen Definition und der relativ schnellen Entwicklung der wesentlichen Merkmale konstatiert werden. Es bedarf einer dialektischen Konzeption des Begriffes Nation, in

---

[169] Auf eine Gleichsetzung von Nation und Rasse soll hier nur am Rande eingegangen werden. Dies erfolgt nicht zuletzt aus dem Grund, daß Nation ein Begriff aus den Sozialwissenschaften ist und Rasse in den Naturwissenschaften verwendet wird bzw. verwendet werden sollte. Vgl. dazu bspw. Snyder, L.L. (1990), S. 232, zur Beziehung von Rasse und Nation vgl. auch Balibar, E./Wallerstein, I. (1990), S. 95 ff.. Die Auffassung, daß die Nation nicht auf der Rasse beruhen könne findet sich bereits bei Renan. (vgl. Renan, E. (1993), S. 298 ff.) Vgl. zur angesprochenen begrifflichen Ungenauigkeit auch Connor, W. (1978), S. 379 ff..

[170] vgl. Francis, E.K. (1965), S. 28 und S. 79, wo er die Verbindung verschiedener widersprechender Denkinhalte mit den Begriffen Volk und Nation durch „ideologische Manipulation affektiv besetzter Wortsymbole" anspricht. Auf die politische Dimension des Nationsbegriffes weist bereits Karl Renner hin, indem er bemerkt: „Nation ist kein ethnologischer, kein soziologischer, sondern ein politischer Begriff." (s. Renner, K. (1918), S. 7)

welcher die Dynamik sozialer Entwicklung angemessene Berücksichtigung findet.[171]

Nation läßt sich etymologisch auf das lateinische Wort „natio" zurückführen, welches wiederum seinen Ursprung im Wort „nasci", geboren werden, hat. Durch „natio" wurde in der Antike Geburt bzw. Abstammung als Unterscheidungsmerkmal von Gruppen verschiedener Art bezeichnet.[172]

Im Mittelalter wurde „natio" nicht als Kollektivbegriff verwendet, sondern auf einzelne und ihre Vielzahl angewandt. Es war weniger Volksbezeichnung als vielmehr Kennzeichnung des Standes oder des Landes, dem die einzelnen bzw. deren Vielzahl aufgrund ihrer Herkunft angehörten.[173]

Durch die Bezeichnung „Nationen" wurden an den mittelalterlichen Universitäten Gruppen von Studenten, die dem selben Gebiet entstammten, voneinander abgegrenzt. Man orientierte sich hierbei jedoch am relativ leicht erkennbaren Kriterium der Sprache, ein Schritt in Richtung der Entstehung des Terminus' „Sprachnation".[174]

Zur Zeit des Absolutismus wurden unter Nation lediglich die herrschenden Schichten, also Adel und Klerus, verstanden. Die „Adelsnation" wurde in Gegensatz zur „Volksnation" gesetzt.[175]

Politische Bedeutung gewann der Nationsbegriff vor allem im Zuge der Französischen Revolution, speziell durch eine berühmt gewordene Flugschrift des Abbés E.J. Sieyès, der den „dritten Stand" zum alleinigen Träger der Nation erhob und somit die Nation als Gemeinschaft aller politisch bewußten Staatsbürger betrachtete, basierend auf den Ideen der Gleichheit und der Souveränität des Volkes.[176]

---

[171] vgl. Hroch, M. (1985), S. 3. Hobsbawm stellt fest, „daß es keine Möglichkeit gibt, einem Beobachter zu sagen, wie er a priori eine Nation von anderen Gruppen unterscheiden kann, so wie wir ihm beispielsweise sagen könnten, was einen Vogel ausmacht oder was eine Maus von einer Eidechse unterscheidet." (s. Hobsbawm, E.J. (1991), S. 15)

[172] vgl. Koselleck, R./Gschnitzer, F./Werner, K.F./Schönemann, B. (1992), S. 164 ff.. Dieser umfangreiche Artikel bietet auch einen umfassenden Überblick über die Entwicklung der Begrifflichkeiten der Nation und des Volkes sowie deren verschiedene Bedeutungen von der Antike bis zur Gegenwart.

[173] vgl. ebd., S. 214

[174] vgl. ebd., S. 233

[175] vgl. Schulze, H. (1994), S. 118

[176] vgl. ebd., S. 169. Vgl. auch Kamenka, E. (1986), S. 593, der festhält, daß durch die Französische Revolution der Nationsbegriff zur fundamentalen politischen Kategorie wird.

Nation hatte dadurch zunächst eine innergesellschaftliche Bedeutung. Der Kampf gegen den Absolutismus und die ständische Gliederung des Volkes wurde im Namen der Nation geführt. Die nationale Bewegung war somit ihrem Ursprung nach auch soziale Bewegung und umgekehrt.[177]

Zwischen der vormodernen, auf den ständisch verfaßten Herrschaftsverband eines Territoriums bezogenen Nation und der modernen Nation, die es im folgenden noch zu konkretisieren gilt, bildet die Französische Revolution die entscheidende Zäsur.[178]

Sie bildet den Ursprung der Staatsnation mittels eben jenes Willensaktes, durch den sich die Bevölkerung eines Territoriums als Staat konstituiert, dadurch zum Staatsvolk wird und gleichzeitig durch gewählte Repräsentanten eine Verfassung erhält. Die Nation französischer Provenienz stellt sich dadurch als eine Körperschaft von Menschen dar, welche die Gleichheit aller vor dem Gesetz akzeptieren, und deren Repräsentation durch eine gesetzgebende Versammlung erfolgt.[179]

Was man heutzutage unter Nation zu verstehen hat, ist umstritten. Es existiert eine Vielzahl an Definitionsversuchen, deren Palette von engen, ideologisch gesteuerten Begriffsbestimmungen bis hin zur Negation der Möglichkeit und der Notwendigkeit einer Definition der Nation reicht.[180]

---

177 vgl. Conze, W. (1992), S. 349.

178 vgl. z. B. Kohn, H. (1962), S. 9, der den Ursprung des modernen Nationalismus auf die zweite Hälfte des 18. Jahrhunderts datiert. Vgl. allerdings auch Greenfeld, L. (1992), S. 6, wo die semantische Transformation des Begriffs „Nation" von der Umschreibung einer Elite zur Anwendung auf das Volk und die damit verbundene Entstehung der modernen Nation bereits auf die erste Hälfte des 16. Jh. in England datiert wird. Vgl. zur Unterscheidung von alten und neuen Nationen auch Seton-Watson, H. (1977), S. 7. Während die alten Nationen ihre nationale Identität und ihr nationales Bewußtsein vor der Entstehung der Doktrin des Nationalismus erlangten, entwickelten sich in den neuen Nationen zwei Prozesse gleichzeitig. Die Bildung eines nationalen Bewußtseins und nationalistischer Bewegungen sind beide Werk kleiner Bildungseliten.

179 vgl. Buchheim, H. (1995), S. 60. Vgl. auch Hobsbawm, E. (1991), S. 32, der darauf hinweist, daß die revolutionär verstandene Nation noch keine der objektiven Kriterien berücksichtigte, die im 19. Jahrhundert heftig diskutiert wurden.

180 So ist z.B. Seton-Watson der Meinung, daß keine wissenschaftliche Definition der Nation gegeben werden kann, obwohl das Phänomen existiert hat und existiert. (vgl. Seton-Watson, H. (1977), S. 5) Vgl. auch Minogue, K. (1970), S. 38, der eine Definition der Nation als nicht erforderlich ansieht mit der Begründung, wenn die Nation existiere, sei ein solcher Versuch überflüssig.

Auf die Frage nach dem, was die Nation eigentlich ist, können noch heute die drei möglichen Antworten unterschieden werden, die F. Hertz in seinem häufig zitierten Artikel von 1927 identifiziert hat:[181]
„1. Die Nation ist das Staatsvolk, als die Gesamtheit aller Staatsbürger ohne Rücksicht auf Sprache und Abstammung, innerhalb der gegebenen Staatsgrenzen oder innerhalb der als notwendig geforderten historischen oder „natürlichen Grenzen". 2. Die Nation ist eine Gemeinschaft, die an objektiven Merkmalen, vor allem an Sprache, Rasse, Kultur und Charakter feststellbar ist, ohne Rücksicht auf Staatsgrenzen. 3. Die Nation beruht lediglich im subjektiven Merkmal des Zusammengehörigkeitswillens oder Gemeinschaftsgefühls – Diese drei Ideen können als jene der Staatsnation, der Sprach- oder Kulturnation und der Willens- oder Gefühlsnation bezeichnet werden."

Hertz rekurriert dabei auch auf die von F. Meinecke entworfene Differenzierung zwischen Kulturnation und Staatsnation, welche sich als äußerst folgenreich für die Diskussion um den Begriff Nation erwiesen hat. Auf dieser Basis wurde von H. Kohn zwischen einem subjektiv-politischen oder westlichen und einem objektiv-kulturellen oder östlichen Nationsbegriff unterschieden.[182]

Die Staatsnation ist eng verknüpft und vielfach weitgehend deckungsgleich mit der Willensnation, da sie sich aus dem freien und subjektiven Bekenntnis des Individuums zur Nation herleitet. Die Nation wird durch den subjektiven Nationsbegriff als großes Kollektiv verstanden, welches sich durch die freie Artikulation des Willens seiner Mitglieder konstituiert.[183]

Demgegenüber geht der auf der Kulturnation basierende objektive Nationsbegriff davon aus, daß sich eine Nation auf der Basis objektiver Merkmale identifizieren läßt und somit unabhängig von subjektiven Willensäußerungen ihrer Mitglieder ist. Als solche Merkmale werden insbesondere gemeinsame Sprache, Kultur und Abstammung genannt. Einem voluntaristischen wird mithin ein deterministischer Nationsbegriff gegenübergestellt.[184]

---

[181] s. Hertz, F. (1968), S. 23

[182] vgl. Kohn, H. (1962), S. 309 ff. und S. 550 ff. Man nennt die Unterscheidung zwischen westlichem und nichtwestlichem Nationalismus daher auch gelegentlich „Kohn-Dichotomie". Kritik ruft diese Simplifizierung vor allem dadurch hervor, daß in der Realität immer beide Elemente gemischt sind. (vgl. z.B. Kimmel, A. (1992), S. 101)

[183] vgl. Alter, P. (1985), S. 19

[184] vgl. Winkler, H. A. (1985), S. 8. Gellner faßt den Gegensatz zwischen Nation als kulturellem oder voluntaristisch bestimmtem Gebilde zusammen: „*Erstens*: Zwei Menschen

Beide Varianten haben zwar gewisse Vorzüge, jedoch können letztlich weder subjektive noch objektive Definitionen zufriedenstellen.[185]

Die Idee der Subjektivität der Nation ist besonders mit E. Renan verbunden, vor allem durch dessen berühmt gewordenen Ausspruch von der Nation als täglichem Plebiszit.[186]

Konkrete geschichtliche Beispiele für Ausprägungen als Staatsnation sind Frankreich und England, ebenso die Vereinigten Staaten als polyethnisches Einwandererland.

In den genannten Staaten entwickelte sich die Nation, wie Alter es formuliert, als „politisch bewußte Gemeinschaft rechtsgleicher Bürger, unabhängig von sozialer und wirtschaftlicher Stellung, ethnischer Herkunft und religiöser Überzeugung, in einem innerstaatlichen Transformationsprozeß".[187]

Dieser Sichtweise gegenüber steht die Auffassung der Notwendigkeit der Erfüllung objektiver Kriterien für die Existenz einer Nation.

Hierbei stechen besonders die Konzepte von Abstammungs- und Kulturnation hervor, bei letzterer insbesondere die Betonung des kulturellen Merkmals einer gemeinsamen Sprache, die eine Nation als solche kennzeichne. Ferner wird als objektives Kriterium häufig ein gemeinsames Territorium ins Feld geführt.[188]

---

gehören derselben Nation an, wenn sie – und *nur* wenn sie – dieselbe Kultur teilen, wobei *Kultur* ihrerseits ein System von Gedanken und Zeichen und Assoziationen und Verhaltens- und Kommunikationsweisen bedeutet. *Zweitens*: Zwei Menschen gehören derselben Nation an, wenn und nur wenn sie einander als Angehörige derselben Nation *anerkennen*. Mit anderen Worten: *Der Mensch macht die Nation*; Nationen sind Artefakte menschlicher Überzeugungen, Loyalitäten und Solidaritätsbeziehungen." (s. Gellner, E. (1991), S. 16)

185 vgl. ebd. sowie Seton-Watson, H. (1977), S. 4 und Hobsbawm, E.J. (1991), S. 19

186 In Renans Vortrag aus dem Jahre 1882 heißt es: „Das Dasein einer Nation ist (...) ein täglicher Plebiszit, wie das Dasein des einzelnen eine andauernde Behauptung des Lebens ist." (s. Renan, E. (1993), S. 309) Die so formulierte Willensnation kann als Kategorie der Staatsnation betrachtet werden aus dem Grunde, daß sich hierbei eine Bevölkerung eines bestimmten Territoriums durch gemeinsame Staatsbürgerschaft zur Nation erklärt, eine freie Willensäußerung und Konstitution von in aller Welt angesiedelten Individuen als Nation jedoch als sehr unwahrscheinlich angesehen werden muß. (vgl. Thaler, P. (1996), S. 24 f.)

187 s. Alter, P. (1985), S. 20. Dieser Umstand spiegelt sich auch darin wider, daß das Wort „nation" im englischen und französischen Sprachgebrauch sowohl Nation als auch Staat bedeuten kann, ebenso wie der englische Begriff „nationalization" Verstaatlichung meint. Der Nationsbegriff anglo-amerikanischer Prägung umfaßt daher alle Staatsbürger als zur Nation gehörig, was einer Gleichsetzung von Staat und Nation weitgehend entspricht.

188 Als prägnantestes Beispiel für eine solche Sichtweise gelten die Ausführungen Stalins und seine Definition der Nation: „Eine Nation ist eine historisch entstandene stabile Gemein-

Eine auf Kriterien der Abstammung beruhende völkische Auffassung von Nation grenzt den Kreis derjenigen, welche zur Nation gehören, anders ab, als dies bei der Anwendung des Kriteriums der Staatsangehörigkeit der Fall ist. Während in letzterem Fall die Menschen sich der Nation aus freiem Willen anschließen können, indem sie sich den Prinzipien der Staatsbürgernation unterwerfen, sind sie im ersten Fall, quasi von Natur aus, entweder der Nation zugehörig oder von ihr ausgeschlossen.[189]

In der Realität kann allerdings eine strikte begriffliche Differenzierung zwischen Nationen anhand rein subjektiver oder ausschließlich objektiver Kriterien zumeist nicht aufrecht erhalten werden, es kommt zu Überschneidungen. Objektive Faktoren und subjektive politische Selbstbestimmung sind miteinander verbunden, ihre Ausprägung stellt sich von Fall zu Fall verschieden dar. Die Nation entsteht nicht allein durch die Existenz objektiver Gemeinsamkeiten, sondern auch durch die subjektive Wahrnehmung dieser Gemeinsamkeiten durch die Individuen. Ein subjektives Zusammengehörigkeitsgefühl kann außerdem erst zur Herausarbeitung von Gemeinsamkeiten führen.[190]

---

schaft der Sprache, des Territoriums, des Wirtschaftslebens und der sich in Kulturgemeinschaft offenbarenden psychischen Eigenart. (...) Es muß hervorgehoben werden, daß keines der angeführten Merkmale, einzeln genommen, zur Begriffsbestimmung der Nation ausreichend ist. Mehr noch: fehlt nur eines dieser Merkmale so hört die Nation auf Nation zu sein." (s. Stalin J. (1946), S. 10) Vgl. auch Hobsbawm, E.J. (1991), S. 12, der die Bedeutung von Stalins Werk weniger dessen bescheidenen intellektuellen Leistungen, sondern eher der politischen Umsetzung zuschreibt, die es erfahren hat.

[189] vgl. Buchheim, H. (1995), S. 63. Zur Idee der „Volksnation" vgl. auch Lepsius, M.R. (1993), S. 197 ff..

[190] vgl. z.B. Alter, P. (1985), S. 21 f., Breuilly, J. (1982), S. 8 oder auch Estel, B. (1994), S. 27, die feststellen, daß das freiwillige Bekenntnis zur Nation leer bleiben muß, falls es sich nicht auf gewisse fundamentale Gemeinsamkeiten bezieht. Auf der anderen Seite ist die Vorstellung der Existenz einer Nation aufgrund objektiver Kriterien nicht mit der historischen Wirklichkeit vereinbar. Selbst vermeintlich objektive Kriterien der nationalen Zugehörigkeit lösen sich bei genauerer Betrachtung in Bewußtseinsinhalte auf, welche historisch vermittelt wurden. Das subjektive und das objektive Prinzip der Nation stellen sich mithin nur als zwei Seiten der selben Sache dar. (vgl. Mommsen, H. (1979), S. 28) Vgl. zu einer solchen vermittelnden Position zwischen Imagination und realem Substrat der Nation auch Waldmann, P. (1993), S. 393

Als aktuelle Konzepte der Nation identifiziert B. Estel vier Hauptvarianten:[191]

1. Am Verständnis der Staatsnation orientierte Ansätze, kombiniert mit komplexeren Definitionen ausgehend von nation-building.
2. Konzeptionen, welche die Definitionsproblematik ausgehend vom Nationalismusphänomen zu behandeln versuchen und die Möglichkeit einer wissenschaftlichen Nationsdefinition negieren.
3. Daraus resultieren Auffassungen, daß Nationen, falls sie nicht als Staatsnationen begriffen werden, nur fiktiven Charakter besitzen.
4. Nationsauffassungen, die aus objektiven und subjektiven Merkmalen kombiniert werden.

Die letzte Alternative, die Kombination objektiver und subjektiver Merkmale, erscheint am erfolgversprechendsten, da sie zumindest ansatzweise in der Lage ist, die Komplexität des Begriffs Nation zu reflektieren. Sie scheint ferner imstande zu sein, die verschiedenen Ausprägungen nationaler Besonderheiten zu vereinen.

3.1.2. Nation als imaginierte Gemeinschaft

Wendet man sich der Thematik der Nation zu, ist schnell erkennbar, daß deren wissenschaftliche Behandlung von der Geschichts- und der Politikwissenschaft dominiert wird. In der Soziologie hingegen hat die Nation bis heute nur sehr begrenzte Beachtung gefunden.

Begründet scheint eine solche Vernachlässigung vor allem durch das lange vorherrschende Interesse der Soziologie an einer horizontalen Analyse der Gesellschaft, während die vertikale Ebene vernachlässigt wurde; diese wurde den Historikern überlassen. Über der Beschäftigung mit Klassenstrukturen wurde ethnischen oder nationalen Trennungslinien kaum Beachtung geschenkt.[192]

Erst in jüngerer Zeit, verursacht vor allem durch die Renaissance des Nationalismus in Osteuropa, hat die Soziologie vermehrtes Interesse an Nation und Nationalismus sowie mit beiden verwandten Fragestellungen ge-

---

[191] vgl. Estel, B. (1994), S. 25 f., auch zu Beispielen für die einzelnen Auffassungen. Verwiesen wird ferner auf eine weitere Variante, den Kommunitarismus, der vor allem in den USA beheimatet ist. Vgl. dazu bspw. die Übersicht bei Mayer, T. (1994).

[192] vgl. Smith, A.D. (1983), S. 26 und Balla, B. (1995), S. 10 f.

zeigt. Nicht zuletzt die beiden Phänomenen innewohnende Tendenz zur Erzeugung von Spannungen und Destruktion führt notwendigerweise zu einem neuen Interesse der Soziologen am Phänomen der Nation.

Die sogenannten „Klassiker" der Soziologie äußerten sich nur in sehr geringem Umfang zur Nation, bzw. sie vernachlässigten diesen Themenkomplex ganz. Speziell der Marxismus hat die Problematik und die soziale Kraft der Nation völlig unterschätzt, indem er sie lediglich als Übergangsphänomen auf dem Weg zur klassenlosen Gesellschaft ansah. Aber auch in anderen Denktraditionen hat man den Nationalismus in seiner Bedeutung offensichtlich verkannt, wie sich aus der unzureichenden Beschäftigung mit der Nation sowie dem Fehlen einer umfassenden Theorie zur Erklärung des Phänomens klar ergibt.[193]

Auszunehmen von diesem Vorwurf ist der Austromarxismus. Insbesondere seine Vertreter K. Renner und O. Bauer erkannten die Nationalitätenproblematik im Habsburger Vielvölkerstaat und versuchten problemlösende Konzepte zu entwickeln.

Dies manifestiert sich auch durch den noch immer hohen Bekanntheitsgrad von Bauers Definition der Nation als „Charaktergemeinschaft, entstanden aus der Schicksalsgemeinschaft".[194]

Mit seiner Benennung der Nation als Verkehrsgemeinschaft, mit dem Verkehrsmittel der Sprache, hat Bauer ferner den später von K. W. Deutsch eingeführten richtungsweisenden Begriff der Nation als Kommunikationsgemeinschaft im Kern antizipiert.[195]

Anhand Bauers Definition läßt sich aber beinahe jede soziale Entität zur Nation deklarieren. Sie bietet dadurch einen breiten Spielraum für eine Ausbeutung durch politische Agitation.[196]

---

[193] s. dazu insbesondere Nairn, T. (1978), S. 7, der konstatiert: „Das Problem einer Theorie des Nationalismus steht für das große historische Versagen des Marxismus. (...) Richtig ist, daß auch die anderen westlichen Denktraditionen mit dem Nationalismus nicht besser zurecht gekommen sind. Idealismus, deutsche Geschichtsphilosophie, Liberalismus, Sozialdarwinismus und moderne Soziologie haben an dieser Klippe genauso Schiffbruch erlitten wie der Marxismus." Für eine zusammenfassende Darstellung der Behandlung der Nationalitätenfrage durch die sozialistische Theorie vgl. z.B. Blaschke. J. (1985), S. 67 ff..

[194] s. Bauer, O. (1924), S. 135

[195] vgl. Mommsen, H. (1979), S. 58

[196] vgl. Burger, R. (1994), S. 167. Burger stellt im folgenden pointiert fest, „daß die Bauersche Formel von der Charaktergemeinschaft aus Schicksalsgemeinschaft, wenn überhaupt irgendetwas, präzise nur eines definiert: nämlich die mittelständische Kleinfamilie." (s. ebd., S. 168)

In der deutschsprachigen Soziologie hat vor allem M. Weber, wenn auch stark unter dem ihn umgebenden imperialistischen Einfluß stehend, die Nation und ihr verwandte Begriffe beleuchtet. Er ordnete die Nation und ihre Substrate in erster Linie dem politischen Bereich zu.

Weber hat zudem darauf verwiesen, daß der Begriff der Nation der Wertsphäre angehöre. Nach ihm gehört zur Nation, „daß gewissen Menschengruppen ein spezifisches Solidaritätsempfinden anderen gegenüber z u z u m u t e n sei". Weber bemerkt weiter: „Weder darüber aber, wie jene Gruppen abzugrenzen seien, noch darüber, welches Gemeinschaftshandeln aus jener Solidarität zu resultieren habe, herrscht Übereinstimmung."[197]

Er versäumte es jedoch, ebenso wie seine Zeitgenossen Durkheim, Simmel, Tönnies oder Pareto, eine Theorie der Nation zu entwickeln.[198]

Der Funktionalismus hatte für den Begriff Nation ebenfalls keinen Platz im Rahmen seiner Theorie. Berücksichtigung finden Nation und Nationalismus höchstens am Rande, im Kontext der Quellen sozialer Solidarität.[199]

Beschäftigt man sich mit der Nation aus soziologischer Sicht, so wird vielfach auf die Bedeutung der Nation als Art der Vergemeinschaftung hingewiesen, ausgehend von der Unterscheidung F. Tönnies' zwischen Gemeinschaft und Gesellschaft. Die Nation erscheint dabei auch in neueren Abhandlungen als Bindeglied von Gemeinschaft und Gesellschaft, indem sie Elemente beider Kategorien miteinander verknüpft.[200]

Als äußerst folgenreich für die neuere Nationalismusforschung hat sich die konstruktivistische Sichtweise B. Andersons erwiesen, der die Nation als „imagined community" begreift. Anderson definiert die Nation: „Sie ist eine vorgestellte politische Gemeinschaft – vorgestellt als begrenzt und souverän. *Vorgestellt* ist sie deswegen, weil auch die Mitglieder selbst der kleinsten Nation die meisten anderen niemals kennen, ihnen begegnen,

---

[197] s. Weber, M. (1976), S. 528

[198] vgl. z.B. die Darstellung bei James, P. (1996), S. 83 oder bei Guibernau, M. (1996), S. 31 ff.

[199] vgl. Smith, A.D. (1983), S. 24

[200] vgl. bspw. Stichweh, R. (1994), S. 85, der die Nation als Gesellschaft, die eine Gemeinschaft, ist betrachtet. Auch Dann sieht die Nation als Großgesellschaft, die eine politische Willens- und Solidargemeinschaft ist. (vgl. Dann, O. (1993), S. 12) In die selbe Richtung deutet Mayer, wenn er die Nation als größtmögliche Gemeinschaft anführt, welcher der Mensch identitär angehören könne, die bisher noch nicht auf Dauer von größeren politischen Gemeinschaften ersetzt wurde. (vgl. Mayer, T. (1994), S. 120 f.)

oder auch nur von ihnen hören werden, aber im Kopf eines jeden die Vorstellung ihrer Gemeinschaft existiert."[201]

Um den Begriff der Nation aus soziologischer Sicht zu präzisieren, muß hinterfragt werden, inwieweit subjektiver und objektiver Nationsbegriff der sozialen Realität gerecht werden können.

Diese Frage stellt sich auch insofern, daß ergründet werden muß, wie sich eine Nation überhaupt konstituiert, sich also als solche wahrnimmt.

Der an objektiven Kriterien orientierte Nationsbegriff wird der sozialen Realität, wenn überhaupt, nur sehr unzureichend gerecht. Wie schon oben angedeutet, können objektiv vorhandene Gemeinsamkeiten nur dann ein Zusammengehörigkeitsgefühl begründen, wenn sie als solche empfunden werden. Sie stellen das Rohmaterial der Bildung einer nationalen Identität bereit, sie müssen an der Plausibilität für das Individuum gemessen werden.[202]

Die ausschließliche Verknüpfung der Existenz einer Nation mit der Erfüllung objektiver Kriterien muß in der Realität schnell an ihre Grenzen stoßen.[203]

Als klassisches Gegenbeispiel für die Anwendung von Kriterien gemeinsamer Kultur und Sprache für das Bestehen einer Nation kann die mehrsprachige Schweiz mit ihren unterschiedlichen Kulturen angeführt werden. Aber auch Belgien erfüllt das Kriterium der gemeinsamen Sprache als Konstituierende für die Existenz einer Nation nicht. Als Gegenbeispiel ist ebenfalls die Verwendung der deutschen Sprache in mindestens drei verschiedenen Staaten, Deutschland, Österreich und Schweiz, anzuführen, ohne daß diese eine einzige Nation bilden würden. Noch krasser erscheint

---

[201] s. Anderson, B. (1988), S. 15, der sich dabei auf einen Grundgedanken Seton-Watsons bezieht, welcher bemerkt: „All that I can find to say is that a nation exists when a significant number of people in a community consider themselves to form a nation, or behave as if they formed one." (s. Seton-Watson, H. (1977), S. 5) S. auch Balibar, E./Wallerstein, I. (1990), S. 115, die in die gleiche Richtung argumentieren: „Jede soziale Gemeinschaft, die durch das Wirken von Institutionen repräsentiert wird, ist imaginär." Als das Imaginäre wird dabei das „Volk" angesehen. Vgl. auch James, P. (1996), S. 2, der die Nation in Anlehnung an den Begriff Andersons als abstrakte Gemeinschaft bezeichnet; abstrakt ist sie für ihn auf der dominanten Ebene der Integration, der Art ihrer Subjektivität und in der symbolischen Repräsentation dieser Beziehung. Vgl. aber auch Reiterer, A.F. (1993), S. 40 f. und Tamir, Y. (1995), S. 421, die beide auf die grundlegende Problematik der Definition Andersons hinweisen, nämlich, daß prinzipiell jede Art der Gemeinschaft imaginiert ist, da sie sich aus dem Bewußtsein der Mitglieder konstituiert.

[202] vgl. Estel, B. (1994), S. 32

[203] vgl. z.B. Hobsbawm, E.J. (1991), S. 16, der objektive Kriterien als zu verschwommen und für eine Orientierung nutzlos ansieht, was sie jedoch zur propagandistischen Nutzung äußerst brauchbar mache.

die Unzulänglichkeit des Sprachkriteriums im Fall des Englischen und des Spanischen auf dem amerikanischen Doppelkontinent.[204]

Die Validität des Kriteriums Besitz eines eigenen gemeinsamen Territoriums widerlegen z.B. die Polen, die lange Zeit über kein eigenes Staatsgebiet verfügten, jedoch trotzdem als Nation einzuordnen sind.

Der rein subjektivistische Nationsbegriff ist insofern problembehaftet, als daß er die Nation und die Nationszugehörigkeit zu einer Angelegenheit von Beliebigkeit macht und so definitorisch diejenigen aus der Nation ausschließt, denen ihre nationale Zugehörigkeit gleichgültig oder unbekannt ist bzw. war.[205]

Zum anderen macht das alleinige Kriterium der subjektiven Zuschreibung zu einer Nation eine trennscharfe Unterscheidung dessen unmöglich, was eine Nation ist und was nicht, ebenso eine Unterscheidung zwischen Nationen und anderen sozialen Gruppen.[206]

Der subjektive Aspekt der Nationszugehörigkeit ist aber bedeutsam, weil die Position des Individuums innerhalb der Gesellschaft nicht aufgrund feststehender Charakteristika definiert werden kann, sondern nur durch die Wahrnehmung seiner Beziehungen zur Gesellschaft. Die Beziehungen der Individuen innerhalb einer Nation sind verhältnismäßig konstant und können normalerweise nicht ohne weiteres zunichte gemacht werden. Es kommt dadurch zu relativ dauerhaften Beziehungen und einer lang andauernden Mitgliedschaft in der Gruppe. Die oberflächliche Bestätigung dieser Dauerhaftigkeit wird durch das Bewußtsein geliefert, die Essenz resultiert jedoch aus der stabilen Beziehung des Individuums zu einer bestimmten Anzahl objektiver stabiler sozialer Verbindungen.[207]

Geht man mit dem methodologischen Individualismus davon aus, daß es die Individuen sind, welche die Gesellschaft durch ihr Handeln konstituieren, so muß die individuelle Wahrnehmung und das daraus resultierende Handeln der Individuen den Ausschlag für die Existenz oder Nichtexi-

---

[204] vgl. dazu bspw. Francis, E.K. (1965), S. 81, der die Vorstellung von der Sprachnation in den Bereich der politischen Ideologien verweist, die der Legitimierung politischer Forderungen dienen. Die Auffassung, daß die Nation nicht mit der Sprachgemeinschaft identisch sei findet sich auch bei M. Weber. (vgl. Weber, M. (1976), S. 528)

[205] vgl. Estel, B. (1994), S. 27. Estel bemerkt an gleicher Stelle, daß die Willensnation ihren sozialwissenschaftlichen Sinn erst erhält, wenn Willen sich auf feste soziale Gegebenheiten bezieht wie bspw. eine kollektive Erinnerung oder gemeinsame Werte.

[206] vgl. Gellner, E. (1991), S. 84. Der mit der Idee der Willensnation verbundene Begriff der Staatsnation scheitert an der sozialen Realität, da er nicht in der Lage ist, das aggressive Potential des Nationalismus zu erschließen. (vgl. Richter, D. (1994), S. 304)

[207] vgl. Hroch, M. (1985), S. 4

stenz einer Nation geben. Letztlich entscheidend ist für ein Bekenntnis zur Nation immer die subjektive Wahrnehmung der Gemeinsamkeiten.[208]

Für die Ziele dieser Arbeit scheint eine Definition der Nation im Sinne Hrochs am besten geeignet, da diese eine weite Fassung des Begriffs erlaubt, gleichzeitig jedoch den Gruppencharakter der Nation betont.

Hroch definiert die Nation als soziale Großgruppe, die durch eine Kombination verschiedener Beziehungsarten (ökonomisch, territorial, politisch, religiös, kulturell, sprachlich usw.) charakterisiert wird. Sie entsteht auf der einen Seite aus der Lösung des grundsätzlichen Antagonismus zwischen Mensch und Natur auf einem speziellen Landgebiet, auf der anderen Seite aus der Reflexion dieser Beziehungen im Bewußtsein der Menschen.[209]

Es erscheint sinnvoll, den gemeinschaftsbildenden Aspekt der Nation im Blickfeld zu behalten; dessen Negation würde an der sozialen Realität zweifelsohne vorbeigehen. Im Hinblick auf die gewählte soziologische Perspektive stellt sich jedoch der umfassendere Begriff der sozialen Gruppe, insbesondere der Großgruppe, als geeigneter dar. Durch eine solche Abgrenzung ist es möglich, dem Zusammengehörigkeitsgefühl der Nation und ihrer Mitglieder gerecht zu werden; auf der anderen Seite jedoch auch die Nation als große Gruppe zu begreifen, welche den Schwierigkeiten kollektiven Handelns ebenso unterliegt wie jede andere Großgruppe, auch wenn sie gewisse Züge einer Gemeinschaft auf sich vereinigen kann.

Als bedeutsam erweist sich jedoch bereits an dieser Stelle der Umstand, daß ein gemeinsames inneres Bewußtsein, selbst wenn es mit einem gemeinsamen Interesse verbunden ist, nicht dazu ausreicht, die rational handelnden Mitglieder der Gruppe zu gemeinschaftlichem Handeln zu mobilisieren.[210]

---

[208] Connor stellt in diesem Zusammenhang zu recht fest: „...it is not what is but what people perceive as is that has behavioral consequences.“ (s. Connor, W. (1992), S. 50) Vgl. auch Francis, E.K. (1965), S. 31 f., der das Gefühl, eine Gemeinschaft zu bilden und den Willen, diese Gemeinschaft besonders mittels politischer Maßnahmen zu erhalten, als Voraussetzung für die Nation betrachtet. Dies zeigt sich auch an dem Umstand, daß die Vorstellung einer gemeinsamen Abstammung, trotz ihrer offensichtlichen Diskrepanz zur historischen Wirklichkeit, als ein bedeutender Faktor zur Entwicklung des frühneuzeitlichen Nationalbewußtseins betrachtet werden kann. (vgl. Mommsen, H. (1979), S. 27)

[209] vgl. Hroch, M. (1985), S. 5

[210] vgl. auch Gellner, E. (1991), S. 83, der, wenn auch mit anderer Intention feststellt, daß zwei Komponenten nachhaltig die Zugehörigkeit zur Gruppe der Nation beeinflussen: Wille, also Identifikation und Zusammengehörigkeitsgefühl, sowie Furcht vor Sanktionen, also Zwang. Die meisten überdauernden Gruppen gründen sich demzufolge auf eine Mischung

3.1.3. Dimensionen der Nation

Nationen benötigen, um existieren zu können, Bezugspunkte, die sie als Grundlage ihrer Besonderheit und als Abgrenzung gegenüber anderen Nationen heranziehen.

Die Nation ist untrennbar verknüpft mit der Existenz eines bewohnten oder beanspruchten Territoriums. Die Mitglieder einer Nation streben die Gründung eines souveränen Staates an, der ihre Nation repräsentiert; dafür benötigen sie ein Territorium, auf dem sie ihren Staat errichten können. Im Gegensatz zur Nation ist der Staat untrennbar mit einer physischen Existenz verbunden.[211]

Staat soll hier im Sinne Webers verstanden werden, als eine politische Gemeinschaft, die (erfolgreich) für sich das Monopol der legitimen Nutzung physischer Gewalt innerhalb eines gegebenen Gebietes beansprucht.[212]

Das Verhältnis von Staat und Nation kann auf zwei verschiedenen Wirkungszusammenhängen beruhen. Einerseits kann ein bestehender Staat versuchen, eine nationale Einheit unter seinen Bürgern zu erreichen, andererseits kann die Behauptung der Existenz einer Nation als Argument zur

---

aus Loyalität und Identifikation sowie äußeren Anreizen positiver und negativer Art. Dies weist darauf hin, daß Identifikation allein für Handeln nicht ausreicht. Sie ist dann eher ein erleichterndes Moment, entbindet die Nation aber nicht von der Notwendigkeit der Implementierung von Normen und Sanktionen, um zu kollektivem Handeln zu kommen. Andererseits eröffnet es die Erkenntnis, daß es mehr gibt als selektive Anreize, die eine Rolle spielen. Insofern muß auch eine reines Rekurrieren auf die Nation als Solidargemeinschaft als in der Hinsicht nicht zufriedenstellend betrachtet werden, daß durch eine solche doch relativ allgemein gehaltene Herangehensweise keine präzise Selektionsregel aufgestellt werden kann, wann es zu nationalistischen Bewegungen kommt und wie diese sich äußern.

211 Staat und Nation sind jedoch nicht dasselbe, wenn auch beide Begriffe häufig synonym verwendet werden und sowohl der englische als auch der französische Sprachgebrauch keine Unterscheidung zwischen beiden Begriffen kennt. Staaten können ohne Nation entstehen, ebenso wie Nationen ohne Staat existieren können. (vgl. Gellner, E. (1991), S. 16) Auch W. Connor betont die Unterscheidung von Nation und Staat: „Perhaps, then, it would be helpful at the outset to state what a *nation* is not. Despite its habitual misuse as a synonym for either (1) a state (...) or (2) the population of a state without regard to its ethnic composition (...) the *nation* is neither.“ (s. Connor, W. (1992), S. 48) Als das geradezu klassische Beispiel für die sy-nonyme Verwendung der Begriffe Staat und Nation kann die Formulierung „Vereinte Nationen“ gelten. Korrekt sollte es eigentlich „Vereinte Staaten“ heißen.

212 vgl. Weber, M. (1976), S. 516. Weber betrachtet außerdem den Nationalstaat als die weltliche Machtorganisation der Nation. (vgl. Weber, M. (1958), S. 14)

Gründung eines eigenen Staates oder zur Erlangung politischer Autonomie herangezogen werden.

Wenngleich die Nation vielfach Bezug auf den Staat nimmt und die Gründung eines eigenen Nationalstaates häufig im Mittelpunkt nationaler und nationalistischer Bestrebungen steht, ist doch der Staat nicht unbedingt das ultimative Ziel oder Objekt der Bemühungen der Vertreter nationaler Ideen. Er kann diesen vielmehr als Mittel zur Durchsetzung anderer Ziele, etwa der Schaffung bestimmter Institutionen dienen.[213]
Nation und Staat fallen im Idealfall des Nationalstaates jedoch zusammen und stellen sich als zwei Seiten einer Medaille dar.[214]

Insbesondere die Idee der Staatsbürgernation propagiert ein solches Übereinstimmen staatlicher und nationaler Grenzen. Verwirklicht erscheint eine solche Übereinstimmung am ehesten in den USA.[215]

Das kaum erreichbare Ideal des Nationalstaats kann als Staatsform eines homogenen Volkes betrachtet werden, welches dieselbe Kultur und Sprache teilt und von Angehörigen desselben Volkes regiert wird, welche dessen Interessen dienen.[216]

Ein Dilemma offenbart jedoch die Unvollkommenheit des Nationalstaats. Erst der Nationalstaat, der den Anspruch erhebt, ein Volk zu repräsentieren, schafft durch die nicht vorhandene Homogenität seiner Bevölke-

---

213 vgl. Sulzbach, W. (1962), S. 142 und Smith, A.D. (1973), S. 18

214 Schon Renner verweist darauf, daß der Nationalstaat das Ideal jeder Nation darstellt, da er die Probleme im Verhältnis von Staat und Nation minimiert. (vgl. Renner, K. (1918), S. 102 f. u. S. 109) Vgl. auch Burger, R. (1994), S. 169, der festhält, daß nicht der Staat die Nation zusammenhalte, sondern die Nation den Staat. Sie beziehe von ihm jedoch Motiv und Ressourcen.

215 Die durch den Strukturfunktionalismus geprägte Idee der Staatsbürgernation wird insbesondere von Francis, E.K. (1965) sowie Lepsius, M. R. (1986) vertreten. Kernelement der Nationsbildung auf Basis der Idee der Staatsnation ist die Kodifizierung der Rechte und Pflichten aller Erwachsenen, die als Bürger klassifiziert werden. Dabei fordert der Nationalstaat, zumindest solange er Staats- und Nationszugehörigkeit gleichsetzt, im Rahmen einer kulturellen Homogenisierung von seinen Mitgliedern grundsätzlich nur das Beherrschen einer gemeinsamen Sprache, sowie ein Bekenntnis zur nationalen Geschichte; beides wird durch das Bildungssystem vermittelt. Spezielle ethnische Loyalitäten, Sitten oder Sprachen sind nicht notwendigerweise aufzugeben. (vgl. Bauböck, R. (1996), 338. Dort finden sich auch weitere Konzeptionen der Staatsbürgerschaft.)

216 vgl. Navari, C. (1981), S. 13. Es muß sich jedoch um ein Ideal handeln, da kein Volk auf der Welt kulturell homogen ist; es existieren immer regionale und kulturelle Unterschiede, der Nationalstaat kann sich dem beschriebenen Ideal allenfalls annähern. Vgl. auch Anderson, J. (1988), S. 21, der betont, daß es für die herrschende Schicht eines Staates anstrebenswert ist, für eine einige Nation auf dem Staatsgebiet zu sprechen, statt für verschiedene regionale Interessen eintreten zu müssen, da der erste Fall eine deutlich höhere öffentliche Akzeptanz und Legitimität der Politik verspricht.

rung ethnische Minderheiten auf seinem Territorium. Dieser Umstand wiegt um so schwerer, je mehr Gewicht der ethnischen Zugehörigkeit bei der Abgrenzung der Nation beigemessen wird.[217]

Neben dem elementaren Aspekt des Territoriums können unterschiedliche Gemeinsamkeiten mit dem Attribut „national" versehen werden und als Bezugspunkte der Nation dienen:
1) Herausragende Bedeutung besitzt die Verbindung von Nation und Kultur. Es ergibt sich hierbei jedoch die Frage nach der wissenschaftlichen Brauchbarkeit des Begriffes Kultur, sofern dieser als Kriterium für die Existenz einer Nation genannt wird.

Die Grenzen einer Kultur müssen als verschwommen und schwer greifbar erachtet werden. Kultur ist außerdem in besonderem Maße der Beeinflussung durch den Nationalismus unterworfen. Der Kulturbegriff erscheint nur sehr bedingt zur Abgrenzung einer Nation geeignet.[218]

2) In den Kulturbereich gehört auch die Benutzung der Sprache, die als weiteres Kriterium einen wichtigen Platz für das Selbstverständnis einer Gruppe als Nation einnimmt: als Verständigungsmittel, aber auch als integrierendes und trennendes Mittel zugleich. Die Sprache kann als nationales Symbol und als Mittel zum nationalen Bekenntnis eingesetzt werden.[219]

Als Problem bei der Verwendung des Typus der Sprachnation ergibt sich das Verfallen in einen circulus vitiosus: Eine Nationalsprache konnte im historischen Ablauf erst durch den Zentralstaat durchgesetzt werden, jener Institution, deren Entstehung eigentlich durch das Vorhandensein einer gemeinsamen Sprache legitimiert werden soll.[220]

---

[217] vgl. Kößler, R. (1995), S. 137 sowie Heckmann, F. (1988), S. 17, der überspitzt formuliert, daß ethnische Gruppen und Minderheiten in ihrer derzeitigen Bedeutung erst durch die Entstehung von Nationen zustande kommen. Die ethnische Gruppe wird dadurch zur Minderheit, daß sich die Mehrheit als Nation konstituiert. Die Schaffung eines Nationalstaates bringt dadurch ein Problem hervor, daß sie die Bewohner des neu entstehenden Staatsgebietes, welche nicht dem dominierenden Abgrenzungskriterium der Bevölkerung entsprechen, zur Minderheit macht. Diese können bei entsprechender Anzahl, politischer Artikulation und der Erfüllung weiterer Bedingungen ihrerseits versuchen, sich als Nation zu konstituieren.

[218] vgl. Gellner, E. (1991), S. 87. Vgl. auch Lemberg, E. (1964a), S. 44, der die Zusammensetzung der modernen Nation aus verschiedenen kulturellen Sphären betont, die miteinander weniger zu tun haben als mit den jeweils korrespondierenden Kultursphären anderer Nationen

[219] vgl. Lemberg, E. (1964a), S. 36. Zu einem solchen Zweck können auch einzelne Formen eine längst nicht mehr benutzten Sprache aufrechterhalten werden, um die Besonderheit der Benutzer dieser Sprache zu demonstrieren. Als Beispiel hierfür können die Sorben dienen.

[220] vgl. Burger, R. (1994), S. 166. Wenn Nationen auch aus einer Gemeinschaft der Sprache evolvieren können, kann eine solche Sprache jedoch auch erst durch eine intellektuelle Elite

3) Ethnizität bzw. ethnische Zusammengehörigkeit wird ebenfalls häufig als Basis für die Existenz von Nationen genannt. Dieser Umstand wirft die Frage auf, was Ethnizität ist und inwieweit sie überhaupt als Grundlage für die Nation dienen kann.

Heckmann bemerkt: „Ethnizität bezeichnet die für individuelles und kollektives Handeln bedeutsame Tatsache, daß eine relativ große Gruppe von Menschen durch den Glauben an eine gemeinsame Herkunft, durch Gemeinsamkeiten von Kultur, Geschichte und aktuellen Erfahrungen verbunden sind und ein bestimmtes Identitäts- und Solidarbewußtsein besitzen."[221]

Ethnizität konstituiert ethnische Kollektive. Die ethnische Gruppe per se wird in erster Linie durch Gemeinsamkeit der Abstammung und kulturelle Gemeinsamkeiten charakterisiert.[222]

Ethnische Gemeinsamkeit ist jedoch, wie bereits Weber bemerkt, „nicht selbst Gemeinschaft, sondern nur ein die Vergemeinschaftung erleichterndes Moment. Sie kommt der allerverschiedensten, vor allem freilich erfahrungsgemäß: der politischen Vergemeinschaftung fördernd entgegen."[223]

---

geschaffen oder der Bevölkerung durch staatliche Macht aufgezwungen werden. (vgl. dazu auch Kamenka, E. (1986), S. 596 und die dort aufgeführten Beispiele) Vgl. außerdem Hobsbawm, E.J. (1991), S. 67 f., der darauf hinweist, daß Nationalsprachen in den meisten Fällen Kunstprodukte sind, welche sich aus dem Versuch entwickeln, aus einer großen Anzahl verschiedener Idiome ein einheitliches zu formen. Das Problem liegt dabei in erster Linie darin, daß es zu entscheiden gilt, welches Idiom die Grundlage für die einheitliche Sprache bilden soll.

221 s. Heckmann, F. (1992), S. 56

222 vgl. Ganzer, B. (1990), S. 4 f.. Fehlt die Gemeinsamkeit der Kultur, handelt es sich demgemäß um eine bloße Herkunftsgemeinschaft ohne gemeinschaftsstiftende Erfahrung der Ähnlichkeit. Gleichheit der Kultur alleine begründet hingegen noch keine Mitgliedschaft in einer ethnische Gruppe. Diese kann auch dem perfekt enkulturierten Individuum verweigert bleiben, sofern es keine Abstammungsgemeinschaft nachzuweisen imstande ist. Vgl. auch Estel, B. (1994), S. 14. Es ist aber darauf hinzuweisen, daß die erwähnte Abstammungsgemeinschaft sowohl tatsächlich als auch fiktiv sein kann, um ihre legitimierende Funktion zu erfüllen. In den meisten Fällen ist von einer Fiktivität auszugehen, insbesondere weil in sozialen Großgemeinschaften das Kriterium der Abstammung bereits durch deren Format ad absurdum geführt worden ist. Vgl. dazu auch Lemberg, E. (1964a), S. 42, der auf die Beliebigkeit der Wahl des gemeinschaftsstiftenden Merkmales einer Nation verweist. Vgl. weiterhin Leggewie, C. (1994), S. 52, der drei Ansätze zur Betrachtung ethnischer Gemeinschaften unterscheidet: einen kritischen, einen organizistischen und einen konstruktivistischen. Laut einer kritischen Sichtweise der Ethnizität, die der Theorie rationalen Handelns am nächsten steht, existieren Ethnien, Völker und Nationen nicht als eigenständige soziale Gebilde. Dem außenstehenden Betrachter stellen sie sich vor allem als Resultat aus Interessenkonstellationen dar.

223 s. Weber, M. (1976), S. 237

Durch die Politisierung der Ethnie, das Beziehen auf ein Territorium und die Etablierung eines bürgerlichen Modells können Ethnien versuchen, Nationen zu werden. Die Abgrenzung von Ethnizität und Nationalismus erfolgt per Definition durch das Verhältnis zum Staat. Während der Nationalismus fordert, daß politische und kulturelle Grenzen übereinstimmen sollen, verlangen ethnische Gruppen vielfach keine Kontrolle über den Staat. Falls die Führer der ethnischen Bewegung einen solchen Anspruch erheben, wird aus der ethnischen Bewegung eine nationale bzw. nationalistische Bewegung.[224]

Ethnie und Nation dürfen jedoch nicht miteinander identifiziert werden. Speziell durch die Idee der Staatsbürgernation können verschiedene ethnische Identitäten nebeneinander und ohne Konkurrenz zur nationalen Identität existieren. Dies bedeutet also auch, daß Wahrnehmung einer Bedrohung der eigenen ethnischen Identität oder die Verweigerung legitimer politischer Ansprüche zwar dazu führen können, aber nicht notwendigerweise dazu führen müssen, daß sich eine Ethnie als Nation begreift und ihre Ansprüche im Rahmen von nationalistischen Bestrebungen durchzusetzen versucht.[225]

4) Das Volk läßt sich als Sonderfall eines ethnischen Gebildes betrachten. So schlägt Francis vor, „...als Volk eine jede dauerhafte, durch ein gemeinsames kulturelles Erbe gekennzeichnete, zahlreiche Verwandtschaftsverbände (*kinship groups*) zu einer unterscheidbaren historischen Einheit zusammenfassende Gesamtgesellschaft zu betrachten."[226]

---

224 vgl. Eriksen, T.H. (1993), S. 6. Vgl. auch Haller, M. (1993), S. 36, der drei Stufen der kollektiven Identitäts- und Bewußtseinsbildung unterscheidet: Ethnische Gruppen: Bevölkerungsgruppen, die ein oder mehrere vermeintlich objektive Merkmale gemeinsam haben (Sprache, Religion, Hautfarbe); Ethnische Gemeinschaft: Sozialer Zusammenhang, bei dessen Mitgliedern ein Zusammengehörigkeitsgefühl entsteht; Nation: Soziokulturell hochentwickelte, politisch selbstbewußte ethnische Gemeinschaft, die nach politischer Autonomie oder voller Selbständigkeit strebt.

225 vgl. Miller, D. (1995), S. 20 f.. Zu unterscheiden ist ferner zwischen den vormodernen Formen der Ethnizität, die auf vielfach noch auf tatsächlicher primordialer Verbundenheit aufbauten und Verbindungen auf lokaler Ebene darstellten, sowie der modernen Ethnizität, die sich als Konstrukt darstellt, das die lokale Ebene verlassen hat und seiner primordialen Eigenschaften weitgehend beraubt ist. Während jene durch den Nationalismus vielfach zerstört wurde, kann diese die Basis für nationalistisches kollektives Handeln bieten. Die moderne Form der Ethnizität ist zudem in weit stärkerem Maße instrumentellen Überlegungen der Individuen zugänglich als die vormoderne.

226 s. Francis, E.K. (1965), S. 196. Vgl. auch die Kritik bei Heckmann, F. (1988), S. 23, der anführt, daß ethnische Kollektive nicht nur für reale, sondern auch für Chancen für Beziehungen stehen.

Der Begriff „Volk“ erscheint in seiner Verwendung ähnlich problembehaftet wie derjenige der Nation. Beide Begriffe werden sowohl in der Alltags- als auch in der Fachsprache häufig synonym verwendet.[227]

Auch der Volksbegriff unterliegt in hohem Maße ideologischer und politischer Verwendung, so daß auch Definitionen von Volk zumeist mehr Ideal- denn Realbegriffe darstellen und stark durch die Interessenlage des jeweils Definierenden geprägt sind.[228]

Ein Volk kann zusammenfassend als ethnische Gruppe definiert werden, die sich durch bestimmte Eigenschaften auszeichnet, die also: „1. nach Zahl der Angehörigen groß genug ist, um eine eigene arbeitsteilige Gesellschaft auch modernen Zuschnitts zu bilden, die 2. über ein (Kern)Gebiet und mithin eine gewisse sozio-ökonomische und, im Regelfall, politische Selbständigkeit nach außen verfügt, die 3. ein Minimum an interner, über bloße Verwandschaftszusammenhänge hinausgehender sozialer Differenzierung insbesondere politisch-rechtlicher Art kennt, die 4. eine kontinuierliche Zeugungsgemeinschaft und 5. eine relative Kulturgemeinschaft bildet, und die 6. ein die Gesamtgruppe umfassendes Bewußtsein der eigenen, eben ethnischen Identität zumindest bei ihren Macht- und Kultureliten kennt.“[229]

Dabei wird die objektive Realität des Volkes durch eine Wir-Idee geschaffen. Ein Volk kann, genauso wie eine ethnische Gruppe, nur existieren, wenn es sich als solches begreift. Die tatsächlichen Gemeinsamkeiten, auf welche Bezug genommen wird, sind dabei variabel. Es geht weniger darum, was man gemeinsam hat, sondern mehr darum, daß man etwas gemeinsam hat.[230]

Das Volk kann die Grundlage für die Bildung einer Nation sein. Die vielen Beispiele von Völkern, die keine eigene Nationsbildung durchlaufen

---

[227] vgl. dazu vor allem die Begriffsanalyse bei Francis, E.K. (1965), S. 69 ff.

[228] Der Oberbegriff ist hier „Bevölkerung“. Im 18. Jhdt. ist „Nation“ der politisch aktive, bewußte Teil der Bevölkerung, „Volk“ der Rest. Der romantische Volksbegriff führt beide zusammen, ähnlich dem französischen Nationsbegriff. Der Ursprung einer ideologischen Vereinnahmung des Wortes Volk läßt sich auf Herder zurückführen. Der romantische Volksbegriff gewann epochale Bedeutung durch seine Ausweitung von der Bezeichnung einer sozialen Gruppe inner- oder unterhalb der Nation auf die Nation an sich. Es kam zu einer synonymen Verwendung beider Begriffe. Andererseits war es Herder, der zuerst die Begriffe Volk und Nation umfassend historisch und kulturell fundierte. (vgl. Koselleck, R./Gschnitzer, F./ Werner, K.F./ Schönemann, B. (1992), S. 316)

[229] s. Estel, B. (1994), S. 18

[230] vgl. Hoffmann, L. (1991), S. 196

haben, zeigen jedoch, daß aus der Existenz eines Volkes nicht zwangsläufig die Gründung einer Nation folgen muß.[231]

Der Bezug vom Volk zur Nation ist ferner dadurch gegeben, daß die Nation ihre Basis auf der eine Seite in der Rückwendung zum primitiven Volkstum hat, also auf dem „Ethnos" beruht. Auf der anderen Seite ist die Nation aber auch nachhaltig vom demokratischen Staatsdenken beeinflußt, hat ihre Wurzeln also im „Demos".[232]

Die tatsächliche Mischung beider Ursprünge einer Nation ergibt sich durch die konkrete historische Wirklichkeit.

Die Nation unterscheidet sich vom Volk primär durch das Erheben des Anspruchs auf politische Souveränität. Ein sich politisch artikulierendes Volk kann als Prototyp einer Nation betrachtet werden.[233]

Jedoch kann der Begriff „Staatsvolk" durch die Einbeziehung des Begriffs der Volkssouveränität eine weitgehende Deckungsgleichheit mit dem modernen Begriff der Nation vorweisen.[234]

5) Ein weiteres Abgrenzungskriterium der Nation kann die Religion darstellen. Falls sich eine Gruppe von ihrer Umgebung durch die Religionszugehörigkeit unterscheidet und ein zusammengehörendes Siedlungsgebiet bewohnt, kann diese Religion die Rolle des entscheidenden abgrenzenden Merkmals übernehmen. Ein prominentes Beispiel für die Existenz eines Religionsvolkes sind die Serben, auch die japanische Nation definiert sich primär über die Religion.

---

[231] vgl. Dann, O. (1993), S. 13 f.

[232] vgl. Francis, E.K. (1965), S. 34, der sich auf eine Unterscheidung durch von Fritz bezieht. Der Gedanke des „Ethnos" als Basis des Volksbegriffes beruht auf der Verwendung dieses Begriffes auch für politisch unselbständiger Stämme im antiken Griechenland, unabhängig von ihrer politischen Organisation. „Demos" hingegen verbindet den Volksbegriff mit der politischen organisierten Gemeinde.

[233] Im folgenden soll die Verwendung des Begriffs der ethnischen Gruppe vor dem des Volkes bevorzugt werden. Jener Begriff scheint eine breiteres Spektrum sozialer Gebilde abzudecken, außerdem ist er ideologisch weniger belastet. Grundsätzlich ist aber von einer weitgehenden Austauschbarkeit beider Begriffe auszugehen. Dabei soll durch den Terminus „ethnisch" prinzipiell nur die Unterschiedlichkeit einer Gruppe gegenüber der Mehrheit auf dem Gebiet eines Nationalstaates beschrieben werden. Eine Festlegung, ob und inwieweit diese Unterschiedlichkeit auf tatsächlichen oder konstruierten Merkmalen beruht, erfolgt hingegen nicht. Ebensowenig soll hinterfragt werden, ob diese Differenz auf äußeren Merkmalen, Sprache, Kultur oder anderem basiert.

[234] vgl. Dann, O. (1993), S. 14

6) Eine gemeinsame Geschichte wird zur Abgrenzung einer Nation ebenfalls herangezogen. Während jedoch die wirkliche Vergangenheit unwiderruflich ist, die gesellschaftliche ist es nicht.[235]

Die mögliche und häufig existente Diskrepanz zwischen der tatsächlichen und der gesellschaftlichen Vergangenheit und deren Bedeutung für das Selbstverständnis einer Gruppe als Nation wird im folgenden Abschnitt diskutiert werden.

Anhand der Vielzahl möglicher Kriterien für die Existenz einer Nation sowie deren Beliebigkeit und Manipulierbarkeit wird deutlich, daß es bestimmter Bemühungen und Handlungen einer Gruppe von Menschen bedarf, um eine Nation als solche zu konstituieren und nach außen abzugrenzen. Die Nation erscheint damit, wenigstens zum Teil, als nichts natürliches, gewachsenes, sondern vielmehr als geschaffenes, konstruiertes soziales Gebilde.

3.1.4. Die Konstruktion der Nation

Es herrscht heute in der wissenschaftlichen Forschung weitgehende Einigkeit darüber, daß Nationen keine ursprünglichen oder unveränderlichen sozialen Einheiten sind, sondern ausschließlich einer bestimmten und historisch jungen Epoche angehören.[236]

Geht man davon aus, daß die Existenz einer Nation kein natürliches, seit Jahrhunderten vorhandenes Phänomen ist, sondern daß die Nation in irgendeiner Art und Weise erschaffen wird, so stellt sich die Frage nach den Gründen und dem Prozeß einer solchen Erschaffung.[237]

---

[235] vgl. Wallerstein, I./Balibar, E. (1990), S. 96. In diesem Zusammenhang verweist Wallerstein mit Recht auf die Manipulierbarkeit der geschichtlichen Wahrnehmung, wenn er anmerkt: „Die Vergangenheit gilt für gewöhnlich als etwas, das unwiderruflich ist; eine in Stein gemeißelte Schrift. Für die wirkliche Vergangenheit gilt das zweifellos. Die gesellschaftliche Vergangenheit aber, d.h. die Art und Weise, wie wir die wirkliche Vergangenheit verstehen, ist bestenfalls eine in Lehm gezeichnete Inschrift.“ (s. ebd., S. 97)

[236] vgl. aber auch Smith, A.D. (1986), S. 3, der zwischen einer primordialen und einer modernistischen Sichtweise unterscheidet. Während erstere die Nation als eine Gegebenheit innerhalb der sozialen Existenz betrachtet, sieht letztere die Nation als gänzlich neues Phänomen, als notwendige Form der Industriegesellschaft. Beide Ansätze erscheinen Smith jedoch inakzeptabel.

[237] vgl. z.B. Alter, P. (1985), S. 26 f., der Nationen als „Geschöpfe aus der Retorte“ bezeichnet, die durch einen langwierigen sozialen und politischen Integrationsprozeß geschaffen

Gellner faßt diesen Umstand pointiert zusammen: „Daß Nationen als eine natürliche, gottgegebene Art der Klassifizierung von Menschen gelten – als ein in der Weltgeschichte angelegtes, wenn auch lange aufgeschobenes politisches Geschick – ist ein Mythos. Der Nationalismus, der manchmal bereits bestehende Kulturen in Nationen umwandelt, erfindet manchmal Kulturen und vernichtet häufig tatsächlich bestehende Kulturen: *Das* ist eine Realität, ob gut oder schlecht, und im allgemeinen ist diese Realität unausweichlich.“[238]

Solche Vorgänge der Beeinflussung von Kultur zielen auf die Implementierung eines gewissen Solidargefühls innerhalb der sozialen Großgruppe, welche die Nation darstellt. Ein solches Gefühl des Zusammenhalts und der Solidarität kann durch den Einsatz und die Betonung realer oder angenommener Gemeinsamkeiten verstärkt werden.

Gemeinsame Kennzeichen sind in jedem Falle für den Zusammenhalt einer Nation wichtig, reichen aber zur Mobilisierung nicht aus. Dies ist erst dann der Fall, wenn sie mit einem starken Wert versetzt und in eine Ideologie integriert werden. Dadurch ist dann Sprache, Religion oder physische Eigenheit nicht mehr nur etwas, was die Gruppe kennzeichnet. Es wird zu etwas erhoben, was sie ausmacht: ein wertvolles Gut, das es zu bewahren gilt und diejenigen, die es besitzen, zu einer Gemeinschaft zusammenfügt, die gemeinsame Ziele verfolgt.[239]

Die Bildung der Nation kann als Realisierung eines säkularen Projekts angesehen werden. Dieses Projekt und ein gemeinsames Schicksal sind die beiden symmetrischen Figuren der Illusion über die nationale Identität.[240]

---

werden. Vgl. auch Widmann, P. (1994), S. 172, der, Überlegungen Andersons und Hobsbawms zusammenfassend, bemerkt, daß die Nation eine Konstruktion der Nationalisten sei.

[238] s. Gellner, E. (1991), S. 77. Vgl. auch Smith, A.D. (1986a), S. 240, der feststellt, daß der Nationalismus die Nationen erfindet, und eine staatliche Elite sie schafft und formt. Falls die staatlichen Eliten ebenfalls Nationalisten sind, wie vielfach in der Dritten Welt, schafft der Nationalismus Nationen durch die vorherige Generierung lebensfähiger Staaten, welche die Matrix der kommenden Nationen formen. Zur begrifflichen Konkretisierung von Nationalkultur im Verhältnis zur Hoch- und Nationalkultur vgl. auch Stagl, J. (1996).

[239] vgl. Rothschild, J. (1981), S. 26 f., der zudem feststellt, daß die Ideologisierung der Ethnizität durch die Sakralisierung ethnischer Kennzeichen und die Mobilisierung der Träger dieser Kennzeichen eine Errungenschaft ethnischer Eliten ist. Diese kommt vor allem dann zustande, wenn soziale Spannungen, Wettbewerb oder Konfrontation es den ethnischen Führern ermöglichen, auf die Notwendigkeit der ethnischen Solidarität hinzuweisen, insbesondere, weil ansonsten die eigenen Werte, Bräuche und Traditionen bedroht seien, ebenso wie ihre persönlichen Lebensziele und das Überleben der gesamten Gruppe auf dem Spiel stehen.

[240] vgl. Balibar, E./Wallerstein, I. (1990), S. 107

Die wenigsten Nationen können jedoch über identitätsbildende Gemeinsamkeiten verfügen. Nationale Identifikation bzw. nationale Identität bedarf in den meisten Fällen der gezielten Förderung durch die Promotoren der nationalen Idee.

Konstrukteur der Nation kann die intellektuelle Elite einer Minderheit auf dem Gebietes eines Staates sein, die sich in ihren beruflichen und sozialen Ambitionen behindert fühlt, und sich von der Schaffung eines souveränen Nationalstaates Vorteile verspricht, aber auch ein bereits bestehender Staat, der eine gewisse Einheit und Homogenität unter seinen Bewohnern herstellen und/oder unter dem Mantel vorgeblich nationaler Interessen Gebietsansprüche gegenüber anderen Staaten geltend machen will.[241]

Besonders geeignet für die Manipulation und Konstruktion nationsbildender Gemeinsamkeiten ist die tatsächlich oder vermeintlich gemeinsam erfahrene Geschichte einer Nation und ihrer Mitglieder.

Mythen und Erinnerungen sind nicht die alleinigen Ingredienzen für die Nation, sie bilden jedoch eine conditio sine qua non. Ohne Erinnerung - wenngleich selektiv- kann es keine Identität geben, ohne Mythen keine kollektiven Absichten, beides wird untrennbar dem Konzept der Nation zugeordnet.[242]

Trotz der großen Rolle, welche die Vergangenheit für die Schaffung der Nation spielt, ist die Vergangenheitsorientierung eher als ein Übergangsphänomen anzusehen.[243]

Die Nation benötigt keinen spezifischen Inhalt für ihren Mythos. Wichtig ist lediglich, daß die Gruppenmitglieder ein intuitives Gefühl der besonderen Herkunft und Entwicklung teilen.[244]

---

[241] vgl. auch Bibo, I. (1992), S. 69, der speziell für den osteuropäischen Raum feststellt, daß es in der Regel um kaum begründbare Gebietsansprüche geht, wenn eine Nation hartnäckig ihr Sendungsbewußtsein gegenüber anderen Nationen beteuert.

[242] vgl. Smith, A.D. (1986), S. 2. Dies liegt auch an der Natur von Mythen und der Absicht, mit der sie geschaffen werden. Mythen beschäftigen sich mehr mit Wahrnehmungen als mit geschichtlicher Wahrheit. Sie besitzen vielfältige Funktionen und Ziele, schaffen aber auch eine Vereinfachung der Komplexität der Realität und standardisieren Kognitionen. Von besonderer Bedeutung für den weiteren Verlauf ist zudem der Umstand, daß Mythen die Kommunikation erleichtern und die Basis für die Entstehung von Vertrauen legen können. (vgl. Schöpflin, G. (1997), S. 22 ff., der auch eine Taxonomie verschiedener Mythen liefert)

[243] vgl. Kamenka, E. (1976), S. 19

[244] vgl. Connor, W. (1992), S. 49

Die meisten Nationen besitzen jedoch keine oder nur eine sehr kurze gemeinsame Geschichte. Es mangelt dadurch vielfach an realen Ansatzpunkten für die Schaffung eines Gemeinsamkeitsgefühls. Dies ist der Grund für die Bildung von Mythen oder, wie E.J. Hobsbawm es nennt, „Invention of Tradition".[245]

Die Erfindung von Traditionen ist notwendigerweise ein Prozeß der Formalisierung und Ritualisierung, der durch den Bezug zur Vergangenheit gekennzeichnet ist, wenn auch nur durch erzwungene Wiederholung.

Hobsbawm unterscheidet in diesem Zusammenhang drei Arten von erfundenen Traditionen:[246]

- Solche, welche die soziale Zusammengehörigkeit oder die Mitgliedschaft in Gruppen, realen oder künstlichen Gemeinschaften etablieren oder symbolisieren.
- Solche, die Institutionen, Status oder Autorität etablieren oder legitimieren.
- Solche, deren Hauptanliegen Sozialisation, das Einimpfen von Glauben, Wertsystemen und Verhaltenskonventionen ist.

Die herausragenden Beispiele für erfundene Traditionen stellen die nationalen Symbole in den modernen Staaten des 19. und 20. Jh. dar. Dazu zählt das Erhöhung von Fahnen zu „Nationalflaggen", das Erheben von -sprachlich überhöhtem- Liedgut in den Rang einer „Nationalhymne" und die Schaffung eines „Nationalwappens"

Alle drei Arten nationaler Symbole dienen der Repräsentation der Identität und Souveränität eines unabhängigen Staates. Sie sollen außerdem Respekt und Loyalität erzeugen.

Alle erfundenen Traditionen versuchen soweit wie möglich, die Vergangenheit als Legitimation für Handeln und als Zement für den Gruppenzusammenhalt heranzuziehen. Zudem schafft eine Tradition eine Norm, so daß die Menschen wissen, wie sie sich zu verhalten haben, was von ihnen erwartet wird.[247]

---

[245] vgl. Hobsbawm, E.J. (1983), S. 1 ff.. Unter „erfundener Tradition" versteht Hobsbawm eine Reihe von Verfahrensweisen, normalerweise gesteuert durch offen oder schweigend akzeptierte Regeln ritueller oder symbolischer Natur. Diese versuchen bestimmte Werte und Verhaltensregeln durch Wiederholung einzuprägen, die automatisch eine Kontinuität mit der Vergangenheit beinhalten. Eine solche Kontinuität mit der Vergangenheit ist jedoch im Fall erfundener Traditionen hochgespielt und unecht.

[246] vgl. ebd., S. 9

[247] vgl. ebd., S. 12. Mglw. schafft man so auch Präferenzen. (vgl. Elster, J. (1989), S. 105)

Eine erfolgreiche Konstruktion einer Nation integriert historisch gewachsene Regional- und Gruppenegoismen unter dem Dach der Nation und weist dieser die Rolle der Bewahrerin der vermeintlichen gemeinsamen Geschichte und Kultur zu.[248]

Wo keine klar definierbaren Grenzen der Nation existieren, werden diese gesetzt. Bei geringen objektiv feststellbaren kulturellen Unterschieden sind die Führer der selbsternannten Nation diejenigen, welche die Auswahl der als Unterscheidungskriterien zu betonenden Merkmale nachhaltig beeinflussen.[249]

Konstruiert wird nicht zuletzt auch eine nationale Identität der Individuen, welche ein nationales Gefühl entwickeln sollen.

---

[248] vgl. Kaschuba, W. (1993), S. 59

[249] vgl. Björklund, U. (1987), S. 25. So ist auch die Frage, wie viele Generationen man zurückgehen muß, um einen gemeinsamen Ursprung der Nation zu erkennen, vom sozialen Kontext abhängig und unterliegt strategischen Erwägungen. (vgl. Eriksen, T.H. (1993), S. 69) Vgl. auch Dittrich, E./Lentz, A. (1995), S. 32 oder Reiterer, A.F. (1988), S. 117, die darauf hinweisen, daß tatsächliche oder konstruierte kulturelle Differenzen zwischen der Nation und den sie umgebenden Gruppen der Führung einer Nation vielfach als Begründung für die Veränderung des Zuganges zu materiellen und oder symbolischen Ressourcen dienen.

3.2. Der Nationalismus

3.2.1. Begriff und Erscheinungsformen des Nationalismus

Den Begriff „Nationalismus“ abzugrenzen und zu definieren wirft ähnliche Probleme auf wie die Definition der Nation, stehen beide doch in untrennbarem Zusammenhang zueinander. Auch für den Begriff des Nationalismus gibt es bis heute keine einheitliche wissenschaftliche Definition, auf die man sich im Laufe der Nationalismusforschung zu einigen vermocht hätte.

Der Begriff des Nationalismus umfaßt ein breit gefächertes Spektrum an möglichen Ausprägungen, so daß erst der konkrete historische Kontext deutlich werden läßt, was durch den Begriff tatsächlich zum Ausdruck gebracht werden soll.[250]

Die negative umgangssprachliche Besetzung des Terminus Nationalismus ist einer wertfreien wissenschaftlichen Definition ebenfalls abträglich. Nationalismus ist in seiner wissenschaftlichen Grundbedeutung jedoch wertfrei zu betrachten. Seine negative Besetzung gewinnt er erst durch die ideologische Ausbeutung des Nationsbegriffes und die damit verbundenen, vielfach negativen Folgen.

Als der wissenschaftlichen Beschäftigung mit dem Nationalismus abträglich hat sich auch dessen mangelhafte theoretische Basis erwiesen. Der Nationalismus hat, im Gegensatz zu anderen bedeutsamen Strömungen der Weltgeschichte, keine Denker oder Theoretiker hervorgebracht. Eine solche Theoriearmut führt häufig zu einem Unterschätzen des Nationalismus, und macht diesen noch schwerer greifbar.

Der Ursprung des Begriffs Nationalismus geht auf Herder zurück. Er gebraucht ihn als erster in einem umfassenderen Sinn als in dem vorher le-

---

[250] vgl. dazu bspw. Alter, P. (1985), S. 11, der bemerkt, daß es möglicherweise angebrachter wäre, von Nationalismen statt von Nationalismus zu sprechen. Auch Schieder, T. (1991), S. 103 weist auf die Fülle der Interpretationen des Nationalismus hin. Shafer merkt an: „ Nationalism is what the nationalists have made it; it is not a neat, fixed concept but a varying combination of beliefs and conditions. It may be in part founded on myth but myths like other errors have a way of perpatuating themselves and of becoming not true but real. The fact is that myth and actuality and truth and error and inextricably intermixed in modern nationalism. The only reasonable way to get at the nature of nationalism is to determine what beliefs – however true or false – and what conditions – however misinterpreted – are commonly – present.“ (s. Shafer, B.C. (1955), S. 7)

diglich auf den Hochschulsektor bezogenen. Im 19. Jahrhundert taucht der Begriff kaum oder gar nicht auf, er wird erst um die Jahrhundertwende wieder benutzt, jedoch dort schon mit negativer Akzentuierung.[251]

Der Nationalismus, im Sinne eines politischen Prinzips, kann als westeuropäische Erfindung gelten, die durch die Europäisierung und Modernisierung nicht-westlicher und vormoderner Gesellschaften verbreitet wurde.[252]

E. Lemberg merkt an: „So erscheint der Nationalismus – zunächst rein soziologisch, ohne eine sittliche Bewertung betrachtet – als eine Kraft, die große, als Träger staatlicher Souveränität in Betracht kommende Gruppen integriert und gegen ihre Umwelt abgrenzt, zu Nationen oder nationähnlichen Gebilden formt.“[253]

T. Schieder ergänzt diese, wie er meint, auf beliebige politische Großgruppen zutreffende Definition: „Nationalismus ist vielmehr eine *spezifische* Integrationsideologie, die immer eine „Nation“ in irgendeinem Sinne im Auge hat, nicht etwa eine *nur* am Sozialen oder Religiösen orientierte Gruppe.“[254]

Nationalismus kann die Form einer Doktrin annehmen. Er basiert in diesem Fall auf verschiedenen Grundannahmen.[255]

---

[251] vgl. Koselleck, R./Gschnitzer, F./Werner, K.F./Schönemann, B. (1992), S. 318 f.. Vgl. auch Dann, O. (1991), S. 57, der festhält, daß der Begriff Nationalismus, wenn er in der frühen Neuzeit überhaupt auftrat, pejorativ verwendet wurde, vergleichbar mit dem heutigen Begriff des Chauvinismus.

[252] vgl. Kohn, H. (1968), S. 64. Kohn grenzt den Nationalismus ab: „Nationalism is a political creed that underlies the cohesion of modern societies and legitimizes their claim to authority. Nationalism centers the supreme loyalty of the overwhelming majority of the people upon the nation-state, either existing or desired. The nation-state is regarded not only as the ideal "natural" or "normal" form of political organization but also as the indispensable framework for all social, cultural, and economic activities. Yet nationalism and the nation-state are comparatively recent historical developments.“ (s. ebd., S. 63)

[253] s. Lemberg, E. (1964a), S. 149

[254] s. Schieder, T. (1991), S. 105. Die Integrationsideologie bedarf wiederum bestimmter Merkmale, um als national zu gelten, insbesondere muß sie auf eine gewisse Homogenität bezogen sein, verbunden mit dem Bewußtsein eines Besonders-Seins. (vgl. ebd.)

[255] Kedourie faßt Ursprung und Stoßrichtung des Nationalismus als Doktrin zusammen: „Der Nationalismus ist eine Doktrin, die sich zu Beginn des 19. Jahrhunderts in Europa entwickelte. Sie gibt vor, ein Kriterium gefunden zu haben, nach dem sich bestimmen läßt, was für eine Gruppe von Menschen das Anrecht auf eine eigene Regierung hat und was als vernünftige Form des Zusammenlebens von Staaten zu gelten hat. Kurz gesagt bedeutet diese Doktrin, daß sich die Menschheit nach einem Naturgesetz in Nationen gliedert, sich Nationen nach bestimmten, objektiv faßbaren Merkmalen unterscheiden und die einzige

Als Kern einer nationalistischen Doktrin lassen sich drei Grundsätze identifizieren:[256]

- Es existiert eine Nation mit einem expliziten und besonderen Charakter.
- Die Interessen und Werte der Nation besitzen Priorität gegenüber allen anderen Interessen und Werten.
- Die Nation muß so unabhängig wie möglich sein, was normalerweise zumindest das Erreichen politischer Souveränität erfordert.

Ziel einer nationalistischen Bewegung muß es sein, Normen zu schaffen, die diese Doktrin legitimieren und unterstützen, sowohl nach innen als auch nach außen.

Wie oben erwähnt, kann der Nationalismus die verschiedensten Ausformungen besitzen, so daß sich für eine Typologisierung ebenso mannigfaltige Möglichkeiten bieten, die hier in ihrem Umfang gar nicht aufzuzählen sind. Daher soll nur auf einige grundlegende und bedeutende Ansätze verwiesen werden.[257]

Eine erste Typologie des Nationalismus stammt von C. Hayes. Er gibt eine vertikale Klassifizierung, durch die sechs Arten unterschieden werden: humanitärer, jakobinischer, traditioneller, liberaler, integraler und ökonomischer Nationalismus. Diese Klassifizierung folgt der zeitlichen Ent-

---

rechtmäßig Regierungsform auf einer nationalstaatlichen Ordnung beruht.“ (s. Kedourie, E. (1971), S. 7)

[256] vgl. Breuilly, J. (1982), S. 3. Vgl. auch Smith, A.D. (1971), S. 21, der sieben Kernthesen einer nationalistischen Doktrin identifiziert: 1. Die Menschheit ist von Natur aus in Nationen geteilt; 2. Jede Nation hat ihren besonderen Charakter; 3. Die Quelle aller politischen Macht ist die Nation, das gesamte Kollektiv; 4. Für Freiheit und Selbstverwirklichung muß sich der Mensch mit der Nation identifizieren; 5. Nationen können nur in ihren eigenen Staaten verwirklicht werden; 6. Die Loyalität zur Nation überragt andere Loyalitäten; 7. Die primäre Bedingung globaler Freiheit und Harmonie ist die Stärkung des Nationalstaates. Vgl. des weiteren Hobsbawm, E.J. (1989), S. 183 f., der vier grundlegende Veränderungen des politischen Nationalismus identifiziert: Aufkommen von Nationalismus und Patriotismus als von der politischen Rechten aufgegriffene Ideologie; Entstehung der Annahme, daß nationale Selbstbestimmung bis zur Bildung souveräner, unabhängiger Staaten nicht nur das Recht derjenigen Nationen wäre, die ihre wirtschaftliche, kulturelle und politische Lebensfähigkeit unter Beweis stellen können, sondern aller Gruppen, die behaupten, eine Nation zu sein; Zunahme der Ansicht, nationale Selbstbestimmung lasse sich durch keine andere Autonomieform, sondern nur durch volle staatliche Unabhängigkeit erreichen; Definition der Nation über Zugehörigkeit zu einer Volks- bzw. Sprachgruppe.

[257] Die noch immer umfassendste Darstellung der verschiedenen Typologisierungen des Nationalismus findet sich bei Smith, A.D. (1971), S. 192 ff..

wicklung des Nationalismus von seinen Ursprüngen bis zu den Hayes umgebenden Nationalismen.[258]

Die Kohnsche Dichotomie von subjektiv-politischem bzw. westlichem und objektiv-kulturellem bzw. östlichem Nationsbegriff resultiert auch in einer Dichotomisierung von westlichen und östlichen Nationalismen. Dabei erachtet Kohn die westlichen Spielarten des Nationalismus als liberal, demokratisch, rational und zukunftsweisend, die östliche Variante hingegen als vergangenheitsorientiert, irrational, antiindividualistisch sowie potentiell rassistisch, möglicherweise sogar faschistisch.[259]

Ebenso wie der Begriff der Nation hat der Nationalismus in erster Linie eine politische Bedeutung. Dieser politische Aspekt spiegelt sich auch in der Nationalismusdefinition Gellners wider: „Nationalismus ist vor allem ein politisches Prinzip, das besagt, politische und nationale Einheiten sollten deckungsgleich sein."[260]

Obwohl der Nationalismus seine Bedeutung vor allem aus der politischen Dimension gewinnt, sind seine Ursprünge vielfach kultureller Natur.

Für den Zweck der vorliegenden Arbeit wird eine Unterscheidung des Nationalismus aufgrund der Bereiche vorgenommen, in denen er sich äußert.

---

[258] vgl. die Zusammenfassung und Kritik des Gedankengutes Hayes' bei Kemiläinen, A. (1964), S. 143 ff.. Eine verwandte Möglichkeit der Unterscheidung ist die zwischen Risorgimento-Nationalismus und integralem Nationalismus. (vgl. Alter, P. (1985), S. 33 f.) Der Risorgimento-Nationalismus wendet sich gegen die Oppression einer Nation durch einen bestehenden Staat und betont das Recht jeder Nation und jedes Mitgliedes der Nation auf freie Entfaltung. Während das Ziel des Risorgimento-Nationalismus ein eigener Nationalstaat ist, ist dieser beim integralen Nationalismus bereits verwirklicht. Der integrale Nationalismus dient als Mittel zur Verschleierung innenpolitischer Probleme, ebenso zur Legitimierung nationalstaatlicher Gebiets- und Machtansprüche. In die selbe Richtung zielt bspw. eine Unterscheidung zwischen emanzipatorischem und unterdrückendem Nationalismus. (vgl. Holzinger, W. (1993), S. 22) Vgl. weiterhin Lemberg, E. (1964), der drei historische Arten des Nationalismus unterscheidet: den demokratischen, den liberalen und den integralen

[259] vgl. Kohn, H. (1962), S. 309 ff. und Winkler, H.A. (1985), S. 8, wo sich auch eine kritische Betrachtung der Unterscheidung durch Kohn findet. Vgl. auch die Unterscheidung zwischen westlichem und östlichem Nationalismus bei Plamenatz, J. (1976). An anderer Stelle spricht Kohn in diesem Zusammenhang auch von „offenen" und „geschlossenen" Nationalismen. (vgl. Kohn, H. (1968), S. 66)

[260] s. Gellner, E. (1991), S. 8. Dieselbe Orientierung findet sich bei Breuilly, J. (1982), S. 3, der Nationalismus als Form der politischen Bewegung auf der Suche nach staatlicher Macht beschreibt, welche ihre Handlungen durch nationalistische Argumente zu rechtfertigen sucht. Vgl. auch Hobsbawm, E.J. (1991), S. 20, der Gellners Definition adaptiert.

Orientiert man sich an modernen Ausformungen des Nationalismus, lassen sich drei Hauptströmungen voneinander trennen, die einzeln oder in überlappenden Formen auftreten können. Diese sind:
1) kultureller,
2) politischer und
3) ökonomischer Nationalismus.

ad 1)
Kultureller Nationalismus zielt in erster Linie auf die Betonung und Bewahrung tatsächlicher oder erfundener kultureller Eigenarten der Nation. Er wird zumeist von einer kulturellen Elite getragen. Eine solche Pflege der Kultur kann die Basis für die Gründung einer Bewegung für politischen Nationalismus bilden, ist jedoch auch einfach als gelehrtes Interesse einer gebildeten Schicht an Historie und Folklore denkbar, ohne daß politische Ambitionen dahinter stehen.[261]

Dem politischen kann der kulturelle Nationalismus insofern vorangehen, als er in den Individuen ein Zugehörigkeitsgefühl sowie Identität stiften kann. Aus einer zugeschriebenen wird eine akzeptierte Identität. Durch die Anhäufung von „sozialem Kapital", der Gesamtheit der aktuellen und potentiellen Ressourcen, die auf der Zugehörigkeit zu einer Gruppe basieren, können die Kosten für Transaktionen und die Durchsetzung von Abmachungen gesenkt werden.[262]

Bedeutsamer erscheint jedoch die Tatsache, daß der Nettoertrag des politischen Nationalismus gesteigert werden kann, indem es zu einer effektiveren Ressourcenallokation kommt, wenn der politische durch den kulturellen Nationalismus vorbereitet wird.[263]

---

[261] Eine solche schwärmerische Grundhaltung erscheint speziell charakteristisch für den frühen Nationalismus des 18. Jahrhunderts. So stellt auch Gellner fest, daß es bei den ersten Nationalisten keine rationale Erwägungen gab. Sie wären zwar vernünftig gewesen, die Beschäftigung mit der Nation erfolgte jedoch aus rein idealistischen Beweggründen. (vgl. Gellner, E. (1991), S. 95)

[262] vgl. zum Begriff des „sozialen Kapitals" insbesondere Bourdieu, P. (1983), S. 190 f.. Soziales Kapital setzt sich aus verschiedenen Einzelgebilden zusammen, die über zwei Merkmale verfügen. Zum einen umfassen sie einen Aspekt einer Sozialstruktur, zum anderen unterstützen sie die Handlungen der in dieser Struktur befindlicher Individuen. Soziales Kapital ist produktiv und kann zur Erreichung bestimmter Ziele eingesetzt werden. Es wird durch Beziehungen zwischen Personen repräsentiert. Soziales Kapital ist, in Analogie zu physischem und Humankapital, nicht unbeschränkt fungibel, sondern nur in Bezug auf bestimmte Handlungen. Wenn es auch für einige Bereiche von großer Bedeutung ist, kann es dennoch für andere völlig nutzlos oder sogar schädlich sein. (vgl. Coleman, J.S. (1991), S. 389 ff.)

[263] vgl. Breton, A./Breton, M. (1995), S. 103 ff.

Kulturelle Nationalisten sind als prinzipiell skeptisch gegenüber der zentralistischen Politik einzuordnen. Ihr Ziel ist in erster Linie, eine geschichtlich begründete Lebensart einer bestimmten Gemeinschaft moralisch wiederzubeleben. Solch kultureller Nationalismus verläßt allerdings unter normalen Umständen selten die gebildeten Kreise, die ihn ins Leben riefen. Das kann anders sein, wenn eine politische Elite auf der Basis solchen Gedankengutes ihre Machtbasis ausbauen will, indem sie mittels am Staat orientierter Techniken versucht, ihre Ideale in die soziale Ordnung einzubringen.[264]

ad 2)

Der politische Nationalismus versucht die Interessen der durch den kulturellen Nationalismus vorbereiteten Nation auf der politischen Ebene zu vertreten. Kulturelle Ansprüche werden in politischen Begriffen artikuliert, es kommt zur Schaffung neuer politischer Institutionen sowie der Reorientierung bestehender. Ziel des politischen Nationalismus ist grundsätzlich die Schaffung eines souveränen Staates für die Nation.

Politischer Nationalismus kann sich in der Gründung einer Partei oder einer Bewegung äußern, die das Ziel der nationalen Eigenstaatlichkeit vertritt. Er verläßt zu gegebener Zeit die Sphäre der Intellektuellen und versucht eine Unterstützung durch eine breite Masse zu erreichen, die ihm bei der Durchsetzung der angestrebten Ziele hilft.

Wie sich solcher politischer Nationalismus innerhalb des ihn umgebenden Staates artikulieren und welche Strategien er zur Durchsetzung seiner Ziele wählen kann, wird weiter unten konkretisiert werden.

ad 3)

Nationalismus auf dem ökonomischen Sektor äußert sich in erster Linie als Protektionismus, der mit der Existenz eines Staates verbunden ist. Ökonomischer Nationalismus dient der Umverteilung der im Staatsgebiet befindlichen Vermögenswerte zugunsten der Mitglieder der Nation bzw. des Nationalstaates.[265]

Er kann als Investitionen in Nationalität beschrieben werden, die getätigt werden, weil sie profitabel sind bzw. scheinen; sie sind dies jedoch nur für spezielle und identifizierbare Gruppen. Die Umverteilung von Wohl-

---

[264] vgl. Hutchinson, J. (1992), S. 104 f.. Vgl. auch Mitra, S.K. (1995), S. 70

[265] vgl. auch Hah, C.-D./Martin, J. (1975), S. 362, die Nationalismus als aus organisational erhöhten und artikulierten Gruppenforderungen bestehend ansehen, welche auf die Sicherung der Kontrolle des Verteilungssystems einer Gesellschaft gerichtet sind.

stand durch Nationalismus dient dem Wohl der Nationalisten und nicht der Maximierung des im Staatsgebiet möglichen Wohlstandes für alle.[266]

Ökonomischer Nationalismus wird vielfach von der Mittelschicht getragen. Er entsteht vor allem dann, wenn sie Veränderungen institutioneller Strukturen, neue Technologien oder andere soziale Kräfte als existentielle Bedrohung empfindet und den Nationalismus als Instrument zur Durchsetzung ihrer Ziele wählt.[267]

Protektionismus entspringt der Auffassung, daß freier Handel die Entwicklung unterentwickelter Länder behindere und Abhängigkeiten schaffe, sowohl ökonomisch als auch politisch. Protektionismus stellt aus der Sicht der Betroffenen eine rationale politische Strategie dar. Wichtigstes Instrument des Protektionismus ist das Erheben sog. „Schutzzölle" auf importierte Waren.[268]

Ökonomischer Nationalismus bedient sich grundsätzlich zweier Instrumente, um sein fundamentales Ziel zu erreichen, die Reduzierung des Anteils an ausländischem Kapital im Staat. Das eine ist die Verstaatlichung ausländischer Vermögenswerte durch Enteignung, durch Kauf oder das Belegen ausländischen Besitzes mit einer Sondersteuer. Das andere Mittel stellt eine Ausrichtung von Abgaben und Steuern auf die Erhöhung des inländischen Anteils dar.[269]

Im folgenden soll Nationalismus in Anlehnung an die Definition Gellners in erster Linie in seiner politischen Dimension Betrachtung finden, genauer gesagt: in seiner modernen Ausprägung als Separatismus. Wenn hier von nationalistischer Bewegung gesprochen wird, so ist damit das Streben nach Eigenstaatlichkeit durch eine von der Mehrheit in einem Staat verschiedenen Gruppe gemeint.

---

266 vgl. Breton, A. (1964), S. 376

267 vgl. ebd., S. 382

268 vgl. Pagano, U. (1995), S. 183. Als erster bedeutender Theoretiker des Protektionismus kann F. List gelten. Neben den beiden oben genannten Abhängigkeiten verweisen Nationalisten häufig auch auf die kulturelle Abhängigkeit von sogenannten imperialistischen Staaten. Ein strikter Schutz der lokalen Kultur kann jedoch zu einer provinziellen Mentalität führen, die lediglich im Interesse einiger vermeintlicher Intellektueller liegen kann. Andererseits beeinflußt die Entwicklung einer lokalen Kultur positiv kulturelle Homogenität und ethnische Solidarität. Ein weiterer nach innen gerichteter Aspekt ist, daß protektionistische Staaten ihren Regionen große und sicher Märkte bieten, andererseits aber auch sich selbst eine gewisse Stabilität schaffen, da Freihandel einzelnen Regionen die Abspaltung erleichtern würde. (vgl. dazu Polèse, M. (1985), S. 114 ff.)

269 vgl. Breton, A. (1964), S. 378. Enteignung als Mittel des ökonomischen Nationalismus kann jedoch auch zu schwerwiegenden politischen Konflikten führen. Markantestes Beispiel dafür ist die Suez-Krise.

3.2.2. Ursachen nationaler Bewegungen

Die Frage nach universalen Ursachen nationaler Bewegungen muß nach dem heutigen Stand der Theoriebildung weiter als ungelöst betrachtet werden. Es ermangelt hier der Soziologie an einer umfassenden Theorie, was nicht zuletzt auf der Wandelbarkeit und den diversen Ausformungen beruht, die der Nationalismus annehmen kann.

Modernisierung steht offenbar in engem Zusammenhang mit der Entstehung nationaler Bewegungen. In dem Maße, wie es zu einer Überwindung der vormodernen agrikulturellen Strukturen kommt, entstehen auch häufig nationale Bewegungen; die Nation gewinnt an Bedeutung gegenüber kleineren Einheiten wie Dorf oder Stamm.[270]

Nationalismus ist demzufolge „die allgemeine Durchsetzung einer Hochkultur in einer Gesellschaft, in der zuvor niedrige Kulturen das Leben der Mehrheit und in manchen Fällen der Gesamtheit der Bevölkerung ausgemacht hatten. (...) Der Nationalismus steht somit für die Errichtung einer anonymen, unpersönlichen Gesellschaft aus atomisierten Individuen, die vor allem durch eine solche gemeinsame Kultur zusammengehalten wird – anstelle der früheren komplexen Struktur lokaler Gruppen, zusammengehalten durch Volkskulturen, die sich lokal und nach ihren eigenen Traditionen innerhalb dieser Mikro-Gesellschaften selbst reproduzierten. Das ist, was tatsächlich im nationalistischen Zeitalter geschieht."[271]

Dabei behauptet der Nationalismus aber auch, für eine Volkskultur anzutreten. Aus dem Volk bezieht er seine Symbole. Dies trifft jedoch nur dann einigermaßen zu, wenn ein Volk tatsächlich durch eine andere Hochkultur dominiert wird, so daß die nationalistischen Führer gegen die Unterdrükkung kämpfen und die Notwendigkeit eines nationalen Befreiungskrieges betonen können. Im Falle der Überwindung der fremden Hochkultur wird diese jedoch nicht durch die traditionelle lokale niedrige Kultur ersetzt, sondern es wird eine eigene Hochkultur geschaffen oder belebt, die zwar

[270] Unter Modernisierung kann allgemein eine funktionale Differenzierung verstanden werden, die auf empirischen Einzelvorgängen wie Arbeitsteilung, Massenkommunikation, Urbanisierung oder Alphabetisierung beruht. (vgl. Esser, H. (1988), S. 236) Die Modernisierung entzieht gleichzeitig einer dauerhaften ethnischen Vergemeinschaftung und systematischer ethnischer Mobilisierung die objektiven Grundlagen. (vgl. ebd., S. 246 f.) Kritisiert werden kann jedoch, daß eine solche Abgrenzung Modernität normativ versteht. (vgl. Richter, D. (1996), S. 63)

[271] s. Gellner, E. (1991), S. 89

möglicher- aber nicht notwendigerweise Verbindungen zu früheren lokalen Sitten oder ähnlichem aufweisen kann.[272]

Modernisierung schafft die Voraussetzung für Nationalismus, indem sie die lokale Isolation aufhebt und die Menschen in die Städte zieht, in denen sie sich neu definieren müssen. Sie verbessert auch die Qualität der Kommunikation. Durch Modernisierung und Veränderung der Umgebung, sowie soziale Mobilisierung werden neue Problemlösungen erforderlich. Weiterhin werden neue Ressourcen geschaffen oder die vorhandenen neu verteilt, der Wettbewerb zwischen den einzelnen Gruppen wird intensiviert.[273]

Aus den vorhandenen Ansätzen zur Erklärung des Nationalismus sollen hier vier hervorgehoben werden:[274]

1) Modernisierungs- bzw. Kommunikationstheorien
2) Theorien reaktiver Ethnizität
3) Theorien internen Kolonialismus‘
4) Wettbewerbsmodelle

ad 1)

Herausragende Bedeutung für die Nationalismusforschung nach dem Zweiten Weltkrieg besitzt der kommunikationssoziologische Ansatz von K.W. Deutsch. Er betrachtet den Vorgang der Kommunikation als Integrations- und Abgrenzungsmittel von Gesellschaften, zu denen auch das Volk gehören kann. Durch Gemeinsamkeit von Sprache, Kultur oder anderer Kommunikationsmedien formiert sich das Volk als Gemeinschaft. Deutsch sieht die Entstehung von Nationalismus als von Ausdehnung, Intensivierung und inhaltlicher Veränderung der Kommunikation abhängig an. Der Grad der Nationenbildung kann anhand der meßbaren Raten von Assimilation und Mobilisierung bestimmt werden, die sich als weithin parallel laufende Prozesse darstellen.[275]

---

[272] vgl. ebd., S. 89 f.

[273] vgl. Levi, M./Hechter, M. (1985), S. 140

[274] Für eine knappe Darstellung und Diskussion weiterer Ansätze vgl. z.B. Richmond, A.H. (1987), S. 5 ff. oder Kumer, A. (1997), S. 66 ff..

[275] vgl. Deutsch, K.W. (1969), S. 86 ff.. Es lassen sich drei Grundannahmen des Modells von Deutsch identifizieren: Entwicklung einer Kommunikationsgemeinschaft als soziales System mit Hilfe von Symbolen; Verdichtung der Kommunikation im Zuge der Industrialisierung auf Basis wachsender sozialer Mobilität; die Bestimmung regionaler Grenzen der Nation erfolgt über die Grenzen der Kommunikationsgemeinschaft. Vgl. dazu auch Blaschke, J. (1985), S. 90, der weiterhin als entscheidende Schwäche Deutschs die a priori

Wenn der Ansatz Deutschs auch diverse Schwächen vorweist und mittlerweile kaum noch aktive Rezeption und Verwendung findet, hat er dennoch den unbestreitbaren Vorteil, den Kommunikationsaspekt und seine enorme Relevanz für die Nation hervorzuheben sowie einen entscheidenden Schritt von der Beschreibung des Nationalismus zu Versuchen seiner Erklärung zu markieren. Die Bedeutung der Kommunikation kann in bezug auf die Organisation nationalistischen Handelns kaum überschätzt werden, sie wird auch im weiteren Berücksichtigung finden, da sie sich als fundamental sowohl für das Erkennen gemeinsamer Interessen als auch für die Koordination dieser Interessen darstellt.[276]

Verbesserte Kommunikations- und Transportmittel können dabei zu einem stärkeren Bewußtwerden der Unterschiede zwischen sich selbst und anderen führen, so daß die Individuen nicht nur des Andersseins anderer ethnisch-kultureller Gruppen gewahr werden, sondern auch der Gemeinsamkeit mit denjenigen, die ihre eigene Identität und Situation teilen.[277]

Andererseits prognostiziert aber die Modernisierungstheorie, daß eine Einbeziehung peripherer Regionen in das Sozialsystem des Staates zu einer schrittweisen kulturellen Annäherung an das übrige System führt. In dem Maße, wie der umfassende Staat wachse, sei die ethnische Mobilisierung vorübergehend.[278]

Die Modernisierungstheoretiker vertreten die Auffassung, daß die Prozesse der sozialen Entwicklung von alleine arbeiten und ihr evolutionäres Potential in jedem Fall zu Tage bringen. Menschliche Intervention erscheint in diesem Zusammenhang überflüssig, was die Vernachlässigung der Rolle des Staates, der Bürokratie und der Eliten durch die Modernisierungstheorie erklärt.[279]

Eine solche Auffassung muß jedoch nicht zuletzt aufgrund der Erfahrungen mit dem Nationalismus der letzten Jahre als gescheitert angesehen werden.

Voraussetzung der Kommunikationsgemeinschaft im Modell identifiziert. Deutsch erkläre nur die Verdichtung der Kommunikation und nehme alle anderen Elemente seines Modells unerklärt als gegeben an.

276 vgl. zu diesem Punkt auch Rerup, L. (1992), S. 309 ff.

277 vgl. Connor, W. (1971), S. 329

278 vgl. z.B. Calhoun, C. (1993), S. 218 und die dort angegebene Literatur.

279 vgl. Smith A.D. (1983), S. 34 und Smith, A.D. (1986a), S. 232. Der Staat wird dadurch zu einem Handlanger der Geschichte, deren Ziel eine Welt großer Nationalstaaten oder Regionen ist.

ad 2)
Einen weiteren Ansatz zur Erklärung ethnischer Mobilisierung stellt die Theorie reaktiver Ethnizität bzw. reaktiven ethnischen Wandels dar. Sie hebt die Bedeutung kultureller Unterschiedlichkeit innerhalb der gesellschaftlichen Schichtung hervor. Nach dieser Sichtweise produziert internationales Wohlstandsgefälle Nationalismus, der als Antwort der Rückständigen auf steigende soziale Mobilität erscheint. Die Theorie reaktiver Ethnizität stellt eine Weiterentwicklung der Modernisierungstheorie dar, betont jedoch stärker das dem Prozeß der Modernisierung inhärente Konfliktpotential.

Sie läßt sich folgendermaßen zusammenfassen:
Kulturelle Unterschiede und solche der Entwicklung fallen häufig zusammen. Wo dies geschieht, tendieren sie dazu, sich gegenseitig zu verstärken. Wenn neue Akteure auf den Arbeitsmarkt drängen und ein Interesse daran besteht, diese neuen Akteure vom Zugang zu präferierten Arbeitsplätzen auszuschließen, wird die Kultur bedeutsam. Sie bietet den Privilegierten ein Mittel zum Ausschluß dieser Neuankömmlinge von begehrten Positionen. Umgekehrt dient eine Ethnisierung auch den Nichtprivilegierten als Basis für Identifikation.[280]

Durch die Verbreitung von Industrialisierung und Modernisierung kommt es zu Verwerfungen und Erschütterungen der traditionellen Gesellschaftsstruktur. Die ersten Generationen haben am meisten mit diesen Problemen zu kämpfen, ihre Loyalitäten zu überdenken und neu zu definieren. Der Nationalismus entsteht der genannten Theorie zufolge allerdings nicht durch Industrialisierung oder Modernisierung an sich, sondern durch deren ungleiche Verbreitung. Diese schaffe deutliche Schichtungen, die für die Betroffenen nicht ohne weiteres nachzuvollziehen seien. Sie werden nicht durch soziale Mechanismen gestützt und erscheinen daher für die Betroffenen durch Sezession heilbar.[281]

Existiert eine Trennung zwischen zwei Nationen (A und B) und die Mitglieder der unterlegenen Nation B sind von den Privilegien der überlegenen Nation A ausgeschlossen, so daß auch die kleine Gruppe der Elite von B nicht ohne beträchtliche Mühe zu A aufschließen kann, erhält B

---

[280] vgl. Gellner, E. (1964), S. 168. Gellner hat diese Argumentation in modifizierter Form erneut in Gellner, E. (1991) dargelegt. Wenn die Terminologie Gellners im Verlauf der Arbeit auch vielfach übernommen wird, wird ihm dennoch nicht vollständig gefolgt, da seine Erklärungsweise funktionalistisch ist. (vgl. dazu auch die Kritik bei Hall, J.A. (1993), S. 4) Zudem liegt der Fokus Gellners eindeutig auf dem frühen Nationalismus während des Übergangs von der agrarischen zur Industriegesellschaft.

[281] vgl. ebd., S. 166

damit eine Führungsschicht. Dieselbe hat in einem solchen Moment auch gar keine Anreize mehr, sich A anzuschließen, da sie ja bei einer erfolgreichen Abspaltung des von dieser Nation bewohnten Territoriums das Monopol über die anstrebenswerten Positionen im neuen unabhängigen Staat und insofern die größeren Aufstiegschancen besitzen würde.[282]

Zwischen den Fortschrittlichen und den Zurückgebliebenen wird die Spannung noch schärfer, wenn die beiden Populationen durch ein oder mehrere auffällige Merkmale voneinander zu unterscheiden sind. Wenn solche Merkmale nicht existieren, wird sich nichts ereignen, außer daß sich das entsprechende Gebiet allmählich entvölkert oder innerhalb des größeren Verbundes zurückbleibt. Gibt es hingegen Merkmale, die eine Unterscheidung herbeiführen, liefern sie einen starken Anreiz und ein Mittel für eine rückständige Region, sich selbst als Nation zu begreifen und nach Unabhängigkeit zu streben.[283]

Kritik hat Gellners Ansatz durch seine starke Betonung ökonomischer Aspekte hervorgerufen. Außerdem existieren in fast allen Staaten ökonomische Unterschiede zwischen einzelnen Regionen, ohne daß es zu nationalistischen Bestrebungen kommt.[284]

ad 3)
Als Erklärung für neuere nationale Bewegungen, speziell in entwickelten westlichen Ländern, hat in den siebziger Jahren das Konzept ungleicher Entwicklung oder eines „internen Kolonialismus“ Beachtung gefunden. Es berücksichtigt die Überlegungen Gellners und übernimmt sie modifiziert.[285]

Interner Kolonialismus liegt dann vor, wenn ein reiches, dominantes Zentrum die relativ schlechter entwickelte Peripherie diskriminiert, so daß diese ein strukturelles Interesse an der Veränderung der Verhältnisse besitzt. In solchen Fällen kommt es zur Bildung einer Autonomiebewegung, es existiert eine Verbindung von ethnischen und Klasseninteressen.[286]

---

[282] vgl. ebd., S. 169

[283] vgl. ebd., S. 171 f.

[284] vgl. z.B. Connor, W. (1984), S. 343

[285] Die bedeutendsten und einflußreichsten Vertreter eines solchen Ansatzes sind Hechter, M. (1975) und Nairn, T. (1981). Beide Autoren beschäftigen sich mit der Situation der ethnischen Minderheiten Großbritanniens. Vgl. zum Verhältnis beider Werke und ihrer Verbindung zu marxistischem Gedankengut z.B. Orridge, A.W. (1981), S. 3 ff..

[286] vgl. Hechter, M. (1975), S. 43. Der Ansatz des internen Kolonialismus kann dadurch in der Tradition des Marxismus gesehen werden, wodurch sich eine übermäßige Fokussierung

Verursacht durch die räumliche Ungleichheit der Welle der Mobilisierung über das Gebiet eines Staates, entstehen mehr oder weniger fortschrittliche Gruppen. Es kommt zu einer ungleichen Verteilung von Ressourcen und von Macht zwischen den beiden Gruppen, aus der Interessenkonflikte erwachsen.[287]

Die überlegene Gruppe versucht, ihre Vorteile zu stabilisieren und zu monopolisieren, indem sie mittels politischer Maßnahmen eine Institutionalisierung des existierenden Schichtungssystems anstrebt, soziale Stellungen mit hohem Prestige für ihre Mitglieder reserviert und den Mitgliedern der unterlegenen Gruppe den Zugang zu diesen Stellungen verweigert. Es kommt zur Entstehung kultureller Arbeitsteilung („cultural division of labor"). Individuen bekommen aufgrund beobachtbarer kultureller Merkmale bestimmte Berufe oder andere soziale Rollen innerhalb der Gesellschaft zugewiesen.[288]

Der Umstand, daß bestimmte Gruppen vorherrschend im primären, andere vorwiegend im sekundären Sektor des Arbeitsmarktes anzutreffen sind, liefert eine Erklärung für unterschiedliche politische Interessen zwischen den Angehörigen der verschiedenen Gruppen. Ebenso können den Gruppen als Ganzes unterschiedliche ökonomische Interessen unterstellt werden.[289]

Hechter hat in späteren Arbeiten kulturelle Arbeitsteilung in ihrer Dimension durch zwei definierende Parameter, Hierarchie und Segmentierung, bestimmt. Hierarchisch ist sie insoweit, wie die entsprechenden Gruppen unterschiedlich geschichtet sind, segmentiert in dem Ausmaß, in dem die berufliche Spezialisierung der ethnischen Gruppen auf den verschiedenen Ebenen der Struktur Gestalt angenommen hat. Hierarchie und

---

auf ökonomische Aspekte ergibt, so daß der Ansatz schon von seinem Ausgangspunkt her verkürzend bleiben muß. Hechter hat allerdings in nachfolgenden Arbeiten versucht, die politische Komponente stärker zu berücksichtigen.

287 vgl. ebd., S. 9 u. 39

288 vgl. Hechter, M. (1974), S. 1154, Hechter, M. (1975), S. 9 und Hechter, M. (1978), S. 296. Ähnlich argumentiert auch das Konzept des gespaltenen Arbeitsmarktes („split labor market"). Vgl. hierzu Bonacich, E. (1972).

289 vgl. Hechter, M. (1978), S. 295 ff.. Der Gedanke der kulturellen Arbeitsteilung beruht auf der Beobachtung, daß der Arbeitsmarkt in Industriegesellschaften häufig in zwei Sektoren untergliedert werden kann; einen Primärsektor mit relativ gut dotierten Jobs, guten Arbeitsbedingungen und dauerhaften Anstellungen sowie einen sekundären Sektor mit schlechter bezahlten Jobs sowie schlechteren Arbeitsbedingungen und unsicheren Beschäftigungsverhältnissen. Die Betonung der kulturellen Arbeitsteilung erklärt Hechter zum einen aus der deutlichen Indikation der gesellschaftlichen Stellung eines Individuums in der gesellschaftlichen Schichtung einer Industriegesellschaft anhand seines Berufes. Zum anderen würden die Beziehungen am Arbeitsplatz die Richtung der Interaktionen in vielen anderen Bereichen des sozialen Lebens ebenfalls beeinflussen. (vgl. ebd., S. 298)

Segmentierung tragen beide zur Verstärkung der Kluft zwischen den Ethnien bei. In dem Grade, wie die kulturelle Arbeitsteilung hierarchisch ist, wird die Schichtung zwischen den ethnischen Gruppen maximiert. Das Ausmaß der Segmentierung verstärkt die Interaktion innerhalb der ethnischen Gruppen.[290]

Die empirische Validität dieses Ansatzes ist jedoch begrenzt.

Wenn die Unterentwicklung bestimmter Regionen im Vergleich zum prosperierenden Zentrum auch in einigen Gebieten zur Entstehung von Separatismus geführt hat, so gibt es doch genügend Gegenbeispiele, in denen es nicht zur Bildung einer politischen Bewegung mit dem Ziel der politischen Unabhängigkeit vom Zentrum kam.[291]

Grundsätzliche Schwäche der Theorie des internen Kolonialismus ist die Annahme, daß relative Deprivation der Individuen den Nationalismus verursacht.[292]

Zudem kann Nationalismus nicht nur als Reaktion auf Unterdrückung und Unterlegenheit angesehen werden. Er ist vielmehr auch ein Versuch, eine politische Ordnung zu etablieren, die einen eigenen substantiellen Inhalt hat.[293]

ad 4)

Für die Wettbewerbsmodelle ist ethnische Mobilisierung eine Konsequenz des Wettbewerbs von Gruppen um Rollen und Ressourcen. Dieser Per-

---

[290] vgl. ebd., S. 296 u. S. 312, ebenfalls Hechter, M. (1985), S. 21. Als bestes Beispiel für eine gleichzeitig hierarchische und segmentierte kulturelle Arbeitsteilung kann die Kastengesellschaft gelten. Sie zeichnen ererbte berufliche Spezialisierung, hierarchische Gruppeneinordnung und eine große soziale Distanz zwischen den Gruppen aus, die zu extremen Raten der Endogamie führen. Allerdings ist eben diese per se nicht nationalistisch.

[291] vgl. z.B. die Kritik bei Birch, A.H. (1978), S. 329. Vgl. auch Horowitz, D.L. (1981), S. 170 ff., der Separatismus nicht nur in benachteiligten, sondern auch in fortschrittlichen Regionen diagnostiziert, wenn auch die fortschrittlichen Regionen gemäß seiner Untersuchungen für separatistische Tendenzen deutlich weniger anfällig sind.

[292] vgl. dazu auch die allgemeine Kritik an der Idee regionaler Deprivation als Voraussetzung nationalistischer Bestrebungen bei Smith, A.D. (1981), S. 27 ff. und bei Connor, W. (1984), S. 344 ff.. Vgl. auch Nagel, J. (1984), S. 422 ff., die kritisiert, daß der interne Kolonialismus nicht vorhersagt, wann es zu einem Aufbegehren kommt. Ebenso ist die Frage nach der Verfügbarkeit von Ressourcen ungeklärt, außerdem werde Ethnizität als primordial vorausgesetzt. Die permanente Benachteiligung einer Gruppe kann unter bestimmten Umständen eine notwendige aber keinesfalls eine hinreichende Bedingung für eine nationalistische Bewegung sein. Hechter hat diesen Aspekt seiner Theorie allerdings ebenfalls revidiert und eine Integration des Modells rationalen Handelns vorgeschlagen. (vgl. Hechter, M. (1985), S. 25)

[293] vgl. Orridge, A.W. (1981a), S. 183

spektive zufolge bleibt die ethnische Situation stabil, solange die verschiedenen Gruppen eindeutige Positionen innerhalb der Struktur besetzen, etwa wenn eine kulturelle Arbeitsteilung existiert oder die ethnischen Gruppen räumlich getrennt sind.[294]

Die Wettbewerbsmodelle stehen insofern in diametralem Gegensatz zu der oben diskutierten Theorie des internen Kolonialismus.

Ethnische Mobilisierung ist ihnen zufolge immer dann wahrscheinlich, wenn es zu Veränderungen der Situation kommt und sich die Wettbewerbsposition der ethnischen Gruppen ändert. Neue Möglichkeiten des Wettbewerbs schaffen eine Voraussetzung für ethnische Mobilisierung.[295]

Solange die kulturelle Arbeitsteilung auf tatsächlich existierenden unterschiedlich ausgebildeten Fähigkeiten zwischen den einzelnen Kulturen beruht, ist die Wahrscheinlichkeit des Aufkommens nationalistischer Tendenzen gering. Die unterlegene Kultur ist nicht in der Lage oder erachtet sich als nicht in der Lage, die Positionen der überlegenen Kultur auszufüllen. Weiterhin erweisen sich interethnische Arbeitsteilungen, in der die jeweiligen Gruppen nicht miteinander in ihren ökonomischen und politischen Bereichen konkurrieren und dadurch voneinander abhängen, weitgehend konfliktfrei, auch wenn auf diese Weise große soziale Ungleichheiten entstehen können.[296]

Diese Konstellation ändert sich, wenn eine neue Elite innerhalb der unterlegenen Kultur bzw. ethnischen Minderheit entsteht, die zwar über die

---

[294] vgl. Ragin, C.C. (1979), S. 622. Andererseits kann aber die Existenz einer kulturellen Arbeitsteilung auch als vorausgehendes Merkmal ethnischer Mobilisierung aufgrund verstärkten Wettbewerbs betrachtet werden, indem sie eine latente Gruppe hervorbringt, deren ethnische Identität durch den Wettbewerb noch verstärkt wird. (vgl. Levi, M./Hechter, M. (1985), S. 140 u. 144)

[295] vgl. Ragin, C.C. (1979), S. 623. Dies kann auch der Fall sein, wenn deutlich wird, daß die bestehende kulturelle Arbeitsteilung nicht auf tatsächlichen Unterschieden beruht, sondern daß die Verbindung zwischen Fähigkeiten und kultureller Zugehörigkeit eine Täuschung war, und die nicht-elitäre Kultur ebenso in der Lage ist, die Dinge zu meistern wie die elitäre. Vgl. ebenso Nagel, J./Olzak, S. (1982), S. 128, die als mögliche Ursachen ethnischer Mobilisierung zum einen den Zusammenbruch einer kulturellen Arbeitsteilung, zum anderen die Reduzierung ökonomischer Ungleichheiten zwischen Zentrum und Peripherie anführen. Wenn hier von ethnischer Mobilisierung die Rede ist, muß diese noch nicht notwendigerweise nationalistisch sein. Von Nationalismus ist genau genommen erst dann zu sprechen, wenn das Ziel einer solchen Mobilisierung der eigene Nationalstaat für die Gruppe ist.

[296] vgl. Wimmer, A. (1995), S. 471, der gleichzeitig darauf hinweist, daß dies sowohl den funktionalistischen Konflikttheorien als auch der amerikanischen Demokratietheorie widerspricht, nach denen ethnische Hierarchien durch das Zusammenfallen mit anderen Gliederungsprinzipien aufgrund des Fehlens von „crosscutting ties“ instabiler werden.

nötige Bildung und über fachliche Kompetenzen verfügt, der aber aufgrund ihrer nationalen bzw. ethnischen Zugehörigkeit der Aufstieg in das obere Segment des Arbeitsmarktes verwehrt bleibt, da zwischen den einzelnen Segmenten des Arbeitsmarktes Ein- und Austrittsbarrieren existieren, die ihre Begründung in der ethnischen Zugehörigkeit der Individuen finden, nicht in den Fähigkeiten der einzelnen Akteure.[297]

Dabei wird vielfach eine kausale Verbindung zwischen Wettbewerb um Arbeitsplätze und Ressourcen und Konflikt angenommen, ebenso wie Modernisierung, ausgedrückt durch zunehmende Konkurrenz um Arbeitsplätze, in direkte Relation zur Entstehung ethnischer Bewegungen gesetzt wird. Daraus ergibt sich aber eine grundsätzliche Schwäche der Wettbewerbstheorien, da andere Einflußgrößen neben der Modernisierung ebenfalls den Wettbewerb um Arbeitsplätze forcieren können.[298]

Aus empirischer Perspektive scheint weder das Modell des internen Kolonialismus noch das Wettbewerbsmodell in der Lage, Nationalismus in allen Fällen zu erklären. Beide Theorien sollten daher eher als komplementär statt als konkurrierend angesehen werden.[299]

Eine Vorgehensweise, die Elemente der Theorie reaktiver Ethnizität und der Modernisierungstheorie verbindet, benutzt M. Hroch in seiner komparativen Analyse der Phasen des „Erwachens“ kleiner Nationen.[300]

---

[297] Es können zudem fünf Elemente der Modernisierung festgehalten werden, die ethnischen Wettbewerb vorantreiben: Urbanisierung, gesteigerte Größen der Organisation, Expansion des sekundären und tertiären Bereichs des Arbeitsmarktes, Expansion des politischen Sektors, Etablierung supranationaler Organisationen. (vgl. Nagel, J./Olzak, S. (1982), S. 131)

[298] vgl. Bélanger, S./Pinard, M. (1991), S. 447

[299] vgl. diesbezüglich auch Rogowski, R. (1985), S. 377, der die Prognosen beider Theorien zusammenfaßt. Wenn die Hypothese des reaktiven Handelns stimmt, sollte Nationalismus mit schneller Modernisierung von zuvor rückständiger Gruppen und Gebieten verbunden sein. Wenn eine Entwicklungsperspektive zutrifft, sollten die am wenigsten modernen Gruppen und Gebiete am ehesten nationalistisch sein. Falls das Wettbewerbsmodell die beste Erklärung darstellt, sollte die Mobilisierung am stärksten bei den fortschrittlichen Elementen jeder nationalen oder ethnischen Gruppe sein, d.h. bei den am besten ausgebildeten, den mobilsten und bereits am meisten urbanisierten. Für die frühen und eher traditionellen Nationalismen scheinen reaktives und Entwicklungsmodell besser geeignet, für die neueren Nationalismen paßt offenbar das Wettbewerbsmodell besser.

[300] Den Terminus „klein“ verwendet Hroch nicht in einem rein quantitativen Sinn, sondern bezeichnet als kleine Nationen diejenigen, die über einen so langen Zeitraum von einer beherrschenden Nation abhängig waren, daß die Abhängigkeitsbeziehung für beide Seiten strukturellen Charakter angenommen hat. (vgl. Hroch, M. (1985), S. 9) Hroch kann als stark von den Überlegungen Deutschs beeinflußt angesehen werden.

Diese Nationen wurden vor ihrem Erwachen von einer Führungsschicht beherrscht, die Macht über zwei oder mehr Nationen besaß, deren Mitglieder jedoch größtenteils oder völlig aus der herrschenden Nation stammten oder in ihr aufgingen. Infolgedessen besaßen die kleinen Nationen an der Schwelle zur Unabhängigkeit eine unvollständige, dem Stand der Entwicklung nicht entsprechende soziale Struktur. Es fehlte ihnen teilweise oder ganz die eigene Führungsschicht. Ebenso waren gelegentlich andere Schichten und soziale Gruppen atypisch repräsentiert.

Den Beginn jeder nationalistischen Wiederbelebung kleiner Nationen markierte die leidenschaftliche Beschäftigung einer Gruppe, meistens Intellektueller, mit dem Studium der Sprache, Kultur und Geschichte der unterdrückten Nation. Diese Intellektuellen blieben zumeist ohne größeren sozialen Einfluß und versuchten auch nicht, eine nationalistische Agitation zu betreiben. Motiviert wurde ihr Streben durch den Patriotismus der Aufklärung, einer idealen, freiheitlichen und zeitkritischen Einstellung, und einer Zuneigung zur Region, in der sie lebten. Falls es überhaupt Agitation gab, blieb diese auf der individuellen Ebene, und alle Absichten und Pläne entbehrten einer organisatorischen Basis.[301]

Die Entwicklung nationaler Bewegungen durchläuft verschiedene Stadien, die von Hroch in einem Drei-Phasen-Schema des Erwachens kleiner Nationen zusammengefaßt wurden:[302]
Phase A: Gelehrtes Interesse und Vorliebe von Einzelpersonen für das Nationale.
Phase B: Zeit der zielbewußten nationalen Agitation, geführt von einer national bewußten Minorität, mit der Bemühung um die Vermittlung eines wertbezogenen Nationalbewußtseins und mit der Gewinnung breiter Schichten ihrer ethnischen Gruppe für die nationale Begeisterung.
Phase C: Einsetzen der Massenbewegung der Nationalbewußten.

Der Übergang von Phase B zu C scheint der entscheidende Moment innerhalb des Prozesses des Erwachens zu sein. Gelingt er, behauptet sich die Nation; es gibt aber auch Beispiele mißglückter Nationswerdung.[303]

---

[301] vgl. Hroch, M. (1985), S. 23. Zur sozialen und territorialen Zusammensetzung der führenden Gruppen nationaler Bewegungen vgl. auch Hroch, M. (1992), S. 258 ff.. Vgl. zum Begriff Patriotismus bspw. die begrifflichen Einführung bei Birtsch, G. (1989), S. 3 f. und die dort angegebene Literatur. Zur Problematik einer modernen Abgrenzung des Patriotismus-Begriffes, speziell in Österreich, vgl. Burger, R. (1994), S. 35 ff..

[302] vgl. Hroch, M. (1985), S. 23

[303] vgl. ebd.

Hrochs Phänomenologie des Nationalismus hat sich als richtungsweisend für die neuere Nationalismusforschung erwiesen. Allerdings bleibt offen, wieso es zu einem Übergang vom kulturellen zum politischen Nationalismus kommt.[304]

Keiner der vorgestellten Ansätze scheint in der Lage, alle Spielarten des Nationalismus adäquat erfassen und erklären zu können.

Es läßt sich aber, allen Unterschieden zum Trotz, ein genereller Prozeß ablesen, der zur Entstehung insbesondere des separatistischen Nationalismus führt:[305]

- Am Anfang steht Modernisierung, verbunden mit Prozessen sozialer Mobilisierung, kultureller Standardisierung und zunehmender politischer Partizipation.
- Eine solche Modernisierung bringt eine soziale Ungleichheit in den Staat.
- Eine soziale Kategorie mit einer abgegrenzten peripheren Kultur und eigenen Ressourcen wird diese Ungleichheit als unfair begreifen und ihre Unzufriedenheit vortragen.
- Zumindest ein Teil der unzufriedenen Gemeinschaft wird darüber hinaus den Staat für die Ungleichheit verantwortlich machen und versuchen, gegen diesen mobil zu machen, um mehr Autonomie zu erreichen. Dadurch entsteht an der Peripherie eine nationalistische Bewegung, deren Größe jedoch sehr unterschiedlich ausfallen kann.

3.2.3. Die Rolle des Staates und der Bürokratie

Nation und Staat stehen in einem engen Verhältnis zueinander. Es wurde bereits darauf verwiesen, daß die Gründung eines souveränen Staates das Hauptziel nationaler bzw. nationalistischer Bestrebungen ist.

Auf den Umstand, daß der Staat weniger ein Ziel an sich, sondern für die Individuen eher ein Mittel zu Erreichung übergeordneter Ziele darstellt, wurde bereits weiter oben hingewiesen. Er kann eine Schutzfunktion für die Nation ausüben und sich als Bedingung für die Verwirklichung des

---

[304] vgl. Hall, J.A. (1993), S. 10

[305] vgl. Hooghe, L. (1992), S. 26

Schicksals einer Nation erweisen, ist jedoch nicht mit der Nation zu verwechseln.[306]

Ein Nationalstaat bietet seinen Bewohnern Vorteile, die einer nicht staatlich organisierten Nation verwehrt bleiben. Dadurch ist ein Anreiz für eine mögliche Separation bzw. Sezession durch eine nationale Minderheit gegeben, welche diese Vorteile realisieren will.[307]

Die Ausdehnung einer zentralisierten und wissenschaftlichen Bürokratie ist als ein zentrales Kennzeichen der Modernität des Staates anzusehen.

Häufig in den Hauptstädten der Staaten angesiedelt, bieten die bürokratischen Institutionen Wege zu Wohlstand und Macht, so daß viele gebildete und ehrgeizige Menschen auf diese Bürokratien zustreben. Auf diese Weise übersteigt das Angebot an qualifizierten Bewerbern schnell die Nachfrage, so daß sich Unzufriedenheit entwickeln kann. Während die Situation bereits für die Mitglieder der ethnischen Majorität unbefriedigend ist, muß sie für die aus der Peripherie stammende Intelligenz, der es verwehrt bleibt, eine ihrer Ausbildung entsprechende Anstellung zu finden, noch unerträglicher erscheinen. Dies gilt in psychologischer, ökonomischer, kultureller und politischer Hinsicht. Nicht nur, daß es peripheren Intellektuellen nicht gelingt, Stellen in der Bürokratie zu finden; sie müssen sich auch mit schlechter dotierten und angesehenen, ihren Fähigkeiten weniger entsprechenden Anstellungen begnügen. Für ihre Frustration bietet der Anschluß an nationalistische Bewegungen vielfach das geeignete Ventil.[308]

Andererseits kann das Rekurrieren auf ethnische Kriterien als Mittel zur Beschränkung des Zugangs zur Bürokratie für neue Eliten genutzt werden, insbesondere durch die Inhaber der privilegierten Stellen. Sie verfügen zwar vielfach über eine schlechtere Ausbildung als die neuen aufstrebenden Eliten der unterdrückten Kultur, können aber durch die Beibehaltung ihrer Sprache als einziger zugelassener Amtssprache einen zusätzlichen Wettbewerbsvorteil realisieren.

Ursache für das besondere Engagement der Mittelschichten in nationalistischen Bewegungen ist vor allem in der Bedeutung der modernen Bürokratie als Arbeitgeber zu sehen. Sie schafft Beschäftigungsmöglichkeiten, die

---

[306] vgl. Smith, A.D. (1973), S. 18

[307] vgl. auch Smith, A.D. (1986), S. 154, der bemerkt, daß politische und ökonomische Kalkulationen eine starke Anziehungskraft auf die Ethnie ausüben, sich als Nation zu verstehen.

[308] vgl. Smith, A.D. (1979), S. 29, der zudem die Situation der kolonialen Intelligentsia als derjenigen der alten europäischen Reiche ähnelnd ansieht.

an den vormodernen Höfen und Landesherrschaften nicht in gleichem Ausmaß existierten. Durch eine selektive Verteilung von Positionen, Rechten oder Aufträgen, die den Begünstigten ökonomische und/oder soziale Vorteile einbringen, kann sich die herrschende Schicht der dauerhaften Unterstützung der begünstigten Gruppe versichern.[309]

Es hängt von den ökonomischen Rahmenbedingungen ab, wie bedeutsam Beschäftigungsverhältnisse auf dem öffentlichen Sektor sind. In wirtschaftlich guten Zeiten ist die Besetzung öffentlicher Stellen weniger wichtig, da die Chancen auf dem privaten Sektor für eine gut ausgebildete Elite der Minderheit gut oder sogar besser sind als auf dem staatlichen.[310]

Als weiterer Aspekt im Zusammenhang mit der Etablierung einer bürokratischen Struktur kann die Zunahme der Belastung und Kontrolle für die verwaltete Bevölkerung genannt werden. Diese regt sie zu einer vermehrten eigenen nationalen Willensbildung an.[311]

Zu den unmittelbaren Vorteilen der Eigenstaatlichkeit einer Nation gehört in erster Linie die Schaffung und Existenz einer eigenen staatlichen Bürokratie, die den Interessen der Nationsmitglieder in stärkerer Weise verpflichtet sein wird, als dies im vorhergehenden staatlichen Gefüge der Fall war. Außerdem gilt es, die Stellen in der durch eine Staatsgründung neu geschaffenen Bürokratie zu besetzen. Diese Besetzung erfolgt durch Mitglieder der Nation, denen möglicherweise vorher der Zugang zu solchen Stellen aufgrund ihrer nationalen oder ethnischen Zugehörigkeit verwehrt geblieben war.

Neben der Besetzung von Stellen in der Bürokratie eröffnet die Erlangung eines eigenen Nationalstaats vielfach Nationsangehörigen den bisher verwehrten Zugang zu mit höherem Einkommen verbundenen Arbeitsstellen auf dem privaten Sektor.[312]

---

309 vgl. Wimmer, A. (1995), S. 467, der zudem den bürokratischen Apparat eines Staates als Wettbewerbsfeld der Mittelschichten betrachtet. Vgl. auch Hobsbawm, E.J. (1991), S. 185, der den Zugang zu Positionen im öffentlichen Dienst speziell in der dritten Welt als Weg zu Geld und Reichtum einordnet.

310 vgl. Hardin, R. (1995), S. 27. Eine solche Situation scheint im Hinblick auf die momentane Situation in den Nachfolgestaaten der ehemaligen Sowjetunion charakteristisch. Eine schlechte wirtschaftliche Lage erhöht für die Individuen den Anreiz, öffentliche Positionen zu besetzen; nicht nur wegen der damit verbundenen Macht und des Einflusses, sondern auch wegen der relativen wirtschaftlichen und sozialen Absicherung.

311 vgl. Dann, O. (1978), S. 210

312 vgl. Breton, A. (1964), S. 378, der zwischen Arbeitsplätzen der Mittelschicht und der Arbeiterschicht unterscheidet. Die Arbeitsplätze, die für die nationale Gruppe verfügbar gemacht werden sollen, sind zumeist solche der Mittelschicht, da die der Arbeiterschicht

Dies geschieht nicht zuletzt dadurch, daß der Kreis potentieller Bewerber um Arbeitsstellen beschränkt wird durch die Schaffung eines neuen Nationalstaates, welcher zudem eine eigene Sprache besitzt. Die Angehörigen der Nation sehen sich einer geringeren Konkurrenz und somit besseren Aufstiegsmöglichkeiten gegenüber.[313]

Auch deshalb ist die Aussicht auf Gründung eines eigenen Staates im Rahmen einer Sezession für Nationalisten deutlich attraktiver als der Anschluß an einen bereits bestehenden Nationalstaat im Rahmen einer Irredenta. Speziell die Elite muß durch die Hoffnung auf die Übernahme der Regierung eines neuen Staates stärker motiviert werden als durch die Aus-

---

entweder bereits von Angehörigen der Nation besetzt sind oder aus nationalistischer Sicht unwichtig erscheinen. Einen Nationalismus, der die Umverteilung von Arbeitsplätzen zugunsten der Angehörigen einer Nation als bedeutendstes oder einziges Ziel hat, nennt Breton „bourgeois nationalism", bürgerlichen Nationalismus. Einem solchen Nationalismus kann ein sozialistischer Nationalismus gegenübergestellt werden, der den Kampf für die nationale Befreiung mit einem Kampf um die sozialistische Revolution verbindet. Ein solcher sozialistischer Nationalismus, häufig eine antikoloniale Bewegung, verspricht für den Erfolgsfall mindestens drei Dinge: Als erstes die Entfernung der nationalen Bourgeoisie, zumindest, wenn sie sich mit der ausländischen Macht verbündet hat, aus allen Führungs- und Verwaltungspositionen und Vertreibung von ihren Vermögenswerten, so daß Raum für die Aufwärtsmobilität der Mitglieder der arbeitenden Klassen geschaffen wird. Es erfolgt eine Umverteilung der Eigentumsrechte. Als zweites kommt es zu einem umfassenden Industrialisierungsprogramm und einer Diversifikation der Produktion, um die Abhängigkeit des neuen Staates vom kapitalistischen Ausland zu reduzieren, einer Landreform, Schaffung einer großen nationalen Armee, Aufbau eines umfassenden bürokratischen Apparates sowie kräftige Investitionen in Erziehung, Kultur und Gesundheitswesen. Durch alle diese Maßnahmen wird der Anteil der hochdotierten Arbeitsplätze für die frühere Arbeiterklasse erhöht. Drittens werden bestimmte Organisationstechniken eingesetzt, um die Wahrscheinlichkeit des Erfolges der Bewegung zu erhöhen. Die kommunistische Partei, mit zentralisiertem Aufbau und strenger Organisation, bietet dabei ein erprobtes Medium der Entdeckung und Sanktionierung potentieller Trittbrettfahrer, welches bürgerlichen Nationalismen nicht zur Verfügung steht. Außerdem steht nach der Erreichung der Unabhängigkeit mittels Bürgerkrieg unter der Führung der Partei durch die Selbstverwaltung befreiter Gebiete ein effektiver Mechanismus zur Verfügung, der die individuellen Vorteile unmittelbar mit dem Erfolg im vorhergehenden Kampf verknüpft. (vgl. Ferrero, M. (1995), S. 234 f.)

[313] Dies gilt insbesondere für die Bewohner weniger weit entwickelter Regionen, die auf dem nationalen Markt Wettbewerbsnachteile besitzen. Fortschrittliche Regionen sind für sezessionistische Tendenzen generell weniger anfällig, obwohl auch sie unzufrieden über die zu leistende Unterstützung für die zurückgebliebenen Regionen sein können. Es stehen dem jedoch insbesondere für hochgebildete Gruppen gewichtige Argumente entgegen, bietet doch ein ungeteilter Staat weitaus mehr Möglichkeiten, die vorhandenen Bildungs- und Wettbewerbsvorteile zu nutzen. Eine Sezession scheint auch hier nur wahrscheinlich, wenn die Kosten der Sezession gering sind und die Nachteile des Verbleibens im Staat sie bei weitem überwiegen. (vgl. Horowitz, D.L. (1981), S. 184 ff.)

sicht auf die Besetzung einer Position in einer neu hinzugekommenen Region eines bereits etablierten Staates.[314]

Nationalismus in der Form des Separatismus liegt vor allem im Interessen der Eliten einer ethnischen Minderheit, da offenbar in erster Linie diese durch eine Sezession unmittelbare Vorteile realisieren können. Welche Bedeutung diese Tatsache für die Entwicklung der weiteren Bewegung besitzt, wird im folgenden noch zu konkretisieren sein.

Das „Ausspielen der nationalen Karte" kann auch zur Verfestigung des inneren Zusammenhaltes eines Staates erfolgen. Das Nationalbewußtsein der Menschen wird in einem solchen Fall durch den Staat gefördert, der sich davon eine gesteigerte Zentralisierung, Vereinheitlichung und Effizienz verspricht.[315]

Ein bereits existierender Staat kann vor allem dann selber zum Träger und Initiator des Nationalismus werden, wenn die Führungselite sich durch latente nationalistische Bestrebungen der Peripherie langfristig in ihrer Existenz bedroht fühlt und diese abfangen will. Zu erwarten ist in einem solchen Fall eine Übernahme bzw. Vereinnahmung der Symbole und Ziele der nationalistischen Bewegung, möglicherweise gepaart mit der Modifikation dieser Ziele. Dadurch kann die herrschende Elite Einfluß auf den weiteren Verlauf der Bewegung nehmen.[316]

Nationalistische Agitation wird speziell von den am Nationalismus interessierten Individuen lanciert, vielfach auch durch staatliche Institutionen. Es kommt möglicherweise zu einer Wendung zum Expansionismus oder zum Protektionismus.[317]

---

314 vgl. Horowitz, D.L. (1992), S. 125. Zudem ist davon auszugehen, daß eine separatistische Strömung breitere Unterstützung durch das Ausland erfahren wird als Irredentismus, der in erster Linie von dem Staat abhängt, an den man sich anschließen will. Der grundlegende Unterschied zwischen Irredenta und Sezession liegt darin, daß es bei dieser nur um die Abspaltung eines Gebietes von einem existierenden Staat geht, während bei jener nicht nur die Abspaltung von einem Staat, sondern auch der Anschluß des Gebietes an einen anderen Staat angestrebt wird. (vgl. ebd., S. 119)

315 vgl. Balibar, E./Wallerstein, I. (1990), S. 101 und Alter, P. (1985), S. 27, der als Beispiele England, Frankreich, Portugal und Schweden anführt.

316 vgl. Anderson, B. (1988), S. 106. Anderson konstatiert einen offiziellen Nationalismus, der sich vor allem als Reaktion auf nationalistische Volksbewegungen entwickelte und eine bewußte Verschmelzung von Nation und dynastischem Reich darstellte. (vgl. ebd., S. 91)

317 vgl. Winkler, H.A. (1985), S. 15

3.2.4. Nationalismus und Konflikt

Nationalismus hat sich seit seinem Hervortreten als eine der mächtigsten Quellen für Konflikte im Staat als auch zwischen Staaten erwiesen. Er kann als Ursache diverser gewalttätiger Auseinandersetzungen und Kriege angesehen werden.[318]

Konflikt ist immer dort zu erwarten, wo Nationalismen sich soweit politisch artikulieren, daß sie Anspruch auf Rechte oder Ressourcen erheben, die gleichzeitig von einer anderen Nation bzw. von einem Zentralstaat beansprucht werden.[319]

Solche Forderungen können im Fall des Nationalismus in engem Zusammenhang mit dem Anspruch auf ein bestimmtes Territorium stehen, das einer Nation Steuereinnahmen, Arbeitskraft, Bodenschätze und andere Ressourcen sichert.[320]

Wird kein Ausgleich der gegenseitigen Ansprüche auf dem Verhandlungswege erreicht, ist zu erwarten, daß es zu Auseinandersetzungen kommt, da der Wettbewerb um Ressourcen und Rechte nicht über einen Markt geregelt werden kann. Wenn eine substantielle Unzufriedenheit der Mitglieder einer Gruppe mit ihrer Situation existiert und sie dafür äußere Umstände verantwortlich macht, ist ein Potential für Konflikt gegeben. Es kommt in einem solchen Fall insbesondere auf die herrschenden Machtverhältnisse an, ob dieses Konfliktpotential in eine manifeste Auseinandersetzung mündet bzw. welche Form diese annimmt.

---

[318] vgl. ergänzend Dahrendorf, R. (1993), S. 111, der die Meinung vertritt, daß immer eine Rivalität zwischen Nationalstaaten existiert, die sich in ihrer Ausformung von einer Konkurrenz um Pro-Kopf-Einkommen und Zahlungsbilanz bis hin zu kriegerischen Auseinandersetzungen erstrecken kann. Dahrendorf identifiziert eine solche Rivalität als Element des Nationalismus. Vgl. zudem Minc, A. (1992), S. 29 f., der als eine Abart des modernen Nationalismus des 21. Jahrhunderts das Streben von Nationalstaaten nach ökonomischer, technologischer und finanzieller Führung unter Vernachlässigung des territorialen Aspektes betrachtet, der sich vor allem in der Expansion der Wirtschaft und damit verbundenem unfreiwilligem Nationalismus äußert.

[319] Allgemein läßt sich sagen, daß ein Konflikt immer dort zu erwarten ist, wo zwei Menschen Handlungen ausführen wollen, die miteinander unvereinbar sind. Der Konflikt löst sich auf, wenn ein miteinander kompatibles Handlungsmuster erarbeitet worden ist. Ein solches Schema ist sowohl auf Individuen als auch auf Gruppen sowie auf eine beliebige Zahl von Teilnehmern anwendbar. (vgl. dazu auch Nicholson, M. (1992), S. 11)

[320] vgl. auch Hechter, M. (1992), S. 277, der süffisant anmerkt: „If there is one constant in history apart from the universality of death and taxes, it is the reluctance of states to part with territory." (s. ebd.) Vgl. aber andererseits auch Friedman, D. (1977), S. 60, der die Meinung vertritt, daß ein Nationalstaat aufgrund ökonomischer Interessen daran interessiert ist, seine Größe und Form so zu wählen, daß er seine Netto-Steuereinnahmen (Brutto-Einnahmen abzgl. Kosten der Erhebung) maximiert.

Wenn auf dem Gebiet eines Staates mehrere unterschiedliche Nationalismen konkurrieren, setzt sich normalerweise einer von ihnen durch, während die anderen im Anschluß daran als ethnisch, sezessionistisch, regionalistisch oder gar als Stammesideologie bezeichnen werden.[321]

Wie die Lösung der Konkurrenzsituation und der widerstrebenden nationalen Interessen vonstatten geht, hängt von verschiedenen Faktoren ab, vor allem von der herrschenden Staatsform. Ein Staat mit einer demokratischen Verfassung wird seine inneren Probleme aller Voraussicht nach auf der Basis dieser Verfassung lösen. Ein totalitärer Staat hingegen wird separatistische Tendenzen innerhalb seines Gebietes eher durch die Anwendung von Gewalt unterdrücken.[322]

Ein der Idee des Liberalismus verpflichteter Nationalismus, wie er in den Anfängen des nationalen Gedankens vorzufinden war und der die Nationszugehörigkeit zu einem Akt der subjektiven Entscheidung macht, ist nicht oder nur in sehr geringem Maße zur Initiierung von Konflikt bereit. Weit eher ist der ethnisch motivierte Nationalismus in der Lage, ein Konfliktpotential aufzubauen. Er bestimmt die Kriterien der Zugehörigkeit zu einer Nation selbst und nimmt sich daher das Recht, zur Erreichung ethnischer Homogenität auf dem beanspruchten Territorium die dort ansässigen Angehörigen fremder Nationen zu assimilieren, zu vertreiben oder zu töten.[323]

Legt man die Annahme zugrunde, daß Selbstbestimmung ein Recht jeder Nation ist und diese nur mittels eines eigenen Staates zu verwirklichen ist, muß es aufgrund der Inhomogenität der Nationalstaaten sowie der widerstrebenden Gebietsinteressen der unterschiedlichen Nationen zu inneren Problemen kommen.

Konfliktbereitschaft ist auch und speziell in Bereichen zu erwarten, in denen es zu Überlappungen nationalistischer und religiöser Aspekte kommt. Durch die Beifügung einer weiteren transzendenten Komponente

---

[321] vgl. Eriksen, T.H. (1991), S. 314

[322] Der rechtliche Status einer Bewegung innerhalb des sie umgebenden Staates beeinflußt nachhaltig ihre weitere Entwicklung und ihre Erfolgsaussichten. Es ist schwierig, eine politische Organisation aufrecht zu erhalten, die sich permanentem Druck durch die Regierung ausgesetzt sieht. (vgl. Hechter, M./Levi, M. (1979), S. 268) Erfolgreicher Separatismus war vielfach und in erster Linie Auflehnung gegen vormoderne autoritäre Staaten in der Frühphase der Modernisierung.

[323] vgl. Gellner, E. (1991), S. 10 u. Rösel, J. (1995), S. 122. Vgl. auch Smith, A.D. (1986a), S. 230, der daruaf hinweist, daß Probleme vor allem dann entstehen, wenn ethnische Homogenität und kulturelle Flächendeckung anstrebenswerte Ziele in sich werden.

zur ohnehin schon vorhandenen Überhöhung der Nation können erhöhtes Sendungsbewußtsein und Opferbereitschaft der Betroffenen induziert werden. Ebenso kann der inhaltliche Charakter der herrschenden Kultur eine Rolle spielen, wenn durch die Kultur Gewalt als Mittel für Auseinandersetzungen toleriert oder sogar bejaht wird.[324]

Grundsätzlich ist davon auszugehen, daß die Gewaltbereitschaft steigt, wenn sich die Unterschichten in zunehmendem Maße an der nationalistischen Bewegung beteiligen. Eine höhere Neigung zur Gewaltanwendung ist dann festzustellen, weil Unterschichten weniger zu verlieren haben. Die Mittelschicht kann ihre Interessen besser in einer geordneten Gesellschaft verwirklichen und verfügt zudem vielfach sowohl über formelle als auch über informelle Kanäle, um sich gegenüber dem Zentrum zu artikulieren.[325]

Man kann acht Vorgehensweisen auf der Makroebene zur Regulierung nationaler oder ethnischer Konflikte unterscheiden, welche sowohl Konfliktbeseitigung als auch Konfliktmanagement beinhalten können. Sie lassen sich wiederum zu Methoden zur Beseitigung der Differenzen und Methoden zur Verwaltung der Differenzen zusammenfassen. Zur ersten Kategorie zählen Genozid, erzwungene Massenumsiedlungen, Teilung und/oder Abspaltung bzw. Selbstbestimmung sowie Integration und/oder Assimilation. Der zweiten Kategorie zuzurechnen sind hegemoniale Kontrolle, Vermittlung bspw. durch Intervention einer dritten Partei, Kantonisierung bzw. Föderalisierung, Consociation oder Machtteilung. Alle Formen sind vielfach in Kombination miteinander vorzufinden oder werden in verschiedenen Stadien auf den selben Konflikt angewendet.[326]

---

324 vgl. Haller, M. (1993), S. 37, der eine solche Akzeptanz von Gewalt in Zusammenhang mit der Geschichte und Sozialstruktur der jeweiligen Gruppen setzt. Vgl. auch Laitin, D.D. (1995), S. 14 f., der zwei Bedingungen darlegt, die erforderlich sind, damit eine gewaltbereite Bewegung Aktivisten findet: zum einen die Existenz einer sozialen Schicht, in der Gewalt Teil des normalen kulturellen Repertoires ist, zum anderen das Vorhandensein von Jugendlichen örtlicher sozialer Gruppen, die am ehesten zur Beteiligung bereit sind.

325 Waldmann verzichtet auf eine präzise begrifflich Unterscheidung zwischen Mittel- und Unterschicht. Er hält eine grobe Unterscheidung für ausreichend; eine Auffassung, der hier gefolgt werden soll. (vgl. Waldmann, P. (1985), S. 226)

326 vgl. O'Leary, B./McGarry, J. (1995), S. 248 ff.. Dort findet sich auch eine ausführliche Darstellung und Diskussion der einzelnen Alternativen, auf die an dieser Stelle verzichtet werden soll.

4. Der Rational Choice-Ansatz und die Erklärung nationaler Optionen

4.1. Die Interessen der individuellen Akteure

Nationalismus wird vielfach als irrational oder außerhalb der Rationalität befindlich angesehen, da er Erwägungen des Eigeninteresses überschreite und verletze oder atavistisches Verhalten darstelle, das vor allem Wirrköpfe und Romantiker anzieht.[327]

Hier soll dagegen gefragt werden, inwieweit derselbe vom individuellen Standpunkt aus als rational erscheinen kann, indem er einen höheren Nettonutzen verspricht als die Investition in andere, konkurrierende Aktivitäten.[328]

Zunächst muß zwischen der Existenz einer nationalen bzw. nationalistischen Grundeinstellung der Individuen und dem Engagement in einer nationalistischen Bewegung unterschieden werden. Menschen können zwar in ihrer generellen Haltung nationalistischen Argumenten positiv gegenüberstehen, falls sie sich aus deren Durchsetzung einen persönlichen Nutzen materieller oder immaterieller Art versprechen, ein Engagement in einer nationalistischen Bewegung oder Partei jedoch an bestimmte Bedingungen knüpfen.

---

[327] vgl. z.B. Tiryakian, E. (1985), S. 7, Tiryakian, E. (1988), S. 10 f., Ashkenasi, A. (1990), S. 25 oder Hardin, R. (1995), S. 14. Vgl. auch Schieder, T. (1991), S. 102, der von einer „pathologischen Erscheinung“ spricht.

[328] vgl. Rogowski, R. (1985), S. 88. Gemäß der Theorie relativer Preise kann der Nationalismus auch dadurch attraktiver werden, daß konkurrierende Aktivitäten, relativ gesehen, teurer werden. Die Erreichung nationaler Souveränität als genuines Ziel nationalistischer Bewegungen stellt dabei lediglich ein Mittel zur Erreichung übergeordneter Ziele der Individuen dar. Der Annahme eines „taste for nationalism“ wie sie von H.G. Johnson in Anlehnung an G.S. Beckers „taste for discrimination“ gemacht wird, wodurch aus der nationalistischen Handlung an sich ein psychisches Einkommen erwächst, (vgl. Johnson., H.G. (1965), S. 172) soll hier nicht gefolgt werden. Vgl. zudem Tiryakian, E.A./Nevitte, N. (1985), S. 68, die den Aufstieg des Nationalismus zumindest teilweise als Resultat des Versagens der Menschen sehen, ihre Ziele durch andere Mittel zu erreichen.

Grundsätzlich ist zwischen drei Faktoren zu unterscheiden, die den persönlichen Nutzen im Zusammenhang mit nationalistischen Bestrebungen bestimmen:[329]

- Das Ausmaß der allgemeinen Vorteile, falls die nationalistische Aktion der Schaffung eines eigenen Staates erfolgreich ist.
- Die Verteilungsregel, nach der die gesicherten Vorteile unter den Teilnehmern aufgeteilt werden.
- Die Effektivität der Mechanismen zur Verhinderung des Trittbrettfahrens und zur Sicherung des Erfolges.

Erfolg verspricht Nationalismus sowie die daraus resultierende Bewegung nur dann, wenn eine ausreichend große, ausreichend mächtige Gruppe von Individuen sich an der Verwirklichung und Durchsetzung seiner Zielsetzungen beteiligt.[330]

Für die Initiatoren einer solchen Bewegung ist es somit notwendig, möglichst viele Menschen zu mobilisieren, um die Erfolgschancen zu erhöhen und ihr persönliches Risiko zu verringern.

Im Grunde bringt die nationale Souveränität nur einem kleinen Teil der Bevölkerung unmittelbare Vorteile, insbesondere der Elite und eventuell der Mittelschicht, die von entstehenden Arbeitsplätzen innerhalb der Bürokratie profitiert. Die breite Masse bleibt jedoch meist, zumindest im ökonomischen Bereich, von den aus einer nationalen Autonomie resultierenden Vorteilen ausgeschlossen. Dies trifft vor allem dann zu, wenn die Eigenstaatlichkeit zum Verlust der Transferleistungen des vormaligen Zentralstaates führt, so daß sich die wirtschaftliche Situation verschlechtert.[331]

Es obliegt somit der Elite, die greifbare Vorteile durch die Unabhängigkeit realisieren kann, geeignete Maßnahmen zu ergreifen, um auch der Masse das Streben nach Autonomie vorteilhaft erscheinen zu lassen.[332]

---

[329] vgl. Ferrero, M. (1995), S. 232

[330] vgl. z.B. Birch, A.H. (1989), S. 67, der der Auffassung ist, daß romantische Nationalisten zwar Bewegungen für einen Minderheitsnationalismus ins Leben rufen und sie am Leben halten können, aber keine breite Unterstützung erhalten werden, sofern sie nicht auf gebrochene Versprechungen, erlittene materielle Nachteile und die Aussicht auf greifbaren Gewinn verweisen können.

[331] vgl. Horowitz, D.L. (1981), S. 174, der die Meinung vertritt, daß sich die Masse bei einer Sezession schlechter steht und diese nur der Elite neue verbesserte Perspektiven durch die Schaffung neuer Positionen bei verringerter Anzahl der Mitbewerber eröffnet.

[332] vgl. auch Coleman, J.S. (1992), S. 187, der hervorhebt, daß, wenn ein Herrschaftssystem verlassen wird, die Investitionen verfallen, die das Individuum getätigt hat. Es muß daher eine erhöhte Menge an Anreizen bzw. Vorteilen durch eine Sezession bereitgestellt werden.

Man muß also fragen, was Individuen zur Mitgliedschaft in einer Gruppe veranlaßt und wie eine nationalistisch aktive Gruppe beschaffen sein muß, um Mitglieder zu akquirieren und erfolgreich zu sein.[333]

Die Mitgliedschaft in einer Gruppe erscheint für das rational handelnde Individuum dann sinnvoll, wenn es durch diese Mitgliedschaft in den Genuß eines Gutes oder eines anderen Vorteils kommt, der ohne die Zugehörigkeit zur Gruppe nicht zu erlangen wäre. Die Gruppe stellt in diesem Fall ein sogenanntes Gemeinschaftsgut her.[334]

Durch die Teilnahme an der Produktion des Gutes entstehen dem Individuum aber auch Kosten. Dabei handelt es sich mindestens um Opportunitätskosten, weil das Individuum die Zeit, die es mit Gruppenaktivitäten verbringt, nicht anderweitig nutzen kann. Die Kosten können aber auch die Form erheblicher Nachteile annehmen, wenn es aufgrund nationalistischer Aktivitäten zur Bestrafung der Beteiligten durch die herrschende Macht kommt.

Der aus der Gruppenmitgliedschaft resultierende Nutzen muß die entstehenden Kosten übersteigen, der Netto-Nutzen der Mitgliedschaft muß positiv sein. Dies betrifft nicht nur ökonomische, sondern auch soziale Aspekte.

Entscheidend hierbei sind subjektiv empfundenen Kosten ebenso wie es der subjektiv empfundene Nutzen ist. Dieser wiederum hängt von den Informationen ab, die das Individuum über Nutzen, Kosten und deren Wahrscheinlichkeit hat. Außerdem müssen weitere Umgebungs- und Veranlagungsfaktoren berücksichtigt werden, insbesondere verfügbare Ressourcen, Präferenzen für bestimmte Vorteile und Risikoverhalten.[335]

---

[333] vgl. auch Banton, M. (1980), S. 476 f., der betont, aus der Sicht der Rational Choice-Theorie seien alle Gruppen als Koalitionen von Individuen zu sehen, die durch die Konsequenzen ihrer früheren Handlungen beeinflußt sind. Keine Gruppe habe permanenten Charakter, selbst wenn sie auf physischen Eigenschaften beruht. Es könne dementsprechend nicht angenommen werden, daß Kinder notwendigerweise dieselbe Gruppenloyalität empfinden wie ihre Eltern. Gruppen veränderten sich, weil ihre Mitglieder permanent Kosten und Nutzen der Mitgliedschaft abwägen würden und der subjektive Nutzen verschiedener Vereinigungen nicht konstant sei.

[334] vgl. Hechter, M. (1987), S. 10, der von einem „joint good" spricht. Im weiteren stellt er fest, daß rationale Egoisten sich nur einer Gruppe anschließen werden, wenn sie von den anderen Mitgliedern abhängig sind, um das gewünschte Gemeinschaftsgut zu bekommen. Falls sie das Gut alleine beschaffen könnten, ohne die Verpflichtungen der Mitgliedschaft auf sich nehmen zu müssen, würden sie diese Alternative immer vorziehen. (vgl. ebd., S. 45)

[335] vgl. die Ausführungen bei Hansen, J.M. (1985), S. 80

Einschränkend ist jedoch anzumerken, daß die Mitgliedschaft in einer ethnischen Gruppe bzw. einer Nation nicht völlig auf Freiwilligkeit, sondern auch auf Askription, Vererbung und kulturellen Merkmalen beruht. Grundsätzlich ist jede Gruppe durch mindestens zwei Grenzen definiert: die inklusive Grenze, welche die Gruppe selbst zur sie umgebenden Umwelt zieht, und die exklusive Grenze, welche die Umgebung gegen die Gruppe setzt. Durch eine solche von außen gesetzte, ausschließende Grenze können den Mitgliedern einer ethnischen Gruppe bestimmte Rechte, Ressourcen oder der Zugang zu bestimmten Positionen verwehrt werden.[336]

Die Frage ist hier jedoch weniger nach der Zugehörigkeit zu einer ethnischen Gruppe bzw. Nation an sich, sondern nach dem freiwilligen Engagement in einer nationalistisch aktiven Gruppe. Nationszugehörigkeit und nationalistische Betätigung sollen unterschieden werden. Während diese eine Frage der freien Entscheidung ist, beruht jene ja auch auf bestimmten Merkmalen und Zuschreibungen durch andere.

In dem Maße, wie der rechtliche und soziale Status eines Individuums durch die Zugehörigkeit zu einer Gruppe bestimmt wird, schafft dies allerdings die Basis für ein gemeinsames Interesse innerhalb dieser Gruppe.[337]

Ein allgemeines Interesse an nationalistischen Bestrebungen kann unter der Voraussetzung rational handelnder Individuen nur für die Akteure angenommen werden, die davon ausgehen, daß sich durch die Erreichung nationaler Souveränität ihre Situation verbessern wird. Diejenigen Mitglieder der Nation, die annehmen müssen, daß sich dadurch ihre Lage verschlechtern wird, werden nicht zur Unterstützung des Strebens nach Eigenstaatlichkeit neigen.[338]

---

[336] vgl. auch Banton, M. (1980), S. 478. Es ist ferner zu berücksichtigen, daß, wie Gellner anführt, eine kulturell homogene Bevölkerung, die keinen eigenen Staat besitzt, zutiefst benachteiligt ist, da ihre Mitglieder in einem oder verschiedenen Staaten leben, die von fremden Kulturgruppen beherrscht werden. Dies kann ihnen beträchtliche Nachteile bei der Ausübung der eigenen Kultur, Verwendung der eigenen Sprache und dem Zugang zu hochdotierten, mit gesellschaftlichem Prestige verbundenen Positionen bringen. (vgl. Gellner, E. (1991), S. 197)

[337] vgl. Hechter, M. (1992), S. 271. Vgl. ferner Suppan, A./Heuberger, V. (1991), S. 202, die als Basis für gemeinsames Gruppeninteresse die Erfolgserwartung, im weitesten Sinn die Verbesserung der Konkurrenzposition der Gruppe identifizieren.

[338] Wie eine Verbesserung der Situation tatsächlich aussieht, hängt von der konkreten Situation ab. Es kann sich auch um eine Verteidigung bestehender Rechte handeln. Vgl. in diesem Zusammenhang auch Tilly, C. (1975), S. 144 ff. für eine Unterscheidung von drei Arten des Handelns anhand der Ansprüche, die durch dieses Handeln erhoben werden: Kompetitives Handeln erhebt Anspruch auf Ressourcen, die auch von anderen Gruppen beansprucht werden; reaktives Handeln dient der Behauptung erworbener Ansprüche, wenn andere diese herausfordern oder verletzen; proaktives Handeln behauptet Ansprüche, welche vorher noch

Moderne nationalistische Bewegungen sind fast immer Oppositionsbewegungen gegen einen existierenden Staat. Dies gilt sowohl für separatistische als auch für irredentistische Bewegungen; in beiden Fällen muß der betroffene Staat bei deren Erfolg Territorium abgeben.

Solche Oppositionsbewegungen resultieren vielfach auch aus der Unzufriedenheit der Individuen mit der herrschenden wirtschaftlichen, politischen oder sozialen Situation, in der sie sich befinden, respektive aus dem Anspruch auf eine Verbesserung der Verhältnisse.[339]

Ein solches Verlangen nach einer Veränderung der Verhältnisse wird vor allem durch einen unerfüllten Anspruch auf Güter und Privilegien verursacht, welche den Individuen bislang vorenthalten wurden und in absehbarer Zukunft wahrscheinlich vorenthalten bleiben werden.

Dabei kann es sich um einen Wettbewerb um knappe Ressourcen allgemeiner Art, insbesondere um sog. Positionsgüter (öffentliche Ämter), oder um sog. Verteilungsgüter (Einkommen, Wohlfahrtszuwendungen) handeln.[340]

Rechte und deren Verteilung spielen eine gewichtige Rolle bei der Entstehung nationalistischer Bewegungen. Benachteiligungen in dieser Hinsicht sind bspw. die Verweigerung der Verwendung der eigenen Sprache oder die Unterdrückung der Ausübung kultureller Aktivitäten.

Dies ist daher von Bedeutung, weil kulturelle Ressourcen, insbesondere das Beherrschen sprachlich-kognitiver, sozialer und ästhetischer Kodes, den Akteuren Interaktionsmöglichkeiten erschließen. Der Verfügung über

---

nicht geltend gemacht wurden. Tilly schließt bei seiner Klassifizierung ausdrücklich solche Arten kollektiven Handelns aus, die keine Ansprüche gegenüber anderen Gruppen beinhalten, und erachtet deren Gebrauch dort am fruchtbarsten, wo konfligierende Interessen von Gruppen existieren. Zur Anwendung einer solchen Unterscheidung auf nationalistisches Handeln vgl. Meadwell, H. (1983), S. 401 f..

339 vgl. dazu auch Kamenka, E. (1976), S. 14, der feststellt, daß man nicht für etwas agitiert, was man schon hat. Allerdings scheint es unwahrscheinlich, daß kurzfristige Unzufriedenheit, sei sie auch noch so tief empfunden, ausreicht, um eine Abspaltung von einem bestehenden Staat zu rechtfertigen, solange dieser Mechanismen der friedlichen Regelung, einer Anpassung seiner Politik und des Austausches der Regierung bietet. Ein Staat mit liberaler Demokratie wird somit in seiner territorialen Integrität durch eine akute Unzufriedenheit einer Region kaum bedroht. Besitzt diese Unzufriedenheit jedoch eine Geschichte und wird als von unbegrenzter Dauer erachtet, kann dies als Grund für eine Abspaltung dienen, falls eine solche Absicht gegenüber außenstehenden Beobachtern zu rechtfertigen ist. (vgl. Birch, A.H. (1989), S. 64) Es ist ferner in Betracht zu ziehen, daß Mißstände und ihre Wahrnehmung durch politische Führer und Organisationen gezielt definiert, geschaffen und manipuliert werden können. (vgl. dazu auch McCarthy, J.D./Zald, M.N. (1977), S. 1215)

340 vgl. Hardin, R. (1995), S. 25 f.. Zum Begriff der Positionsgüter vgl. auch die Ausführungen bei Hirsch, F. (1980), S. 52 ff.

solche kulturelle Ressourcen kann ein positiver Einfluß auf gesellschaftlichen Erfolg und Lebensqualität zugesprochen werden.[341]

Erscheint das Konzept einer nationalistisch argumentierenden Gruppe dazu geeignet, die unbefriedigende Situation des Individuums zu verbessern, dann ist zumindest eine positive Grundeinstellung des Individuum zu dieser Gruppe und zu ihren nationalen Ideen wahrscheinlich. Dies gilt um so mehr, wenn dem Individuum dabei keine voraussehbaren Kosten entstehen, es jedoch von einer Durchsetzung der nationalen Idee profitieren würde.

Insofern stellt die Durchsetzung nationaler Interessen ein öffentliches Gut dar. Das bedeutet, daß sie mit den selben Besonderheiten und Eigenheiten belegt sein muß, wie jede andere Art des kollektiven Handelns auch.

Eine positive Grundeinstellung wird in den meisten Fällen nicht ausreichen, um sich in einer nationalistisch-oppositionellen Bewegung zu engagieren. Ein solches Engagement ist ja unmittelbar mit Kosten verbunden. Der dadurch zu erzielende Nutzen muß also sehr groß sein, um ein Engagement gemäß des Kosten-Nutzen-Vergleichs lohnenswert zu machen.[342]

Je günstiger dieses Verhältnis, je kleiner also das Risiko und je größer die Belohnung, desto höher ist die Wahrscheinlichkeit, daß sich Individuen für eine Bewegung mobilisieren lassen.[343]

Vor der Wahrnehmung einer nationalistischen Option steht das Individuum vor drei grundsätzlichen Entscheidungen:[344]

1. Die Entscheidung über sein Verhalten gegenüber der dominierenden Nation. Mögliche Verhaltensweisen sind hier teilweise Anpassung, vollständige Assimilation, Isolation, Apathie, Widerstand oder Minderheitsnationalismus.

---

341 vgl. Wippler, R. (1987), S. 224 ff.. Vgl. weiterhin Eriksen, T.H. (1992), S. 315, der anmerkt, daß eine Vernachlässigung oder Diskriminierung von Minderheitssprachen dem Staat bei den Sprechern dieser Sprache die Legitimität entzieht. Vgl. ferner Bourdieu, P. (1983), S. 185 ff. zum Begriff des kulturellen Kapitals.

342 vgl. auch die Beispiele bei Schelling, T. (1978), S. 211 ff., der zeigt, daß selbst wenn alle Beteiligten sich darüber einig sind, daß ein kollektives Handeln zum gemeinsamen Vorteil wäre, es zu keiner endogenen Ausbildung eines gemeinsamen Handelns kommen muß und wahrscheinlich auch nicht kommen wird.

343 Oberschall spricht in diesem Zusammenhang von einem Risiko-Belohnungs-Verhältnis (risk/reward-ratio). Je geringer dieses sei, desto wahrscheinlicher sei die Teilnahme an einer oppositionellen sozialen Bewegung. (vgl. Oberschall, A. (1973), S. 162)

344 vgl. Rogowski, R. (1985), S. 88

2. Die Entscheidung zwischen verschiedenen kulturellen Identifikationen, inklusive der Wahl einer Wiederentdeckung oder Erfindung einer kulturellen Identität.
3. Die Entscheidung zwischen Nationalismus oder der Unterstützung rivalisierender Bezugspunkte, wie beispielsweise Klasse oder Religion.

Das Individuum wird sich nach der Theorie rationalen Handelns zufolge hier für die Alternative entscheiden, welche ihm den höchsten Netto-Nutzen, d.h. das günstigste Verhältnis von Kosten zu Nutzen offeriert.

Dabei ist die erste der für das Individuum möglichen Entscheidungen fundamental, während die anderen beiden nachgeordnet sind.

ad 1.)

Entsprechend der jeweils herrschenden gesellschaftlichen Situation wird das Individuum diejenige Möglichkeit auswählen, die es ihm erlaubt, seinen ökonomischen und sozialen Status am weitesten zu verbessern.

Inwieweit die Zugehörigkeit zu einer bestimmten nationalen oder ethnischen Gruppe von Bedeutung ist, hängt zu einem nicht geringen Teil von den Auswirkungen der Gruppenzugehörigkeit auf die Lebens- und Karrierechancen des Individuums ab. In dem Maße, wie diese Chancen unabhängig von der Gruppenzugehörigkeit bestehen, vermindert sich auch die psychische Signifikanz dieser Mitgliedschaft. Umgekehrt wird die Zugehörigkeit zu einer Gruppe für das Individuum um so bedeutsamer, je mehr Einfluß diese auf die beruflichen und sonstigen Lebenschancen des Individuums ausübt. Wenn Individuen aufgrund ihrer ethnischen Zugehörigkeit Nachteile seitens der dominierenden Nation erfahren, werden sie nach Möglichkeiten suchen, diese zu umgehen oder zu kompensieren. Einige werden versuchen, ihre Herkunft zu verschleiern, um sich an die herrschende Gruppe zu assimilieren. Sie definieren dann ihre Gruppenzugehörigkeit auch sich selbst gegenüber neu. Andere, die dies entweder nicht können oder nicht wollen, wegen des Prestiges in ihrer bisherigen Gruppe oder aus Gründen der Tradition, aber auch aufgrund nicht oder kaum überwindbarer Hindernisse seitens der Mehrheitsnation, werden dazu tendieren, ihre ethnische oder nationale Unterschiedlichkeit herauszuheben und sich mit dieser zu identifizieren. Diejenigen, welche letztere Alternative wählen, werden sich selbst als Mitglieder einer gemeinschaftlichen Gruppe mit ähnlich gelagerten Interessen begreifen.[345]

---

[345] vgl. Hechter, M. (1978), S. 299

Assimilation als präferierte Verhaltensweise steht um so mehr zu erwarten, je besser die Aufstiegschancen sind, welche sich durch die Adaption einer fremden Sprache und Kultur eröffnen. Kommt die Elite einer in einen Vielvölkerstaat integrierten Nation in den Genuß der selben Privilegien und Möglichkeiten, wie sie sich auch der Elite des Zentrums erschließen, bestehen starke Anreize, sich in den Machtapparat der Zentralgewalt integrieren zu lassen. Auch wenn verschiedene Eliten aufgrund starken Drucks ihrer eigenen Gemeinschaft diese Option möglicherweise nicht sofort wahrnehmen werden, ist dennoch wahrscheinlich, daß es im Laufe der Zeit zu einer fortschreitenden Identifikation mit der überlegenen Kultur kommt und sich über Generationen durch die allgemeine Schul- und Wehrpflicht eine Assimilation aller Bildungsstufen vollzieht.[346]

Wenn jedoch die Bemühungen zur Assimilation nicht fruchten und in Zurückweisung münden oder aber wenn die angestrebten Ziele und Positionen plötzlich auch ohne Assimilation erreicht werden können, verliert diese ihre Attraktivität.[347]

Assimilation ist nicht nur abhängig von der Bereitschaft der Mitglieder der unterlegenen Gruppe sich zu assimilieren, sondern auch von der Akzeptanz der Assimilationswilligen durch die Überlegenen. Je unterschiedlicher die kulturellen Merkmale sind, desto mehr müssen diejenigen, die zur Assimilation bereit sind, für die Akzeptanz tun.[348]

Sobald sich eine ausreichend große Anzahl an unassimilierten, aufwärts mobilen Mitgliedern einer ethnischen Gruppe formiert hat, kann sich diese politisch artikulieren und als Nation konstituieren. Es formiert sich eine sich selbst genügende Gesellschaft; die aufwärts Mobilen werden zur den engagiertesten Nationalisten, weil ihre Fähigkeiten in einem neuen Staat

---

[346] vgl. Laitin, D.D. (1991), S. 145. Der Widerstand einer nationalen Minderheit gegen die Anpassung an die Kultur der beherrschenden Nation kann als ein kollektives Gut betrachtet werden. Individuen, die sich anpassen, können Vorteile für sich selbst und ihre Familie realisieren. Wenn es nicht zur drastischen Sanktionierung ihres Verhaltens durch die eigene Gesellschaft kommt, steht zu erwarten, daß der Erfolg, den sie durch das Erlernen der Sprache des Zentrums realisieren können, auch andere dazu animieren wird, diesen Weg einzuschlagen. (vgl. ebd., S. 150) Vgl. auch Mühlmann, W.E. (1964), S. 181 ff., der in einem solchen Zusammenhang von Aufstiegsassimilation spricht, die er untrennbar mit sozialer Mobilität verbindet. Vgl. aber auch den Hinweis bei Stagl, J. (1996a), S. 74, daß der Assimilant immer ein „similis" bleibt, aber nie zum „aequalis" wird.

[347] vgl. Rogowski, R. (1985), S. 92.

[348] vgl. Banton, M. (1980), S. 490. Bereits Gellner weist in „Thought and Change" darauf hin, daß es, falls die Assimilation Probleme bereitet, für die Elite der rückständigen Gruppe vernünftiger ist, auf die Assimilation zu verzichten und die nationale Autonomie voranzutreiben, die ihnen bei Erfolg ein Quasi-Monopol für die Besetzung der bevorzugten Positionen im Bereich des neu entstandenen Staates verschaffen würde. (vgl. Gellner, E. (1964), S. 167)

nur unzureichend vorhanden sein werden. Die Vorteile, die für die Mitglieder dieser Gruppe durch die staatliche Unabhängigkeit entstehen, können als so groß angesehen werden, daß es für sie rational erscheint, in die Wiedererschaffung oder Erfindung einer Nation zu investieren, die in der Realität nur in Form rudimentärer Elemente von Stämmen, Dialekten o.ä. existiert.[349]

Unzufriedenheit kann sowohl in einem ökonomisch rückständigen Gebiet, das sich ausgebeutet fühlt, als auch in einer fortschrittlichen Region auftreten, die unbefriedigt mit dem Verhältnis von ökonomischer Stärke und politischen Einflußmöglichkeiten ist, sich also auf andere Weise diskriminiert fühlt. Das trifft z.B. dann zu, wenn aus dieser Region Transferzahlungen an andere, weniger entwickelte, ohne erkennbare Gegenleistung erfolgen.

Bei der Wahl zwischen Apathie oder Widerstand spielt wiederum der Kostenaspekt eine entscheidende Rolle. Während Apathie oder Desinteresse keine unmittelbaren Kosten verursachen, ist Widerstand wegen des Risikos der Bestrafung durch die dominierende Nation mit Kosten behaftet. Zu berücksichtigen ist jedoch, daß sich die Diskrepanz in der Kostenstruktur zwischen Apathie und Widerstand durch eine permanente Verschlechterung der Situation des Individuums im Falle einer Beibehaltung des Status quo vermindern kann. Dem möglichen Verlust durch eine Beteiligung an einer Widerstand leistenden Bewegung steht jedoch eine, wenn auch möglicherweise geringe Chance der Verbesserung der Situation gegenüber. Ein Engagement kann dadurch unter Berücksichtigung rationaler Argumente einen höheren erwarteten Nettonutzen ausweisen als das Verharren im existierenden Zustand.[350]

Generell ist jedoch davon auszugehen, daß sich Widerstand, d.h. eine nationalistische Bewegung, nur unter bestimmten Bedingungen formieren wird. Ein rational kalkulierender Akteur bleibt apathisch, wenn er davon ausgehen kann, daß sich andere finden, die sich engagieren, so daß er die möglichen Vorteile eines eigenen Staates für seine ethnische Gruppe auch ohne eigenes Engagement und die daraus resultierenden Kosten genießen

---

[349] vgl. Rogowski, R. (1985), S. 92. Es stellt sich allerdings in einem solchen Fall bereits die Frage nach der Lebensfähigkeit eines solchen neuen Staates, die an späterer Stelle noch berücksichtigt wird. Sind jedoch die Mitglieder der Minderheit überzeugt, daß ein von ihr beherrschter Staat überlebens- und wettbewerbsfähig ist, wird dies die Anstrengungen zur Durchsetzung der nationalen Souveränität noch verstärken, da die zu erwartenden Nachteile durch die Souveränität zunehmend gering erscheinen werden.

[350] vgl. Berejikian, J. (1992), S. 653, vgl. auch Rothschild, J. (1981), S. 122 ff.

könnte. Ferner muß der Akteur annehmen, daß alle anderen ebenso denken werden wie er, so daß sich ein Engagement aufgrund der geringen Erfolgsaussichten ohnehin nicht lohnt.

ad 2.)
Die Entscheidung über die kulturelle Identifikation steht in unmittelbarem Zusammenhang mit der fundamentalen Tatsache der Knappheit der Ressourcen. Da jedes Individuum nur über eine endliche Menge von Ressourcen verfügt, muß es sich entscheiden, wie es diese auf die potentiellen Solidaritätsgruppen gemäß seiner unterschiedlichen Identitäten verteilt.

Gruppen, in denen der Mensch Mitglied ist bzw. Kreise, in denen er sich bewegt, können in mindestens vier Kategorien eingeteilt werden: ererbte Kreise (Familie, ethnische Zugehörigkeit, Geschlecht u.ä.), soziale Gruppen (Sprache, Religion, andere kulturelle Werte), ökonomische Gruppen (Beruf, ökonomische Klasse), geographische Gruppen (lokale Gemeinschaft, Region, Nation, Kontinent). Das Individuum konstituiert sich als die Schnittmenge aus allen Gruppen, deren Teil es ist. Entscheidend für die Bedeutung der Zugehörigkeit zu einer Gruppe ist allerdings die subjektive Wahrnehmung durch die jeweilige Person, die wiederum von den ihr verfügbaren Informationen abhängt.[351]

Das Verhältnis von kultureller Identifikation und rationaler Kalkulation wird weiter unten noch erörtert werden.

ad 3.)
Die Entscheidung zwischen der Unterstützung von Nationalismus oder von konkurrierenden Aktivitäten ist wiederum vom Verhältnis der zu erwartenden Vor- und Nachteile abhängig, die ein Engagement für die eine oder andere Aktivität mit sich bringt.

Werden in einer Gesellschaft viele Dienste durch die Erfüllung ethnischer Pflichten produziert und bezahlt, ist ethnischer Nationalismus eher von Bedeutung, als wenn dies eine relativ geringe Rolle im Leben der Individuen spielt. Je größer der Wert dieser ethnischen Dienstleistungen für die Menschen ist, desto eher werden sie ihre ethnische Zugehörigkeit betonen. Die Bedeutung des ethnischen Faktors verringert sich, wenn die gleichen Dienstleistungen von anderen Gruppen erbracht werden, denen man eher durch Staatsbürgerschaft oder Leistung zugehört als durch Vererbung.[352]

---

[351] vgl. Hartle, D.G./Bird, R.M. (1971), S. 450

[352] vgl. Congleton, R.D. (1995), S. 72. Solche Dienstleistungen sind in erster Linie Arbeitsstellen, Ämter oder andere Gewinne, die durch eine nationalistische Bewegung oder Partei

4.2. Nation und Staat als korporative Akteure

Nationalistische Gruppen oder Bewegungen mit einem gewissen Organisationsgrad, aber auch Staaten, stellen als Kollektivgebilde eine spezielle Art sozialer Gebilde dar, die als eigene Handlungseinheiten zu betrachten sind. Diese Art von Gebilden soll im folgenden als korporativer Akteur bezeichnet werden.

Der Begriff des korporativen Akteurs stammt von Coleman. Auf der Unterscheidung zwischen natürlichen und juristischen Personen aufbauend, betrachtet er den korporativen Akteur als eine juristische Person, die von ihren Mitgliedern, natürlichen Personen, zu bestimmten Zwecken gebildet wird.[353]

Der korporative Akteur zeichnet sich dadurch aus, daß individuelle Akteure ihre Ressourcen bündeln und sie in eben jenem kollektiven Akteur zusammenfassen in der Hoffnung und Überzeugung, durch ihn ihre Interessen besser verwirklichen zu können als allein.[354]

Dabei übertragen die Individuen dem korporativen Akteur einen Teil ihrer Kontrolle über Ressourcen und geben einen Teil ihrer Autonomie auf in der Absicht, übergeordnete Zielsetzungen zu erreichen, bei denen es sich vielfach um die Beschaffung öffentlicher Güter oder die Beseitigung öffentlicher Ungüter handelt.[355]

Die Schaffung eines korporativen Akteurs stellt eine Form des Schlusses eines Gesellschaftsvertrages dar, wie er in seiner prägnantesten Form bei der Gründung eines Staates erfolgt. Der Kern des Gesellschaftsvertrages besteht in der Selbstbindung der Vertragspartner auf freiwilliger Basis; bestimmte Verfassungsregeln werden akzeptiert und Rechte geschaffen.[356]

---

innerhalb der institutionellen Struktur verteilt werden können. (vgl. Hechter, M. (1987a), S. 422)

353 vgl. Coleman, J.S. (1979), S. 2. Korporative Akteure besitzen keine Minimal- oder Maximalgröße. Unter diesem Terminus können Vereinigungen von Individuen von der Ehe über Unternehmen bis zu supranationalen Organisationen, die Zusammenschlüsse korporativer Akteure darstellen, subsumiert werden. Vanberg faßt diesen Umstand zusammen: „Ein korporativer Akteur muß folglich überall dort definiert werden können, wo Ressourcen mehrerer Akteure zusammengefaßt, kollektiv disponiert werden, wobei die Zahl der ‚Investoren' ebenso variieren kann wie Art und Umfang der zusammengelegten Ressourcen." (s. Vanberg, V. (1979), S. 100)

354 vgl. Coleman, J.S. (1979), S. 30

355 vgl. Coleman, J.S. (1992), S. 24.

356 Auf eine allgemeine Darstellung der verschiedenen Theorien des Gesellschaftsvertrages soll hier aus räumlichen Gründen verzichtet werden. Eine knappen Überblick über die Entwicklungslinien von Hobbes bis Nozick bietet z.B. Fritsch, M. (1983). Dabei kann als Kern-

Ein korporativer Akteur besitzt jedoch auch eigene Interessen, die nicht nur die Summe der Interessen seiner Mitglieder sind.[357]

Darüber hinaus besitzen die korporativen Akteure Macht, welche über die Macht der einzelnen Akteure hinausgeht und die es zu verwalten gilt.[358]

Für die Handlungsfähigkeit korporativer Akteure entscheidend und zur Wahrung der Interessen der sie bildenden Individuen zwingend notwendig ist eine praktikable Form der Entscheidungsfindung. Weiterhin muß der Ertrag, den das korporative Handeln bringt, so verteilt werden, daß alle Individuen mit der Verteilung zufrieden sind. Es müssen daher Regelungen getroffen werden, die beiden Anforderungen gerecht werden und sowohl das Problem der Entscheidung als auch das der Verteilung lösen.[359]

Solche Regelungen, deren explizite oder implizite Festlegung möglich ist, können mit Hilfe zweier unterschiedlicher Verfahrensweisen umgesetzt

---

gedanke durchgängig die Rationalität der Bildung eines Gemeinwesens festgehalten werden. Entscheidend ist, daß die Übertragung der Rechte von Individuen an eine zentrale Instanz ihnen Vorteile verspricht, sofern die Rechte der anderen auf gleiche Weise Beschränkung erfahren. So können aus Anarchie basierend auf rein rationalen Beweggründen Vereinigungen entstehen, welche dem gegenseitigen Schutz dienen und quasi die Vorform des Minimalstaates darstellen.

357 vgl. Coleman, J.S. (1979), S. 4, der darauf hinweist, daß jede Person, ob natürlich oder juristisch, Interessen besitzt.

358 Von besonderer Bedeutung ist das Verhältnis der Macht der Individuen zur Macht des korporativen Akteurs für unsere Thematik im Fall des Staates. Im Fall eines von einer Diktatur beherrschten Staates übersteigt die Macht des Staates die Macht der Individuen um ein vielfaches. Vgl. auch Coleman, J.S. (1979), S. 27. Allgemeiner stellt Coleman ein Problem des Gefühls der Machtlosigkeit des Individuums durch die zunehmende Verschiebung von Macht in Richtung korporativer Akteure aller Art fest. (vgl. ebd., S. 40 ff.) Die Übertragung von Macht auf den korporativen Akteur und die gleichzeitige Notwendigkeit der Kontrolle dieser Macht entspricht dem, was Coleman das „grundlegende Dilemma der Organisation" nennt: „Indem ein Mitglied der Korporation Handlungsmacht überträgt, verliert es weitgehend Kontrolle über den Einsatz dieser Macht; behält es sich aber, durch eine restriktivere Entscheidungsregel, diese Macht vor, so schwinden die möglichen Vorteile dahin, die der korporative Akteur erbringen kann." (s. ebd., S. 27)

359 vgl. Vanberg, V. (1982), S. 17 f. Besonders problematisch erscheint die Verteilung des Korporationsertrages im Fall von Interessenverbänden, wenn dieser bzw. die beschafften kollektiven Güter sich nicht oder nur sehr unzureichend quantifizieren lassen und eine die Wahl eines Verteilungsmodus ebenfalls problembehaftet ist. In einer solchen Situation kann die Aussicht auf einen möglichen Korporationsertrag nur bedingt zur Motivation der Individuen zur Partizipation am kollektiven Handeln herangezogen werden, es bedarf des Einsatzes einer anderen Anreizstruktur, um das gewünschte Kollektivgut zu beschaffen. (vgl. hierzu Vanberg, V. (1979), S. 107)

werden: der monokratisch-hierarchischen und der genossenschaftlich-demokratischen.[360]

Im ersten Fall wird die Position eines zentralen Koordinators durch einen der Investoren besetzt, welcher das Monopol der Entscheidung über die Verwendung der verfügbaren Ressourcen innehat. Die Verteilung des Kooperationsgewinns erfolgt dadurch, daß jeder Investor einen festen Betrag erhält. Dem Koordinator fällt der übrigbleibende Teil zu, das sogenannte Residuum. Ein solcher Koordinator muß keine Einzelperson sein. Diese Position kann auch von einer Teilgruppe ausgefüllt werden, die wiederum als korporativer Akteur innerhalb eines sie umgebenden korporativen Gebildes betrachtet werden kann.

Bei Anwendung der zweiten Lösungsalternative verfügt die Gruppe als Ganzes über die Verwendung der Ressourcen. Der Kooperationsgewinn fällt der gesamten Gruppe zu. Benötigt wird jedoch ein Mechanismus, um auf Basis der individuellen Meinungen zu Gruppenentscheidungen zu gelangen, und ein Schlüssel, der die Verteilung des Korporationsertrages regelt.

Die Übertragung von Rechten und Ressourcen, wie sie gleichermaßen vom Individuum auf den Staat erfolgt, ist auch bedeutsam für die weitere Betrachtung des Phänomens des Nationalismus.

Hat ein Akteur dem Staat Rechte und Ressourcen übertragen, was zwangsläufig im Rahmen der Staatsbürgerschaft geschieht, so erwartet er, daß der Staat mit diesen Investitionen in seinem Sinne agiert.[361]

In einem demokratischen Staat überträgt der Bürger als genuiner Inhaber eines Bündels von natürlichen Rechten die Kontrolle über diese Rechte mittels Wahl auf Abgeordnete, die wiederum eine Delegation eines Teils dieser Rechte auf Regierungsbeamte vornehmen.[362]

Diese Übertragung der Rechte hat das Individuum in der Hoffnung und Überzeugung vorgenommen, daß der Verlust der Kontrolle über die Ressourcen durch die Vorteile kompensiert oder übertroffen wird, die sich

[360] vgl. zum folgenden Vanberg, V. (1982), S. 18 f.. Von dort sind auch die Bezeichnungen der Verfahrensweisen übernommen. Vanberg wiederum stützt sich bei seiner Terminologie auf Überlegungen von Mayntz, Gierke und Vierkandt.

[361] Als Minimalmodell ist dabei der Nachtwächterstaat des klassischen Liberalismus zu nennen, der sich darauf beschränkt, seine Bürger gegen Gewalt, Diebstahl u.ä. zu schützen sowie ihnen Rechts- und Vertragssicherheit zu garantieren. Vgl. bspw. Nozick, R. (1976), S. 38 f..

[362] vgl. Coleman, J.S. (1979), S. 28

durch die Zusammenlegung mit den Ressourcen anderer Individuen ergeben.[363]

Die Gründung eines Staates überträgt wiederum Rechte auf verschiedene Akteure, nämlich auf den Staat selbst, wahrgenommen durch den Regierungsapparat, auf die Individuen und auf bestimmte Gruppen innerhalb des Staates.[364]

Im Falle der Unzufriedenheit einer Gruppe innerhalb eines Nationalstaates kann die nationale Komponente aktiviert werden. Eine nationale Zusammengehörigkeit, real oder konstruiert, bildet dann die Grundlage für kollektives Handeln. Begreift sich eine signifikante Anzahl von Individuen als Mitglieder einer Nation und verleiht ihrem Zusammenschluß eine Form der Organisation, kann man die Nation bzw. die nationale Bewegung als korporativen Akteur ansehen. Diesem werden Rechte und Ressourcen übertragen, damit er die Interessen der Individuen wahrnimmt und das Ziel der nationalen Autonomie bzw. Souveränität verfolgt. Die Form dieses korporativen Akteurs kann variieren und hängt in hohem Maße mit der sozialen Struktur, aber auch mit dem politischen System des sie umgebenden Staates zusammen.[365]

Mit Nation und Staat stehen zwei korporative Akteure nebeneinander, deren politische Ziele Beziehungen auf einem Kontinuum zwischen Identität und Kontradiktion aufweisen können. Die Art der Zielbeziehung dürfte in hohem Maße die weitere Entwicklung des Verhältnisses beider Korporationen zueinander bestimmen.

Der Staat besitzt gegenüber der Nation, sofern er nicht mit ihr zusammenfällt, den Vorteil, daß er deutlich mehr Ressourcen und Macht besitzt, ebenso eine funktionierende Organisationsstruktur. Die Nation muß im Falle einer Interessendivergenz versuchen, die ihr aus dieser Konstellation entstehenden Nachteile zu kompensieren, um die eigenen Interessen gegen die Macht des Staates zu vertreten und durchzusetzen.

---

363 Dies betrifft z.B. die Bereitstellung einer Landesverteidigung, Schaffung von Rechts- und Vertragssicherheit bis hin zum Wohlfahrtsstaat als der am weitesten entwickelten Instanz der sozialen Sicherung.

364 vgl. Coleman, J.S. (1995), S. 7. Diese Untergruppen können geographisch (Provinzen o.ä.) oder nach anderen Kriterien wie Geschlecht, Alter, Rasse oder auch nationalen Gruppen unterteilt werden.

365 Ein Fall, der in der vorliegenden Arbeit nicht behandelt werden soll, der aber für den europäischen Nationalismus dennoch wesentlich ist, ist die Entstehung nationalistischer Bewegungen nicht als Reaktion gegen den Staat, sondern als Reaktion auf den Nationalismus der Nachbarn, bzw. dessen Vorwegnahme.

Harmonie der Zielbeziehungen besteht zwischen dem Nationalstaat und der Nation, die er repräsentiert, also der dominierenden Gruppe bzw. der ethnische oder nationale Mehrheit auf dem Gebiet des Staates. Da der Idealfall des homogenen Nationalstaates realiter kaum existiert, müssen auch die Interessen der auf dem Gebiet eines Staates beheimateten ethnischen bzw. nationalen Minderheiten berücksichtigt werden. In welchem Verhältnis zueinander die Ziele des Staates und dieser Minderheiten stehen, ist im Einzelfall von der konkreten Verfassungsordnung und den dort verankerten Rechten der Minderheiten sowie von deren ökonomischer und sozialer Situation abhängig. Sind beide Aspekte für die Minderheit unbefriedigend, ist ein tendenzieller Widerspruch zwischen den Zielen dieser Minderheiten und denen des Staates gegeben.

Kommt es zu einer Enttäuschung der in den kollektiven Akteur Staat gesetzten Erwartungen, z.B. durch die Ungleichbehandlung von verschiedenen Gruppen aufgrund ihrer ethnischen oder nationalen Zugehörigkeit, werden die betroffenen Akteure versuchen, die Verwendung ihrer Ressourcen in ihnen genehme Bahnen zu lenken bzw. eine neue Allokation von Rechten vorzunehmen.[366]

Um zu sichern, daß die Regierenden im Interesse der Bürger agieren, müssen diesem allerdings in der Lage sein, jene bei Mißbrauch der übertragenen Ressourcen mit Sanktionen zu belegen.[367]

Eine solche Sanktion kann der Entzug von übertragenen Rechten darstellen, der sich in liberalen Demokratien normalerweise durch das Wählen einer anderen Partei bei den nächsten Wahlen manifestiert. Darüber hinaus kann es zu einer gegen den Status quo gerichteten politischen Betätigung sowie zur Verwendung der Ressourcen für alles das kommen, was die Handlungen des korporativen Akteurs im Sinne des sanktionierenden Individuums beeinflußt.[368]

Im Falle einer totalitären Staatsform gestaltet sich der Entzug von Ressourcen oder die Implementierung von Widerspruch deutlich schwieriger

---

[366] vgl. auch Dann, O. (1978), S. 211, der als Ergebnis einer Betrachtung in verschiedenen Ländern konstatiert, daß dem Nationalismus vielfach Legitimitätskrisen und Probleme politischer Partizipation vorausgehen. Die beteiligten Gruppen sind mit den bestehenden Herrschaftsverhältnissen unzufrieden, weil sie daran keinen oder zuwenig Anteil haben.

[367] vgl. Kiser, E./Hechter, M. (1991), S. 20

[368] vgl. Coleman, J.S. (1974), S. 16. Die Abwägung zwischen den Alternativen erfolgt anhand der mit ihnen verbundenen relativen Kosten. Diese sind weitgehend eine Funktion der alternativ existierenden korporativen Akteure, zu denen man die Ressourcen verschieben könnte, und des Potentials für Opposition im korporativen Akteur selbst.

als in einer Demokratie, da dies nicht mittels demokratischer Instrumente geschehen kann. Es muß auf andere, vielfach illegale Weise erfolgen und zieht dadurch häufig Repressionen für die Betroffenen nach sich.[369]

An dieser Ausgangslage dürfte sich auch die Form der Entscheidungsfindung des korporativen Akteurs zu orientieren haben. Bei einer demokratischen Partei ist grundsätzlich von einer Dominanz des genossenschaftlich-demokratischen Typus auszugehen. Eine monokratisch-hierarchische Konstellation dürfte für eine weitgehend in der Illegalität agierende nationalistische Organisation von Vorteil sein. Daher ist auch die Rolle der Führer einer Untergrundbewegung entsprechend bedeutender, auf sie fokussieren sich die wesentlichen Entscheidungsprozesse, sie stellen die Galionsfiguren der Bewegung dar, müssen vielfach die Strategie entwickeln und tragen das Hauptrisiko der Bestrafung. Ihre Rolle bei der Lösung des Problems kollektiven Handelns wird im folgenden noch eingehender betrachtet werden.[370]

Die Macht der Bürger gegen den Staat ist um so größer, je mehr vom Staat notwendigerweise benötigte Ressourcen in den Händen der Bürger liegen, deren Entzug für den Staat signifikante negative Folgen hätte. Darin liegt auch die Chance einer Nation, die eine neue Allokation von Rechten anstrebt und sich dabei gegen den Staat und dessen Monopol legitimer Gewalt behaupten will.

---

369 Als Beispiel für eine solche Situation können die früheren sozialistischen Ostblockstaaten angesehen werden, die einerseits Abwanderung durch restriktive Ausreisebeschränkungen fast unmöglich machten, andererseits jegliche Kritik an Regime und System unterdrückten bzw. mit strengen Repressalien belegten. In einem solchen Fall kann es nicht nur zu Loyalität kommen, wie sie Hirschman beschreibt, sondern auch zu einem inneren Rückzug der Betroffenen oder zu verstecktem Widerstand. Als verdeckte Form der Kritik und Möglichkeit des Widerstandes der Schwachen kann auch der politische „Flüsterwitz“ gelten.

370 Dies bedeutet natürlich nicht, daß sich in einem demokratischen Staat ethnoregionalistische oder separatistische Parteien und Bewegungen nur der demokratischen Mittel bedienen, um ihre Ziele durchzusetzen. In dem Maße, wie die regulären politischen Möglichkeiten zur Einflußnahme begrenzt sind, werden die Protagonisten solcher Bewegungen nach anderen Möglichkeiten suchen, ihre Interessen zu artikulieren und durchzusetzen. Sie können am Rande oder gar jenseits der Legalität angesiedelt sein. Die Gründung einer gewaltbereiten Untergrundorganisation manifestiert zumeist das Ende der Möglichkeiten zur demokratischen Konfliktaustragung. (vgl. Waldmann, P. (1993), S. 400 f.) Bedeutsam erscheint allerdings, daß die Besetzung der illegalen Sphäre durch die Bewegung ihrer eigenen Entscheidung entspricht und nicht vom Staat oktroyiert wird, ebenso wie Sympathisanten der Bewegung nicht notwendigerweise mit Sanktionen seitens des Staates zu rechnen haben, solange sie sich auf dem Boden der Legalität bewegen.

Im Zusammenhang mit der Unzufriedenheit mit einem Staat kann A.O. Hirschmans Unterscheidung von Abwanderung, Widerspruch und Loyalität gesehen werden. Er identifiziert sie als mögliche Reaktionsweisen auf Leistungsverschlechterung in korporativen Akteuren wie Firmen, Organisationen und Staaten.

Ihr zufolge besitzen die Individuen innerhalb eines korporativen Akteurs drei mögliche Reaktionsarten auf eine Verschlechterung von dessen Leistungen für sie:
1. Abwanderung zu konkurrierenden Organisationen.
2. Widerspruch, indem sie zwar dem Akteur zunächst verbunden bleiben, jedoch ihre Unzufriedenheit artikulieren.
3. Loyalität, wenn sie in der Hoffnung auf eine Verbesserung der Situation innerhalb der Organisation verharren.

ad 1.)
Im Falle eines Staates ist die Abwanderung von einzelnen in Form von Emigration für diese äußerst kostspielig. Sie geht sehr oft sowohl mit dem Verlust beinahe des gesamten materiellen Eigentums als auch des sozialen Umfeldes einher.[371]

Eine Abwanderung einer Gruppe durch Sezession, wenn diese nicht einfach auswandert, sondern ihr Territorium und sozio-kulturelles Umfeld mit sich nimmt, bedroht häufig den Staat in seiner Existenz. Sie erscheint dem herrschenden Regime daher als verhindernswert und wird vielfach unter hohe Strafen gestellt.[372]

---

[371] vgl. ebd., S. 51f., wo als besonderes Problem für Abwanderung die Isolation eines Landes identifiziert wird. Während bspw. in Südamerika aufgrund der räumlichen, sprachlichen und kulturellen Nähe der unterschiedlichen Staaten eine Emigration leichter zu vollziehen sei, erscheine sie für einen Japaner aufgrund der Einmaligkeit der japanischen Sprache und Kultur beinahe undurchführbar. Die Einmaligkeit von Sprache und Kultur eines Landes kann die Attraktivität einer Emigration beträchtlich mindern. Der Staat befindet sich quasi in einer Monopolsituation. Sie kann es ihm auch erlauben kann, einem Politiker, dessen Widerspruch möglicherweise gefährlich werden und in Revolution oder Sezession münden könnte, einen Anreiz zur Abwanderung zu bieten. In jedem Fall bleiben die Kosten einer Abwanderung aus einem Staat jedoch überdurchschnittlich hoch.

[372] Dies ist insbesondere der Fall, wenn die zur Sezession entschlossene Gruppe über bestimmte Ressourcen verfügt, die für den Staat wichtig sind, z.B. bei der Existenz von Bodenschätzen auf dem Gebiet, welches zum neuen souveränen Staat werden soll. Die Abwanderung einer Gruppe kann auch die Form von Emigration annehmen, als Umsiedelung in einer anderes freundlicheres Gebiet. Als historische Beispiele dafür können Puritanismus und Zionismus dienen. (vgl. Tiryakian, E.A. (1988), S. 4) Vgl. aber auch Hirschman, A.O. (1974a), S. 16, der feststellt, daß der Nationalstaat zwar die Emigration einzelner Individuen tolerieren kann, jedoch gemäß seiner Natur die Abwanderung durch Sezession unterdrücken

ad 2.)

Widerspruch kann für die Widersprechenden im günstigsten Fall zu einer positiven Reaktion der Führung des korporativen Akteurs führen, welche den Widerspruch als Anregung zur Wiederherstellung ihres Leistungsvermögens aufnimmt. Andererseits kann Widerspruch auch, besonders im Falle totalitärer Organisationen, Bestrafung nach sich ziehen.

Die Frage nach der Wahrscheinlichkeit, welches Mittel gewählt wird, ergibt sich aus den Alternativen, denen sich die Individuen gegenüber sehen, und der Leichtigkeit des Austritts aus einer Organisation sowie der erwarteten Reaktion der Organisation auf Widerspruch. Dabei spielt auch das potentielle Risiko des Widerstandes für Leib und Leben in Betracht eine Rolle. Durch Probleme in bezug auf die Abwanderungsmöglichkeit erhöht sich auch das Risiko des Widerstandes.[373]

Andererseits ist es für die mit der Situation Unzufriedenen zur Verbesserung ihrer Lage notwendig, möglichst viele Gleichgesinnte zu mobilisieren, um die Erfolgsaussichten zu verbessern und das Bestrafungsrisiko für den einzelnen zu verringern.

Widerspruch kann sich dementsprechend von einer leisen Beschwerde bestimmter Kreise über die herrschende Situation bis hin zum gewalttätigen Umsturzversuch erstrecken.[374]

In Form einer mit Gewalt durchgesetzten Sezession kann Widerspruch auch in Abwanderung münden.

ad 3.)

Loyalität bedeutet, daß selbst bei Existenz einer Unzufriedenheit die Hoffnung auf eine Verbesserung der Verhältnisse es weiterhin ermöglicht, loyal zu bleiben. Die Menschen sind zwar mit der Situation im Inneren unzufrieden, sehen jedoch Abwanderung nicht als ernsthafte Handlungsoption an, da keine Alternative zum existierenden Nationalstaat erkennbar ist. Hohe Ein- und Austrittskosten innerhalb der verschiedenen Organisationen sind für Loyalität förderlich. Wird diese Loyalität durch geeignete Maßnahmen

---

muß. Dies hängt auch damit zusammen, daß eine Organisation nur einen bestimmten Grad von Abwanderung oder Widerspruch ertragen kann, um als Organisation weiterbestehen zu können. Andererseits bedarf es aber auch eines minimalen Ausmaßes von Abwanderung und Widerspruch, um der Organisation ein Feedback ihres Wirkens zu liefern.

373 Hirschman stellt fest, daß die Möglichkeit der Abwanderung die Reaktionsmöglichkeit des Widerspruchs unwahrscheinlich macht und eine der beiden Möglichkeiten im Normalfall die andere beinahe vollkommen dominiert. Während in der Privatwirtschaft Abwanderung die Regel ist, muß in anderen menschlichen Gemeinschaften Widerspruch als die dominante Reaktionsweise identifiziert werden. (vgl. Hirschman, A.O. (1974), S. 65)

374 Eine häufige Form des Widerspruchs, besonders in totalitären Systemen, ist mangelnde Begeisterung, fehlende Initiative, „Dienst nach Vorschrift“ bis hin zur Sabotage.

noch verstärkt, kann es ohne weiteres zu der Überhöhung der eigenen Nation kommen. Als Beispiel führt Hirschman den Gebrauch des bekannten Ausspruchs „Our country, right or wrong“ an, der nicht zuletzt auf der Überzeugung gründet, daß das Vaterland wieder im Recht sein wird, auch wenn es eine gewisse Zeit im Unrecht war. Loyalität erscheint in diesem Zusammenhang als diejenige Verhaltensweise, die einem integralen Nationalismus zugrunde liegt, der in fast allen Fällen auf einer inneren Krise des Nationalstaates beruht.[375]

[375] vgl. Hirschman, A.O. (1974), S. 67. Vgl. auch Boudon, R. (1979), S. 98, der annimmt, daß je höher die Austrittskosten, je prohibitiver die Kosten von Protesthandlungen und je geringer die Effizienz von Protesthandlungen ist, desto stärker mit Loyalität zu rechnen ist, was auch den Chauvinismus derjenigen erklärt, die ansonsten zu den größten Kritikern der sie umgebenden Gesellschaft gehören. Vgl. ergänzend Rokkan, S. (1974), S. 40 ff. und Rokkan, S. (1975), S. 567 ff., der mit Hilfe der Anwendung des Modells von Hirschman auf der Systemebene die Entstehung der Nationalstaaten in Europa zu erklären versucht.

4.3. Nationalismus als politische Strategie

Ethnische Zusammengehörigkeit gewinnt vor allem dann an Bedeutung, wenn andere Integrationsmuster für kollektives Handeln obsolet werden. Die Individuen können sich in diesem Falle anhand ethnischer Abgrenzungslinien organisieren und durch die Zugehörigkeit zu ethnischen Gruppen gewisse Vorteile zu realisieren suchen.

Dies gilt nicht nur im Fall der Modernisierung. Es trifft auch zu, wenn Machtvakuen, etwa bei Zusammenbruch eines Staates, wahrgenommen werden oder wenn sich ein Staat in beschleunigtem Wandel befindet, dem gegenüber die Interessen ethnischer Gruppen geltend gemacht werden können.[376]

Ein solcher Wandel stellt bisher existierende Rechte in Frage, was Möglichkeiten für deren Neuverteilung eröffnet. Davon kann jedoch nur ein handlungsfähiger, relativ mächtiger korporativer Akteur profitieren. Wenn die ethnische Zugehörigkeit mit den dazugehörigen Netzwerken und Vertrauensbeziehungen eine Basis bietet, vom Staat eine neue, vorteilhaftere Rechtsallokation einzufordern, werden interessierte politische Unternehmer eine solche Möglichkeit nicht ungenutzt lassen.

Nationalismus manifestiert sich im Falle der Existenz einer relativ festgefügten Staatenordnung beinahe immer in Forderungen nach Autonomie oder Unabhängigkeit bestimmter Territorien, die von einer ethnischen Minderheit innerhalb eines Staates bewohnt werden.[377]

Für alle Arten der Vertretung nationalistischer Ambitionen sind die Probleme des korporativen Akteurs zu überwinden, um überhaupt die Möglichkeit zu bekommen, nationalistische Forderungen durchzusetzen. Ohne

---

[376] vgl. dazu auch Breton, A./Breton, M. (1995), S. 113, die auf den Umstand hinweisen, daß das Verschwinden des Kommunismus in Osteuropa Vermögenswerte ohne Besitzer zurückgelassen hat, so daß sich, sofern schon während der kommunistischen Herrschaft ein kultureller Nationalismus existiert hat, nationale oder ethnische Eliten -größtenteils frühere Kommunisten- darum gruppieren können und versuchen werden, den Besitz dieser Werte in ihren Händen zu behalten. Ebenso weist Hall darauf hin, daß frühere Kommunisten, die nicht in der Lage waren sich auf dem neu entstehenden Markt zu behaupten, aufgrund eigennütziger Motive durch den Nationalismus angezogen wurden. (vgl. Hall, J.A. (1993), S. 20) Vgl. auch Elwert, G. (1989), S. 31, der feststellt, daß sich dort, wo neue Quellen zur Erlangung von Einkommen entstehen, sozio-ökonomische Gruppen bilden, welche den Besitz dieses Einkommens und der damit verbundenen Ressourcen anstreben. Eine solche Situation ergibt sich auch in nachkolonialen Gesellschaften.

[377] vgl. auch Hobsbawm, E.J. (1991), S. 194, der den modernen Nationalismus durch seine negative und separatistische Ausrichtung als den Nachfolger kleinstaatlicher Bewegungen erachtet.

die Bewältigung dieser inneren Probleme ist die Produktion des kollektiven Gutes „nationale Souveränität“ nicht zu bewerkstelligen.[378]

Auf die Bedeutung der herrschenden Staatsform für die Art der Artikulation nationalistischer Aspirationen wurde schon hingewiesen. Im folgenden soll besonders die Unterscheidung zwischen Demokratie und Diktatur Berücksichtigung finden.[379]

Im Falle einer demokratischen Verfassungsordnung, kann die Unzufriedenheit einer Minderheit oder einer Region zur Gründung politischer Parteien führen, welche ihre Interessen im Rahmen parlamentarischer Einflußnahme verwirklichen. Dies erscheint notwendig, weil ethnische Interessen vielfach nur eine unzureichende Plattform innerhalb der Parteienlandschaft gefunden haben, da das Hauptaugenmerk der Parteipolitik lange Zeit auf der Vertretung von Klasseninteressen lag.[380]

Zwei Konstellationen sind hier denkbar: Zum einen können für ein Amt zu wählende Kandidaten erkennen, daß eine latente Gruppe existiert, deren Mitglieder bereit sind, ihnen die Durchsetzung ihres kollektiven Vorteils anzuvertrauen. Zum anderen können Politiker versuchen, Organisationen zu gründen und diesen kollektive Vorteile zu verschaffen, weil ihre eigenen Karrieren von der Größe und dem Wohlbefinden der Organisationen abhängen.[381]

---

[378] vgl. neben oben gemachten Ausführungen zum korporativen Akteur auch Hechter, M. (1987a), S. 416, der für Gruppen, welche die Beschaffung eines kollektiven Gutes anstreben, drei zu überwindende Probleme identifiziert: 1. Die Artikulation der Interessen: Gruppen, die ein gemeinsames Ziel verfolgen müssen in der Lage sein, sich zu versammeln und der Übereinstimmung ihrer Interessen Ausdruck zu verleihen, was ein gewisses Maß an räumlicher Nähe und Kommunikation voraussetzt. 2. Die Auswahl einer Verfassung: Es bedarf der Wahl eines Modus für das Treffen kollektiver Entscheidungen. 3. Die Produktion und Allokation des gemeinsames Gutes: Es müssen die notwendigen Ressourcen zur Produktion des angestrebten Gutes vorhanden sein, ferner muß eine Regel für die jeweiligen Beiträge und die Verteilung des fragliche Gutes existieren.

[379] vgl. auch Wintrobe, R. (1990), S. 851, der die Existenz hoher Strafen für den Ausdruck und besonders die Art der Organisation von Opposition als Kennzeichen für Diktaturen aller Art ansieht. Unter „Demokratien“ werden hier solche westlichen Typs (mit Rechtsstaat) verstanden, nicht aber „Volksdemokratien“ oder andere sich so bezeichnende Systeme vom Typus Jugoslawiens.

[380] vgl. Smith, A.D. (1979), S. 33, der in der mangelhaften Repräsentierung ethnischer Interessen in der Politik und deren Artikulation eine Herausforderung für die Fähigkeit der Demokratie zur Integration der Bürger und der Freiheit der Meinungsäußerung sieht.

[381] vgl. Hardin, R. (1982), S. 34 f.. Vgl. auch Hobsbawm, E.J. (1992), S. 615, der bemerkt, daß die moderne Demokratie für ethnische Minderheiten einen Mechanismus bereitstellt,

Das gilt um so elementarer, als daß Engagement den Mitgliedern Kosten verursacht, welche durch die zu erwartenden Vorteile mindestens kompensiert werden müssen.[382]

Diese Grundvoraussetzung bringt mit sich, daß die entsprechende Partei über eine bestimmte Menge finanzieller Mittel verfügen muß, um Personal zu bezahlen und eine Kampagne durchzuführen. Grundsätzlich muß ein gewisser Wohlstand innerhalb einer Region vorhanden sein, damit genügend verfügbare Mittel und Fähigkeiten unter den Bewohnern existieren, die zum Aufbau und zur Unterstützung politischer Parteien genutzt werden können.[383]

Während die Führungspositionen in den etablierten Parteien zumeist besetzt sind und der Zugang neuen Mitgliedern im Regelfall versperrt ist, sind bei einer neu gegründeten Partei diese größtenteils noch zu vergeben. Dies kann als Anreiz für Individuen dienen, die politische Macht anstreben. Ferner bringt die Besetzung einer herausgehobenen Stellung den Inhabern materielle Vorteile sowie soziale Anerkennung.[384]

Für die Initiatoren einer solchen Partei ist eine klare Anreizstruktur erkennbar, die sich auf die Erreichung privater Güter, Verteilungs- und Positionsgüter, bezieht.

Neben dem Einfluß, der durch die Vertretung einer Partei in Parlamenten zu erreichen ist, profitieren die Vertreter der Partei zusätzlich immer direkt durch die Vorteile, die ihnen ein Abgeordnetenmandat verschafft,

---

durch den sie sich einen Anteil an den Gesamtressourcen sichern können, sofern sie in der Lage sind, sich als Gruppe zu verhalten und ein interessantes Wählerpotential darstellen.

[382] vgl. Levi, M./Hechter, M. (1985), S. 134 f.. Inwieweit Ressourcen in individuelle Vorteile bzw. selektive Anreize umgewandelt werden können, hängt von zwei grundlegenden Faktoren ab: zum einen das Ausmaß, in dem die Gesetze und Regeln des Staates die Entwicklung einer solchen Partei ermutigen, zum andern, inwieweit die staatliche Struktur es der Partei ermöglicht, ein Patronat für ihre Mitglieder zu stellen. (vgl. ebd., S. 136) Vgl. auch Whiteley, P.F. (1995), S. 220, der die Meinung vertritt, daß die Aktivität in einer politischen Partei sich insofern von anderen Arten der politischen Partizipation unterscheidet, daß der Einfluß des Individuums auf die Beschaffung kollektiver Güter höher einzustufen ist, als in Protestbewegungen oder ähnlichen Aktivitäten. Allerdings ist dies offenbar nur für solche kollektiven Güter der Fall, die durch eine relativ kleine Gruppe bereitgestellt werden können. Vgl. aber weiterhin die Kritik von Brand an der Argumentation Levis und Hechters, der bezweifelt, daß es für politische Parteien überhaupt möglich ist, in erforderlichem Umfang selektive Anreize, insbesondere Plätze in der Bürokratie, bereitzustellen. Insbesondere widerlegt Brand die bei Levi und Hechter angegebenen Beispiele. (vgl. Brand, J.A. (1985), S. 282 f.)

[383] vgl. Levi, M./Hechter, M. (1985), S. 135

[384] vgl. ebd.

auch ohne daß es zu größeren Veränderungen zugunsten der von ihnen repräsentierten Klientel kommt.[385]

Jede Partei muß, um gewählt zu werden, das Vertrauen der Bürger gewinnen. Dies wird nur gelingen, wenn die Wähler aus den Aussagen der Partei mit einiger Sicherheit deren Handlungen vorhersagen können. Speziell als Oppositionspartei, die keine laufenden Amtshandlungen als Referenz für ihr tatsächliches Handeln besitzt, sieht sich eine nationalistische Partei mit diesem Problem konfrontiert.[386]

Dabei muß die Ideologie der Partei in sich kohärent und einigermaßen stabil sein. Um bestimmte soziale Gruppen anzusprechen, muß sie zudem in einem gewissen Verhältnis zur politischen Praxis stehen. Im Optimalfall kann die Partei eine Weltanschauung bieten, die derjenigen ihrer anvisierten Wählergruppe sehr nahe kommt. Es gilt einen Mittelweg zu finden zwischen einer starren Grundhaltung, die der Partei keinen realpolitischen Spielraum läßt, und einer Konzeptlosigkeit, welche die Partei als ideologisch inkompetent erscheinen läßt.[387]

Die Entscheidung des Wählers kann als Investition in der Hoffnung auf zukünftige Erträge aufgefaßt werden. Der Wähler hofft, daß die von ihm präferierte Partei eine ihm gemäße Politik sichern oder ihm bestimmte Vorteile verschaffen kann, zumindest mehr als alle anderen Parteien.

Eine neu auf die politische Bühne tretende nationalistische Partei besitzt im Wettbewerb um Stimmen jedoch einen relativen Nachteil, da sie verhältnismäßig unbekannt ist und damit eine unsichere Investition darstellt.[388]

---

385 vgl. dazu auch die Ausführungen bei Downs, A. (1968), S. 27 f., der zudem die Auffassung vertritt, daß die Motivation von Parteiführern allein aus dem Einkommen, dem Prestige und der Macht entspringt, die durch öffentliche Ämter zu erlangen sind. Politiker nutzen demzufolge politische Konzepte lediglich zur Verfolgung privater Ziele.

386 vgl. ebd., S. 104

387 vgl. ebd., S. 107. Auch Hroch weist darauf hin, daß eine Ideologie dort effektiv ist, wo sie die Interessen der angesprochenen Gruppe reflektiert oder ein Programm beinhaltet, das deren Interessen sehr nahe kommt. (vgl. Hroch, M. (1985), S. 12) Vgl. weiterhin Johnson, H.G. (1965), S. 174, welcher die Wirkung der Ideologie nicht zuletzt dadurch begründet ansieht, daß sie die Kommunikation zwischen Partei und Wählerschaft vereinfacht und daß der Wähler sich an der Ideologie der Partei orientieren kann, ohne die Vor- und Nachteile der einzelnen Parteien abwägen zu müssen.

388 vgl. dazu auch Newman, S. (1991), S. 476, der insbesondere die Probleme der neu gegründeten nationalistischen bzw. regionalistischen Parteien aufzeigt, die sich im Normalfall auf keine soziale oder politische Basis stützen können, so daß sie sich auf eine ideologische Legitimation berufen müssen.

Andererseits kann eine solche Partei auch von Protestwählern profitieren, insbesondere wenn sie in einem Zweiparteiensystem mit Mehrheitswahlrecht auftritt, in dem sich die Programme der Parteien nur geringfügig unterscheiden und es den Wählern nicht sonderlich bedeutsam erscheint, wem sie ihre Stimme geben. Die Situation ist bei erwartetem knappen Wahlausgang und signifikant unterschiedlichen Programmen der Parteien für die nationalistische Partei deutlich ungünstiger, da sie in einem solchen Fall nur die Wähler anspricht, die wirklich eine Vertretung ihrer Interessen erwarten.[389]

Die tatsächliche oder behauptete nationale Grundlage der Partei gewinnt dann zusätzlich an Bedeutung, wenn sie zur ideologischen Legitimierung der Ansprüche durch die regionale Elite dient. Da die Nation immer ein konstruiertes Element beinhaltet, bietet sie Ansatzpunkte für Manipulation. Wenn sie den Anspruch erhebt, die Vertreterin der „alteingesessenen Bewohner" einer Region zu sein, kann die Partei Ansprüche auf die Nutzung von Ressourcen, auf Einkünfte und Entscheidungspositionen der Region erheben.[390]

Etablierte Parteien können als Reaktion Zugeständnisse in Richtung der gestellten Forderungen machen, um der neuen Partei Anhängerschaft zu nehmen. Die nationalistische Partei wird nur solange ihre Wirkung behalten, wie der Konsum von Nationalismus für die Wähler attraktiv ist und sie die einzige Partei ist, die diesen bereitstellt.[391]

Sie können somit durch relativ geringe Konzessionen einen größeren Konflikt zu vermeiden, der die Arbeit der Regierung stören und die Stabilität des Staates nachhaltig erschüttern könnte.

Andererseits ist freilich auch die Entstehung einer Gegenpartei möglich, die einen Nationalismus im Sinne der Mehrheit propagiert, auf die Zugehörigkeit des von der Minderheit beanspruchten Territoriums zum

---

[389] vgl. Levi, M./Hechter, M. (1985), S. 141

[390] vgl. Kößler, R./Schiel, T. (1995), S. 9. Vgl. auch Suppan, A./Heuberger, V. (1991), S. 208, die ebenfalls darauf verweisen, daß Nationalismus neuen Eliten als unterstützendes Argument beim Streben nach wirtschaftlicher Dezentralisierung dienen kann. Ähnlich äußert sich auch Rothschild, der moderne Ethnizität als in hohem Maße bewußte, politische und neue Art der Interessenartikulation ansieht. (vgl. Rothschild, J. (1981), S. 30) Vgl. ferner Breuilly, J. (1982), S. 300, der bemerkt, daß nationalistische Bewegungen, auch ohne breite Unterstützung, behaupten, für die ganze Nation zu sprechen. Insofern ist nationalistische Politik auch immer auf Massen gerichtete Politik.

[391] vgl. Green, L. (1982), S. 243. Vgl. auch Lafay, J.-D. (1995), S. 167, der die Ansicht vertritt, daß die Ausprägung des Nationalismus durch Angebot und Nachfrage am politischen Markt bestimmt werden kann.

Gesamtstaat hinweist und die Existenz einer weiteren Nation auf dem Staatsgebiet bekämpft. Damit wäre auch eine zweite Partei in der Lage, aus der Unzufriedenheit der Minderheit Kapital zu schlagen und ein politisches Spektrum abzudecken, welches von den existierenden Parteien nicht oder nur unzureichend belegt ist.

Die Ausrichtung einer Partei auf nationalistische Parolen kann aber nicht nur auf die Abspaltung eines Gebietes von einem existierenden Nationalstaat abzielen, sondern auch sonst der Stimmenmaximierung dienen. Dies ist speziell bei der Verwendung des oben beschriebenen ökonomischen Nationalismus als Wahlkampfinstrument der Fall.

Falls die nationalistische Nische innerhalb der Parteienlandschaft bisher nicht oder nur unzureichend ausgefüllt war, ist es Politikern möglich, durch Aufgreifen nationalistischer Argumente Einfluß zu gewinnen.[392]

Nationalistische Parteien im Sinne der Mehrheit wollen oft Arbeitsplätze Einheimischer vor der Kompetition Fremder schützen. Anders als der Minderheitsnationalismus sprechen sie weniger die Mittel- als die Unterschicht an.

Die Verschränkung politischer und ökonomischer Aspekte des Nationalismus manifestiert sich ferner durch den Anspruch auf die Umverteilung von Einkommen und die Zuteilung bestimmter Arbeitsstellen für Mitglieder der Nation. Ein solcher Anspruch wird meist mit Hilfe von Verstaatlichung durchgesetzt, wobei das Bemühen um immer mehr qualifizierte Jobs für Nationsangehörige die Auswahl der zu verstaatlichenden Betriebe beeinflussen wird.[393]

Die Programme nationalistischer Parteien stellen oft Maximalforderungen dar, deren Erfüllung nicht ernsthaft in Betracht gezogen wird, sondern die nur als Druckmittel für weniger extreme Forderungen dienen. Die Benutzung der Maximalforderung nach Unabhängigkeit kann der Führung einer Separatistenpartei Spielraum zur Erreichung eines Kompromisses bei Verhandlungen mit der Zentralregierung einräumen, welche dann in der Gewährung erweiterter regionaler Autonomie enden können.

Dabei muß eine nationalistische Bewegung ganz allgemein die Präferenzen ihrer Teilnehmer berücksichtigen. Eine ungewisse ökonomische Situation nach dem Erreichen der Unabhängigkeit, die Unsicherheit über

[392] Wie Downs prägnant formuliert: „Die Parteien treten mit politischen Konzepten hervor, um Wahlen zu gewinnen; sie gewinnen nicht die Wahlen, um mit politischen Konzepten hervortreten zu können." (s. Downs, A. (1968), S. 27 f.)

[393] vgl. Johnston, H.G. (1965), S. 181. Eine solche Art des Handelns ist speziell kurz nach der Erreichung staatlicher Unabhängigkeit einer Nation zu erwarten.

die wirtschaftliche Lebensfähigkeit des neu entstehenden Staates ebenso wie die Risiken beim Übergang in die Unabhängigkeit und mögliche soziale Probleme können die Unterstützer nationalistischer Bewegungen dazu veranlassen, eher für eine verstärkte Autonomie sowie den Verbleib im Staat und den damit verbundenen Vorteilen zu optieren, als die Loslösung voranzutreiben. In einem solchen Fall kann man allerdings eher von Regionalismus sprechen, wenn auch die Rhetorik vielfach nationalistisch bleibt.[394]

In einem totalitären Staat müssen Artikulation und Durchsetzung nationalistischer Ansprüche sich vielfach Formen politischen Protestes und revolutionärer Aktivität bedienen, weil demokratische Institutionen fehlen.

Dort sind die zu erwartenden Kosten der Partizipation an einer nationalistischen Bewegung ungleich höher als im Fall der Demokratie, so daß die Mobilisierung von Individuen schwieriger ist.[395]

Prinzipiell lassen sich drei Arten von mit oppositioneller bzw. revolutionärer Aktivität verknüpften Kosten unterscheiden: Kosten bei Mißerfolg der Rebellion, wenn die Beteiligten vom Regime bestraft werden; Kosten aufgrund von Sanktionen, die von Autoritäten während der Rebellion verhängt werden; persönliche Kosten, welche die Aktivität mit sich bringt.[396]

---

394 vgl. Meadwell, H. (1993), S. 205. Vgl. auch die Unterscheidung bei Meadwell, H. (1991), S. 401 ff. Für Meadwell unterscheidet sich der Regionalismus vom Nationalismus dadurch, daß die Regionalisten im Gegensatz zu Unabhängigkeit anstrebenden Nationalisten keine transitiven und monotonen Präferenzen haben. Während letztere Unabhängigkeit der Dezentralisation vorziehen und diese wiederum dem Status quo, favorisieren erstere die Dezentralisation gegenüber dem Status quo, bevorzugen aber ebenso den Status quo und die Dezentralisation gegenüber der Unabhängigkeit. Es existiert eine Vermischung nationalistischer und nichtnationalistischer Präferenzen. Wenn die Regionalisten auch dem herrschenden Regime ablehnend gegenüberstehen, wollen sie dennoch nicht alle Verbindungen zum restlichen Staatsgebiet abbrechen. Vgl. auch Brunn, G. (1978), S. 157, der unter Regionalismus die Forderungen von Provinzen nach Selbstverantwortung und Selbstverwaltung versteht, die zwar ein Aufbegehren peripherer Regionen gegen den Nationalstaat enthalten, jedoch nicht auf die Erreichung eines eigenen Staates gerichtet sind, sondern den bestehenden Staat, wenn nicht multinational, so doch zumindest multizentral organisieren wollen. Vgl. aber auch Smith, A.D. (1981), S. 163 ff., der von Neo-Nationalismen spricht, deren Ziel die Beibehaltung der staatlichen Einheit ist, allerdings bei voller Kontrolle über alle Aspekte der eigenen Angelegenheiten, sowohl kultureller als auch sozio-ökonomischer Art. Vgl. weiterhin Hechter, M./Levi, M. (1979), S. 262, die Ethnoregionalismus, der auf einem regionalen Anspruch kultureller Unterschiedlichkeit beruht, von anderen Formen des Regionalismus unterscheiden, die lediglich in Begriffen rein materieller Forderungen formuliert sind.

395 vgl. auch den Hinweis bei Oberschall, A. (1973), S. 138, daß die Bedeutung von Versammlungsfreiheit, Redefreiheit und insgesamt der Freiheit oppositioneller Aktivität nur schwer überschätzt werden kann.

396 vgl. Coleman, J.S. (1992), S. 223

Aufgrund dieser Kosten ist es unwahrscheinlich, daß extreme Deprivationen einer ethnischen Minderheit zu nationaler Mobilisierung in einem totalitären Staat führen. Dies gilt insbesondere wegen des hohen Risikos und der hohen Kosten der Teilnahme, wegen der geringen Erfolgswahrscheinlichkeit und wegen des Trittbrettfahrerproblems. Eine permanente Schlechterstellung einer ethnischen Gruppe, einhergehend mit einen Mangel an entsprechenden Ressourcen, dürfte eher in Resignation münden als in ein Aufbegehren.[397]

Soll es dennoch zu einer Rebellion kommen, bedarf es dafür der Existenz eines engagierten Kerns von Begeisterten für die nationale Sache, die bereit und in der Lage sind, die Anfangskosten der Bewegung zu tragen.[398]

Nationalistische Aufstände sind, in Analogie zu revolutionären Erhebungen, keine spontanen Massenaufstände, die Zahl der Aktivisten ist vielmehr begrenzt. Speziell in den frühen Phasen nationalrevolutionärer Mobilisierung findet sich nur ein kleiner Kern, welcher die Autorität des Zentralstaates über seine Handlungen nicht mehr anerkennt.

Bei all ihrer Verwundbarkeit hat eine derartige Gruppe immerhin den Vorteil, daß sie von der Zentralinstanz nicht wahrgenommen oder doch nicht ernst genommen wird.

Das ändert sich, wenn die nationalistischen Aktivisten beginnen, auf sich aufmerksam zu machen und eine größer werdende Anhängerschaft zu rekrutieren. Dies bedeutet, daß immer mehr Menschen ihre Ressourcen zumindest zum Teil in die nationalistische Organisation investieren und nicht mehr in den Staat. Es kommt zu einem Vertrauensverlust gegenüber dem Staat.[399]

Allerdings reicht die aus einem solchen Vertrauensverlust resultierende Aberkennung des Rechts auf Herrschaft gegenüber einem Regime allein nicht aus, um Unterstützung für die nationalistische Bewegung herbeizuführen. Eine solche Ab- bzw. Anerkennung findet jedoch in weiten Teilen der Bevölkerung erst nach einer Veränderung der Verhältnisse statt.[400]

---

[397] vgl. z.B. Bélanger, S./Pinard, M. (1991), S. 449. Vgl. auch Esser, H. (1988), S. 242, der außerdem die Bedeutung moderner Formen der Organisation und Kommunikation zur Vertretung ethnischer Interessen hervorhebt.

[398] Eine solche Verhaltensweise steht in engem Verhältnis zur oben dargestellten heroischen Sanktionierung.

[399] vgl. Coleman, J.S. (1992), S. 225 f.. Vgl. auch die Ausführungen Lindenbergs, daß sich Gruppen eher gegen Angriffe auf bestehende Rechte wehren als revolutionäre Handlungen zur Erlangung erweiterter Rechte zu ergreifen. (vgl. Lindenberg, S. (1989), S. 56 ff.)

[400] vgl. Coleman, J.S. (1992), S. 227

Das bedeutet auch, daß es nicht nur auf eine breite Unterstützung innerhalb der Bevölkerung ankommt. Es geht für den „harten Kern“ darum, Schlüsselpositionen einzunehmen und erfolgsorientiert zu handeln. Denn sind erst Fakten geschaffen, so wird sich auch der nicht partizipierende Teil der Bevölkerung an den neuen Gegebenheiten orientieren und die Existenz eines neuen Herrschaftssystems akzeptieren.[401]

Will eine Nation ihren eigenen Staat, muß sie sich mit den politischen und ökonomischen Rahmenbedingungen auseinandersetzen. Dies ist nötig, weil sich die Frage nach der Lebensfähigkeit eines eigenen Staates im internationalen Gefüge stellt. Zum anderen bestimmt die ökonomische Situation innerhalb des beanspruchten Territoriums die Verhandlungsposition gegenüber dem Zentralstaat ebenso wie das politische Gefüge innerhalb des Staates und in den ihn umgebenden Ländern.[402]

Innerhalb eines Nationalstaates, der neben seinen politischen Aufgaben auch eine Instanz der Einkommensumverteilung darstellt, fühlen sich meist die wirtschaftlich schwachen Regionen unterdrückt und benachteiligt. Sie streben dann nach nationaler Souveränität. Aber auch in wirtschaftlich starken Regionen, deren wirtschaftliche Stärke sich nicht in einer ihren Vorstellungen entsprechenden politischen Repräsentation innerhalb des Staates niederschlägt, kann es zu Unzufriedenheit kommen, die Forderungen nach Eigenstaatlichkeit hervorruft.

Für eine wirtschaftlich starke Region muß die Abspaltung also grundsätzlich ökonomisch sinnvoller erscheinen als für eine schwache unterentwickelte Region, die in hohem Maße auf Unterstützung durch den Staat als Zentralinstanz angewiesen ist.[403]

---

[401] vgl. auch Waldmann, P. (1985), S. 221, der darauf hinweist, daß es nach der grundsätzlichen Infragestellung der staatliche Autorität durch separatistische Rebellen kaum noch Raum für gemäßigte Optionen gibt, speziell dadurch, daß kompromißbereite Kräfte Gefahr laufen, mit ihren Vorschlägen zur Entschärfung der Situation als Verräter an der nationalen Sache angesehen zu werden.

[402] vgl. auch Horowitz, D.L. (1981), S. 167, der die Faustregel aufstellt, daß die Frage, ob eine separatistische Bewegung entsteht, durch die Innenpolitik und die Beziehungen von Gruppen und Regionen entschieden wird. Die Frage nach dem Erreichen der Ziele einer solchen Bewegung wird jedoch zum größten Teil durch die internationale Politik und den Ausgleich von Macht und Interessen entschieden, der außerhalb der staatlichen Einflußsphäre liegt.

[403] vgl. auch Senghaas, D. (1992), S. 27, der den Nationalismus fortgeschrittener Regionen als Mittel zur Besitzstandswahrung gegenüber den Forderungen ärmerer Regionen ansieht, der den Ressourcenabfluß in diese Gebiete stoppen soll. Einen solchen Nationalismus identifiziert er für Katalonien und Slowenien. Vgl. zudem Treisman, D.S. (1997), S. 245, der feststellt, daß fortschrittliche Regionen in Rußland an der Spitze der Separatismen standen

Die zunehmende Globalisierung der Wirtschaft kann innerhalb abspaltungswilliger Regionen die Ansicht bestärken, daß der Zentralstaat, dem sie angehören, nicht mehr lebenswichtig für sie ist.[404]

Grundsätzlich existieren zwei Möglichkeiten für eine nationale Minderheit, ein Territorium zur Gründung eines eigenen Staates aus dem bestehenden Staatsgebiet herauszulösen: Das kann über Austausch geschehen. Dem Zentralstaat werden Rechte oder Leistungen angeboten, die für ihn gleichen oder höheren Wert besitzen. Beispiele können finanzielle Entschädigungen, das Einräumen von Förderrechten an Bodenschätzen oder Lieferungen von Rohstoffen sein. Die Herauslösung kann auch über Drohung, Druck oder Zwang geschehen, welche dem Staat erhebliche Probleme bereiten und seinen Wohlstand derart mindern, daß die Entlassung des Gebiets in die Unabhängigkeit weniger nachteilig erscheint als die permanente Bedrohung durch Gewalt.[405]

Im Falle einer nationalen Minderheit als negativ privilegiertem Herausforderer gegenüber einem Zentralstaat als positiv privilegierten Gegner, erscheint die erste Alternative unwahrscheinlich. Minderheiten verfügen kaum über Ressourcen, die sie dem Zentralstaat anbieten können. Daher ist die Alternative des Drucks und der Gewalt die wahrscheinlichere.

Anders als bei konventionellen Verfahren wie Verhandlungen oder politischen Routinehandlungen, mit dem Ziel die Wohlfahrt beider Akteure zu steigern, neigen unterlegene Gegner zu unkonventionellen Methoden. Diese sollen die Wohlfahrt des Gegners verringern und ihn zu Zugeständnissen bewegen. Sie können von Demonstrationen oder Streiks bis zu Aufständen, Terrorhandlungen oder gar Guerillakrieg gehen.

Dadurch kann eine Spirale der Gewalt in Gang gesetzt werden; wenn nämlich der Zentralstaat im Gegenzug beschließt, den Wohlstand des Herausforderers so zu verringern, daß dieser seine ursprünglichen Ziele aufgibt. Der Herausforderer kann daraufhin seine Aktionen verstärken, um seinerseits den Wohlstand des Staates zu verringern, was wiederum den Staat zu

---

und Zaslavsky, V. (1992), S. 114, für den Hinweis, daß es in den Sowjetrepubliken, die Nettotransferempfänger waren, keine separatistischen Bestrebungen gab.

404 vgl. dazu auch Dion, S. (1995), S. 137, der eine solche Sichtweise als einen der Beweggründe für das verstärkte Wiederaufleben der Nationalismen in Quebec, Schottland und Katalonien identifiziert. Während Quebec von einem Freihandelsabkommen mit den USA profitieren würde, erscheint für Schottland und Katalonien die EU als ökonomische Rückversicherung.

405 vgl., auch zum folgenden, Oberschall, A. (1979), S. 46 ff.

entsprechender Reaktion veranlaßt. Ein Konflikt über die Abspaltung vermindert so die Ressourcen beider Parteien, ohne Werte zu schaffen.[406]

Auch eine Einschaltung anderer Staaten bzw. supranationaler Organisationen und die Sensibilisierung der Weltöffentlichkeit für die tatsächliche oder vermeintliche Gerechtigkeit der angestrebten Eigenstaatlichkeit der unterdrückten Nation können Mittel auf dem Weg zur Sezession sein. Eine solche Strategie hängt jedoch in hohem Maße von der allgemeinen Lage der Weltpolitik und den Möglichkeiten internationaler Einflußnahme ab.[407] Gegen einen solchen Separatismus können geopolitische Erwägungen sprechen. Die Notwendigkeit des Aufbaus einer eigenen Landesverteidigung aufgrund des Expansionismus der umgebenden Länder kann eine prinzipiell abspaltungswillige Region davon abhalten, ein unkalkulierbares Risiko einzugehen. Sie verharrt lieber in der zwar unbefriedigenden, aber kalkulierbaren Situation.

Ein schwacher Staat erleichtert die Sezession, da er zum einen wenig wirtschaftliche Vorteile bieten kann, zum anderen kaum über die notwendigen Kapazitäten verfügt, um die Mobilisierung für sezessionistische Bestrebungen zu unterdrücken.[408]

---

[406] vgl. dazu auch Congleton, R.D. (1995), S. 94, ein konkreter Bezug zur Situation in Osteuropa findet sich bei Kimmel, A. (1992), S. 107. Ein zusätzlich den Konflikt beschleunigender Faktor kann die geringe formale Organisationsstruktur nationalistischer Gruppen sein. Sie wirkt sich negativ auf die Disziplinierung ihrer Anhänger aus. Das gibt dem Staat keine Sicherheit, durch Verhandlungen mit deren (selbsternannten) Führern ein Ende der gewaltsamen Auseinandersetzungen zu erreichen.

[407] Als Beispiel für die Bedeutung der Weltpolitik kann gelten, daß die Supermächte speziell in Zeiten des Kalten Krieges auf der Suche nach möglichst vielen Verbündeten und Handelspartnern häufig ethnische Unabhängigkeitsbestrebungen materiell unterstützten, so daß es dadurch vielfach zu einer Verlängerung und Eskalation von Konflikten bis zum Bürgerkrieg kam. (vgl. dazu auch Nagel, J. (1993), S. 109) Vgl. auch Tilly, C. (1995), S. 201, der konstatiert, daß insbesondere im postsowjetischen Osteuropa, falls ein allgemein anerkanntes Prinzip der Selbstbestimmung existiert und Aussicht auf Anerkennung und bevorzugte Behandlung durch die westliche Großmächte besteht, jede Gruppe, die eine gewisse militärische Stärke, verbunden mit einer gewissen geographischen Konzentration sowie einem gewissen Anspruch auf die Gründung einer annähernd zusammenhängenden Nation besitzt, ein starkes zweigeteiltes Interesse hat: Versuchen, einen eigenen Staat zu erlangen und gleichzeitig die ähnlich ambitionierten Nachbarn von einem solchen Versuch abzuhalten. Auch der gezielte Einsatz der Massenmedien kann von den Initiatoren einer nationalistischen Bewegung dazu genutzt werden, auf die Unterdrückung ihrer Nation und deren „berechtigten“ Forderungen nach Autonomie aufmerksam zu machen.

[408] vgl. Hechter, M. (1992), S. 276. Vgl. aber auch Bauböck, R. (1997), S. 10, der feststellt, daß es speziell für neu gegründete, noch schwache Staaten überlebenswichtig sein kann, weitere Sezessionen zu verhindern. Diese greifen daher häufig zu strikten Maßnahmen der

Der Staat wird in seiner Reaktion auf separatistische Tendenzen ebenfalls abwägen, wie sich das Kosten-Nutzen-Verhältnis zwischen Wahrung seiner territorialen Integrität und dem Entlassen eines Gebietes in die Unabhängigkeit darstellt.

Für den Umgang mit separatistischen Bewegungen besitzt ein Staat mehrere Alternativen. Er kann eine freundschaftliche Übereinkunft anstreben oder ein Referendum abhalten; ferner ist eine Vermittlung durch eine unabhängige dritte Partei möglich oder strikte Zurückweisung und Unterdrückung der Forderungen.[409]

Es dürfte für einen Staat weniger bedrohlich erscheinen, einer Region erweiterte Autonomie und Selbstverwaltung einzuräumen, als es auf einen Konflikt mit möglicherweise bewaffneten Auseinandersetzungen ankommen zu lassen und dabei die daraus resultierenden verheerenden Folgen sowie möglicherweise eine tatsächliche Abspaltung in Kauf zu nehmen. Ein partielles Eingehen auf Forderungen der Separatisten kann der Bewegung die Spitze nehmen und durch relativ wenig Aufwand die innere Stabilität langfristig sichern.[410]

Analog erscheint es für die separationswillige Region rational, ein solches Angebot und die damit verbundenen Vorteile zu realisieren, um ebenfalls eine Auseinandersetzung mit äußerst ungewissem Ausgang und vielen zu erwartenden Opfern zu umgehen. Die Stärke und Machtverhältnisse zwischen Zentralgewalt und Region beeinflussen solche Überlegungen ebenso wie die Position bei etwaigen Verhandlungen.[411]

Unterdrückung oder Zwangsassimilierung bestehender oder neu entstandener Minderheiten, um den Domino-Effekt zu verhindern, daß Sezessionen weitere Sezessionen nach sich ziehen.

409 vgl. Steiner, J. (1985), S. 149 f.. Die verschiedenen Reaktionsmöglichkeiten können in verschiedenen Stadien der separatistischen Bewegung alle zur Anwendung kommen, ebenso wie eine Überlappung verschiedener Strategien möglich ist. Die Abfolge der verschiedenen Verhaltensweisen ist situationsabhängig. Die genannten Vorgehensweisen sind vor allem in der Staatsform einer „consociational democracy“ zu erwarten, was sich am ehesten mit Proporzdemokratie übersetzen läßt.

410 vgl. hierzu auch Waldmann, P. (1985), S. 219 f., der am Beispiel Quebecs darlegt, wie eine geschickt agierende, zu Zugeständnissen bereite Zentralregierung einen drohenden Legitimitätsschwund innerhalb einer Region abwenden und einer aufkommenden separatistischen Strömung wirksam begegnen kann. Eine solche Politik kann zwar zunächst zu einem vermehrten Verlangen nach Autonomie führen, das jedoch abflauen kann, wenn die Politik langfristig durchgehalten wird.

411 Andererseits ist bereits an dieser Stelle zu konstatieren, daß es trotz klar nachteiliger Machtverhältnisse und einer nur sehr geringen Erfolgswahrscheinlichkeit für eine Bewegung dennoch häufiger zu separatistischen Bestrebungen kommt als unter rationalen Erwägungen erklärbar ist. Dieser Umstand spricht für die These Horowitz‘, daß Häufigkeit, Enthusiasmus

Der Staat, der die ihm offiziell zugrundeliegende Nation repräsentiert, besitzt das Monopol legitimer Gewaltanwendung und bestimmt daher zunächst Bedingungen und Form möglicher Verhandlungen.[412]

Die Auswirkungen des Nationalismus hängen aber nicht nur von der existierenden Staatsform ab, sondern auch von der Wahl der Mittel durch beide Parteien, die Nationalisten und die Staatsführung.[413]

Unter bestimmten Umständen steht der Zentralstaat noch vor einem weiterem Problem. Handelt es sich um einen Vielvölkerstaat mit mehreren separationswilligen Völkern, muß der Staat annehmen, daß ein frühzeitiges Einlenken gegenüber den Forderungen einer Separationsbewegung weitere Forderungen anderer Völker auslösen wird, so daß es zu einem Domino-Effekt kommt. Dieses Problem kann dadurch verstärkt werden, daß gerade in einem solchen Staat die Mehrheit gegenüber den Minderheiten oft relativ schwach ist.[414]

Zur Verhinderung eines solchen Domino-Effekts kann der Zentralstaat versuchen, separatistische Bestrebungen rigoros zu unterbinden, um alle

---

und Gewalt separatistischer Bewegungen kaum allein durch die eigeninteressierten Motive regionaler Eliten erklärt werden können. Vielmehr würde, so Horowitz, im Moment der Entstehung der Bewegung die Abwägung von Vorteilen und Opfern durch eine Lawine von Gefühlen überrannt, daß die Situation im derzeitigen Staat untragbar sei. (vgl. Horowitz, D. (1981), S. 174)

412 vgl. Eriksen, T.H. (1991), S. 274. Existiert der Nationalstaat, besitzt er zumeist auch eine nationalistische Ideologie, welche sich, wenn sie eine bestimmte Gruppe nicht überzeugen kann, einer anderen, konkurrierenden Ideologie gegenüber sieht. Wenn der Staat auch durch das Monopol der legitimen Gewaltanwendung und das Monopol der Besteuerung einen klaren Vorteil hat, kann es doch nötig werden, daß er Gewalt einsetzt, um eine Spaltung zu verhindern.

413 vgl. aber auch Opp, K.-D. (1988), S. 855, der darauf hinweist, daß die Wahl der Protestart von der jeweiligen Situation oder Gruppe abhängt; es kann, abhängig vom Erfolg der gewählten Form, zu Verschiebungen kommen. Erkennt eine Gruppe nach einer Weile, daß die von ihr gewählte legale Form des Protestes nicht erfolgversprechend ist oder es zu einer überharten Reaktion seitens des Staates gekommen ist, die die Anwendung von Gewalt rechtfertigen soll, kann es zu einer Verschiebung in Richtung illegalen Protestes kommen. Ebenso kann es aber auch umgekehrt vonstatten gehen, wenn aufgrund mangelnden Erfolges illegalen Protestes Mitglieder die Gruppe verlassen und die Kosten dieser Protestform dadurch steigen, so daß legaler Protest attraktiver wird.

414 Kollektives Handeln kann auch Vorbildcharakter für andere haben, indem es die Möglichkeiten vorführt, die erreichbar sind, Schwachpunkte des herausgeforderten Systems offenlegt, Verbündete innerhalb und außerhalb des Systems aufzeigt sowie institutionelle Barrieren öffnet, so daß die Forderungen besser artikuliert werden können. (vgl. dazu bspw. Tarrow, S. (1996), S. 58)

weiteren Forderungen im Keim zu ersticken und eine abschreckende Wirkung zu erzielen.[415]

Eine solche Situation kann die Kosten-Struktur für die Unabhängigkeit anstrebenden Regionen bereits derart zu ihren Ungunsten verändern, daß der gewünschte Effekt der Abschreckung eintritt.[416]

Eine weitere Strategie nationalistische Bestrebungen zu schwächen, besteht darin, deren Führer in den Herrschaftsapparat des Zentralstaates aufzunehmen und dadurch gleichsam zu domestizieren. Sind diese erst in die staatliche Entscheidungsfindung eingebunden, wird es ihnen schwerfallen, ihre nationalistischen Ziele rücksichtslos zu vertreten.[417]

---

[415] vgl. Kern, L. (1996), der das spieltheoretische „Chain Store Paradox" Seltens auf eine solche Situation überträgt. Obwohl spieltheoretisch eine Verhandlungslösung zum gegenseitigen Vorteil wäre, besitzt für den Zentralstaat das Abschreckungsargument eine höhere Bedeutung, da er auf diese Weise weitere Regionen von der Erklärung der Unabhängigkeit abhalten und seine territoriale Integrität dauerhaft sichern kann. Als Beispiel für eine solche Handlungsweise führt Kern die russische Intervention in Tschetschenien an. Berücksichtigung finden muß jedoch auch eine mögliche Gegenstrategie der entsprechenden Regionen, welche sich mit Gegenangriffen wehren können, darauf abzielend, mit ihren Aktionen Erfolg zu haben und ihre Unabhängigkeit doch durchsetzen zu können. Durch einen solchen Erfolg der ersten betroffenen Region ändert sich auch die strategische Situation der weiteren Regionen, die in einem solchen Fall kaum eine Intervention seitens der Zentralmacht zu fürchten bräuchten. Aufgrund diese Umstandes wird die Zentralmacht ihren Erstangriff militärisch intensivieren, um die Abschreckungswirkung zu steigern, was wiederum zu einem verstärkten Gegenschlag seitens der Separatisten führen dürfte, so daß sich eine Spirale der Gewalt bilden kann, die unvorhersehbare Folgen für die Region und den Zentralstaat hat. Der Versuch, einen möglichen Gegenangriff auszuschließen, kann den Anlaß für einen noch intensiveren Erstschlag bieten. Zum „Chain Store Paradox", in dem es sich eigentlich um die Reaktion einer Lebensmittelkette auf die Eröffnung einer Filiale durch einen Konkurrenten dreht, vgl. die fundamentalen Ausführungen bei Selten, R. (1978). Auch Axelrod verweist auf ein ähnlich gelagertes Problem, wenn ein Imperium zur Abschreckung und Aufrechterhaltung seiner Reputation Auflehnungen gegen die Zentralgewalt in einzelnen Provinzen härter beantwortet, als dies nötig wäre. (vgl. Axelrod, R. (1988), S. 140) Ein weiteres Problem ergibt sich innerhalb solcher mit Härte geführten Auseinandersetzungen dadurch, daß es zu einer weiteren Polarisierung kommen kann und dem Gegner Schaden zuzufügen, zum eigenständigen Ziel erhoben wird, so daß die eigentlichen Ziele in den Hintergrund treten. Zwar kann ein entschiedenes Vorgehen des Staates auch zu einer Auflösung der Bewegung führen, wenn die entstehenden Nachteile für deren Mitglieder eine inakzeptable Größe annehmen, aber durch einen starken Zusammenhalt und eine starke Identifikation mit der Gruppe kann es eben auch zu wütenden Gegenreaktionen kommen. (vgl. Hirsch, E.L. (1990), S. 245. Vgl. zudem Hirsch, E.L. (1986), S. 381 für die Darstellung weiterer Folgen einer Polarisierung.)

[416] Eine andere Option der herrschenden Gruppe in einem Vielvölkerstaat wäre, die einzelnen Nationalismen gegeneinander auszuspielen.

[417] vgl. auch Björklund, U. (1987), S. 27, der eine solche Verhaltensweise insbesondere als Reaktion durch Wohlfahrtsstaaten identifiziert.

Wird ein solcher Domestizierungsversuch im Rahmen einer föderalistischen Struktur verwirklicht, kann dies allerdings für das Machtzentrum ein Gefährdungspotential darstellen, da Föderalismus die institutionelle Kapazität einer nationalistischen Bewegung verbessert. Dies erleichtert es den nationalistischen Führern, ihre Anhänger zu mobilisieren, und macht sie dem Zentrum der Macht gegenüber noch unabhängiger.[418]

Eine extremere Form dieser Taktik ist der Versuch, die nationalistischen Führer durch Stellenangebote oder andere Begünstigungen zu „kaufen". Durch Neuzuteilung von Ressourcen oder Anreizen kann dies auch für die nationalistische Bewegung als Ganzes versucht werden, doch wiederum auf die Gefahr hin, deren Position und damit deren Fähigkeit, weiteren Druck auszuüben, zu verstärken.[419]

Falls alle anderen Mittel nichts fruchten, bleibt dem Staat nur noch die gewaltsame Unterdrückung der separatistischen Tendenzen. Deren Erfolg hängt insbesondere von drei Faktoren ab:[420]

- geographischen (je größer und unwegsamer das betreffende Gebiet, desto schwerer ist es militärisch zu kontrollieren),
- militärischen (das Verhältnis der militärischen Kapazität (Ausrüstung, Ausbildung und Moral) des Zentralstaates im Verhältnis zu der des sezessionswilligen Territoriums) sowie
- geopolitischen (wie werden sich andere Länder des internationalen Systems in bezug auf den Konflikt verhalten?).

Eine Spielart des Nationalismus, die hier aus Komplexitätsgründen nur am Rande betrachtet werden soll, ist der konservative Nationalismus. Dieser zielt in erster Linie darauf ab, einen existierenden Nationalstaat mit seinen Grenzen und seiner Bevölkerung zu erhalten. Er ordnet dem alle anderen

---

[418] vgl. Meadwell, H. (1993), S. 200 u. Meadwell, H. (1993a), S. 218

[419] vgl. Oberschall, A.O. (1973), S. 163 f.. Vgl. auch Meadwell, H. (1989), S. 147 f., der als mögliche Reaktionen von konkurrierenden Organisationen auf nationalistische Aktivitäten von Gruppen Wettbewerb und Zwang identifiziert. Im ersten Fall wird versucht, den Gruppenmitgliedern Belohnungen zu bieten, um sie nicht an die Gruppe zu verlieren, im zweiten wird die nationalistische Bewegung beobachtet, öffentliche Unterstützung wird bestraft. Im Falle des Wettbewerbs muß die nationalistische Gruppe Ressourcen aufbieten, die nicht zur Lösung des Trittbrettfahrerproblems dienen, sondern in Konkurrenz mit den Anreizen der anderen Organisationen stehen. Die Aktivitäten der konkurrierenden Organisation werden sich jedoch auch nach der Situation der nationalistischen Bewegung richten. Sofern diese sich dem Trittbrettfahrerproblem ausgesetzt sieht und kein Führungskern existiert, der zu dessen Überwindung beitragen würde, kann die Konkurrenz auf Wettbewerb oder Zwang verzichten und dadurch Ressourcen sparen.

[420] vgl. Hechter, M. (1992), S. 278

Ziele unter, auch den Wohlstand und die individuellen Rechte seiner Bewohner.[421]

Somit stellt ein solcher konservativer Nationalismus als Mehrheitsnationalismus den Gegenpol zum Separation anstrebenden Minderheitsnationalismus dar. Er besitzt in erster Linie den Vorteil einer breiten organisatorischen Basis und der staatlichen Unterstützung. Es ist in den meisten Fällen der Staat, der die Verkleinerung seines Gebietes zu verhindern trachtet. Die Erarbeitung einer eigenen Geschichtsinterpretation und Ideologie erweitert den Handlungsspielraum des Staates dahingehend, daß er nicht nur auf die Forderungen von Separatisten reagiert, sondern mittels einer eigenen Strategie agieren kann. Auf diese Weise scheint es nicht nur möglich, innerhalb der ethnischen Mehrheit ein Klima der Sensibilität für nationale Fragestellungen zu schaffen, sondern gleichzeitig auch eine breite Unterstützung für die Maßnahmen der Regierung zur Unterdrückung der separatistischen Bestrebung zu erreichen. Dies kann insbesondere in demokratischen Staaten von Bedeutung sein, wenn die Regierung ihre Handlungen legitimieren muß.[422]

Ein solcher konservativer Nationalismus kann jedoch auch über reine Beibehaltung des Territoriums hinausgehen und aggressive Züge annehmen, insbesondere, wenn er dem Ablenken von inneren Problemen eines Staates dient. Er kann dann mit dem oben angesprochenen Attribut integral umschrieben werden.

---

[421] vgl. Lafay, J.-D. (1995), S. 159 ff., der auch drei Gründe für die Stabilität der Nation anführt, die es den Bewohnern anstrebenswert erscheinen lassen können, den Status quo zu erhalten: 1. Gemeinsames soziales Leben und Gewohnheiten der Kooperation erzeugen Vertrauen. Die Individuen glauben, daß sie in einer sicheren Umgebung leben. 2. Es wird kontinuierlich soziales Kapital angehäuft, und nationale Individuen können einen steigenden Anteil an dieser Menge konsumieren. 3. Es entstehen psychologische Vorteile aus einem Sinn für ein gemeinsames Ziel und Schicksal.

[422] Auch die Separatisten selbst können, ohne daß ein expliziter Mehrheitsnationalismus existiert, ein für sie negatives politisches Klima innerhalb des Staates schaffen, wenn sie strategische Fehlentscheidungen treffen. Dies zeigt sich bspw. an den geradezu wütenden Reaktionen der spanischen und auch baskischen Bevölkerung auf die letzten Gewaltakte der Eta im Baskenland, die zu einem Gewaltverzicht seitens der Eta führten. Vgl. dazu auch den Hinweis bei McAdam, D./McCarthy, J.D./Zald, M.N. (1988), S. 726, daß strategische Entscheidungen über Ziele und Taktik der Bewegung immer zwei Aspekte haben, einen nach innen gerichteten, einen nach außen gerichteten. Während die äußeren Reaktionen Druck anderer Organisationen erzeugen, ist es nach innen wichtig Stärke und Lebensfähigkeit der Gruppe zu erhalten.

4.4. Die Lösung des Problems kollektiven Handelns

Eine nationalistische Bewegung wird nur dann Aussicht auf Erfolg haben, wenn sie eine ausreichend große Anzahl von Menschen dazu motivieren kann, sich an den Kosten der Erringung der nationalen Autonomie zu beteiligen, d.h. also ihre Ressourcen unter die Koordination der Führung der Bewegung zu stellen. Eine solche Investition wird jedoch von rational kalkulierenden Individuen nur dann vorgenommen werden, wenn diese sich daraus Gewinne versprechen. Wenn auch die Mitgliedschaft in einer ethnischen oder nationalen Gruppe vorwiegend askriptiv ist, steht das Individuum dennoch vor der Entscheidung, in welcher Weise es seine Gruppenmitgliedschaft ausgestaltet.

Die Mitglieder einer ethnisch-nationalen Gruppe betrachten sich zwar als zusammengehörig, doch sind solche Gruppen Sekundärgruppen. Sie sind zu groß, als daß alle Mitglieder unmittelbaren Kontakt untereinander haben könnten. Solche Gruppen haben die selben Probleme des kollektiven Handelns wie die „latenten Gruppen" im Sinne Olsons, die oben diskutiert worden sind.

Das Hauptziel des Nationalismus, die nationale Souveränität, kann als öffentliches oder Kollektivgut betrachtet werden. Dasselbe gilt selbstverständlich auch für die Souveränität des Staates, gegen den der Nationalismus sich richtet.[423]

Die nationale Souveränität erfüllt die unter Punkt 2.4. angegebenen Kriterien eines Kollektivgutes. Der Konsum einer Person reduziert die verfügbare Menge der anderen nicht, Personen der Gruppe, für die das Kollektivgut bestimmt ist, können von dessen Genuß nicht ausgeschlossen werden. Im konkreten Fall heißt dies, daß die nationale Souveränität, unabhängig von der Anzahl der sie konsumierenden Nationsangehörigen ist. Sie steht also auch jenen Mitgliedern der Nation zur Verfügung, die zur ihrer Durchsetzung nichts beigetragen haben.[424]

---

[423] Olson bemerkt, „...*daß durch die Erreichung eines gemeinsames Zieles oder die Befriedigung eines gemeinsamen Bedürfnisses ein Kollektivgut für die fragliche Gruppe bereitgestellt worden ist.* Gerade die Tatsache, daß einer Gruppe ein Ziel oder Zweck *gemeinsam* ist, bedeutet, daß niemandem in der Gruppe der Vorteil oder die Befriedigung vorenthalten wird, die dessen Erreichung mit sich bringt." (s. Olson, M. (1968), S. 14)

[424] Ebenso erfüllt die Benachteiligung der gesamten Gruppe die Kriterien eines kollektiven Ungutes, dessen Beseitigung die selben Besonderheiten aufweist wie die Bereitstellung eines kollektiven Gutes.

Infolgedessen besteht für rational kalkulierende Individuen ohne zusätzliche Anreize kein Grund für ein Engagement in einer nationalistischen Bewegung.

Der Umstand, daß die Nation Züge einer Gemeinschaft besitzt (auch wenn sie, im Sinne Andersons, nur eine vorgestellte ist) kann zwar Auswirkungen auf das Gruppenverhalten der Individuen haben, löst jedoch das Problem des kollektiven Handelns und des Trittbrettfahrens nur unzureichend.[425]

Da die Mitglieder einer Nation nicht alle persönlich interagieren, erscheint eine generelle altruistische Motivation innerhalb der Nation als unwahrscheinlich: Denn der Altruismus nimmt der Tendenz nach mit zunehmender Gruppengröße ab.

Neben dem Trittbrettfahren gibt es auch andere Gründe für die Nichtbeteiligung an nationalistischen Bestrebungen: fehlende Information, äußere Hinderungsgründe oder auch eine Abneigung gegen derartige Bestrebungen.[426]

Um angesichts der Rationalität des Trittbrettfahrens dennoch die Versorgung der ethnisch-nationalen Sekundärgruppe mit dem Kollektivgut Souveränität zu gewährleisten, müssen Anreize geschaffen werden, die individuelle und kollektive Interessen miteinander verbinden.

Auch wenn alle Mitglieder der Nation von der Notwendigkeit und vom Nutzen der nationalen Autonomie und Selbstbestimmung überzeugt sein sollten, wird es unter der Voraussetzung des freien Ein- und Austrittes in die bzw. aus der nationalen Bewegung kaum zu einer Mobilisierung der Massen kommen. Die einzelnen werden gerade ihre Partizipation daran als nicht wesentlich genug erachten, um die damit verbundenen Nachteile und Risiken aufzuwiegen.

Während das Individuum trotz Nichtpartizipation in den Genuß der Vorteile kollektiven Handelns kommen kann, muß es bei Partizipation davon ausgehen, daß deren Kosten höher sein können als ihr Nutzen oder

---

[425] vgl. auch Elwert, G. (1989), S. 21, demzufolge der nationalen Gemeinschaft gerade aufgrund ihrer Imaginiertheit die Sanktionsmittel einer Gemeinschaft fehlen, welche auf persönlicher Bekanntschaft beruht.

[426] Vgl. Klandermans, B./Oegema, D. (1987), S. 529. Vgl. auch Green, D.P./Shapiro, I. (1994), S. 80, wo darauf hingewiesen wird, daß Nichtpartizipation vielfach keine Frage von Drückebergerei ist, sondern ihre Ursache auch in Indifferenz oder Desinteresse seitens des Individuums haben kann.

daß gar die Beschaffung des kollektiven Gutes mißlingt. Dies führt nur zur Entstehung von Kosten ohne gleichzeitigen Nutzen.

Gerade für eine nationalistische Bewegung, deren Erfolg in hohem Maße von einer breiten Unterstützung abhängt und deren Mißerfolg hohe Kosten für die Teilnehmer mit sich bringen kann, stellt sich das Trittbrettfahrerproblem als besonders schwerwiegend dar.

Die Beteiligung an einer nationalistischen Bewegung kann unterschiedliche Formen annehmen.

A. Oberschall unterscheidet verschiedene Ebenen der Partizipation: Die oberste Führung, eine zweite Ebene der Führung, die gewöhnlichen Mitglieder sowie den Rest, der von sympathisierenden Unterstützern über passive Beobachter und Indifferente bis zu aktiven Gegnern der Bewegung reicht.[427]

Aus einer allgemeinen Unzufriedenheit einer ethnischen Gruppe oder Minderheit wird sich aller Voraussicht nach keine soziale Bewegung zur Veränderung der Situation ergeben, sofern sich nicht Führer finden, die aufgrund individuell empfundener Motivation bereit sind, die Kosten und das Risiko der Initiierung einer nationalistischen Bewegung auf sich zu nehmen.[428]

Sie arbeiten auf die Erreichung des angestrebten Zieles hin, indem sie Strategien für die Bewegung bereitstellen müssen und ihre Anhänger von den Erfolgsaussichten der Bewegung überzeugen. Dazu müssen die Führer neben ihrer Kompetenz auch persönliche Opferbereitschaft und ihre Verpflichtung der Sache gegenüber demonstrieren.[429]

Eine solche Verhaltensweise erscheint nur mit einer Theorie rationalen Handelns vereinbar, wenn die Anreize groß genug sind, die während der Bewegung und vor allem nach erfolgreichem Abschluß winken.

---

[427] vgl. Oberschall, A. (1973), S. 146

[428] vgl. zur Unterscheidung von Kosten und Risiko McAdam, D. (1986), S. 67, der beide Begriffe als unterschiedliche analytische Dimensionen betrachtet. Während Kosten die Ausgaben an Geld, Zeit und Energie bezeichnen, die eine Person, die sich an einer Form von Aktivismus beteiligt, aufzubringen hat, verweist Risiko auf die zu erwartenden Gefahren rechtlicher, sozialer, physischer, finanzieller oder anderer Art, welche eine Aktivität mit sich bringt. Als Beispiel führt McAdam die Unterzeichnung eine Petition an, die dem Unterzeichner zwar nur geringe Kosten verursacht, jedoch ein hohes Risiko in sich tragen kann.

[429] vgl. Oberschall, A. (1973), S. 146. Er betont explizit: „Leaders in sum are the architects of organization, ideology, and mobilization for the movement." (s. ebd.)

Führer nationalistischer Bewegungen rekrutieren sich vielfach aus relativ gut ausgebildeten, akkulturierten, aber der herrschenden Schicht entfremdeten lokalen und ethnischen Eliten, die ihre Karrieremöglichkeiten begrenzt sehen, etwa, weil sie die Mehrheitssprache nicht als Muttersprache haben oder sich in anderer Weise wegen ihrer Herkunft diskriminiert fühlen.[430]

Politische Führer sind vielfach mit Unternehmern vergleichbar. Deswegen wird auch vom „Political Entrepreneur" gesprochen. Er kann als risikobereit und mit einem großen Optimismus ausgestattet angesehen werden.[431]

Initiatoren einer oppositionellen Bewegung können allgemein vom Problem des Trittbrettfahrens ausgenommen werden. Für sie stellen die Anreize, welche sie zur Initiierung der Bewegung animieren, private Güter dar, da sie sich von ihrer Aktivität direkte persönliche Vorteile erhoffen können. Außerdem trifft für sie die Vorstellung nicht zu, daß ihr eigener Beitrag für die Beschaffung des Kollektivgutes nicht signifikant sei. Sie werden am meisten von einem Erfolg profitieren. Zudem besitzen ihre Taten entscheidende Bedeutung für Erfolg oder Mißerfolg der Bewegung.

---

430 vgl. z.B. Smith, A.D. (1981), S. 126, Björklund, U. (1987), S. 24 oder Hooghe, L. (1992), S. 30. Es ist jedoch nicht ausgemacht, daß die Elite einer Nation innerhalb eines Vielvölkerstaates geschlossen hinter der Forderung nach staatlicher Souveränität steht. Vor allem denjenigen Mitgliedern, die sich weitgehend assimiliert haben, reicht symbolischer Nationalismus aus. Wenn diese Assimilation auch in sprachlicher Hinsicht über Generationen stattgefunden hat, sind sie oft nicht mehr in der Lage, die Sprache der Vorfahren zu sprechen. Für sie stellt die Verwirklichung nationaler Souveränität und die Wiedereinführung einer eigenen Nationalsprache eine Bedrohung ihrer erreichten Stellung dar, so daß es zu Spannungen kommen kann, welche Bestrebungen zur Erreichung eines eigenen Nationalstaates behindern oder gar zum Erliegen bringen können. (vgl. dazu Laitin, D.D. (1991), S. 145 und Laitin, D.D. (1988), S. 296) Ein ähnlich gelagertes Problem ergibt sich in kolonialen Staaten, wenn sich zwei einheimische Eliten gegenüberstehen, von denen die eine durch gute Kenntnisse der Sprache des Kolonialherren zu Positionen in der Bürokratie gelangt ist, die andere sich auf dem privaten Sektor betätigt. Im Zuge der Bemühungen um mehr Macht steht zu erwarten, daß letztere die Unterstützung der Menschen mit Hilfe des Argumentes suchen wird, der Staat sei ein Gebilde von fremder Hand. Demgegenüber müssen aufgrund der Etablierung eines kulturellen Nationalismus die einheimischen Mitglieder der Bürokratie um ihre Positionen fürchten, da sie durch eine Veränderung der Amtssprache ihren Wettbewerbsvorteil verlieren würden.

431 vgl. Mueller, D.C. (1989), S. 175, der auch eine formale Begründung für diese Vermutung liefert. Andererseits sind die Konsequenzen für die Führer einer nationalistischen Bewegung, speziell wenn sie gewalttätige Züge annehmen sollte, im Falle eines Mißerfolges deutlich größer als für die Anhängerschaft. Auch aus diesem Grund wird die Führungsebene beinahe alles für den Erfolg ihres Unternehmens tun. Dabei ist grundsätzlich eine Konstellation denkbar, in welcher der politische Unternehmer sich bemüht, ein Kollektivgut bereitzustellen, ohne selbst an dieser Bereitstellung ein eigenes Interesse zu haben, er ist vielmehr an den Beiträgen der Individuen zur Erreichung des Kollektivgutes interessiert.

Den Initiatoren einer nationalen Bewegung obliegt es also, die geeigneten Vorkehrungen zu treffen, um möglichst viele Individuen zur Partizipation zu bewegen. Dies kann auf verschiedene Arten geschehen, die im Zusammenhang mit den verschiedenen Entwicklungsstadien gesehen werden können.

Zu Beginn einer nationalen Bewegung handelt es sich vielfach um einen kleinen, gut miteinander bekannten Kreis von Aktivisten, die sich gegenseitig gut kontrollieren können und klar die Notwendigkeit gemeinsamen Handelns vor Augen haben.

Will eine solche Gruppe jedoch ihr Ziel, der Nation zu einem eigenen Staat zu verhelfen, realisieren, so muß sie eine breite Anhängerschaft hinter sich bringen und von ihren Zielen überzeugen, damit sie den notwendigen Rückhalt und die nötige Macht bekommt, um ihren Forderungen Gehör zu verschaffen und sie nötigenfalls auch unter der Ausübung von Druck oder Gewalt durchzusetzen.

Im Frühstadium nationalen Erwachens bildet sich, in der Terminologie des Rational Choice-Ansatzes beschrieben, eine Vereinigung zur Herstellung privater Güter, in erster Linie zur Unterhaltung und gegenseitigen Anerkennung, welche zum einen eine gewachsene Gruppenzusammengehörigkeit schafft, zum anderen die Ressourcen zusammenbringt, eine größere Organisation zu gründen. Leistungen auf Gegenseitigkeit sind hilfreich, es entsteht eine zumindest rudimentäre Organisations- und Autoritätsstruktur.[432]

In einer solchen frühen Phase der Rekrutierung von Anhängern ist noch nicht mit Trittbrettfahren zu rechnen, da es sich um eine Kleingruppe handelt, die vorwiegend private Güter produziert, und in der abweichendes Handeln schnell und einfach zu identifizieren wäre. Weiterhin bildet sich am ehesten ein Klima der Kooperation in einer Situation, in der für den einzelnen deutlich erkennbar ist, daß sein Verhalten Auswirkungen aus das Verhalten der anderen hat, und in der es zu wiederholter Interaktion mit gleichbleibenden Partnern kommt.[433]

---

[432] vgl. Esser, H. (1988), S. 243

[433] vgl. zur Evolution der Kooperation Axelrod, A. (1987). Vgl. auch Stroebe, W./Frey, B.S. (1982), S. 135, die darauf hinweisen, daß je kleiner die Gruppe ist, desto größer ist der Anteil des einzelnen an der Beschaffung des kollektiven Gutes. In kleinen Gruppen gelten zudem vielfach Fairneß-Normen, die Trittbrettfahren sowohl mit Sanktionen belegen, als auch von den Individuen soweit verinnerlicht sind, daß unfaires Verhalten gegenüber der Gruppe in Schuldgefühlen resultiert.

Hinzuweisen ist jedoch auf ein grundsätzliches Problem kollektiven Handelns, das als Startproblem bezeichnet werden kann.[434]

Betrachtet man kollektive Güter analog zu privaten Gütern, sind sie durch eine Produktionsfunktion dritter Ordnung charakterisiert. Das bedeutet, daß die Produktionsfunktion zunächst progressiv, später linear und in einer dritten Phase degressiv steigt. In der Phase steigender Grenzerträge ergibt sich zunächst nicht das Problem des Trittbrettfahrens. Es erscheint vielmehr problematisch, daß niemand einen Vorteil durch seinen Beitrag erkennen kann, da es zunächst gilt, die Anfangskosten zu kompensieren. Dadurch sind die Erträge für die Initiatoren des kollektiven Handelns minimal. Sofern also nicht eine bestimmte „kritische Anzahl" hochmotivierter Individuen bereit ist, diese Kosten aufzufangen, wird kollektives Handeln nicht zustande kommen.[435]

Dieses Startproblem ist bei nationalistischen Bewegungen genauso vorhanden wie bei jeder anderen Institution kollektiven Handelns. Finden sich nicht genügend engagierte Akteure, die bereit sind, sich ohne konkrete Aussicht auf Erfolg dem Aufbau der nationalen Sache zu verschreiben, wird es zu keiner Organisation in irgendeiner Hinsicht kommen.[436]

Im zweiten Stadium, in dem die Produktionsfunktion linear steigt, ist der Grenzertrag für alle Beitragsleistenden gleich. Das bedeutet, daß das kollektive Handeln hier einen ganz oder gar nicht-Charakter besitzt. Es ist entweder für alle rational, sich zu beteiligen oder für niemanden, so daß kein Teil der Akteure auf Kosten der anderen Trittbrett fahren kann. Somit entsteht dieses Problem nicht. Eine solche Situation ist jedoch nicht sehr häufig bei kollektivem Handeln vorzufinden.[437]

Im dritten Stadium, einem degressivem Steigen der Produktionsfunktion, beteiligen sich auch die weniger Interessierten. Sie investieren weiter bis zum Optimumpunkt der Funktion, an dem Grenznutzen und Grenzertrag gleich sind. Bis zu diesem Punkt ist der

---

[434] vgl. Heckathorn, D.D. (1996), S. 251, der in diesem Zusammenhang von einem „start-up dilemma" spricht.

[435] vgl. Oliver, P./Marwell, G./Teixeira, R. (1985), S. 523. Der Gedanke der kritischen Masse (critical mass), beruht auf der Überlegung, daß eine bestimmte Schwelle an Teilnehmern oder an Handlungen überschritten werden muß, um eine soziale Bewegung zum Leben zu erwecken.

[436] vgl. dazu auch Olson, M. (1991), S. 48 ff., der äußert, daß dieses Problem auch solche Gruppen betrifft, die prinzipiell in der Lage wären, selektive Anreize zu bilden. Es kann daher vielfach zu beträchtlichen Schwierigkeiten und Verzögerungen kommen.

[437] vgl. Oliver, P./Marwell, G./Teixeira, R. (1985), S. 533 f.

Nutzen jeder weiteren investierten Einheit größer als die Kosten, die für dessen Produktion entstehen.[438]

Auch im Fall der nationalistischen Bewegung ist von der Existenz eines Phänomens auszugehen, welches bereits Olson beschreibt, der Ausbeutung der Großen durch die Kleinen.[439]

Dies bedeutet, daß bei einer Heterogenität der Interessen an der Beschaffung des kollektiven Gutes diejenigen, die ein größeres Interesse an seiner Beschaffung haben als andere, auch diejenigen sein werden, die den größten Teil der Kosten der Beschaffung auf sich nehmen werden. Demgegenüber profitieren die weniger Interessierten von den Anstrengungen der anderen, da sie ebenfalls in den Genuß des Kollektivgutes kommen.[440]

Ein wichtiger Beitrag zur Initiierung nationalistischer Bestrebungen kann die Unterstützung von außen sein, sowohl materiell als auch ideologisch. Eine solche Unterstützung erfolgt vielfach durch eine im Exil lebende Elite, welche sich die Wiedererstehung der Nation zum Ziel gesetzt hat und darauf zielende Bestrebungen mit den entsprechenden Mitteln alimentiert. Eine solche Elite kann durch ihren Einsatz und ihre hohe Motivation sowie die Bereitschaft, die Initiierungskosten des sozialen Handelns zu tragen, entscheidend dazu beitragen, das Startproblem zu lösen.[441]

---

438 vgl. ebd., S. 547. Dieser Umstand läßt sich wiederum mit dem „bandwagon effect" kennzeichnen. Aufgrund der begrenzten Verfügbarkeit von Informationen ist allerdings zu erwarten, daß die Individuen nicht in der Lage sein werden, den Optimumpunkt, ebenso wie die Übergänge zwischen den einzelnen Phasen, exakt abzuschätzen. Nach dem Erreichen des Optimums fallen die Grenzerträge, so daß eine Beteiligung für alle irrational ist.

439 vgl. Olson, M. (1968), S. 27 f.

440 Auch Ressourcenheterogenität beeinflußt die Struktur des kollektiven Handelns. Die Akteure mit den geringsten Ressourcen haben das größte Interesse daran, daß diejenigen mit den meisten Ressourcen ihren Beitrag leisten. Kontrolle wird daher am ehesten von den ärmsten initiiert. Heterogenität kann jedoch eine prinzipiell solidarische Gruppe atomisieren. Hoch solidarische Gruppen sichern daher die Verpflichtung gegenüber der Gruppe auch durch spezielle Maßnahmen, welche die Heterogenität senken. (vgl. Heckathorn, D.D. (1993), S. 347)

441 Eine solche Elite scheint genau das darzustellen, was Oliver und Marwell als wichtig für die Mobilisierung der Massen erachten: „What seems to be critical is the presence of *a minority of the aggrieved population* who are well educated or especially politically conscious, who have high discretionary time, or who are economically independent of the oppressors." (s. Oliver, P.E./Marwell, G. (1988), S. 7) Ob eine solche Elite innerhalb oder außerhalb des Territoriums der Nation lebt, ist dabei unerheblich. Die Interessenstruktur, die eine solche Elite motiviert, kann auf zwei Aspekten beruhen. Einerseits kann die Hoffnung vorherrschen, nach dem Erreichen nationaler Souveränität führende Positionen innerhalb des neuen Staates bekleiden zu können, andererseits scheint in einem solchen Fall zu greifen, was Opp als Katharsis- und Unterhaltungswert politischer Handlungen beschreibt, speziell,

Beistand kann eine nationalistische Bewegung aber auch durch einen äußeren Staat erhalten, der sich entweder der Nation verbunden fühlt, oder auch nur einen Konkurrenten um eine regionale Hegemonie schwächen will oder durch die Unterstützung einer separatistischen Strömung in einem Nachbarstaat von den eigenen innenpolitischen Problemen ablenken will.

Mit dem Wachstum der Bewegung stellt sich allerdings in zunehmendem Maße Olsons Problem des kollektiven Handelns. Die Individuen sind zwar grundsätzlich an der Bereitstellung des kollektiven Gutes interessiert, der einzelne betrachtet jedoch den eigenen Beitrag als nicht relevant für den Erfolg. Gleichzeitig schätzt er sowohl die Anzahl der Partizipierenden als auch die Wahrscheinlichkeit für einen Erfolg so hoch ein, daß er annimmt, daß das kollektive Gut auch ohne seine Beteiligung bereitgestellt werden wird. Während im Falle eines erwarteten Mißerfolgs ohnehin keine Motivation zur Partizipation zu erwarten ist, erscheint es für das Individuum reizvoll, von den Anstrengungen der anderen zu profitieren, die auch ohne sein Zutun mit einer gleich hohen Wahrscheinlichkeit das angestrebte Ziel erreichen werden.[442]

Den Organisatoren einer nationalistischen Bewegung stellen sich zwei grundlegende Probleme, die es zu lösen gilt: Sympathisanten müssen zu Aktivisten umgewandelt werden, und die Beteiligung muß hoch bleiben bzw. steigen, Erosion muß vermieden werden.

Bei einer Nichtumwandlung wandeln Individuen, die zur Teilnahme bereit sind, ihre Bereitschaft nicht in tatsächliche Partizipation um. Erosion bezeichnet die Nichtpartizipation von Individuen, welche, obwohl sie schon einmal bereit waren zu partizipieren, ihre Meinung geändert und die

---

weil das Risiko für die Mitglieder einer solchen Exilantengruppe als gering einzuschätzen ist, da sie sich der Sanktionierung durch den Zentralstaat entzieht. (vgl. Opp, K.-D. (1989a), S. 89) Vgl. zudem Snow, D.A./Zurcher, L.A., Ekland-Olson, S. (1980), S. 793 die bemerken, daß einige Individuen mehr für die Bewegung aktiv sein werden als andere, weil sie genügend Zeit haben und nur minimalen Risiken oder Sanktionen ausgesetzt sind. Zum Unterhaltungswert politischer Partizipation vgl. auch die Ausführungen bei Tullock, G. (1971), S. 89 ff., der ein Unterhaltungsmotiv zur Erklärung der Teilnahme an Protestveranstaltungen einführt. Während diese bei friedlichen Demonstrationen oder anderen Veranstaltungen vor dem Hintergrund einer demokratisch legitimierten Versammlungs- und Meinungsfreiheit schlüssig erscheint, kann es für die Beteiligung an gewalttätigen, mit hohem Risiko behafteten Aktionen kaum als akzeptabel erscheinen.

[442] vgl. Finkel, S.E./Muller, E.N./Opp, K.-D. (1989), S. 887. Vgl. auch Klandermans, B. (1997), S. 76, der drei Kriterien identifiziert, damit Nichtpartizipation als Trittbrettfahren betrachtet werden kann: Effektivität des kollektiven Handelns, ausreichende Anzahl an Teilnehmern. Außerdem darf die Nichtpartizipation eines Individuums die Effektivität des kollektiven Handelns nicht gefährden.

Bereitschaft zu handeln verloren haben. Die Ursache für Nichtumwandlung kann entweder die Nichterreichung von Individuen bei Mobilisierungsversuchen sein, und/oder diese sehen das Kosten-Nutzen-Verhältnis einer Partizipation als nicht zufriedenstellend an. Erosion entsteht, wenn die Individuen die Relation von Kosten und Nutzen im Laufe der Zeit als immer weniger vorteilhaft befinden und/oder ihre Unzufriedenheit sie nicht länger antreibt und/oder ihre Sympathie für die Bewegung schwindet.[443]

Bevor Trittbrettfahrer entstehen, muß man überhaupt das Interesse eines möglichst großen Teils der Bevölkerung für die Beschaffung des öffentlichen Gutes der nationalen Souveränität wecken und für nationale Fragen sensibilisieren.

Dies scheint am ehesten möglich durch die Herstellung der Verbindung von ökonomischer oder sozialer Unzufriedenheit mit dem Fehlen der Eigenständigkeit der Nation. Es wird dann vornehmlich die Benachteiligung der Nation bzw. ihrer Mitglieder als öffentliches Ungut dargestellt, das es zu beseitigen gilt.[444]

Da viele Menschen eher durch drohende Verluste als durch lockende Gewinne zum Handeln zu mobilisieren sind, betonen die Führer der Bewegung besonders auch die „Gefahr von außen". Politische Vorteile, welche die Mitgliedschaft in einer Gruppe verschafft, werden erst dann bedeutsam, wenn sie als solche in das Bewußtsein der Menschen gelangen; sie entfalten nur dann motivationale Kraft, wenn sie mit den jeweiligen Bedürfnissen der Menschen korrespondieren. Dies ist insbesondere dann der Fall, wenn eine konkrete Bedrohung vorliegt, gegen die man sich durch Teilnahme am Gruppenhandeln schützen kann.[445]

---

[443] vgl. Oegema, D./Klandermans, B. (1994), S. 704 ff.

[444] vgl. Seton-Watson, H. (1977), S. 10, der eine Mobilisierung der Massen aufgrund von ökonomischer und sozialer Unzufriedenheit als möglich ansieht; ohne Unzufriedenheit entstehe keine Bewegung. Aber ohne die Steuerung durch nationalistische Eliten sei die ganze Bewegung nicht nationalistisch. Vgl. auch Bélanger, S./Pinard, M. (1991), S. 448, die das Gefühl eines unfairen Wettbewerbs als eine wichtige Komponente bei der Entstehung eines Nationalismus aufgrund von Wettbewerb um Ressourcen ansehen. Eine solche Betonung von Übel erscheint auch unter der Berücksichtigung vorteilhaft, daß durch Framing eine Wahrnehmungsverzerrung existiert, durch die Menschen einen Verlust stärker bewerten als einen Gewinn in gleicher Höhe. (vgl. dazu neben den in ersten Teil bereits angegebenen Quellen auch die Zusammenfassung bei Fleishman, J.A. (1988), S. 164 f.)

[445] vgl. Hansen, J.M. (1985), S. 81. Vgl. auch Eriksen, T.H. (1992), S. 317, der betont, daß ebenso wie der Wert von Luft nur dann evident erscheint, wenn diese verschmutzt ist, die Bedeutung einer Kultur oder sprachlichen Gemeinschaft anzugehören, erst dann ein Thema für Reflexion und politische Handlung wird, wenn sich die Gemeinschaft von Auslöschung bedroht sieht. Vgl. ferner Waldmann, P. (1985), S. 216, der speziell den baskischen Natio-

Die Bereitstellung privater Güter für einen größeren Personenkreis kann eine spätere Mobilisierung erleichtern. Wenn eine dafür gegründete Organisation den Mitgliedern einer ethnischen Gemeinschaft Vorteile verschaffen kann, die ausschließlich über diese Organisation zu erreichen sind, ist es möglich, eine Abhängigkeit von der Organisation zu schaffen. Je größer diese Abhängigkeit ist, desto eher werden die Individuen bereit sein, sich in späterem kollektiven Handeln zu engagieren.[446]

Neben der Hoffnung auf einen besseren Arbeitsplatz, auf mehr Einfluß oder finanzielle Zuwendungen seitens der Organisation, kann indirekter Nutzen erwachsen, wenn sich die politischen Verhältnisse im Staat ändern.

Je mehr herausgehobene politische Positionen die Angehörigen derselben ethnischen oder nationalen Gruppe im Staat einnehmen, desto mehr Einfluß kann sich das Individuum versprechen. Ebenso kann es davon ausgehen, daß mehr Entscheidungen in seinem Sinne getroffen werden, so daß auch seine Interessen besser befriedigt werden.[447]

Dabei ist die Eigenstaatlichkeit natürlich der am meisten anzustrebende Fall. Aber auch schon durch eine signifikante Präsenz in demokratischen Institutionen wie Parlamenten, Gremien o.ä., können die Interessen einer bestimmten ethnischen bzw. nationalen Gruppe mit Erfolg vertreten werden.

Elementare Bedeutung für die Mobilisierung der Individuen besitzt die Erfolgswahrscheinlichkeit der Erreichung angestrebter Ziele.

Je größer die Wahrscheinlichkeit eines Erfolges, desto größer ist natürlich auch die Wahrscheinlichkeit, in den Genuß präferierter Güter zu kommen, die dieser Erfolg verfügbar machen würde. Analog sinkt die Wahrscheinlichkeit, Nachteile durch die Partizipation zu realisieren, die im Falle eines Mißerfolges auf die Beteiligten zukommen könnten.[448]

---

nalismus als Defensivreaktion auf militärische Niederlagen, Verlust von Privilegien sowie eine Bedrohung durch Urbanisierung und Zuwanderung ansieht.

[446] vgl. Hechter, M./Friedman, D./Appelbaum, M. (1982), S. 423. Beispiele für solche Vorteile sind religiöse Dienste oder wirtschaftliche Hilfeleistungen durch die ethnische Gruppe.

[447] vgl. ebd., wo auch darauf hingewiesen wird, daß die Wahl von Vertretern einer nationalistischen Partei in das Parlament des jeweiligen Staates die Kontrolle über zusätzliche Ressourcen bedeutet, die wiederum zur Belohnung der loyalen Parteiarbeiter benutzt werden können. Herausragendes Beispiel für eine solche Konstellation sei der Erfolg der Parti Québecois.

[448] Dabei können zwei unterschiedliche Wahrscheinlichkeiten unterschieden werden, die für die Überlegungen der Individuen eine Rolle spielen. Einerseits ist dies die Wahrscheinlichkeit, mit welcher der angestrebte Zustand erreicht wird, andererseits die Wahrscheinlichkeit,

Eine Verbesserung dieses Verhältnisses von Kosten und Nutzen der Partizipation führt zu einer erleichterten Rekrutierung von Akteuren, was wiederum zu einer höheren Erfolgsaussicht führt. Setzt sich dieser Prozeß fort, kann es zu einem „bandwagon effect" kommen.[449]

Als weiterer Aspekt innerhalb der Problematik kollektiven Handelns ist zu beachten, daß die Individuen zwar bereit sein können, ihren Beitrag zu leisten, jedoch sicher gehen wollen, daß ihr Beitrag nicht verschwendet wird und so warten werden, bis sie der Überzeugung sind, daß das von ihnen präferierte Gut tatsächlich beschafft wird.[450]

Auch in dieser Hinsicht ist die Position der Führer der Bewegung besonders exponiert. Das Vertrauen der Mitglieder in ihre Effizienz, Ehrlichkeit und Hingabe an die gemeinsame Sache stellt einen wichtigen Faktor für die Einschätzung dar, daß die Ressourcen der Individuen der ihnen zugedachten Bestimmung zugeführt werden und es tatsächlich zur Beschaffung des kollektiven Gutes kommt.[451]

Menschen wissen zum Zeitpunkt ihrer Entscheidung über eine Teilnahme in den meisten Fällen nicht, ob die anderen partizipieren. Sie müssen ihre Entscheidung daher auf der Basis von Erwartungen treffen. Je besser die

---

daß dieser neue Status quo auch eine lebensfähige Alternative darstellt. (vgl. Meadwell, H. (1989), S. 146)

[449] vgl. z.B. Kuran, T. (1991), S. 16 ff., ebenso die grundlegenden Ausführungen zu Schwelleneffekten bei kollektivem Handeln bei Granovetter, M. (1978), S. 1422 ff. und bei Schelling, T. (1978), S. 91 ff.. Als grundsätzliches Problem solcher Modelle müssen jedoch die sehr hohen Anforderungen an den Informationsstand der Individuen angesehen werden. Zu einem solchen Phänomen kann es aber auch durch die Existenz sog. Informationskaskaden kommen, die entstehen, wenn es für das Individuum optimal erscheint, den beobachteten Handlungen anderer zu folgen, ohne seine eigenen Informationen zu berücksichtigen. Solche Formen des einheitlichen kollektiven Verhaltens sind jedoch als instabil anzusehen, da neue Informationen solche Kaskaden leicht zum Einsturz bringen können. Vgl. dazu Bikchandani, S./ Hirshleifer, D./Welch, I. (1992), S. 994 ff.. Vgl. aber auch Mitra, S.K. (1995), S. 70, der die Ansicht vertritt, daß Subnationalismus einen kritischen Punkt erreicht, wenn die Bewegung genügend Unterstützung erfährt, um realistisch über Macht oder Machtbeteiligung innerhalb der Struktur des existierenden Staates reden zu können. An diesem Punkt ist sie auch interessant für diejenigen, die ihr Verhalten analog zu einem Portfolio organisieren.

[450] vgl. Gould, R.V. (1993), S. 184. Vgl. auch Macy, M.W. (1991), S. 730, der anmerkt, daß das grundlegende Problem kollektiven Handelns nicht das Trittbrettfahren, sondern die Frage nach seiner Effektivität sei.

[451] vgl. auch Popkin, S. (1988), S. 16, der darauf hinweist, daß politische Unternehmer das Gefühl von Glaubwürdigkeit erwecken müssen. Ebenso müssen sie vermitteln, daß ihre Ziele erreichbar sind und eine spürbare Verbesserung der Lage bringen.

einzelnen Erwartungen sind, desto eher wird sich das Individuum für eine Teilnahme entscheiden.[452]

Trittbrettfahrer stehen, wie beschrieben, dem kollektiven Gut zwar grundsätzlich positiv gegenüber, sehen jedoch ihre Partizipation für dessen Beschaffung als nicht notwendig an. Sie werden somit nicht auf das kollektive Motiv reagieren, sondern sind nur durch Ansprache des sozialen und/oder Belohnungsmotivs zu mobilisieren. Um Trittbrettfahren zu vermeiden müssen die Vorteile der Partizipation und die Kosten der Nichtpartizipation möglichst hoch sein, während die Kosten der Partizipation ebenso wie die Vorteile der Nichtpartizipation möglichst gering gehalten werden.[453]

Der bereits von Olson vorgeschlagene Ausweg aus diesem Problem liegt im systematischen Einsatz selektiver Anreize materieller Art.[454]

Aufgrund neuerer Erkenntnisse und dem Abrücken vom strikten Menschenbild des homo oeconomicus geraten auch immaterielle soziale Anreize ins Blickfeld, die zu erfolgreichem kollektivem Handeln beitragen können. Soziale Anreize sind besonders deshalb von Bedeutung, weil die materiellen Möglichkeiten einer sich neu formierenden nationalistischen Gruppe beschränkt sein dürften.[455]

---

[452] vgl. Klandermans, B. (1984), S. 585. Es kann aber ein zunächst nicht- oder irrationales Engagement aufgrund einer emotionalen Aufwallung im weiteren Verlauf auf der Basis rationaler Überlegungen aufrechterhalten werden. Dies ist vor allem dann der Fall, wenn es gilt, eingegangene Verpflichtungen einzuhalten, um innerhalb des sozialen Umfeldes glaubwürdig und akzeptiert zu bleiben.

[453] vgl. ebd., S. 588 und Klandermans, B./Oegema, D. (1987), S. 520. Vgl. auch Oberschall, A. (1973), S. 163, der als schnellsten Weg, hohe Raten der Mobilisierung zu erreichen, die Erhöhung der Vorteile bei gleichzeitiger Verringerung des Risikos vorschlägt.

[454] Es ist allerdings darauf zu verweisen, daß die Theorie der selektiven Anreize Olsons eine vertikale Theorie darstellt. Sie ignoriert die Interaktion von Menschen untereinander. Nicht immer sind ausgefeilte Anreizsysteme nötig, es kann auch zu Situationen mit geringem Bedarf an Anreizen kommen, wie Boykotten oder Demonstrationen. Sie bilden die Basis für die Schaffung von Ressourcen, die notwendig für nachhaltigere Aktionen sind. (vgl. Popkin, S. (1988), S. 17)

[455] vgl. in diesem Zusammenhang z.B. Knoke, D. (1988), S. 313, der unterstreicht, daß es eine breite Palette an Motiven gibt, die Mitglieder einer Organisation kollektiven Handelns zur Leistung eines Beitrags veranlassen können. Eine Reduzierung dieser Komplexität menschlicher Präferenzen auf eine einfache utilitaristische Kosten-Nutzen-Kalkulation verzerre die Realität und vernachlässige die Fähigkeit von Organisationen, ihre Anreize auf die Verschiedenheit der Interessen ihrer Mitglieder auszurichten. Zur Kritik an der utilitaristischen Ausrichtung des Olsonschen Ansatzes vgl. auch Fireman, B./Gamson, W.A. (1979) ebenso wie Green, D.P./ Shapiro, I. (1994).

Ein grundsätzliches Problem stellt sich jedoch dadurch, daß die Schaffung selektiver Anreize oder eines Kontrollapparates selbst eine Form kollektiven Handelns und der Bereitstellung eines öffentlichen Gutes darstellt, es handelt sich wiederum um ein Dilemma zweiter Ordnung.[456]

Aus dem zweifachen Entscheidungsproblem des kollektiven Handelns, Kooperation oder Defektion, wird ein dadurch ein vierfaches. Der Akteur kann sich entscheiden zwischen: 1. voller Kooperation, Kooperation bei der Beschaffung des öffentlichen Gutes und des Sanktionssystems; 2. heuchlerischer Kooperation, Defektion auf der Ebene des öffentlichen Gutes, bei gleichzeitigem Drängen der anderen, sich an dessen Beschaffung zu beteiligen; 3. privater Kooperation, Kooperation auf der ersten Ebene und Defektion auf der zweiten; 4. voller Defektion auf beiden Ebenen.[457]

Die Lösung dieses Dilemmas zweiter Ordnung erfordert die Einführung von Metanormen, welche die Partizipation an der Durchsetzung des Sanktionssystems sichern sollen. Eine entscheidende Bedingung für das Setzen und Stabilhalten einer Norm ist der Wille der Kooperierenden zur Bestrafung derjenigen, die Defektion erkennen und nicht bestrafen. Dieser muß ebenso vorhanden sein, wie der Wille zur Bestrafung der Defektierenden selbst. Ein System von Metanormen verursacht aber wiederum die Entstehung eines Dilemmas dritter Ordnung, was erneut die Notwendigkeit weiterer Metanormen nach sich zieht, also einen infiniten Regreß.[458]

Vor allem die Etablierung eines Kontrollapparates zur Durchsetzung eines Partizipationszwanges scheitert oft an den fehlenden Ressourcen einer neu entstehenden nationalistischen Bewegung. Auch wenn eine solche bereits ein Gebiet kontrolliert, muß sie in diesem einen flächendeckenden Druck ausüben können. Ist aber Zwang der einzige selektive Anreiz, läßt es sich nicht erklären, wie es überhaupt zu einer Entstehung und zum Anwachsen der Bewegung gekommen sein kann.[459]

Im Fall weniger oder fehlender selektiver Anreize bedarf es der Substitute, um kollektives Handeln zu ermöglichen. Die Ideologie tritt auf den Plan.

---

456 vgl. z.B. Oliver, P.A. (1980), S. 1361, Heckathorn, D.D. (1988), S. 543 oder Yamagishi, T. (1988), S. 32

457 vgl. Heckathorn, D.D. (1989), S. 80. Durch eine solche Entscheidung bestimmt der Akteur gleichzeitig sein Risiko selbst, von Sanktionen getroffen zu werden, welches bei vollständiger Kooperation am geringsten, bei vollständiger Defektion am höchsten ist.

458 vgl. Axelrod, R. (1986), S. 1102

459 vgl. Muller, E.N./Opp, K.-D. (1986), S. 472

Sie liefert Glaubenssätze, welche der Bewegung eine über das Eigeninteresse der Partizipation hinausgehende Bedeutung verleihen. Wichtig ist vor allem die Suggestion, daß die Bewegung kurz vor dem Ziel steht und es nur noch einer kurzen, wenn auch großen, Anstrengung bedarf, um aufsehenerregenden Erfolg zu realisieren. Ideologien sind zur Initiierung von Revolten und ähnlichem notwendig, werden jedoch überflüssig sobald ein Zwangsapparat etabliert ist.[460]

Aber auch das Leisten von Überzeugungsarbeit kann kollektives Handeln ermöglichen. Was sinnlos erscheint, wenn wenige handeln, kann sinnvoll erscheinen, wenn viele handeln. Dann verschiebt sich die spieltheoretische Situation von einem Gefangenendilemma zu einem Koordinationsproblem, in welchem die Interessen der Beteiligten harmonieren und es zur Übereinstimmung von individueller und kollektiver Rationalität lediglich der Koordination der Handlungen bedarf. Eine solche Verschiebung kann auf zwei Arten vor sich gehen. Zunächst kann die Anzahl derer, die im Gruppeninteresse kooperieren, groß genug werden, daß die Wahrscheinlichkeit der Bestrafung und Unterdrückung für die einzelnen Koordinatoren schwindet. Weiterhin kann eine Interaktion kippen, wenn diejenigen, die kooperieren, in der Lage sind, diejenigen zu bestrafen, die nicht kooperieren, indem sie ihnen Schaden zufügen. Dies trifft speziell dann zu, wenn eine Norm mit dazugehöriger Sanktion etabliert ist.[461]

Es erscheint mehr als fraglich, ob das Ziel der nationalen Souveränität, welches der Mehrzahl der Mitglieder einer Nation abstrakt und wenig konkret erscheinen muß und das in seinen Auswirkungen kaum überschaubar ist, ausreicht, um eine Handlungsmotivation in einer nationalistischen Bewegung zu schaffen.

Dies bedeutet, daß es für die Initiatoren der nationalistischen Bewegung darauf ankommt, die entsprechenden Mechanismen zu bedienen, um eine möglichst große Zahl von Unterstützern für ihr Ziel zu gewinnen.

Ein erfolgreicher politischer Unternehmer muß die Menschen überzeugen, daß sie ihre Ressourcen nicht besser anlegen können, als in der Korporation, die er vertritt.[462]

---

460 vgl. Barry, B.M. (1975), S. 48, der auf Erkenntnisse Lerners verweist.

461 vgl. Hardin, R. (1995), S. 20. Es kommen erst pro- bzw. präskriptive Normen zum Tragen, gefolgt von Koordinationsnormen.

462 Die Wichtigkeit funktionierender Mobilisierungsmechanismen ist auch daran erkennbar, daß die breite Bevölkerung an der Verteilung von Stellen durch die Souveränität eines Staates gar nicht oder nur in sehr geringem Ausmaß profitieren wird, ebenso wie ihre ökonomi-

Weiterhin sollte er das große Ziel in viele kleine Teilschritte aufspalten, die kritische Schwellen besitzen, die es zu überschreiten gilt. Wenn ein übergeordnetes Ziel in viele kleinere, voneinander unabhängige Teile aufgespalten werden kann, die alle zur Erreichung des Gesamtzieles erforderlich sind, kann das Trittbrettfahrerproblem überwunden werden. Jeder Akteur besitzt das Monopol für einen notwendigen Faktor des endgültigen Zieles. Alle Beiträge sind notwendig und werden auch als notwendig erkannt.[463]

Generell ist davon auszugehen, daß kollektives Handeln, auch und gerade unter den speziellen Begebenheiten einer wiederholten Interaktion zwischen den Mitgliedern einer ethnischen Gruppe, welche zudem in einer relativen gefestigten sozialen Struktur leben, einfacher vonstatten geht als in einer kurzfristig neu formierten Gruppe. Dies bedeutet auch, daß soziale Anreize eine weit stärkere Bedeutung besitzen, als von Olson angenommen, allein schon aus dem Grund, daß soziale Anerkennung innerhalb der Gruppe in stabilen und vielfach geschlossenen Netzwerken eine weitaus höhere Bedeutung besitzt, als in anonymen, individualisierten Gesellschaftsstrukturen.[464]

---

schen Situation sich nur unwesentlich ändern dürfte. In diesem Bereich ist ein weitgehendes Desinteresse gegenüber nationalistischen Ideen zu vermuten, solange diese nicht Formen annehmen, welche unmittelbare Auswirkungen auf die Lebensverhältnisse besitzen. Insbesondere ein Profitieren von der Schaffung oder Umverteilung von Arbeitsplätzen innerhalb der Bürokratie gilt für die unteren Schichten nicht, so daß sich hier die Notwendigkeit anderer Anreize oder Mittel der Mobilisierung ergibt. Auch hier ist der Nationalismus als Ideologie gefordert, die sich sprachlicher und religiöser Symbole bedient, durch gemeinsame Rituale verstärkt wird und dadurch eine Allianz zwischen den verschiedenen Schichten schaffen kann. (vgl. dazu auch Laitin, D.D. (1991), S. 145)

[463] vgl. Popkin, S. (1988), S. 21. Dabei macht es keinen Unterschied, ob die einzelnen Beiträge tatsächlich notwendig sind oder den Beteiligten nur erscheinen. Entscheidend ist die subjektive Wahrnehmung.
Ferner kann es in einer Art des stochastischen Lernens bei einer Bestätigung individuellen Handelns durch Gruppeneffizienz und Erfolg zur Annahme von Partizipationsnormen in bestimmte Gruppen kommen. Der Grad der Verhaltensbeeinflussung durch solches Lernen wird jedoch determiniert durch die Existenz eines exakten und unmittelbaren Feedbacks. Je länger die Zeitspanne zwischen Beitrag und Ergebnis ist, desto besser müssen die Ergebnisse sein, um eine Verhaltensänderung herbeizuführen. Desto geringer ist die Wahrscheinlichkeit einer koordinierten Folge von Antworten. Dies bedeutet nichts anderes, als daß kollektives Handeln wahrscheinlicher wird, wenn die Mobilisierung schnell Ergebnisse erzeugt. (vgl. hierzu Macy, M.W. (1990), S. 810 ff. und Macy, M.W. (1991), S. 732. An gleicher Stelle wird jedoch auch auf die Schwächen einer solchen Theorie hingewiesen.)

[464] Grundsätzlich muß jedoch Erwähnung finden, daß soziale Anreize nur dann überhaupt als Anreize in Frage kommen, wenn sie von den Menschen positiv oder negativ bewertet werden. Ist es den betreffenden Personen egal, was die Menschen in ihrem Umkreis von ihnen und ihren Aktivitäten denken, ergeben sich keine Handlungskonsequenzen aus der Existenz sozialer Anreize. (vgl. Opp, K.-D. (1986), S. 93. Opp bezeichnet Anreize auf der

Ethnische Gruppen verfügen über ein besonderes soziales Kapital, dank dessen die Initiierungskosten kollektiven Handelns reduziert werden können. Das wiegt ihre anfängliche Minderprivilegierung auf und gibt ihnen zumindest die Chance, trotzdem einen handlungsfähigen korporativen Akteur zu kreieren.[465]

---

sozialen Ebene als „weiche" Anreize, im Gegensatz zu „harten" materiellen Anreizen.) Vgl. auch Klandermans, B. (1984), S. 586, der anmerkt, daß, um Zirkularität der Argumentation zu vermeiden, abgegrenzt werden muß, welche Personen entscheidend für die Empfindung sozialer Wertschätzung sind. In erster Linie dürften dies Freunde, Kollegen und Familienmitglieder sein.

[465] Eine derartige Konstellation findet sich insbesondere in den Nachfolgestaaten der ehemaligen Sowjetunion. Der Umstand, daß die Dienstleistungen durch den Staat nicht länger zufriedenstellend waren, hat dazu geführt, daß ethnische Gruppen, die diese Leistungen erbringen, mehr Zulauf haben und eine größere Bedeutung besitzen.

4.5. Normen und Sanktionen

Im Zusammenhang mit einem nationalistischen Aufbegehren sind nicht nur die Normen innerhalb der nationalistischen Gruppe, sondern auch die vom attackierten Staat gesetzten Normen mit den zu ihrer Durchsetzung implementierten Sanktionen zu berücksichtigen.[466]

Drakonische Bestrafungen jeder oppositionellen Aktivität können das Kosten-Nutzen-Verhältnis derart nachteilig beeinflussen, daß die Partizipation in einer nationalistischen Bewegung unter rationalen Gesichtspunkten als zu riskant und mit zu hohen Kosten behaftet angesehen werden kann, so daß ein Abschreckungseffekt eintritt.[467]

Wenn es zu einer Lockerung der Sanktionen kommt, wird sich die Kostenstruktur der Individuen ändern und es erscheint eher rational, sich nationalistisch zu betätigen, ebenso wenn das bestehende Sanktionssystem Schwächen zeigt, weil die angedrohten Sanktionen nicht mehr durchsetzbar sind. Aufsehen erregende Protesthandlungen einzelner können insofern nicht nur ein Appell an das Bewußtsein Gleichgesinnter sein, sondern auch ein Versuch, die Effektivität staatlicher Zwangsübung in Frage zu stellen.[468]

Reformen durch das herrschende Regime können die Erfolgswahrscheinlichkeit einer oppositionellen Bewegung erhöhen, indem sie deren politischen Möglichkeiten verbessern, z.B. durch Sitze im Parlament, durch verbesserte Präsenz in den Massenmedien oder erleichterten Zugang zu finanziellen Zuwendungen, so daß sich objektiv die Erfolgswahrscheinlichkeit der Bewegung verbessert. Daneben tritt jedoch auch eine subjektive Komponente auf den Plan: Die Reformen können als ein Zeichen der Schwäche des Regimes gedeutet werden, so daß neben dem Ansteigen der

---

[466] Es existieren darüber hinaus auch völkerrechtliche Normen zum Schutz von Minderheiten. Sie sind jedoch nicht automatisch mit Sanktionen verbunden und besitzen dadurch auch in den seltensten Fällen verhaltensbeeinflussende Wirkung. Daher sollen sie hier auch keine Berücksichtigung finden. Für eine kurze Darstellung des momentanen völkerrechtlichen Normenbestandes vgl. bspw. Mack, K. (1994), S. 45 ff..

[467] vgl. jedoch auch Opp, K.-D. (1993), S. 223 f., der eine umgekehrte Wirkung staatlicher Sanktionen diagnostiziert, nämlich, daß diese auch die Anreize für politischen Protest erhöhen können, insbesondere wenn die Sanktionen als ungerechtfertigt angesehen werden und denjenigen, die sie erlitten haben, Respekt und Anerkennung zuteil wird. Weiterhin kann es zu einer Aktualisierung der Protestnormen kommen, wenn viele der Meinung sind, daß man sich die Sanktionen nicht gefallen lassen dürfe, und daher erst recht das sanktionierte Verhalten ausführen. Vgl. auch die ähnliche Argumentation bei Lindenberg, S. (1983b), S. 459.

[468] vgl. dazu auch Coleman, J.S. (1992), S. 211. Vgl. ebenfalls Crenson, M.A. (1987), S. 269.

Erfolgswahrscheinlichkeit auch das Risiko der Beteiligung an oppositionellen Aktivitäten vom Individuum als geringer angesehen wird.

Eine Niederlage des Staates in einer kriegerischen Auseinandersetzung kann ebenfalls die Wahrscheinlichkeit des Erfolges einer nationalistischen Bewegung erhöhen, weil die Herrscher durch die Niederlage materiell und psychologisch geschwächt sind, und verschiedene Personen durch die Niederlage feststellen, daß sie die Stärke des Regimes vorher überschätzt haben.[469]

Eine besonders wichtige Norm stellt die präskriptive Norm dar, daß man sein persönliches Interesse zugunsten des Interesses eines Kollektivs bzw. eines übergeordneten Zieles zurückstellen soll. Wird eine solche Norm durch eine Vielzahl von Belohnungen materieller und immaterieller Art unterstützt, bildet sie das soziale Kapital für nationalistische Bewegungen ebenso wie für die junge Nation. Solche Normen können auch internalisiert werden. Aber in erster Linie werden sie von Belohnungen für uneigennützige Handlungen und Mißbilligung eigennützigen Verhaltens begleitet.[470]

Im Laufe der Entwicklung einer nationalistischen Bewegung ist eine Verschiebung der Art der Sanktionierung von Verhalten zu erwarten. In der Frühphase der Bewegung werden in erster Linie positive Sanktionen angewendet. Es geht darum, jene zu belohnen, die zur Beschaffung des angestrebten Gutes beitragen, während die Mittel noch fehlen, um Handlungen zu überwachen und negative Sanktionen für Nichtkooperation zu implementieren. Im weiteren Verlauf ist eine Zunahme der Bedeutung negativer Sanktionen zu erwarten, nicht zuletzt deshalb, weil diese eine stärkere verhaltensbeeinflussende Wirkung auf eine große Masse von Menschen ausüben als positive Sanktionen und in den meisten Fällen einfacher standardisierbar sind.

---

469 vgl. Silver, M. (1974), S. 66 f.. Aber auch die Herausforderung des Staates durch andere Gruppen kann die Situation der ethnische Gruppe verbessern. In einem Klima der allgemeinen Opposition und verschiedener Bewegungen gegen staatliche Autoritäten sind die Voraussetzungen für eine nationalistische Bewegung deutlich besser als wenn sie eine alleinstehende oppositionelle Gruppe darstellt, die leicht unterdrückt werden kann. So können Proteste, die in keiner Weise mit ethnischer oder nationalistischer Interessendurchsetzung zu tun haben, deren Chancen positiv beeinflussen. (vgl. Tarrow, S. (1991), S. 654 f.)

470 vgl. Coleman, J.S. (1991), S. 403. Vgl. auch Stern, P.C. (1995), S. 112, der darauf hinweist, daß Gruppen einen Vorteil dadurch gewinnen können, daß sie Regeln und Normen etablieren, die Altruismus vorschreiben und Egoismus verbieten, wenn dies für die Gruppe nutzbringender ist. Solche Normen besitzen den größten Nutzen für das Überleben der Gruppe, wenn sie dem Eigeninteresse zuvorkommen und unreflektiert übernommen werden.

Ein Problem ergibt sich aus dem Umstand, daß Konfliktgruppen zur Erzielung von Erfolg in hohem Maße von ihrer Einigkeit abhängig sind, denn nur vereintes Handeln verleiht ihnen die entsprechende Stärke, um mit einem übermächtigen Gegner konkurrieren zu können. Eine solche Notwendigkeit zur Einheit richtet sich auch gegen das Trittbrettfahren. Das bedeutet die Androhung von Gewalt oder anderen Sanktionen gegen Mitglieder der eigenen Gruppe, also gerade gegen diejenigen, welche man zur Kooperation benötigt.

Hier wird ein Dilemma deutlich: Die Androhung von Strafe ist nötig, um Kooperation durchzusetzen und zu sichern. Jedoch zerstören die Androhung oder das Auferlegen von Strafen den Geist von Kooperation und Koordination, der ebenso wichtig für kollektives Handeln ist.[471]

Gruppen, die negative Anreize benutzen, müssen somit versuchen, deren schädliche Effekte zu minimieren. Eine geeignete Ideologie kann die Notwendigkeit selektiver Anreize verringern, um obiges Dilemma zu vermeiden. Solche Ideologien geben Individuen positive Gründe zum Kooperieren und legitimieren das Bestrafen derer, die nicht kooperieren.[472]

Die Existenz einer Fairneß-Norm innerhalb einer Gruppe kann sich ebenfalls positiv auf das kollektive Handeln auswirken. Im Falle des Vorhandenseins einer solchen Norm, daß jedes Gruppenmitglied seinen Beitrag zu leisten hat, verändert sich die spieltheoretische Situation des Gefangenen-Dilemmas wiederum zu einem Koordinationsproblem. Dessen Auszahlungsstruktur ist so beschaffen, daß keiner der Beteiligten einen Anreiz zur Defektion hat. Das individuell wie kollektiv optimale Ergebnis wird erreicht, wenn die Betroffenen alle kooperieren. Eine solche Situation

---

[471] vgl. Oliver, P. (1980), S. 1370 f.. Sobald eine negative Sanktion gegen ein Gruppenmitglied gerichtet wird, erscheint dieses kaum weiterhin als vertrauenswürdig, da es nur deswegen kooperiert, weil es keine andere Alternative sieht. Aber selbst dann, wenn es keine weiteren Abweichungen plant, werden ihm die anderen Gruppenmitglieder kaum seinen Meinungswandel glauben. Die Basis für die Entstehung von Vertrauen unter den Gruppenmitgliedern wird nachhaltig erschüttert.

[472] vgl. ebd., S. 1371. Oliver weist auch auf Ambivalenz und Spannung hin, die Bewegungen inhärent ist, welche ein kostspieliges Engagement eines großen Teils der Gruppe erfordern. Diese Spannung kann aufbrechen, wenn die Auseinandersetzung mit den Gegenspielern negativ verläuft, der potentielle Wert des kollektiven Gutes verringert wird, die Kosten der Gruppenmitgliedschaft im Laufe der Zeit steigen oder persönlichen Feindseligkeiten oder Spaltungen innerhalb der Gruppe existieren. Andererseits können diese Spannungen gedämpft werden, wenn das Kollektivgut bereitgestellt wird, die Kosten relativ gering sind, hohe positive selektive Anreize die Gruppenmitgliedschaft vorteilhaft machen oder die Gruppe eine positive Ideologie besitzt, die Zielbewußtsein und Solidarität vermittelt. Aber selbst wenn die Spannung nur latent ist, existiert sie dennoch, wenn Kooperation durch die Androhung von Bestrafung gestützt wird.

ist besonders dann wahrscheinlich, wenn es sich um einigermaßen stabile Gruppen mit regelmäßiger Interaktion handelt, die ihren Mitgliedern Vorteile verschaffen.[473]

Normen und Sanktionen werden in Situationen, in denen nationalistische Bestrebungen zu gewalttätigen Konflikten zwischen der nationalen Minderheit und dem Staat führen, nicht nur nach innen, sondern auch nach außen auf den Teil der Bevölkerung angewandt, der nicht unmittelbar und aktiv in die Auseinandersetzungen involviert ist.

Das Androhen der Bestrafung einer Unterstützung der jeweils anderen Gruppe und dem Statuieren von Exempeln, die dieser Drohung Nachdruck verleihen, kann ein solches Engagement mit derartig hohen Kosten belegen, daß dieses für die betroffenen Individuen unattraktiv wird.[474]

---

[473] vgl. z.B. Goldstone, J.A. (1994), S. 142 ff.. Vgl. auch Gould, R.V. (1993), S. 185, der es als vorteilhaft erachtet, wenn Akteure sich selbst als Teil eines identifizierbaren Kollektivs begreifen. Dadurch kann es zu einer Art der kollektiven Identität kommen, die die Individuen zur Einhaltung von bestimmten Fairneß-Normen veranlaßt.

[474] Durch solche abschreckenden Maßnahmen hat weder Bewegung noch Staat Teilnehmer gewonnen, sondern nur die Unterstützung für die jeweils andere Seite verhindert. Es kann aber der zeitliche Rahmen eine Rolle bei der Wahrnehmung von Sanktionen durch die Individuen spielen. Während in einer bürokratischen Institution, wie sie der Staat darstellt, zwischen Defektion und Sanktion eine gewisse Zeit vergeht, kann eine Sanktion durch eine informelle Bewegung in den meisten Fällen unmittelbar wirksam werden, so daß sie von den Betroffenen als schwerwiegender perzipiert wird. Vgl. zum zeitlichen Rahmen von Sanktionen Heckathorn, D.D. (1990), S. 381f..

4.6. Ethnische Netzwerke

Wenn die Beteiligung an rebellischen Aktivitäten auch als von der Beteiligung der anderen abhängig anzusehen ist, wird sie durch ein Zusammengehörigkeitsgefühl erleichtert, wie es in ethnischen Gruppen existieren kann. Das Wissen um die Kooperation der anderen und das Funktionieren des Sanktionssystems entstehen insbesondere dadurch, daß man schon vorher eine Gemeinschaft war und es auch nach dem Ende der nationalistischen Bestrebungen noch sein wird.[475]

Die Struktur der ethnischen Gruppe ist eine wichtige Determinante für die Entstehung ethnischen kollektiven Handelns.

Eine Rolle spielt vor allem das Ausmaß, in dem ethnische Gruppen gut entwickelte Substrukturen verschiedener Arten durch eigene Organisationen und Vereinigungen aufweisen. Diese halten sie zusammen und isolieren sie von den potentiellen externen Gegnern.[476]

Eine solche Segmentierung schafft einen Pool von potentiellen ethnischen Führern und Gefolgschaften, die weniger abhängig von den Sanktionen ihrer Gegner sind. Sie begünstigt en bloc-Rekrutierung, verringert die negativen Auswirkungen, die eine Unabhängigkeit mit sich bringt, erleichtert die Artikulation von Unzufriedenheit sowie die Entstehung und Beibehaltung ethnischer Identitäten und Ideologien. Sie erhöht die Wahrscheinlichkeit eines schnellen und nachhaltigen ethnischen Protestes. Strukturelle Segmentierung kann von verschiedenen Graden kultureller

[475] vgl. dazu auch Taylor, M. (1988), S. 69

[476] Oberschall betont die Bedeutung bereits existierender Gruppen für die Mobilisierung: „Rapid mobilization does not occur through recruitment of large numbers of isolated and solitary individuals. It occurs as a result of recruiting blocs of people who are already high organized and participants." (s. Oberschall, A. (1973), S. 125) Ein weiterer, die Mobilisierung erleichternder Aspekt ist die Nutzung bereits vorhandener Organisationsstrukturen. Organisationen, die zu einem anderen Zweck gegründet wurden, können in ihren Strukturen und Mitteln ebenfalls zur Beschaffung eines anderen kollektiven Gutes verwendet werden. (vgl. Coleman, J.S. (1991), S. 404 f.) Denkbar erscheint im Zusammenhang mit nationalistischen Bewegungen vor allem die Nutzung von Vereinen, speziell Kulturvereinen oder ähnlichem, zur Verbreitung nationalistischer Ideologie. Aber auch die Religion kann eine wichtige Rolle für die nationalistische Mobilisierung spielen, sie liefert Mittel für die Übertragung von Informationen, Treffpunkte und eine Führung. Allerdings kann bei einer tiefen Einbettung der Religion in das lokale Leben eine negative Einstellung der religiösen Führer den Nationalismus auch schwächen. (vgl. Meadwell, H. (1993), S. 200)

Segmentation, besonders sprachlichen Unterschieden, sowie von territorialer Konzentration begleitet werden.[477]

Zwischen die Individuen und den Zentralstaat bzw. die mit diesem konkurrierende nationale Bewegung schieben sich ethnische Netzwerke, deren Organisationsstruktur und Sanktionierungspotential die Bewegung, bei zeitgerechtem Einsatz nationaler Ideologien, in den Dienst stellen kann. Diese ethnischen Netzwerke stellen einen gewichtigen Faktor bei der Mobilisierung von Individuen für eine nationalistische Bewegung und die Schaffung selektiver Anreize für die Beitragsleistung dar.[478]

Eine Kontrolle individueller Handlungen in einer kleinen Gruppe, in der sich die Menschen persönlich kennen, ist merklich einfacher als in einer großen anonymen Gruppe. Dichte Kontaktnetze können daher mehr Druck auf ihre Mitglieder ausüben. Hinzu kommt auch, daß die Motivation zu abweichendem Handeln in face-to-face Gruppen bzw. Primärgruppen deutlich geringer ist.

Dies gilt um so mehr, wenn sich starke Gemeinschaften durch gemeinsame Ansichten und Werte auszeichnen, wie z.B. eben ethnische Gruppen. Sie besitzen Austauschbeziehungen mit langem Zeithorizont.[479]

Die relative Blockierung des freien Ein- und Austritts kann als das Hauptcharakteristikum ethnischer Netzwerke angesehen werden, aus dem

---

[477] vgl. Pinard, M. (1991), S. 474 f.. Auch die Existenz und das Ausmaß eigener politischer Institutionen ethnoregionaler Gruppen kann einen starken Einfluß auf die ethnische Segmentation ausüben. Sie bringen diesen Gruppen nicht nur mehr politische Macht, sondern auch eine organisationale Basis für den Führungspool. Vgl. auch Birnbaum, P. (1988), S. 26 f., der allgemeiner feststellt, daß Segmentierung äußere soziale Kontrolle reduziert und Partikularismen stärkt.

[478] Dies gilt auch und besonders, wenn sich die Möglichkeiten, nur durch individuelles Handeln beim Wettbewerb um knappe Ressourcen erfolgreich zu sein, durch eine zunehmende Verschlechterung der Verhältnisse verringern. Dadurch kann es zu einer erhöhten Attraktivität des kollektiven Handelns kommen, insbesondere auf der Basis bereits bestehender Netzwerke, die schon zuvor funktioniert haben. Eine solche Situation ist im besonderen auf dem Gebiet der ehemaligen Sowjetunion zu beobachten, in denen frühere, schon zu Sowjetzeiten bestehende und erprobte Beziehungen zu den mächtigsten Grundlagen sozialer Mobilisierung zählen. (vgl. Zaslavsky, V. (1992), S. 107) Vgl. auch Esser, H. (1988), S. 243, der darauf hinweist, daß ethnische Organisationen im Rahmen urbanisierter Verhältnisse das Trittbrettfahrerproblem entschärfen können.

[479] vgl. Lindenberg, S. (1989), S. 58. Insbesondere für nationale Gemeinschaften kann gesagt werden, daß sie nicht nur ein gewisses Maß an interdependenten Nutzenfunktionen besitzen, sondern daß auch eine gewisse Homogenität der Präferenzen für kollektive Güter angenommen werden kann. Eine solche relative Homogenität trägt zur Senkung der Transaktionskosten bei. (vgl. Weede, E. (1992), S. 301)

sich auch alle weiteren herauszuhebenden Eigenschaften ergeben. Individualismus wird abgewertet, die Interessen der Gruppe stehen über dem individuellen Wohlergehen. Eine Akzeptanz dieser präskriptiven Norm durch das Individuum kann bei entsprechender Aktivierung zu einer Gleichsetzung von individuellen und Gruppeninteressen führen.[480]

Ein weiterer Aspekt, der Netzwerke auszeichnet, ist ihre Fähigkeit, Kontrolle über die Handlungen ihrer Mitglieder auszuüben sowie diesen moralische Pflichten aufzuerlegen. Durch die starken Interdependenzen und die vielfach enge Verknüpfung der einzelnen Akteure wird zudem eine erhöhte Sichtbarkeit der Aktionen des einzelnen erreicht. Diese gewachsene Zusammengehörigkeit ist eine wichtige Komponente für die Identifikation mit einer Gruppe und die Einbeziehung des Wohlergehens der unmittelbaren Umgebung in die eigenen Entscheidungen. Dies gilt ebenso, weil in solchen Netzwerken eine intensive Kommunikation stattfindet, die wiederum die Identifizierung gemeinsamer Interessen erleichtert.[481]

Intensive Kommunikation innerhalb einer Gruppe kann auch die Präferenzen der Mitglieder in bezug auf die Bewertung des kollektiven Gutes beeinflussen. Durch die Zugehörigkeit oder den Eintritt in eine Gruppe wird das Individuum mit Argumenten und Rechtfertigungen konfrontiert, die das Ziel der Gruppe stützen und die Ziele der Gegner der Gruppe negativ bewerten, was zu stärkeren Präferenzen für die Ziele der Gruppe führen sollte.[482]

Durch das Erkennen übereinstimmender Interessen, sich verstärkender Präferenzen für die angestrebten Ziele und die wiederholte Interaktion mit Partnern, die man kennt und denen man vertraut, kann sich ein Klima der Kooperation entwickeln, welches wiederum gemeinsames Handeln der Gruppe erleichtert. Dies bedeutet nicht nur, daß es den Individuen leichter fällt, kooperativ zu handeln, sondern daß auch innerhalb der Gruppe eine starke Tendenz zur Sanktionierung bei Defektion bestehen wird. So kann auch das Problem kollektiven Handelns zweiter Ordnung einer Lösung

480 vgl. Wintrobe, R. (1995), S. 48 ff.

481 vgl. Hechter, M. (1992), S. 271. Hechter verweist ferner darauf, daß sich ethnische Gruppen mit ihrem latenten primordialen Charakter dadurch auszeichnen, daß sie ganz allgemein einen hohen Zusammenhalt aufweisen und gewachsene Kontroll- und Sanktionsmechanismen besitzen. (vgl. ebd., S. 273) Vgl. Knoke, D. (1981), S. 154, der darlegt, daß Kommunikation und Partizipation der Individuen an den Entscheidungen der Gruppe deren Verpflichtung und Abhängigkeit steigern.

482 vgl. Opp, K.-D. (1989a), S. 89

zugeführt werden, indem zusätzlich Kosten der Bereitstellung von Sanktionen gesenkt werden.[483]

Ferner wird durch die wiederholte Interaktion in sozialen Netzwerken bzw. Kleingruppen eine weitere, neben den oben angesprochenen Normen, bedeutende Form sozialen Kapitals geschaffen, nämlich Vertrauen. Dieses Vertrauen erleichtert dem Individuum seine Entscheidung zur Teilnahme am kollektiven Handeln. Es kann davon ausgehen, daß sich die anderen Menschen in seiner Umgebung ebenfalls beteiligen werden, so daß seine Ressourcen, die es in das kollektive Handeln investiert, nicht verschwendet sein werden. Die höchste Ausprägung von Vertrauen ist in geschlossenen Netzwerken zu erwarten. Dieses Vertrauen wird auch dadurch geschaffen, daß Individuen ein soziales Leben und verschiedene Gewohnheiten der Kooperation teilen und das Gefühl haben, in einer sicheren Umgebung zu leben. Ferner ist durch die wiederholte Interaktion eine höhere Wahrscheinlichkeit der Einlösung von Verpflichtungen gegeben.[484]

Nationale bzw. ethnische Netzwerke vereinigen zudem drei Faktoren auf sich, die als wichtig für die Schaffung sozialen Kapitals erachtet werden können: Geschlossenheit, Stabilität, Ideologie. Durch verhältnismäßig hohe Ein- und Austrittsbarrieren wird eine relative Geschlossenheit induziert. Ferner ist durch die Langlebigkeit eine stabile Basis der Netzwerke gegeben. Außerdem kann durch die symbolische und sprachliche Überhöhung der Nation ein starker Einfluß der Ideologie erreicht werden.[485]

Durch die Nutzung bereits existierender sozialer Netzwerke kann eine nationalistische Bewegung verschiedene Probleme auf einmal lösen:
1.) Zum einen erleichtern ihr die sozialen Netzwerke das zielgerichtete Ansprechen potentieller Teilnehmer für eine Bewegung. Es kann angenommen werden, daß in solche Netzwerke eingebundene Personen eher

---

[483] vgl. auch Whiteley, P.F. (1995), S. 213, der vier Bedingungen identifiziert, welche die Chancen für kollektives Handeln und die Beschaffung eines kollektiven Gutes in PD-Situationen verbessern: 1) Die Individuen dürfen die zukünftige Erträge nicht zu stark diskontieren, da Kurzsichtigkeit die Auszahlung kooperativen Handelns reduziert; 2) Es sollte zu wiederholter Interaktion kommen, da in einem einmaligen Spiel Defektion die dominante Strategie ist; 3) Es sollte Unsicherheit über den Zeitpunkt, zu dem das Spiel endet, herrschen, da ansonsten ein Prozeß der Rückwärtsinduktion Defektion zur dominanten Strategie macht; 4) Die Kooperierenden sollten in der Lage sein, die Defektierenden zu bestrafen, ohne sich dabei übermäßig selbst zu schaden, da ansonsten Defektion nicht glaubwürdig bestraft werden kann.

[484] vgl. Lafay, J.-D. (1995), S. 161

[485] vgl. Coleman, J.S. (1991), S. 412 ff.

zur Investition in einen nationalistischen korporativen Akteur bereit sein werden als von solchen Netzwerken nicht berührte.[486]

Die Nutzung bereits vorhandener Netzwerke trägt zur Senkung der Rekrutierungskosten bei. Die Kosten der Anfrage nach Beteiligung an der Beschaffung eines kollektiven Gutes sind proportional zur Anzahl der angesprochenen Personen. Indem die Bemühungen auf diejenigen Personen konzentriert werden, welche einen hohen Beitrag leisten können, oder die sich mit hoher Wahrscheinlichkeit beteiligen werden, können die Kosten der Rekrutierung reduziert werden.[487]

Bei der Gruppenrekrutierung geben sich die Mitglieder der Gruppe gegenseitig soziale Unterstützung und belegen diejenigen mit negativen Sanktionen, die zögern beizutreten. Sie bietet dadurch Vorteile der effizienteren Mobilisierung gegenüber der Rekrutierung isolierter Individuen.

Speziell wenn nationalistische Bewegungen starken Repressionen ausgesetzt sind und die Aktivitäten ein hohes individuelles Risiko bergen, dann ist die Existenz persönlicher Beziehungen wichtig. Sie erleichtern die Rekrutierung, weil der Angeworbene dem Werber vertrauen kann und umgekehrt. Außerdem schaffen die Netzwerke eine gewisse Loyalitätsbasis.[488]

2.) Die Vernetzung von Individuen kann jedoch auch auf eine weniger intendierte Art zu einer erhöhten Mobilisierung führen. Im Falle einer Aktivität, bspw. der Teilnahme an einer Demonstration, ist davon auszugehen, daß die Teilnehmer mehr Menschen kennen, die ebenfalls teilnehmen, als diejenigen, die zwar ebenfalls dem Anliegen, für das demonstriert wird, positiv gegenüberstehen, aber nicht partizipieren. Zum einen steigt die Wahrscheinlichkeit, nach einer möglichen Teilnahme gefragt zu werden,

---

486 Auch die Kommunikation in Netzwerken, welche in keiner Verbindung zu Ethnie oder Nation stehen, kann zur Rekrutierung von Teilnehmern für die Bewegung genutzt werden. Vgl. auch Snow, D.A./ Zurcher, L.A./ Ekland-Olson, S. (1980), S. 792, welche die Annahme aufstellen, daß diejenigen Außenstehenden, die mit einem oder mehreren Mitgliedern der Bewegung durch ein außerhalb der Bewegung liegendes Netzwerk verbunden sind, mit größerer Wahrscheinlichkeit mit der Bewegung in Berührung kommen und von ihr angeworben werden, als Individuen, die sich außerhalb der Netzwerke der Mitglieder der Bewegung befinden.

487 vgl. Oliver, P. (1980), S. 1367

488 vgl. della Porta, D. (1988), S. 159 ff., die eine solche Beobachtung bei der Rekrutierung für Terrorgruppen macht. Diese sind am ehesten in der Lage, in homogenen Netzwerken Aktivisten anzuwerben; allerdings muß weder die Mitgliedschaft in einem politischen Netzwerk, noch die Verpflichtung gegenüber einer politischen Ideologie zur Teilnahme an solchen Terroraktionen führen, was auch auf die Grenzen der Konstruktion kollektiver Identitäten hinweist.

mit der Anzahl der teilnehmenden Personen im Bekanntenkreis. Zum anderen nimmt auch die Möglichkeit einer negativen Reaktion des sozialen Umfeldes bei einer Ablehnung zu.[489]

3.) Durch die Mobilisierung bereits bestehender Kleingruppen kann zudem realisiert werden, was bereits Olson unter der „föderativen" Gruppe zusammengefaßt hat, nämlich den Umstand, daß eine Großgruppe sich aus vielen kleineren Gruppen zusammensetzt, von denen jede einzelne Grund hat, sich mit den anderen zu einer Föderation zusammenzuschließen, die eine Großgruppe darstellt. Durch eine solche Zusammensetzung aus Kleingruppen können selektive Anreize gezielt eingesetzt werden.[490]

4.) Dies gilt vor allem, weil in solchen Kleingruppenstrukturen soziale Belohnungen und Sanktionen starke Anreize für die Beteiligung an oppositionellen Bestrebungen sind, wenn sich die Führung der Gemeinschaft einmal zur Unterstützung der Opposition entschlossen hat. Dies ist besonders deshalb der Fall, weil das soziale Leben der Mitglieder dieser Gruppen in hohem Maße von guten Beziehungen zu den anderen Mitgliedern der Gruppe abhängt und es nicht möglich ist, in einer anonymen Menge unterzutauchen.[491]

Soziale Netzwerke sind immer dann von Bedeutung, wenn Entscheidungen voneinander abhängig sind. Sie machen ferner das Handeln der Individuen interdependent und schaffen durch immer wiederkehrende

---

[489] vgl. Klandermans, B./Oegema, D. (1987), S. 527, die ferner feststellen, daß in einem solchen Zusammenhang die sozialen Anreize wichtiger sind als die anderen.

[490] vgl. Olson, M. (1968), S. 61 f.. Olson nennt solche Gruppen auch „privilegiert", sie besitzen für ihn den Vorteil, nicht nur wirtschaftliche, sondern auch soziale Anreize bieten zu können. Die latente Gruppe umfaßt immer mehr Menschen, als sich überhaupt kennen können, so daß die Etablierung sozialer Anreize unweigerlich an Grenzen stößt. Die Steigerung der Effizienz sozialer Mobilisierung wird durch die Rekrutierung von Mitgliedern bereits vorhandener bzw. natürlicher Gruppen erreicht, die ferner auf solidarische oder zielgerichtete Anreize bezogen sind. Vgl. dazu auch Jenkins, J.G. (1983), S. 538. Vorteilhaft für kollektives Handeln scheint weiterhin eine gewisse Zentralisierung der Netzwerke, da dies den Führern ermöglicht, die Ziele ihrer Organisationsbemühungen besser zu wählen und zu strukturieren. (vgl. die empirischen Erkenntnisse bei Marwell, G./Oliver, P.E./Prahl, R. (1988), S. 503 ff.)

[491] vgl. Oberschall, A. (1973), S. 117. Vgl. auch Hechter, M. (1987a), S. 423, der die Bedeutung der intensiven Kontrolle des Beitrags der einzelnen Mitglieder durch ländliche Gemeinschaften oder zellenartige Organisationen in Städten betont, die vor allem in der Frühphase einer Bewegung eine Rolle spielt. Solche Kontrolle wird vor allem durch die intensive Kommunikation in Netzwerken erleichtert, speziell auch die Art der Kommunikation, die weiter oben als „Klatsch" bezeichnet wurde. Sie ist ein bedeutender Aspekt bei der Überwachung von Normbefolgung.

Kontakte Vertrauen. Das kann die Leistungsfähigkeit einer Gruppe beträchtlich erhöhen. Ebenso ist die bereits angesprochene Bereitstellung sozialer Anreize in Kleingruppen deutlich einfacher und wirksamer.[492]

Wenn Kleingruppen oder Netzwerke statt Individuen angesprochen werden, entstehen aber auch Probleme, die vor allem Oberschall beschrieben hat:[493]

Ein Zusammenschluß von Kleingruppen führt zu Inhomogenität bei Führung und Mitgliederschaft, die nur lose durch gemeinsame Ziele zusammengehalten werden. Diese verstärkt sich, wenn solche dazustoßen, die durch einen Anfangserfolg der Bewegung angezogen werden. Die Bewegung an sich besitzt jedoch keine klar strukturierte Organisation, die Hauptloyalität der Mitglieder wird sich eher auf die eigene Gruppe und deren Führer beziehen als auf die Gesamtbewegung. Ferner wird jede Gruppe versuchen, ihre Führer in die oberste Führungsebene der Gesamtbewegung zu entsenden. Es existieren jedoch weder Anfangsnormen für die Besetzung dieser Führungsebene noch für das Fällen kollektiver Entscheidungen, so daß die Bewegung ein Bild von Heterogenität abgeben kann.

Entgegenwirken können solchen zentrifugalen Kräften der Bewegung drei Prozesse: charismatische Führung, eine Subkultur, die allen Teilen der Bewegung gemeinsam ist, und die Schaffung eines überspannenden organisationalen Gerüsts.

Ein charismatischer Führer der Gesamtbewegung ist häufig in der Lage, die Loyalität und die Verpflichtungen der Mitglieder auf sich persönlich zu leiten, statt auf die einzelnen Gruppen und deren Führer, die zum Zeitpunkt der Entstehung der Bewegung existierten. Speziell in Zeiten der Frustration und des Fehlens von Erfolgen kann eine Kultur, die z.B. gemeinsame Kleidung, Sprache, Geschichte, Helden und Traditionen hervorbringt, integrierend wirken. Ein überspannendes organisationales Gerüst wiederum kann zur Regulierung der Entscheidungen der Führer und der

---

[492] vgl. auch Uhlaner, C.J. (1989), S. 255, die in diesem Zusammenhang von relationalen Gütern spricht, die nicht nur vom Handeln des Akteurs selbst, sondern auch vom Handeln der anderen Menschen abhängig sind. Unter solchen relationalen Gütern werden dort u.a. soziale Anerkennung, Solidarität, Freundschaft, der Wunsch, von anderen akzeptiert zu werden, das Bedürfnis eine Identität zu wahren und gelegentlich auch die Erfüllung einer moralischen Norm zusammengefaßt.

[493] vgl. zum folgenden Oberschall, A. (1973), S. 143. Vgl. auch Macy, M.W. (1991), S. 746, der auf ein weiteres Problem der Kleingruppenrekrutierung hinweist, nämlich ein Art Provinzialismus, wobei der Fokus nur auf das Handeln innerhalb der Gruppe gerichtet ist, ohne sich am Handeln der anderen zu orientieren.

kollektiven Entscheidungsfindung beitragen, so daß die Ressourcen der Bewegung völlig auf das Ziel der Bewegung gerichtet werden können.[494]

Durch eine gewisse Homogenität in bezug auf das angestrebte Ziel nationaler Souveränität und durch die Existenz einer gemeinsamen Kultur und bestimmter nationaler Symbole sowie eines eventuellen daraus resultierenden Zusammengehörigkeitsgefühls sind nationalistische Bewegungen zentrifugalen Kräften voraussichtlich weniger ausgesetzt als andere Protestbewegungen.[495]

Vorurteile und Stereotypen, wie man sie häufig in Netzwerken vorfindet, werden vielfach zu den Irrationalismen des Nationalismus gezählt. Sie sind jedoch in eine Theorie rationalen Handelns integrierbar: Vorurteile helfen bei der gemeinsamen, gleichartigen Deutung der Realität, schaffen stereotype Feindbilder und können auf diese Weise bei der Mobilisierung hilfreich sein.[496]

Andererseits kann das Rekurrieren auf bestimmte Merkmale zur Identifikation eines gewünschten Interaktionspartners, was die Kooperation unter den Mitgliedern einer bestimmten Gruppe erleichtert, auch zum gegenseitigen Nachteil gereichen und ein suboptimales kollektives Ergebnis der Interaktion zwischen den Gruppen hervorbringen.

Werden Etikettierungen vergeben, an denen sich die Individuen bei ihren Handlungen orientieren, kann es zu sich selbst bestätigenden Stereotypen kommen. Dies ist vor allem dann der Fall, wenn die Handlungsmaxime vorherrscht, freundlich zu den Mitgliedern der eigenen Gruppe und unfreundlich zu den Mitgliedern einer anderen Gruppe zu sein. Dabei müssen die Stereotypen nicht auf tatsächlichen Gegebenheiten beruhen. Es genügt, daß die beteiligten Gruppen die jeweils anderen als kooperationsunwillig einstufen. Sie werden sich dadurch entsprechend ihrer Erwartungen verhalten.[497]

---

[494] In diesem Zusammenhang können aber auch schwache Bindungen der Gruppierungen untereinander hilfreich sein. Vgl. Granovetter, M. (1973), S. 1361 ff., zur Unterscheidung von starken und schwachen Bindungen („strong and weak ties"). Während die starken Bindungen Cliquen formen, tendieren die schwachen Bindungen zur Überbrückung dieser Cliquen und sind dem kollektiven Handeln dadurch zuträglich.

[495] vgl. dazu auch Olson, M. (1991), S. 31, der die Bedeutung der Nutzung von Indoktrination und selektiver Mitgliederrekrutierung hervorhebt, um die Homogenität der Gruppe zu erhöhen, damit selektive soziale Anreize greifen und eher Übereinstimmung erreicht wird.

[496] Ideologische Anreize und informelle Netzwerke können zudem einander verstärken. Je wichtiger die ideologische Komponente in einer Bewegung, desto mehr agieren die Netzwerke als Wächter der Prinzipien, indem sie die Menschen dazu zwingen, entsprechend dieser Prinzipien zu handeln. (vgl. Klandermans, B./Oegema, D. (1987), S. 530)

[497] vgl. Axelrod, R. (1987), S. 132 f.

Aus einer solchen Konstellation ergibt sich, daß die Gruppen schlechter abschneiden, als dies der Fall wäre, wenn sie miteinander kooperieren würden; außerdem werden die daraus resultierenden Nachteile vielfach ungleich verteilt, eine vorhandene Minderheit wird den größeren Schaden zu tragen haben. Da ihre Möglichkeiten zur Interaktion untereinander beschränkter sind als die der größeren Gruppe, wird auch ihr Gesamtnutzen geringer sein.[498]

Als entscheidend muß bei der Betrachtung des Einflusses der Gruppenstruktur auf die Teilnahme an kollektivem nationalistischen Handeln angesehen werden, welche Art von Auswirkungen die Mitglieder der Gruppe auf die Kosten-Nutzen-Struktur des Individuums ausüben. In dem Maße, wie die Gruppenmitglieder einander positive oder negative Anreize für eine Beteiligung liefern, kann man davon ausgehen, daß die Mitgliedschaft in einer Gruppe positiv oder negativ mit einem Engagement für die nationale Sache verbunden ist. Für den Fall, daß die Gruppe keine Anreize im Hinblick auf die Partizipation liefert, ist auch kein Zusammenhang zwischen Integration und Teilnahme zu sehen. Es kommt dann auf die Anreize an, die von außerhalb der Gruppe auf den Akteur einwirken.[499]

---

[498] vgl. ebd., S. 134. Durch das Vorhandensein von Etikettierungen können zudem Statushierarchien unterstützt werden.

[499] vgl. Opp, K.-D. (1988a), S. 87

4.7. Trittbrettfahren und nationaler Fanatismus

Das Problem der Trittbrettfahrer wurde bereits als das Hauptproblem bei der Beschaffung und Nutzung öffentlicher Güter identifiziert.

Für den einzelnen bestehen Anreize, sich bei der Beschaffung öffentlicher Güter abweichend zu verhalten. Dies ist immer dann der Fall, wenn er davon ausgehen kann, daß die Masse sich konform verhält und er somit trotz seiner Defektion in den Genuß des beschafften Gutes kommen wird. Verstärkt wird dieses Verhalten dadurch, daß der einzelne in großen Gruppen seinen Beitrag zur Erreichung des Gesamtergebnisses als nicht signifikant einordnet, selbst wenn er grundsätzlich bereit wäre diesen zu leisten. Solange sein Handeln aber keinen sichtbaren Einfluß auf das Ergebnis des kollektiven Handelns besitzt, erscheint es sinnlos, die Kosten des Handelns auf sich zu nehmen, ohne dadurch dessen Nutzen realisieren zu können.

Trittbrettfahren kann jedoch, wie erwähnt, mit Hilfe selektiver Anreize sowie durch ein funktionierendes System von Normen und Sanktionen reduziert bzw. eliminiert werden. Soziale Netzwerke mit dichten persönlichen Beziehungen sind hierfür besonders geeignet.

Neben solchem mangelnden Einsatz für gemeinsame Ziele läßt sich eine entgegengesetzte Form des Verhaltens im Kollektiv konstatieren: Übereifer oder Fanatismus.[500]

Die Selbstaufopferung für die Nation läßt sich auf den ersten Blick nur schwer oder gar nicht mit dem Modell rationalen Handelns vereinbaren.[501] Wie der mangelnde Eifer des Trittbrettfahrers hat jedoch auch der Übereifer seine Rationalität.

Der Übereifrige hat zwei Anreize zum kollektiven Handeln: den Nutzen, den er durch die Verwirklichung des Kollektivgutes erfährt, und die Belohnung durch die übrigen Mitglieder, denen er geholfen hat, ihre Interes-

---

[500] Coleman exemplifiziert diese Situation durch freiwillige Einsätze zu „Himmelfahrtskommandos“ im Krieg, der Selbstaufopferung von Personen für ein von ihnen vertretenes Ziel oder in abgeschwächter Form den härteren Einsatz von Mannschaftssportlern im Vergleich zu Einzeldisziplinen. (vgl. Coleman, J.S. (1991), S. 354)

[501] vgl. zu dieser Sichtweise z.B. Stern, P.C. (1995), der meint, daß der Nationalismus dem Eigeninteresse zuvorkomme, indem er die Nation symbolisch mit tiefen emotionalen Bindungen der Menschen verbinde und dadurch sowohl mit der Nation konfligierende Identitäten als auch Erwägungen des Eigeninteresses nicht wahrnehmen lasse.

sen zu befriedigen. In manchen Fällen überwiegt die Kombination dieser beiden Nutzen die Kosten der Handlung.[502]

Soziale Netzwerke können eine Anreizstruktur erzeugen, die Akteure zu Übereifer veranlaßt. Eine Sozialstruktur kann die Gewinne der Kollektivhandlung für den einzelnen Akteur vervielfachen, z.B. durch soziale Wertschätzung als intrinsische Belohnung. In geschlossenen Netzwerken und Gruppen mit intensiver interner Kommunikation ist diese Konstellation besonders häufig vorzufinden.[503]

Es lassen sich vier Merkmale identifizieren, die Teilnehmer an Aktionen mit hohem Risiko und Kosten aufweisen: Eine persönliche Geschichte des Aktivismus, eine tiefe Verpflichtung gegenüber der Ideologie und den Zielen der Bewegung, Integration in Aktivisten-Netzwerke, relative Freiheit von persönlichen Zwängen, die ihre Partizipation besonders riskant machen würden.[504]

Eine starke Motivation zur Teilnahme an Aktionen mit hohem Risiko besitzen auch „Berufsrevolutionäre“, die im zivilen Leben ohne Chance wären, da es ihnen an Qualifikationen mangelt, die ihnen eine berufliche Perspektive jenseits des bewaffneten Kampfes bieten.[505]

---

[502] vgl. Coleman, J.S. (1983), S. 138 u. S. 141, Coleman, J.S. (1988), S. 53 sowie Coleman, J.S. (1991), S. 355

[503] vgl. ebd., S. 356 ff. und Coleman, J.S. (1992), S. 224. Vgl. auch Hechter, M. (1987), S. 64 ff., der ähnlich argumentiert und auf eine mögliche direkte Verstärkung von Handlungen des Individuums durch dessen unmittelbare Umwelt verweist. Auch Olson verweist auf die Bedeutung von Achtung und Ehre durch die Gruppe denen gegenüber, die Opfer im Interesse einer Gruppe bringen, als selektive Anreize. (vgl. Olson, M. (1991), S. 28)

[504] vgl. McAdam, D. (1986), S. 71. Eine persönliche Geschichte des Aktivismus kann die Bereitschaft zur Teilnahme auf zwei Arten beeinflussen. Einerseits besitzt das Individuum dadurch häufig positive Erfahrungen mit dem Nationalismus, andererseits kann ihm durch ein Engagement der Weg zurück in sein vorheriges Leben verstellt sein. Die Verpflichtung gegenüber der Ideologie und den Zielen als Motivation für ein Engagement fällt in den Bereich der subjektiven Rationalität und wird weiter unten noch behandelt. Eine Integration in Netzwerke hingegen schafft die bereits erwähnten sozialen Anreize durch persönliche Beziehungen. Das Fehlen von persönlichen Zwängen und Bindungen wiederum kann dem einzelnen mögliche negative Folgen seines Engagements weniger schwerwiegend erscheinen lassen, da sie nur ihn selbst, aber nicht seine Familie oder unmittelbare Umgebung belasten.

[505] Sie können ferner durch ihre Aktivität in der Mobilisierungs- und Konfrontationsphase ihren Status erhöhen und greifbare Belohnungen realisieren. Ihre persönlichen Vorteile verringern sich, wenn die Bewegung demobilisiert wird. Sie werden daher weiter Agitation und Provokation betreiben, um die herum die es wieder zu einer Mobilisierung kommen kann. (vgl. Oberschall, A. (1973) S. 175)

Nicht nur für einzelne Mitglieder, sondern auch für die Führung einer Bewegung besitzen Aktionen mit hohem Risiko eine rationale Komponente.

Es kann in der Anfangsphase einer Bewegung vorteilhaft sein, deren Mitgliedern ein extrem hohes Risiko abzuverlangen, um die Ernsthaftigkeit ihrer Bemühungen und die Entschlossenheit der Gruppe nach innen und nach außen zu demonstrieren.[506]

Dabei können auch Terrorakte eingesetzt werden, um den Forderungen Nachdruck zu verleihen. Die Unterstützung von Terror macht speziell dann für Mitglieder einer nationalistischen Bewegung Sinn, wenn diese strikten Sanktionen durch den Zentralstaat ausgesetzt ist, auf den sie wiederum mit Terror als ihrer Sanktion antwortet, da es sonst für die betroffenen anderen Individuen keine Anreize gibt, sich für die Nationalisten zu engagieren.[507]

Die Anreicherung nationalistischer Bestrebungen mit religiösen oder gar eschatologischen Komponenten kann den Individuen zusätzliche Anreize für eine Partizipation liefern, indem eine dies- oder jenseitige Heilserwartung hohen psychischen Nutzen für das Individuum induziert, welcher ihm die Kosten der Partizipation, so hoch sie auch sein mögen, als gering im Vergleich zu dem Gewinn erscheinen läßt, den es durch die Teilnahme am kollektiven Handeln realisiert.[508]

Als Beispiele für eine solche Anreizstruktur können bspw. die Selbstmordanschläge radikaler, strenggläubiger Moslems dienen. Bestärkt durch den Glauben an die sofortige Aufnahme in das Paradies nach dem Erleiden des Märtyrertodes, erscheinen die nicht mehr zu übertreffenden Kosten des Verlustes des eigenen Lebens gering im Vergleich zu jenseitigen Verheißungen, welche den potentiellen Märtyrern durch Geistliche oder auch nur durch Agitatoren in Aussicht gestellt werden.[509]

Ein weiteres Argument zur Erklärung des nationalen Fanatismus liefert Hirschman, der anführt, daß sich Kosten und Nutzen eines Engagements überlagern können. Dies ist speziell dann der Fall, wenn das Streben nach öffentlichem Glück eine solche innere Befriedigung bei demjenigen schafft, der sich dafür engagiert, daß Weg und Ziel auswechselbar werden.

---

506 vgl. Hechter, M./Friedman, D./Appelbaum, M. (1982), S. 427

507 vgl. Barry, B. (1975), S. 51

508 Ein weiterer Vorteil, den die Integration religiöser Elemente einem säkularen Nationalismus bieten kann, ist die Ausschaltung eines potentiellen Konkurrenten um die Loyalität der Individuen. Dies gilt besonders, weil Nationalismus und Religion in latentem Widerspruch zueinander stehen, da beide Ordnungsideologien darstellen. Vgl. zu diesem Punkt Jürgensmeyer, M. (1993), S. 35.

509 vgl. auch Kaschuba, W. (1994), S. 187, der die Möglichkeit der Inszenierung religiösen Fanatismus auf der Basis einer kühl kalkulierenden Machtpolitik anspricht.

Dann stellt der Nutzen kollektiven Handelns zu einem bestimmten Zeitpunkt nicht die Differenz von erwünschtem Ergebnis und der zu seiner Erreichung notwendigen Anstrengungen dar, sondern die Summe beider.[510]

Eine solche Konstellation impliziert, daß der betreffende Akteur seinen Nutzen durch erhöhten Einsatz für das kollektive Gut weiter steigern kann.

Eine derartige Verschmelzung von Weg und Ziel kommt vor allem in der Aufbruchphase politischen Engagements vor. Sie beruht auf einem radikalen Wechsel der Wahrnehmung aufgrund dessen mehrere Menschen sich imstande sehen, eine Veränderung der Verhältnisse herbeizuführen, und zum anderen auf der Veränderung der eigenen Persönlichkeit durch die politische Aktivität.

Hirschmann bemerkt explizit: „[E]ine geradezu berauschende Erregung stellt sich ein, wenn sich das Bewußtsein, selbstlos im allgemeinen Interesse zu handeln, mit dem Gefühl verbindet, herkömmliche Grenzen moralischen Handelns verletzen zu dürfen – ein Empfinden, das dem der Macht eng verwandt ist.“[511]

Es kann dabei zu einer Art Suchtbildung kommen, wenn man sich von einer Aufgabe derartig stark angezogen fühlt, daß im Rahmen subjektiven Erlebens eine Reduzierung anderer Aktivitäten zugunsten dieser einen gerne akzeptiert wird. Die vorgetragene Sichtweise geht allerdings einher mit einer Modifizierung des ökonomischen Menschenbildes, welche dem Menschen Metapräferenzen zubilligt.[512]

Auch durch eine kognitive Verzerrung der subjektiven Wahrnehmung des eigenen Beitrages zum Erfolg kollektiven Handelns kann es zu Übereifer kommen. Ist ein Akteur überzeugt, daß sein Handeln ausschlaggebend für Erfolg oder Mißerfolg der Korporation ist und er nur durch seinen persönlichen Einsatz die angestrebten individuellen Vorteile und das Wohl seiner unmittelbaren Umgebung realisieren kann, ist ein verstärktes Engagement vorstellbar. Es kann bis zum Fanatismus reichen. Dabei ist unerheblich, ob dem Individuum tatsächlich eine Schlüsselrolle zukommt, oder ob es nur subjektiv dieser Meinung ist.[513]

---

[510] vgl. zum folgenden Hirschman, A.O. (1984), S. 94 ff.

[511] s. ebd., S. 110

[512] vgl. ebd., S. 111. Vgl. zum Konzept der Metapräferenzen auch die grundlegenden Ausführungen bei Sen, A.K. (1977), S. 338 ff..

[513] Eine solche Überlegung ist die Fortführung des oben schon angesprochenen Gedankens von Finkel, Muller und Opp, welche die subjektive Wahrnehmung der Wichtigkeit des eigenen Beitrages für den Erfolg des Gruppenhandelns als eine der Hauptdeterminanten für eine Beteiligung an diesem Handeln ausmachen. (vgl. Finkel, S.E./Muller, E.N./Opp, K.-D.

Eine weitere Ursache für Engagement in einer Sache, die im Grenzbereich der Rationalität anzusiedeln ist, konstatiert R. Hardin: das Bedürfnis dabei zu sein, an der Geschichte teilzunehmen, sich durch die Teilnahme an bedeutenden, vielleicht sogar weltverändernden historischen Ereignissen oder Bewegungen weiterzuentwickeln. In einem solchen Fall spielen moralische Anliegen ebenso eine Rolle wie das Bedürfnis, die eigene Geschichte selbst zu erfahren. Kosten und Nutzenaspekte sind dadurch, wenn überhaupt, nur von untergeordneter Bedeutung.[514]

Ein Grund für ein Engagement in einer fanatischen Gruppe kann auch in einer Schwäche der menschlichen Rationalität liegen. Durch die wiederholte Anhäufung relativ kleiner Fehler im Rahmen von Entscheidungen kann es zu einem unverhältnismäßigen Gehorsam gegenüber einer Autorität kommen, auch wenn diese extreme Forderungen an ihre Mitglieder stellt. Ursache dafür ist ein zeitinkonsistentes Verhalten: Gegenwärtigen Kosten wird eine höhere Bedeutung eingeräumt als zukünftigen. Durch eine solche Verzerrung kann es zum Zögern beim Ausführen einer Handlung kommen. Übertriebener Gehorsam kann dementsprechend als eine Form des Zögerns angesehen werden, wenn Ungehorsam gegenüber der Autorität hervorsticht und als verabscheuungswürdig betrachtet wird.[515]

(1989), S. 886 ff.) Was als von den Initiatoren kollektiven Handelns vielfach noch unterstützte Wahrnehmungsverzerrung beginnt, welche das Zustandekommen kollektiven Handelns positiv beeinflußt, kann sich ebenso zu einer systematischen Überschätzung der eigenen Fähigkeit und Bedeutung durch das Individuum ausweiten. Dieses Phänomen muß jedoch wiederum im Zusammenhang mit der Begrenztheit der menschlichen Rationalität gesehen werden.

[514] vgl. Hardin, R. (1982), S. 107 f. Einen ähnlichen Ansatz verfolgt Pagano, wenn er die Erweiterung des Rational Choice-Modells um symbolischen Nutzen gemäß eines Gedankens von Nozick vorschlägt, daß es den Menschen nicht nur darum geht, was sie haben, sondern auch darum, was sie sind. Sinn und eigene Wichtigkeit spielen eine bedeutende Rolle in ihrem Überlegungen. (vgl. Pagano, U. (1995), S. 190 sowie Nozick, R. (1993), S. 212 ff.) Vgl. zudem Dann, O. (1978), S. 212, der bemerkt, daß nationale Bewegungen zur Erweiterung des Bewußtseinshorizontes ihrer Träger beitragen und den Individuen ferner den Raum und die Möglichkeiten für gesellschaftliches Handeln und sozialen Aufstieg bieten.

[515] vgl. zum folgenden Akerlof, G.A. (1991), S. 1 ff., der diese Verhaltensweisen vor allem an Sekten oder ähnlichen Gebilden exemplifiziert, aber auch an der Machtübernahme innerhalb der bolschewistischen Partei durch Stalin. Eine Analogie zu kleinen hochsolidarischen (Terror-) Gruppen nationalistischer Prägung scheint erkennbar. Die Überlegungen Akerlofs gehen auf Laboruntersuchungen zurück, in denen Menschen im Gegensatz zu ihren eigentlichen moralischen Überzeugungen durch geschickten Einsatz von Sanktionen und des Abstandes der nächsten auszuführenden Schritte zu Handlungen animiert werden konnten. Vgl. zur Rationalität der höheren Gewichtung gegenwärtigen Nutzens gegenüber zukünftigem Nutzen aber auch Elster, J. (1993), S. 184 f.. Für eine allgemeine Betrachtung der Eigenheiten der Gegenwartsbezogenheit als Beschränkung der menschlichen Rationalität vgl. z.B. Frank, R.H. (1992), S. 78 ff..

Extreme Gruppen, Sekten etc. entziehen dem Mitglied die Verfügung über seine individuelle Rationalität, indem sie ihm z.B. Zeit wegnehmen, Wünschens- und Nichtwünschenswertes vorschreiben und es an harmonischer Ausbildung seiner Fähigkeiten hindern.

Durch Indoktrination und Ausschaltung von Informationen, die dem Orientierungs- und Handlungsschema der Gruppe zuwiderlaufen, wird das schon bestehende Engagement noch verstärkt. Auf diese Weise können Menschen in ihren Präferenzen derart beeinflußt werden, daß sie auch extreme Formen des Verhaltensdrucks widerspruchslos hinnehmen und sich der sie beherrschenden Autorität bedingungslos unterwerfen.
Wer dazu nicht fähig oder willens ist, kann in frühen Runden ausscheiden.

Die Stufenleiter der Indoktrination und Gehorsamsbildung siebt damit ungeeignete Personen aus und schweißt die Verbleibenden von Stufe zu Stufe enger zusammen.

Innerhalb der Verbliebenen entsteht ein Klima der Verpflichtung und sie entwickeln Werte und Glaubensvorstellungen, die ihren vorherigen Ansichten möglicherweise sogar diametral entgegengesetzt sind. Auf eine solche Weise kann ihnen ein ungeahnt hohes Ausmaß an Verpflichtung gegenüber einer Gruppe abverlangt werden.

Eine weitere Möglichkeit zur Schaffung solcher extremen Verpflichtungen besteht in der Aussetzung außergewöhnlich hoher Strafen auf eine Abweichung vom erwartungskonformen Verhalten. Dies gilt speziell in Situationen, in denen die Gruppe ein hohes Maß an Einmütigkeit besitzt und ein Ausschluß aus der Gruppe das Individuum seiner materiellen Lebensgrundlage und des kompletten sozialen Umfeldes berauben würde.

Durch die Kombination dieser Möglichkeiten der Steuerung und Kontrolle stellen die Führer ihre Anhänger vor eine Alles-oder-Nichts-Entscheidung. Sie mündet entweder in bedingungsloser Loyalität und Unterstützung der Gruppennormen oder in sofortigem Austritt oder Ausschluß.

Trotz der angeführten Beispiele für Fanatismus oder Übereifer erscheint diese Art des Verhaltens eher als Ausnahme denn als Regel. Sie ist lediglich unter bestimmten Konstellationen vorstellbar.

Dies zeigt sich auch darin, daß nationale Bewegungen im Falle ihres Erfolges nicht auf die Opferbereitschaft der Menschen für die Nation vertrauen, sondern spätestens im Kriegsfall eine allgemeine Wehrpflicht einführen und Desertion mit strengen Strafen, normalerweise der Todesstrafe, belegen. Auch andere interne, weniger formalisierte Partizipationszwänge, vor allem sozialer und psychischer aber auch physischer Druck, sind in

Gruppen zu erwarten, die ihren Mitgliedern ein hohes Maß an persönlicher Opferbereitschaft abverlangen.[516]

Doch deutet die relativ große Zahl von Menschen, die bereit scheinen, für ihre Ideale zu sterben, auf eine Ebene der Politik hin, in welcher der transzendentale Wert kultureller Identität eine vorrangige Bedeutung besitzt. Er stellt eher selbst ein Ziel dar als ein Mittel zur Erreichung materieller oder sozialer Vorteile.[517]

Der Erklärung fanatischer Handlungen durch eine Theorie rationalen Handelns sind also enge Grenzen gesetzt. Die soziale Belohnung fanatischen Verhaltens kann nur innerhalb kleiner Gruppen als wirksam erachtet werden. In Großgruppen verliert sie schnell ihre Anreizwirkung.[518]

In eine Theorie rationalen Handelns ist die Begeisterung für Krieg und Gewalt sowie die Lust am Töten zwar durch die ad hoc-Annahme dement-

---

[516] vgl. auch Holzinger, W. (1993), S. 34 der ebenfalls bemerkt, daß die angebliche Opferbereitschaft für die Nation häufig unfreiwillig ist und auf angedrohten oder tatsächlichen Sanktionen beruht und erst nachträglich zu heroischem Altruismus verklärt wird. Vgl. weiterhin Petersen R. (1989), S. 572, der die soziale Ächtung durch eine Gruppe, falls ein von dieser erwarteter militärischer Dienst nicht geleistet wird, als bedeutsamen Faktor bei der Entscheidung des rationalen Individuums für das Leisten des Dienstes identifiziert, der in Verwandtschafts- und Abstammungsgruppen zusätzliches Gewicht besitzt. Auch Barry bemerkt, daß sich zwar mehr Menschen freiwillig zu etwas melden als man annehmen sollte, die Teilnehmerzahl durch die Einführung von Zwang aber erheblich gesteigert wird. (vgl. Barry, B. (1975), S. 50)

[517] vgl. Mitra, S.K. (1995), S. 61 f.. Neben der Existenz einer instrumentellen Ebene, auf der politisches Engagement mit materiellen Vorteilen und politischen Karrieren verbunden oder die Betätigung in einer Bewegung Ziel an sich ist, verweist Mitra auf das Vorhandensein einer transzendentalen Ebene, auf der Werte wie Sprache, Religion oder ethnische Bindungen eine zwingende Basis der Identifikation und politischen Handlung darstellen. Sie überstrahle alle anderen Überlegungen. Eine typische nationalistische Bewegung vermische beide Ebenen zu einem komplexen Programm, dessen konkrete Ausprägung von verschiedenen Faktoren abhängig sei. Ein solches Programm wird allerdings so zusammengestellt, daß es den Kriterien einer Optimierung der Ziel-Mittel-Beziehung genügt und den Initiatoren eine möglichst große Anhängerschaft bringt. Auch Anderson bemerkt die enge Verknüpfung der Nation mit der transzendenten Ebene anhand der Existenz der Gräber der Unbekannten Soldaten. Ein Mahnmal für den unbekannten Liberalisten oder Marxisten sei schon allein deswegen unvorstellbar, weil sich beide nicht mit Tod und Unsterblichkeit befassen. Die Nation wird somit vielfach in die Nähe der Religion gerückt, als Mittel zur Bewältigung der drängenden Probleme der menschlichen Existenz und der Last des menschlichen Leidens. (vgl. Anderson, B. (1988), S. 18 f.) Für eine gegenteilige Meinung vgl. aber auch Eisenstadt, S.N. (1991), S. 30, der auf die Verbindung von Sozialismus und Nationalismus hinweist, da beide als Erben der großen revolutionären Bewegungen seit ihrem Beginn eine Diesseitigkeit in politischer, ökonomischer und sozialer Hinsicht teilten. Erst aus diesem Diesseits konstruierten sich transzendente Orientierungen.

[518] vgl. hierzu auch Krempel, L. (1983), S. 166 ff.

sprechender Präferenzen beim jeweiligen Individuum erklärbar; eine solche Vorgehensweise führt jedoch zur Sinnentleerung der Theorie.[519]

Auch die Verschmelzung mit einem Ziel und die Aufopferung persönlicher Interessen im Sinne einer intrinsischen Belohnung durch diese Handlungen finden keinen Platz in der angesprochenen Erklärung des Fanatismus.[520]

Speziell in diesem Aspekt ist man auf dem Weg zu einer zufriedenstellenden Theorie auf weitere Erkenntnisse der psychologischen Forschung angewiesen, insbesondere in bezug auf Bildung und Veränderung individueller Präferenzen.

---

[519] Generell findet Gewalt in der Rational Choice-Theorie dadurch Platz, daß sie als Mittel zur Erreichung übergeordneter Ziele angesehen wird. Der Einsatz von Gewalt beinhaltet Kosten, die jedoch getragen werden, wenn anzunehmen ist, daß der Nutzen der angestrebten Ziele diese übersteigt. Weiterhin ist auf ein ambivalentes Verhältnis des Menschen zur Gewalt hinzuweisen, welches in seiner Ausprägung rapiden Änderungen unterliegen kann. Dieser Umstand schließt einerseits die Integration einer allgemeinen Präferenz für Gewalt in das Handlungsmodell aus, erschwert andererseits jedoch die Betrachtung von Gewalt als reinem Kostenfaktor. (vgl. dazu Nicholson, M. (1992), S. 108 f.)

[520] vgl. auch Swanson, G.E. (1992), S. 110, der speziell Coleman vorhält, diesen Aspekt zu vernachlässigen. Andererseits werden die Ausführungen zur Identifikation deutlich machen, daß es sehr wohl zu einer Modifikation der individuellen Interessen im Sinne eine korporativen Akteurs kommen kann. Fraglich bleibt weiterhin, inwieweit eine solche Identifikation Ursache für fanatische Handlungen sein kann, die dem Individuum selbst schaden.

4.8. Sozialisation – Identifikation – Identität

Nationalistisches Verhalten wird durch die Sozialisierung, die Identifikation mit der Nation und das Management der Identität beeinflußt. Es stellt sich daher die Frage, wie diese drei Aspekte des menschlichen Verhaltens in einer Theorie rationalen Handelns ihren Platz finden.

Sozialisation

Eine Internalisierung von Normen ist im Rahmen des Rational Choice-Modells nicht ohne weiteres erklärbar.

Wenn dieser Ansatz eine Internalisierung von Normen durch rationale Individuen anerkennt, nähert er sich dem soziologistischen Rollenbegriff; eine Richtung, die er ja gerade vermeiden will. Trotzdem findet eine Internalisierung von Normen unbestreitbar statt, so daß ein sie vernachlässigendes Theoriegebilde zu kurz greifen würde.[521]

Auch in Bezug zum Nationalismus muß die Internalisierung von Normen Betrachtung finden, weil gerade sie es ist, die eine Kontrolle der Normbefolgung durch andere weitgehend obsolet macht. Dies verschafft der nationalen Bewegung einen beträchtlichen Vorteil bei ihrem Streben nach dem Nationalstaat, da sie ihre Ressourcen in größerem Maße nach außen richten und dadurch einen möglicherweise entscheidenden Vorteil bei der Verwirklichung ihres Zieles realisieren kann.

Coleman betrachtet die Internalisierung von Normen als Grenzfall individueller Rationalität.[522]

Durch die Internalisierung einer Norm bildet die Person ein internes Sanktionssystem aus, durch das sie sich bei Abweichung von der Norm selbst bestraft. Ein solches inneres Sanktionssystem entsteht im Rahmen des Sozialisationsprozesses.[523]

Dabei ergibt sich nun die Frage, in welchem Fall die Ausbildung eines solchen Sanktionssytems für andere und den Akteur selbst rational begründbar ist.

Wenn ein solcher Versuch Effizienz zu einem akzeptablen Preis verspricht, kann er als rational angesehen werden. Für Akteure ist es dann rational, auf eine Internalisierung von Normen bei einem Individuum hin-

---

[521] vgl. Opp, K.-D. (1989a), S. 58, der internalisierte Normen als interne Anreize zum Handeln ansieht. Vgl. ebenfalls Elster, J. (1989), S. 155, der die Internalisierung von Kooperationsnormen als einen entscheidenden Faktor zur Vermeidung des Trittbrettfahrens ansieht.

[522] Zu den folgenden Ausführungen zur Internalisierung vgl. Coleman, J.S. (1991), S. 379 ff., ähnlich: Marini, M.M. (1992), S. 39 f.

[523] Sozialisation muß nicht erfolgreich sein. Individuen, bei denen die Sozialisation nicht wirksam war, nennt Coleman Soziopathen.

zuwirken, wenn die Kosten, welche die Internalisierung für einen bestimmten Wirkungsgrad der Norm hervorruft, geringer sind als die diskontierten Kosten, die eine spätere Kontrolle zur Erreichung eines gleichen Grades der Normbefolgung durch das Individuum hervorrufen würde. Man kann also die für die Sozialisierung aufgewendete Mühe als eine Investition ansehen, die spätere Kosten sparen helfen soll.

Der Grad der Normbefolgung wird durch einen Vergleich der Kosten der Nichtbefolgung mit den Kosten der Sanktionierung festgestellt. Je höher die Kosten externer Überwachung sind, desto geringer ist deren Wirkungsgrad im Verhältnis zu einem Anreizsystem, das innere Kontrolle hervorruft.

Sozialisation dient nicht allein dazu, der zu sozialisierenden Person gewisse Normen zu vermitteln; sie soll auch das, wie Coleman es nennt, „Selbst" des Individuums modifizieren. Im Extremfall kann es zu einer Schaffung eines neuen Selbst kommen.[524]

Der Prozeß der primären Sozialisation, also die Sozialisation von Kindern von der Geburt an durch die Agenten der Primärsozialisation, im folgenden der Einfachheit halber als „Eltern" bezeichnet, ist durch mehrere Besonderheiten gekennzeichnet:[525]

Eine Internalisierung wird um so wirksamer, je mehr Handlungstypen durch Normen kontrolliert werden, da neben den Kapitalkosten für den Sozialisationsprozeß für jede weitere betroffene Handlung lediglich marginale weitere Kosten entstehen.

Die Eltern werden nur sehr begrenzt von den Gewinnen durch ein inneres Sanktionssystem beim Kind profitieren können. Dies hat voraussichtlich eine höhere Investition in die Internalisierung solcher Normen zur Folge, die sich auf das Verhalten im Elternhaus beziehen, als solcher, die erst später zum Tragen kommen. Daraus folgt: In Kulturen, in denen Kin-

---

[524] vgl. auch Coleman, J.S. (1992), S. 233 ff. zur ausführlichen Darstellung des Konzeptes des Selbst und dessen Auswirkungen auf die menschliche Rationalität. Eine Körperschaft, die ihre Mitglieder dazu bewegen will, in ihrem Interesse zu handeln, kann somit entscheiden, ob sie selbst die Kontrolle des Verhaltens ihrer Mitglieder übernehmen will oder versucht, diese so zu beeinflussen, daß sie mittels der Internalisierung von Normen diese Kontrolle selbst vornehmen. Hier tritt wiederum die oben angesprochene Modifizierung der Interessen des Akteurs auf den Plan, die eine Anpassung der Interessen des Agenten an die Interessen des korporativen Akteurs zum Ziel hat. Verfolgt ein Herrschaftssystem das Ziel, eine möglichst weitgehende Kontrolle über das Leben des Individuums auszuüben, steht zu erwarten, daß dies über die Schaffung eines neuen Selbst versucht wird. (vgl. Coleman, J.S. (1991), S. 384) Eine Extremform einer solchen Vorgehensweise stellt die „Gehirnwäsche" dar.

[525] vgl. Coleman, J.S. (1991), S. 384 ff.

der das Elternhaus früh verlassen, wird weniger in Norminternalisierung investiert als in Kulturen, in denen das Elternhaus spät verlassen wird.

Ihren Ertrag aus den Investitionen in die Sozialisation des Kindes können die Eltern in dem Maße erhöhen, wie sie sich mit dem Kind identifizieren und sich über dessen späteres Leben informieren.

Einfluß auf die Höhe der Investitionen in die Internalisierung von Normen hat auch der soziale Status einer Familie. Familien mit geringem Status, die als Familie nichts zu verlieren haben, werden weniger Wert auf die Norminternalisierung ihrer Kinder legen als Familien mit höherem sozialen Status.

Da abweichendes Verhalten zwar negativ belegt, aber nicht immer direkt strafbar ist, werden rational handelnde Eltern versuchen, ihr Kind zu einem guten Bürger zu erziehen, um es und mit ihm die Familie vor diesen Sanktionen zu bewahren. Insofern ist Sozialisation ein Resultat der Existenz formaler Kontrollen, jedoch keine Alternative dazu.[526]

Die Internalisierung spezieller Normen hält die öffentliche Ordnung aufrecht und sichert die ökonomische Rentabilität, so daß an der Weitergabe solcher Normen ein allgemeines Interesse besteht.[527]

Im Interesse einer Gruppe, die sich gewisse Vorteile aus der Existenz bestimmter Normen verspricht, wird daher deren Beibehaltung und Verinnerlichung gezielt unterstützt.

Dazu kann der Prozeß sekundärer Sozialisation dienen, der sich vor allem in der Schule und während der Berufsausbildung vollzieht. Er scheint bspw. bei der Nutzung der Bildungsinstitutionen zur Vermittlung nationaler Symbolik abzulaufen. Der Fahnenappell oder das Absingen der Nationalhymne in Schulen vor Beginn des Unterrichts zeugen von den Versuchen der Nationalstaaten, durch sekundäre Sozialisationsinstanzen ein gesteigertes Nationalgefühl zu induzieren. Dies soll zu einer stärkeren Identifikation der Individuen mit ihrem Nationalstaat führen. Es ist eine möglichst weit gehende Deckungsgleichheit zwischen seinen Interessen und den Interessen der Individuen beabsichtigt.[528]

---

526 vgl. Hechter, M. (1987), S. 69

527 vgl. Marini, M.M. (1992), S. 38 f.

528 vgl. Coleman, J.S. (1991), S. 382 und Coleman, J.S. (1992), S. 160 f.. Ein ähnliches Argument, wenn auch mit anderer Terminologie, liefert Lindenberg, S. (1983b), S. 461 ff., der den Einfluß des Staates auf moralisches im Gegensatz zu zielgerichtetem Verhalten betrachtet, der schon allein deshalb, weil moralisches Verhalten der Bürger gegenüber dem Staat dessen Kontrollkosten senkt und seine Effizienz steigert, ein Interesse am moralischen Verhalten seiner Bürger haben muß. Er sieht sich allerdings auch konkurrierenden Loyalitä-

Normen können auch durch einen Prozeß beobachtenden Lernens internalisiert werden, wenn der Akteur das Verhalten anderer Akteure in seiner direkten Umgebung als attraktiv erachtet und es zum Vorbild nimmt. Dies ist ein Vorgang, der wiederum von den existierenden Machtverhältnissen zwischen beobachtendem und beobachtetem Akteur beeinflußt wird.[529]

Ein solcher Prozeß kann auch eine Art der tertiären Sozialisation darstellen, etwa wenn er durch politische Organisationen, nationale Parteien oder Jugendgruppen initiiert wird.

Geht man allerdings von der Begrenztheit des Einflusses internalisierter Normen auf das menschliche Handeln aus, rechnet also auch mit dem Kosten-Nutzen-Kalkül, müssen insbesondere Minderheiten, um unterschiedlich zu bleiben, ihren Mitgliedern gewisse Gegenleistungen offerieren. Diese sollen sich nicht nur im Kindesalter, sondern auch wenn sie erwachsen sind, mit ihren Vorfahren identifizieren und die Zugehörigkeit zur Gruppe wahren. Dabei müssen die Belohnungen, zumeist Anerkennung und die Aussicht auf geschätzte Beschäftigungen und Heiratsmöglichkeiten, die Kosten übersteigen, die durch den Verzicht auf die Vorteile der Zugehörigkeit zur Mehrheit und das Aufgeben der Unterschiedlichkeit entstehen.[530]

---

ten ausgesetzt. Er reagiert mit Zwang und Versuchen, durch bestimmte Institutionen moralisches Verhalten gegenüber dem Staat zu erzielen. Solche Versuche können eine Beeinflussung der Geschichts- und Staatsdarstellung in Schulbüchern über die Hervorhebung bestimmter Nationalhelden beinhalten. Die Grenze zwischen beiden Verhaltensarten erscheint Lindenberg fließend. Er betrachtet moralisches Verhalten primär als in wiederholten rationalen Wahlhandlungen begründet.

[529] vgl. Marini, M.M. (1992), S. 38 f.. Vanberg zielt in die gleiche Richtung, wenn er von einer „Generalisierung von Erfahrungen" spricht. Diese fördert speziell in dauerhaften Kleingruppen, angelehnt an eine herrschende Sanktionsstruktur, kooperative Neigungen in der Gruppe, auch wenn die konkreten Sanktionsbedingungen keinen Anlaß dazu bieten. (vgl. Vanberg, V. (1984), S. 141)

[530] vgl. Banton, M. (1980), S. 489. Dies gilt auch aufgrund der Tatsache, daß eine Minderheit zur Wahrung ihrer politischen und ökonomischen Ansprüche eine Erosion verhindern muß. Falls es gelingt, die aus der Kindheit bestehenden Identifikationen durch gezielten Einsatz von Anreizen zu untermauern, ist eine besonders starke Hingabe an die entsprechende Gruppe zu erwarten, da konkurrierende Identifikationen nur eine geringe Rolle spielen. Es kann dabei eine Kontinuität zwischen Ahnen und Nachkommenschaft entstehen, die für viele Menschen ein substantielles Element des eigenen Daseins darstellt, welches nicht zuletzt von den Identifikationen der frühen Kindheit abhängig ist. Insbesondere kulturelle Erzeugnisse wie Musik, Kunst, Folklore oder Literatur üben einen beträchtlichen Einfluß auf die Beibehaltung erworbener Identifikationen aus. (vgl. Weinreich, P. (1985), S. 508) Dabei ist allerdings auch zu berücksichtigen, daß die Anzahl der Anwendungen traditioneller kultureller Gewohnheiten desto eher sinkt, je höher die Anzahl der erfolgreichen Interaktionen mit

Identifikation

Das Individuum konstituiert sich auf zwei Arten als Mitglied einer Gruppe: Objektive Zugehörigkeitsmerkmale binden es an die sog. Mitgliedsgruppe. Aufgrund einer subjektiv empfundenen Zugehörigkeit ist es Teil einer sog. Bezugsgruppe. Eine solches Zugehörigkeitsgefühl kann im Grenzfall zur Identifikation mit dieser Gruppe führen.[531]

Als wichtig für die Zugehörigkeit zu einer Gruppe stellt sich aber nicht nur die eigene Beurteilung dar, sondern auch die Einordnung durch andere.

Eine Identifikation des Menschen mit der Nation äußert sich vor allem in der Gleichsetzung individueller und nationaler Interessen.[532]

In der Terminologie einer Theorie rationalen Handelns modifiziert dabei der Akteur seine Interessen und befriedigt sie dann in dem Maße, wie er die Interessen der Nation befriedigt.[533]

Identifikation kann dem einzelnen

a) von außen her angesonnen werden,
b) aus ihm selbst kommen.

ad a)

Eine solche Identifikation wird von den Führern korporativer Akteure angestrebt, weil sie die Kontrollkosten reduziert. Ein sich mit dem korporativen Akteur identifizierendes Individuum hat keinen Anreiz zum Trittbrettfahren und wird gleichzeitig darauf achten, daß die anderen ebenfalls ihren Beitrag zum Wohle des korporativen Akteurs leisten. Auf diese Art und Weise kann eine homogene Organisation entstehen, in der im Extremfall alle Mitglieder gleiche Interessen besitzen und sich im Verhältnis zu ihrer

---

neuen Reaktionsmustern ist. Dies dürfte wiederum tendenziell zu abnehmender Identifikation führen. (vgl. Schnell, R. (1990), S. 53)

531 Mitgliedschaft und Zugehörigkeitsgefühl müssen nicht zusammenfallen. Das Kontinuum der möglichen Verhältnisse beider Gruppen erstreckt sich von Identität bis völligem Auseinanderfallen. Vgl. zur Bezugsgruppentheorie z.B. die zusammenfassenden Ausführungen bei Gukenbiehl, H.L. (1994), S. 115 ff..

532 Coleman unterscheidet fünf Situationen, in denen ein Akteur Identifikation mit einem anderen entwickelt, ohne diese mittels eines theoretischen Prinzips verknüpfen zu können: 1) Wenn man handelt, um dem anderen einen Gewinn zu verschaffen; 2) Wenn der andere erfolgreich ist; 3) Wenn man von denselben Ereignissen betroffen ist wie der andere; 4) Wenn man stark von dem anderen abhängig ist; 5) Wenn man dem anderen Kontrollrechte über die eigenen Handlungen überträgt. Nur im dritten Fall kann der Akteur Befriedigung erlangen. (vgl. Coleman, J.S. (1992), S. 255)

533 vgl. Coleman, J.S. (1991), S. 203

Umwelt in ähnlichen Situationen befinden, so daß sie auch der Umwelt gegenüber ähnlich agieren werden.[534]

Es entwickelt sich eine besondere Form der Agent-Prinzipal-Beziehung, in welcher der Agent seine Interessen modifiziert, so daß sie mit denen des Prinzipals kongruent werden.

Unter Prinzipal läßt sich dabei ein Vorgesetzter verstehen, der Ressourcen jenseits der eigenen Kapazität mobilisieren will. Ein Agent ist jemand, der die Position eines Untergebenen einnimmt und im Interesse des Prinzipals handelt. Eine Übereinstimmung der Interessen zwischen Akteuren ist dann gegeben, wenn entweder beide gleichermaßen ihre Ziele erreichen oder wenn der eine Akteur zufrieden ist, wenn er die Interessen des anderen Akteurs befriedigt. Im Extremfall werden die Interessen des Prinzipals zu den Interessen des Agenten. Coleman spricht in einem solchen Fall von affiner Agentschaft („affine agency").[535]

Während ein solcher Prozeß der Modifizierung der Interessen zunächst Kosten verursacht, kann sich der Agent nach Verarbeitung seiner Kosten subjektiv besser stehen, als wenn er diese Identifikation nicht vorgenommen hätte. Durch die gleichzeitige Befriedigung der eigenen und der Interessen des Prinzipals kann der Agent zusätzliche Gewinne in Form von Belohnungen durch den Prinzipal realisieren. Dadurch vergrößert sich sein Nutzen noch. Die Identifikation mit einer Gemeinschaft kann sich zudem selbst verstärken, indem alle Handlungen, die auf die Gemeinschaft bezogen sind, zur Interessenbefriedigung beitragen und zusätzlich noch Anerkennung durch die anderen Gemeinschaftsmitglieder erfahren. Es kommt somit zu einer positiven Rückkoppelung. Jede weitere Handlung erzeugt sowohl eine in der Person entstehende als auch eine durch die Gemeinschaft geschaffene innere Zufriedenheit.[536]

---

[534] vgl. Coleman, J.S. (1992), S. 248. Identifikation ist für die Regierung eines Staates ebenso von Vorteil wie für die Anführer einer separatistischen Gruppe; beide verbessern ihre Situation dadurch, daß sie ein höheres Maß an Leistungen von den Individuen bekommen, als dies ohne die Identifikation der Fall wäre. Es können sich jedoch auch einander zuwiderlaufende Identifikationen überlappen, wodurch es zu einer gegenseitigen Abschwächung kommen kann. Selbst stark identifizierte Québecois können auch eine Identifikation mit Kanada besitzen. In diesem Fall ist die Unterstützung für die Unabhängigkeit geringer. (vgl. Meadwell, H. 1993a, S. 218)

[535] vgl. Coleman, J.S. (1991), S. 202

[536] vgl. ebd., S. 207 f.

Weiterhin kann die Gemeinsamkeit der Interessen einer Gruppe durch intensive Kommunikation deutlich werden. In dem Maße, wie der Akteur die Übereinstimmung seiner Interessen mit denen des korporativen Akteurs erkennt, wird er sich mit diesem identifizieren. Strukturen, welche die Kommunikation erleichtern, werden daher positiv mit Gruppenidentifikation verbunden sein. Neben dem Erkennen der gemeinsamen Interessen ist Kommunikation auch wichtig, um die auf diese bezogenen individuellen Handlungen koordinieren zu können.[537]

Zudem kann eine Identifikation mit der Gruppe einen weiteren Vorteil nach sich ziehen, insofern nämlich diejenigen, welche sich als die engagiertesten innerhalb der Gruppe erweisen, besondere Vorteile eingeräumt bekommen, sie z.B. Positionen bekleiden dürfen, die ihnen gleichermaßen Wohlstand und Prestige verschaffen. Der Aufstieg auf der Stufenleiter der Identifikation ist dabei zugleich ein Weg sozialer Mobilität.[538]

Identifikation und Verpflichtung gegenüber einer Gruppe sind besonders zu Beginn einer nationalistischen Bewegung bedeutsam, da sie die Basis für ein unbedingtes Engagement der Gruppenmitglieder für das zunächst noch gefährdete gemeinsame Ziel liefern. Es bedarf keiner Kontrolle der Handlungen, weil alle aufgrund ihrer gruppenorientierten inneren Motivation freiwillig ihren Beitrag leisten. Eine solche Verhaltensweise eines harten Kerns von Aktivisten kann den Grundstein für einen erfolgreichen Start des nationalistischen Unternehmens legen. Im weiteren Verlauf kann dann die Bedeutung der Identifikation in dem Maße abnehmen, in dem die Bewegung in der Lage ist, potentiellen Teilnehmern private Vorteile zu verschaffen oder Normen zu etablieren.[539]

Dies erklärt auch die Bedeutung der Ideologie und die Betonung des Gemeinschaftsgedankens durch die Führer der nationalen Bewegung. Der Begriff einer Schicksalsgemeinschaft, wie er auch von Bauer verwendet wird, impliziert bereits eine grundsätzliche Gemeinsamkeit und eine Übereinstimmung der Interessen. Ausreichend ist dabei die subjektive Wahrnehmung der Gemeinsamkeit der Interessen, nicht deren tatsächliches Vor-

---

537 vgl. Hardin, R. (1995), S. 19 und Hechter, M. (1992), S. 271. Eine verstärkte Kommunikation kann, wie oben ausgeführt, zudem das spieltheoretische Gefangenen-Dilemma in ein Koordinationsproblem verwandeln.

538 vgl. Hardin, R. (1995), S. 41

539 vgl. auch Hechter, M. (1990), S. 150, der darauf hinweist, daß Verpflichtungen, wenn sie Kontrollmechanismen liefern, den Fortbestand einer Gruppe in allen Entwicklungsstadien sichern.

handensein. Diese subjektive Wahrnehmung wird durch die ideologische Indoktrination verstärkt.[540]

Ideologien sind in der Lage, von sich aus bedeutsamen Einfluß auf das menschliche Verhalten auszuüben. Sie können als die gemeinsamen Grundgerüste mentaler Modelle betrachtet werden, welche viele Individuen in ähnlicher Weise besitzen. Sie liefern diesen eine Interpretation ihrer Umgebung und ein Konzept, wie diese strukturiert sein könnte oder sollte.[541]

Nicht nur im Prozeß der sozialen Mobilisierung spielen Ideologien eine Rolle, bereits für die Initiatoren und den engeren Kreis der sie umgebenden Aktivisten haben sie große Bedeutung. Speziell eine utopische Ideologie kann als Handlungsgrundlage dienen, indem sie eine Alternative zur beste-

---

540 vgl. auch Birnbaum, P. (1988), S. 19, der es als Ziel jeder Ideologie beschreibt, eine Vermischung von Eigeninteresse und ethischer Verpflichtung zu schaffen. Andererseits muß eine Bedrohung von außen für die Nation, der man zugehört und als deren Mitglied man angesehen wird, vielfach auch als Bedrohung der eigenen Interessen interpretiert werden, da in den meisten Fällen auch das Individuum als einzelnes einen Verlust erleidet, wenn die Gruppe als Ganzes verliert. Vgl. dazu auch Coleman, J.S. (1992), S. 254, der vom gemeinsamen Erfahren der selben Konsequenzen spricht. Diese Tatsache scheint bei Verlusten noch eher zutreffend als bei Vorteilen, weil in ersten Fall die Gruppe geringeren Einfluß auf die Verteilung des individuellen Anteils besitzt.

541 vgl. Denzau, A.T./North, D.C. (1994), S. 3 f.. Die meisten Entscheidungen sind durch Unsicherheit, nicht durch Risiko gekennzeichnet. Individuen aus demselben kulturellen Umfeld und gemeinsamen Erfahrungen teilen sich konvergente mentale Modelle, Ideologien und Institutionen. Individuen mit unterschiedlichen Lernerfahrungen werden unterschiedliche Theorien der Interpretation der Umwelt haben. Mentale Modelle sind demzufolge interne Repräsentationen, die individuelle kognitive Systeme schaffen, um die Umgebung zu deuten. Institutionen sind externe Mechanismen, die Individuen schaffen, um die Umwelt zu strukturieren und zu ordnen. Manche mentalen Modelle werden intersubjektiv geteilt; wenn verschiedene Individuen ähnliche Modelle haben, sind sie besser in der Lage, zu kommunizieren und ihr Lernen zu teilen. Es sind jedoch auch Bewußtseinsbeeinflussung und Präferenzverschiebung innerhalb eines Prozesses kollektiven Handelns denkbar. Durch Indoktrination und Ideologie kann die Realitätswahrnehmung der Individuen so beeinflußt werden, daß sie an etwas glauben, was so nicht existiert. Eine Ideologie liefert eine Handlungs-Ergebnis-Karte, welche die nutzenrelevanten Ergebnisse mit den möglichen Handlungen verbinden, zwischen denen das Individuum wählen kann. Ideologien versorgen zudem eine Gruppe mit einer gemeinsamen Wahrnehmung der Welt. (vgl. ebd., S. 15 u. S. 21) Ideologische Überzeugungen sind nicht grundsätzlich als irrational anzusehen. Der soziale Akteur hat gute Gründe, an die Wahrheit der Ideologie zu glauben, resultierend aus der Position des Akteurs in der Umwelt, aufgrund erlernter Dispositionen, durch Kommunikation mit anderen Akteuren, die er als Autorität auf dem betreffenden Gebiet erachtet, und wegen epistemologischer Wirkungen, die eine Theorie mit ihrem Publikum verbinden. Vgl. dazu ausführlich: Boudon, R. (1990), S. 389 ff., der in diesem Zusammenhang aber auch den Begriff des britischen Philosophen Price von der „natürlichen Leichtgläubigkeit" des Menschen aufgreift, ohne die es kein soziales Leben geben könne.

henden Rechtsallokation denkbar macht. Das Hinarbeiten auf eine solche Vision kann eine eigene psychische Befriedigung induzieren, welche von äußerem sozialen Kapital unbeeinflußt ist.[542]

Die Masse der Anhänger der Bewegung, die ihrem Handeln keinen signifikanten Einfluß zuschreiben und sich daher auch wenig um einschlägige Informationen kümmern, sind um so anfälliger für Ideologien. Sie orientieren sich dann nicht an Fakten, sondern an ideologischen Aussagen.[543]

Wenn die Interessen aller individuellen Akteure mit denen des kollektiven Akteurs kongruent sind, werden sie alle die Handlungen ausführen, die der Körperschaft am ehesten nützen. Der einzelne selbst profitiert von dieser Handlung am meisten. Eine solche Situation ergibt sich im Falle einer homogenen Gruppe wie sie bspw. eine junge Nation darstellt, deren Mitglieder sich in ähnlichen Positionen befinden und daher ein Interesse daran haben, sich gegenüber der Umwelt auf gleiche Art und Weise zu verhalten.[544]

ad b)

Neben der Identifikation aufgrund persönlicher Interessen spielt auch die emotionale Verbundenheit mit der Gruppe eine Rolle für nationales Handeln.[545]

Individuen gehen eine gewisse affektive Bindung zu Gruppen ein, die ihnen über lange Zeiträume hin wiederholt Vorteile verschaffen. Durch die

---

[542] vgl. Coleman, J.S. (1992), S. 214 f. u. S. 222. Ein solcher Umstand steht in engem Zusammenhang mit der Internalisierung von Normen und Sanktionen, womit man allerdings wiederum einen Grenzbereich der Rationalität betritt. Vgl. auch Pinard, M. (1991), S. 475, der feststellt, daß sich ethnische Gruppen auch ohne Ideologie mobilisieren lassen, deren Existenz erhöhe jedoch die Wahrscheinlichkeit. Vgl. ebenfalls Estel, B. (1994), S. 74, der die Bedeutung eines sozial attraktiven Entwurfs nationaler Identität betont, da nur faszinierende Verheißungen in der Lage seien, eine Menge von Menschen wenigstens kurzfristig zu kollektivem Handeln, möglicherweise sogar tendenziell selbstlosem Handeln zu motivieren, das nicht von der bestehenden Ordnung vorgegeben würde, sondern deren zumindest partielle Beseitigung zum Ziel habe.

[543] Ein solcher Umstand korrespondiert mit den Erkenntnissen, die Downs als bedeutenden Aspekt der ideologischen Programme von Parteien identifiziert hat, nämlich, daß der Wähler nur unter bedeutenden Kosten in der Lage ist, sich detaillierte Informationen über die genauen Auswirkungen seiner Wahlentscheidung zu beschaffen. Für ihn ist rationaler, sich an Ideologien der Parteien zu orientieren. (vgl. dazu Downs, A. (1968), S. 94 ff.)

[544] vgl. Coleman, J.S. (1992), S. 247 f.

[545] vgl. zum folgenden Lawler, E.J. (1992), S. 327 ff.. Vgl. auch Schnell, R. (1990), S. 45 f., der Identifikation als Ausmaß der Wertschätzung der Zugehörigkeit zu einer Gruppe durch eine Person begreift. Insofern ist die Identifikation offensichtlich auch mit den Vorteilen verbunden, die eine Gruppe ihren Mitgliedern verschafft. Dabei muß es sich jedoch nicht zwingend um materielle Vorteile handeln, deren Bereitstellung, besonders in frühen Phasen einer nationalistischen Bewegung, zumeist ein schwerwiegendes Problem darstellt.

wiederkehrende Erfahrung von Wahlsituationen, in denen der Akteur das Gefühl der Kontrolle über Ereignisse besitzt und sich bei der Wahl seiner Entscheidung frei fühlt, entstehen positive Emotionen. Ist diese Entscheidungsfreiheit dem Wirken einer bestimmten Gruppe zuzurechnen, wird diese Gruppe mit einer positiven Bindung versehen.

Entscheidend für die Wahl der Bezugsgruppe ist die Frage, welche der verschiedenen Gruppen, deren Mitglied ein Individuum sein kann, am ehesten in der Lage ist, ihm Vorteile zu verschaffen. Kann die Nation bzw. ethnische Gruppe im Gegensatz zum Staat bestimmte soziale, ökonomische oder politische Optionen und Rechte offerieren, wird sie eher zum Objekt der emotionalen Bindung werden als der Staat. Ebenso kann auch der Staat durch das Einnehmen der Position des Beschaffers von Vorteilen eine affektive Bindung entstehen lassen.

Es ergibt sich dadurch eine Art der Wettbewerbssituation. Sie ist dadurch gekennzeichnet, daß der Staat aufgrund seiner Ressourcenausstattung zwar grundsätzlich eher in der Lage ist, den Individuen Vorteile zu sichern, ethnische Gruppen jedoch das Leben ihrer Mitglieder viel direkter beeinflussen, da sie auf regionaler und lokaler Ebene sowie im Alltagsleben oft einflußreicher sind als der Staat.

Der Akteur verteilt seine Zuneigung in unterschiedlicher Intensität schon allein deswegen auf verschiedene Gruppen, weil seine Emotionen knapp sind. Die sozialen Objekte, auf die er sie richten kann, sind jedoch unbegrenzt, so daß eine Allokation notwendig wird. Die Verteilung von Emotionen erfolgt aufgrund positiver oder negativer Erfahrungen. Emotionen sind jedoch in hohem Maße volatil, so daß sich abrupte Änderungen der Verteilung ergeben können.[546]

Identifikationsprozesse existieren aber bereits im frühkindlichen Stadium. Sie vollziehen sich zunächst innerhalb des familiären, aber auch lokalen oder regionalen Umfeldes, in einer weiteren Phase im Rahmen der Kontakte mit den umgebenden signifikanten anderen, was auch die Entstehung von Heimatgefühlen erklärt.

Mit fortschreitendem Alter treten weitere Identifikationsinstanzen auf den Plan. Dabei entwickelt das Individuum ein Selbstkonzept, das eine komplexe Vermischung verschiedener Elemente der Identifikation beinhaltet.[547]

Insbesondere die frühkindliche Identifikation ereignet sich jedoch in einer prärationalen Phase, so daß sie sich der Betrachtung unter rationalen

---

546 vgl. zu diesem Punkt auch Collins, R. (1981), S. 1003
547 vgl. Weinreich, P. (1985), S. 506

Gesichtspunkten entzieht. Aber auch die weiteren Identifikationsprozesse, die zur Ausbildung der Identität führen, können als einflußreich, emotional und in hohem Maße irrational betrachtet werden.[548]

Identität

Auch nationale Identität kann als Basis nationaler Gemeinsamkeit und gemeinsamen Handelns dienen.

Unter Identität wird im folgenden in Anlehnung an M. Erdheim eine psychische Struktur verstanden, die Orientierungshilfen für das Handeln anbietet, indem sie die Kategorien des Eigenen und des Fremden in ein Verhältnis zueinander bringt.[549]

Als Träger von Identität soll hier ausschließlich das Individuum betrachtet werden. Dieses verfügt im Normalfall über eine Vielzahl von Identitäten, die verwoben, gegenüberstehend oder überlappend sein können, da es eine Vielzahl von einander teils einschließenden, teils überschneidenden Gruppen gibt. Die Basis dieser Identitäten kann Beruf oder Klassenzugehörigkeit, Familien- oder Verwandtschaftsloyalität sein, weiterhin das Leben in Sozialräumen unterschiedlicher Art und Größe. Soziale Unterscheidungen anhand demographischer, biologischer oder physischer Charakteristika kommen hinzu. Die Festlegung der Gruppenzugehörigkeit kann betont oder minimiert werden, je nach der Situation, in der sich das Individuum befindet.[550]

Die Wahl einer kulturellen bzw. ethnischen Identität steht in unmittelbarem Zusammenhang zur Zugehörigkeit zu einer nationalen oder ethnischen

---

548 vgl. ebd., S. 504

549 vgl. Erdheim, M. (1992), S. 730

550 vgl. Bell, D. (1975), S. 153, vgl. auch Nielsen, F. (1985), S. 137. Zur Annahme der Identität als Eigenschaft von Einzelindividuen vgl. z.B. Klages, H. (1995), S. 23 f.. Kollektive Identität kann man aus individualistischer Sicht als eine interaktive und gemeinsame Definition der Wirklichkeit begreifen, die durch verschiedene Individuen produziert wird und sich mit der Orientierung von Handlungen und dem Feld von Möglichkeiten und Restriktionen befaßt. Sie kann ferner als ein System korrespondierender Handlungsstrategien interpretiert werden, welches ein übereinstimmendes Handeln der Individuen zu induzieren vermag. Kollektive Identität entsteht in einem interaktiven Prozeß, der konstruiert und ausgehandelt wird durch die wiederholte Aktivierung der Beziehungen, die Individuen verbinden. Sie schafft die Basis für die Formung von Erwartungen sowie für die Kalkulation der Kosten und Vorteile von Handlungen. Die Konstruktion einer kollektiven Identität erfordert permanente Investitionen. Das Ausmaß, in dem ein Individuum bestimmten Ressourcen, kognitiv und/oder relational, ausgesetzt ist, macht es mehr oder weniger wahrscheinlich, ob es am Prozeß der Konstruktion einer kollektiven Identität teilnimmt. (vgl. Melucci, A. (1988), S. 342 f.)

Gruppe bzw. dem Anschließen an eine andere. Dabei kann ethnische oder nationale Zugehörigkeit als Mittel zur Erreichung übergeordneter Ziele genutzt werden, so daß eine Wahl zwischen alternativen nationalen Zugehörigkeiten bzw. Identitäten speziell in Situationen des Umbruchs und Überganges durchaus auf der Basis nutzenorientierter Überlegungen erfolgen kann. Ethnische Identität wird dementsprechend als Basis für kollektives Handeln gewählt, wenn sich daraus klare Wettbewerbsvorteile ergeben.[551]

Man kann annehmen, daß die Abwägung der eigenen Lebenschancen dabei eine bestimmende Rolle spielt. Ein bewußtes Bekenntnis zu einer ethnischen oder nationalen Gruppe ist vor einer Problematisierung der Nationalität kaum zu erwarten. Es sind dies ja Großgruppen, die für das Alltagshandeln unter normalen Umständen wenig bedeutsam sind. Falls es jedoch zu einer solchen kommt, erscheinen ein Ansteigen der Identifikation sowie eine bewußte Klassifikation des eigenen Verhaltens als ethnisch oder national durchaus wahrscheinlich.[552]

---

551 vgl. z.B. Kasfir, N. (1979), S. 365, der die Wahl der Identität als politische Ressource betrachtet oder auch Nagel, J./Olzak, S. (1982), S. 129 f., welche die Kurzlebigkeit ethnischer Identitäten betonen, die außerdem vielfach situational bedingt und fließend seien. Zudem besäße der Mensch viele verschiedene Möglichkeiten, seine Identifikationspunkte zu wählen, daß dies aufgrund von herrschenden Zwängen und strategischen Gesichtspunkten erfolgen könne. Unterschieden wird von Nagel und Olzak in diesem Zusammenhang weiterhin zwischen kurz- und langfristiger ethnischer Veränderung, eine zusätzliche Betonung des freiwilligen, fließenden Charakters des Ethnischen. Während die kurzfristige Veränderung durch zeitweilige Verhaltensänderungen gekennzeichnet ist, beinhaltet die langfristige grundlegendere Änderungen bei kulturellen Kennzeichen. Vgl. aber auch Reiterer, A.F. (1988), S. 41, der die Meinung vertritt, daß ethnische Identität in dem Moment, wenn sie als Mittel der Interessenvertretung benutzt wird, aufhört ethnische Identität zu sein und zu einer Verbandsidentität wird.

552 vgl. Schnell, R. (1990), S. 53, vgl. auch Kasfir, N. (1979), S. 372, der eine Wahl der Identität der Kalkulation von Nutzen und Kosten ebenso für möglich hält wie aufgrund tief empfundener innerer Werte. Bedrohungen des persönlichen Überlebens aufgrund der Mitgliedschaft in einer speziellen ethnischen Gruppe werden wahrscheinlich ein potentielles Opfer dazu bringen, in Begriffen dieser ethnischen Gruppe zu denken, wenn objektive Merkmale es ihm unmöglich machen, dem ethnischen Etikett zu entfliehen. Vgl. ebenfalls den Hinweis bei Bell, D. (1975), S. 159, daß es in bestimmten, normalerweise widrigen, Situationen dazu kommt, daß eine Identifikation die anderen dominiert. Dies kann zum Anschluß an eine bestimmte Gruppe führen oder dazu, daß man von anderen in eine Gruppe gepreßt wird. Unterschieden werden muß allerdings zwischen Identifikation und Inklusion durch die Gruppe. Während die Identifikation allein von der Entscheidung des Einzelnen abhängt, der sich unabhängig vom Verhalten anderer identifizieren will, ist Inklusion durch die Gruppe abhängig von der Bereitschaft der anderen Gruppenmitglieder, den jeweiligen einzubeziehen, insbesondere durch den Austausch expliziter Signale. (vgl. Uhlaner, C.J. (1989), S. 258) Gewicht besitzt in einem solchen Fall aber vor allem die Fremdzuschreibung durch andere, welche den jeweiligen Akteur unabhängig von seiner Selbstdefinition zum

Speziell durch die Bedrohung einer Gruppe kann es zur Verstärkung ethnischer Identität oder gar der Herausbildung einer neuen nationalen Identität kommen. Beispiele für eine solche Art der Disziplinierung im Angesicht eines äußeren Feindes sind Zulus, Tamilen und Palästinenser.[553]

Ethnische Identität kann nicht nur durch die Übernahme ethnischer Kriterien als Abgrenzungskriterium gegenüber anderen Gruppen erworben werden, sondern auch durch Sozialisationsagenten eingeleitet werden sowie durch individuelle Hypothesen der Erklärung sozialer Prozesse. Sie kann also in allen Stadien der Sozialisation vermittelt werden.[554]

Mitglied einer bestimmten Gruppe machen kann, so daß er gleichsam gezwungen wird, sich selbst als Mitglied dieser Gruppe einzuordnen. Das gilt besonders, wenn als abgrenzendes Kriterium ein nicht oder nur schwer zu veränderndes individuelles Merkmal gewählt wird. Im Rahmen einer von außen aufgezwungenen permanenten Klassifizierung anhand des Merkmals „ethnisch" kann es bei einer Diskriminierung anhand solcher Markierungen auch zu einer Zuschreibung des Mißerfolgs auf die äußeren Umstände kommen, bei der das Selbstwertgefühl unberührt bleibt. (vgl. Schnell, R. (1990), S. 52) Vgl. auch Haas, H. et al. (1998), S. 25, wo sehr konkret auf die Möglichkeit eines Wechsels der nationalen Identität in Umbruchsituationen hingewiesen wird, der aufgrund äußeren Drucks oder wegen Besitzbegehrlichkeiten erfolgt.

553 vgl. Schnell, R. (1990), S. 51, vgl. auch Stern, P.C. (1995), S. 104. Auf Basis einer solchen situationalen Einordnung der Identität kann man versuchen, Identität in das Gerüst der Werterwartungstheorie zu integrieren. Die Beobachtung eigener Reaktionsmuster führt zu Hypothesen über die eigene Person, das eigene „Selbst". Es kommt ferner aus Basis systematischer Tests der vermuteten Effekte eigener Handlungen zur Herausbildung komplexerer Hypothesen über das Verhalten anderer auf eigene Reaktionen. Die erfolgreich getesteten Hypothesen werden dann als verwendbare Handlungsstrategien in des Reaktionsrepertoire des Individuums aufgenommen, so daß sich bewährte Handlungsstrategien ergeben. Sie können ausgeführt werden, ohne daß das Individuum jedesmal alle mögliche Handlungsfolgen und deren Konsequenzen neu evaluieren muß. Das Beibehalten einer Handlungsstrategie in kritischen Situationen stellt demgemäß selbst eine Handlungsstrategie dar. Sämtliche Vorgänge können durch ihre Verinnerlichung auch auf einer unbewußten Ebene ablaufen. Eine systematische Neustrukturierung scheint immer dann vonnöten, wenn die bewährten Handlungsstrategien nicht mehr greifen, insbesondere bei einer Veränderung der sozialen Umwelt. Eine Auswahl der verschiedenen Handlungsstrategien kann auch situational erfolgen. Dabei können die Situationen in ihrer Stärke bis zum Austausch kompletter Wertsysteme variieren. Eine mehrmalige Revision des Selbstkonzeptes im Laufe des Lebens erscheint möglich, so daß es im Zeitablauf zu mehreren verschiedenen Varianten kommen kann, die sich jedoch im Normalfall durch eine gewisse Konsistenz und Verträglichkeit mit früheren Konzepten auszeichnen. Die kognitive Repräsentation einer solchen Abfolge verschiedener Identitäten, ein sog. Identitätsbewußtsein, entwickelt sich durch Krisen und die Nichtanwendbarkeit vorhandener Handlungsstrategien und Reaktionsmuster. Solange die Muster ohne Probleme anwendbar sind besteht keine Notwendigkeit für eine reflexive Überprüfung. (vgl. Hill, P.B./Schnell, R. (1990), S. 36 ff.) Vgl. aber zur Frage der Konsistenz der individuellen Identität und deren Verhältnis zur Rationalität auch die Überlegungen bei Hardin, R. (1988), S. 192 ff..

554 vgl. Schnell, R. (1990), S. 52. Die Nutzung ethnischer Kriterien als Abgrenzungskriterium betont bspw. Olzak: „Ethnic mobilization is the process by which groups organize

Allerdings ist die Identität der Individuen nicht nach dem Ende der Sozialisation fertig geformt. Die Identität ergibt sich vielmehr aus der Einbindung in soziale Beziehungen.

Dies bedeutet auch, daß die Identität permanenter Beeinflussung unterliegt und sowohl auf der individuellen als auch auf der kollektiven Ebene eine dynamische Entwicklung durchmacht.[555]

Dementsprechend ist auch die Situationalität von Identität zu erklären. Man muß davon ausgehen, daß Identität erst dann verhaltensbeeinflussende Bedeutung bekommt, wenn zuvor als selbstverständlich erachtete Verhaltensweisen problematisiert werden. Solange die erworbenen Reaktionsmuster ohne Probleme auf bestimmte Umweltsituationen anwendbar sind, werden sie unreflektiert angewandt; sie stellen sich auch als Ökonomisierung des menschlichen Informationsbeschaffungs- und Entscheidungsprozesses dar.[556]

Daher können nationalistische Bewegungen anstreben, eine Gegenhegemonie zu installieren, verbunden mit dem Versuch, eine Gegengesellschaft aufzubauen und die Individuen entsprechend neu zu sozialisieren, also eine veränderte Identität zu schaffen. Dies bedeutet auch, daß angestrebt wird, den Menschen eine neue Gemeinsamkeit der Werte und Erinnerungen zu vermitteln.[557]

Die Unterstreichung solcher Gemeinsamkeiten auf kultureller Ebene soll der latenten Gruppe der Kulturgemeinschaft ihre Zusammengehörigkeit vor Augen führen. Die Vorteile der Kleingruppe sollen für die Großgruppe nutzbar gemacht werden. Kultur kann in diesem Zusammenhang als Kate-

---

around some feature of ethnic identity (for example, skin color, language, customs) in pursuit of collective ends.“ (s. Olzak, S. (1983), S. 355) Vgl. aber auch Erdheim, M. (1992), S. 732 f., der die frühkindlichen Aspekte der Identitätsbildung und deren psychohygienische Bedeutung betont.

555 vgl. Calhoun, C. (1991), S. 61 u. S. 64

556 Für eine solche Situationalität der Identität spricht auch der Umstand, daß viele Individuen mindestens zweimal ihre nationale Identität gewechselt haben, bspw. von Wallonen zu Belgiern oder von Ukrainern zu Sowjets und anschließend wieder zurück zur ursprünglichen Identität. (vgl. Tamir, Y. (1995), S. 431) Dies widerspricht aber auch der Annahme A.D. Smiths, daß die nationale Identität ihre Stärke gegenüber lokalen oder regionalen Identitäten in erster Linie aufgrund von Stabilität gewinnt. (vgl. Smith, A.D. (1991), S. 4 f.)

557 vgl. Meadwell, H. (1993) Die Bedeutung der bewußten Sozialisation von Individuen durch Institutionen, denen sie angehören, für die Schaffung einer neuen oder veränderten Identität betont allerdings auch Coleman, J.S. (1991), S. 383. Vgl. in diesem Zusammenhang auch Katz D. (1985), S. 72, der kulturelle Identität auf einer Gemeinsamkeit von Werten, auf der gemeinsamen Vergangenheit und dem kulturellen Erbe sowie auf einem Gemeinschaftsgefühl beruhend betrachtet.

gorie zur Bereitstellung von Identität betrachtet werden, welche den Anspruch auf bestimmte Rechte legitimieren soll. Insofern ist die Bezugnahme auf kulturelle Eigenschaften als Strategie im Wettbewerb um knappe soziale Güter anzusehen.[558]

D. Katz hat in diesem Zusammenhang vier latente Kräfte im Individuum identifiziert, die aktiviert werden können, um nationales Verhalten zu verursachen oder zu verstärken:[559]

1. Emotionale und verhaltensmäßige Konditionierung nationaler Symbole im Sozialisationsprozeß, insbesondere durch das Einhalten nationaler Rituale. Die Tiefe der emotionalen Bindung an nationale Symbole hängt dabei von der Intensität der Erfahrungen und dem Grad der Wiederholung ab. Die Durchführung der Rituale wird beobachtet, Abweichungen werden nicht toleriert, Lernerfahrungen des Kindes werden bestärkt. Die emotionale Konditionierung legt die Grundlage für den patriotischen Glauben, spezifiziert aber nicht, wie der Nationalismus jenseits der Achtung von nationalen Symbolen seinen Ausdruck finden soll.

2. Herausbildung eines nationalen Selbstverständnisses des Individuums im Rahmen des Sozialisationsvorganges sowie einer Selbstperzeption als Staatsbürger. Es soll eine Identifikation mit der nationalen Gruppe, deren Werten und Ansichten herbeigeführt werden. Dabei hilft die Möglichkeit der Fusion von Staatlichkeit, institutioneller Ideologie und kultureller Identität. Die nationale Identität als Teil der Identität des Individuums ist nur latent und wird erst durch Konfrontation manifest. Das gilt besonders für Wettbewerbs- und Vergleichssituationen mit anderen Nationen.

3. Ansprechen kompensatorischer Identifikation der Individuen zur Lösung von deren inneren Konflikten und Unsicherheiten, Anschluß an eine Gruppe zur Gewinnung eines Gefühls der Stärke, Ansprechen der inneren autoritären Persönlichkeit, die Kindheitskonflikte durch Verdrängung ihrer Aggressionen verschoben hatte und ihren Haß nur auf eine out-Group projizieren kann.

---

[558] vgl. Worsley, P. (1984), S. 249

[559] vgl. Katz, D. (1985), S. 77 ff., der zudem darauf hinweist, daß alle vier Motivationsquellen zumeist nicht alternativ sind, sondern einander überlagern.

4. Instrumentelle Eingliederung in die nationale Kultur. Verteilung zweckgebundener Gratifikationen an die Bürger für Teilnahme am nationalen Leben. Legitime Forderungen des Systems abzuweisen, heißt das ganze System zurückzuweisen, was zu einer Alles-oder-Nichts-Situation führt. Die Folgen der Ablehnung des Systems sind unattraktiv. Erscheinen der legitimen Symbole nationaler Autorität erleichtert die Erweckung zweckgebundener nationaler Beteiligung.

Die genannten Instrumente erfahren jedoch Einschränkungen dadurch, daß sie nicht allen nationalistischen Bewegungen gleichermaßen zur Verfügung stehen. Außer dem dritten Kriterium sind sie für außerstaatliche Bewegungen, denen es zumeist an den entsprechenden Institutionen fehlt, nur schwer zugänglich. Dies bedeutet, daß eine nationalistische Bewegung in stärkerem Maße darauf angewiesen ist, sich anderer Instrumente zu bedienen, um Mitglieder zu rekrutieren und zu einem Engagement für die nationale Sache zu bewegen. Ohne diesen persönliche Vorteile verschaffen zu können oder sie mittels durchsetzbarer Normen zu einer Teilnahme bewegen zu können, wird sich die nationalistische Bewegung schwertun, entsprechenden Zulauf zu bekommen. Diese Tatsache deutet wiederum auf die Probleme hin, denen sich eine außerstaatliche nationalistische Bewegung ausgesetzt sieht.

Andererseits kann das Ansprechen der beschriebenen Kräfte aber auch in schwächerer bzw. modifizierter Form dazu beitragen die Menschen im Sinne der Bewegung zu beeinflussen.

Dementsprechend muß Nationalismus auch nicht als reines Ergebnis einer gemeinsamen kollektiven Identität betrachtet werden. Vielmehr kann kollektive Identität ebenso das Ergebnis eines Konstruktionsprozesses durch den Nationalismus und seine Vertreter sein. Dies gilt sowohl nach dem Erfolg einer nationalistischen Bewegung, aber auch in abgeschwächter Form schon vorher.

Ethnizität kann somit als Basis zielgerichteten Handelns dienen, wobei die hervorstehendsten Eigenschaften eines Ethnos selektiv und auch manipulativ im Rahmen eines Identitätsmanagements eingesetzt werden können, das auf die Bestätigung, Verteidigung und Verbesserung ethnischer Identität zielt und im Zusammenhang mit politischen oder sozio-ökonomischen Zielen angewendet wird. Welche ethnischen Merkmale konkret hervorgehoben werden, ist von der jeweiligen Zielsetzung abhängig. Es erscheint jedoch ein Management in Richtung eines Solidaritätsbewußtseins ein zentrales Bestreben, um Ethniziät segregativ zu nutzen.[560]

Die Schaffung von Identität innerhalb einer Gruppe wird durch deren organisatorische Abkapselung erleichtert, da die Individuen keinem anderen Druck oder konkurrierenden Identitäten ausgesetzt sind. Durch eine solche Abkapselung und die gezielte Schaffung von Ethnizität lassen sich Schicksalsgemeinschaften konstruieren, welche die Wahrnehmung von Ungerechtigkeiten beeinflussen und kollektives Handeln erleichtern, indem sie eine relative Homogenität der Interessen ihrer Mitglieder implizieren.[561]

Identität ist ein wichtiger Baustein auf dem Weg hin zu kollektivem Handeln, insbesondere durch ihre Auswirkung auf Präferenzen und motivationalen Wandel. Sie erscheint jedoch in ihrer Auswirkung begrenzt. Auch diejenigen, deren primäre Identität mit einer ethnischen Gruppe verknüpft ist, müssen nicht unbedingt nationalistische Bestrebungen und die Forderung nach staatlicher Unabhängigkeit unterstützen. Dies gilt vor allem, wenn sie dadurch persönliche Nachteile zu erwarten haben, oder wenn Probleme während des Überganges zur nationalen Souveränität bestehen und die ökonomische Lebensfähigkeit eines möglichen neuen Staates unsicher ist. Aus Sicht der Rational Choice-Theorie steht vielmehr zu erwarten, daß die reine Existenz einer gemeinsamen Identität innerhalb einer Gruppe nicht ausreicht, um ein nachhaltiges kollektives Handeln zu initiieren. Dies bedeutet, daß die Unterstützer einer Unabhängigkeitsbewegung aus bestimmten Gruppen, denen ihre primäre Identität gilt, rekrutiert werden können. Zu zielgerichtetem, auch riskantem politischen Handeln kommt es jedoch dieser Theorie zufolge nur unter bestimmten Bedingungen, wenn nämlich die Erreichung der Unabhängigkeit eine Verbesserung des Status quo mit sich bringt.[562]

---

560 vgl. Greverus, I.-M. (1981), S. 223 f.. Es lassen sich demgemäß sechs verschiedene Grundzielsetzungen ethnischen Identitätsmanagements festhalten. Im einzelnen werden unterschieden: Herrschaftsansprüche, nationaler Pluralismus, einseitiger kultureller Pluralismus, Disengagement-Strategie, Ethnizität als Attitüde und politischer Folklorismus. (vgl. ebd., S. 224, auch für eine Erläuterung zu den einzelne Zielen) Einschränkend ist jedoch anzumerken, daß sich ein solches Identitätsmanagement auf ein Mindestmaß an tatsächlichen Gegebenheiten stützen muß. Die Konstruktion der Identität muß eine gewissen Bezug zur sozialen Realität aufweisen.

561 vgl. Meadwell, H. (1993a), S. 215

562 vgl. Meadwell, H. (1993), S. 203 und Treisman, D.S. (1997), S. 220. Existenz und Betonung mit einer kollektiven Identität verbundener eigener Werte und ihre Überhöhung durch die Bewegung kann zwar insofern als Anreiz gelten, als es den Mitgliedern gewinnbringend erscheint, sich an eben jene Werte zu halten, und sie daraus neben dem individuell empfun-

Andererseits ist eine kollektive Identität ein wichtiges Element für die Formung von Erwartungen sowie für die Kalkulation von Kosten und Nutzen einer Handlung.

Die Neigung, sich an kollektivem Handeln zu beteiligen, ist auch abhängig von der unterschiedlichen Kapazität, eine Identität auszubilden, dem unterschiedlichen Zugang zu Ressourcen, die es den Individuen ermöglichen, am Prozeß der Identitätsbildung teilzunehmen.[563]

Identität ist ein wesentlicher Faktor im Prozeß sozialer Mobilisierung und kann das menschliche Handeln verstärken, insbesondere wenn nicht genügend Anreize vorhanden sind. Identität ist somit eine bedeutende Variable bei der Erklärung freiwilliger Beiträge. Allerdings ist eine solche Identität auch manipulierbar. Dies bedeutet jedoch, daß sie in hohem Maße der Beeinflussung durch die Führung oder durch die Konkurrenz der nationalen Bewegung ausgesetzt ist. Immerhin kann sie ja unter bestimmten Bedingungen nach Nutzengesichtspunkten ausgewählt werden. Wie eine solche Wahl unter situationalen Aspekten vonstatten geht und als wie wahrscheinlich man sie annehmen kann, ist empirisch allerdings erst unzureichend erschlossen.

Kulturelle Identität ist also eine wichtige Grundlage des Nationalismus, deren Vernachlässigung eine unzulässige Verengung des Blicks bedeuten würde.[564]

---

denen Nutzen durch eine neu- bzw. zurückgewonnene Identität auch Anerkennung innerhalb der Gruppe empfangen. Es muß dennoch dem Einwand Worsleys Beachtung gezollt werden, der auf die Kollision der Privatinteressen trotz gemeinsamer Werte verweist, wobei jeder versucht, die ethischen Ideale in seinem Sinne zu manipulieren, und sich dabei auf das selbe Moralgesetz beruft. (vgl. Worsley, P. (1973), S. 329)

[563] vgl. Melucci, A. (1988), S. 342 f., der das so gestaltete Gerüst als zum Teil aus verhandelnden Interaktionen, aus beeinflussenden Beziehungen bestehend ansieht, aber auch als Frucht emotionaler Anerkennung, so daß kollektives Handeln mit Sinn verbunden ist. Man kann es aber nicht völlig auf instrumentelle Rationalität reduzieren. Es sei weder irrational, beruhe aber auch nicht auf der Basis von logischer Kalkulation.

[564] So sieht bspw. Nairn als Entstehungsgründe für den Nationalismus: „Er entspricht bestimmten inneren Bedürfnissen der jeweiligen Gesellschaft und bestimmten individuellen psychischen Bedürfnissen. Er gibt Völkern und Einzelwesen etwas ganz Wichtiges: „Identität“. All diesen Bestimmungen liegt eine besondere, leicht erkennbare Subjektivität zugrunde. Immer wenn wir über Nationalismus reden, reden wir früher oder später über „Gefühle“, „Instinkte“, vermeintliche Wünsche, das Bedürfnis, irgendwohin zu gehören und so weiter. Diese psychische Disposition ist offensichtlich ein wichtiges Merkmal des Nationalismus.“ (s. Nairn, T. (1978), S. 12) Ein reines Zurückgreifen auf ethnische Identität als Ursache des Handelns ist jedoch nicht erfolgversprechend, weil dadurch nicht erklärt werden kann, wie ethnische Identitäten das Handeln zu unterschiedlichen Zeiten unterschiedlich beeinflussen

Betrachtet man Identität als psychisches Orientierungsmuster des Individuums, so kann man davon ausgehen, daß sie als Basis substantiell rationaler Handlungen dient, da sie die eigene Person in Relation zur Umwelt setzt. Allerdings ergibt sich dabei wiederum das Problem der mangelhaften Erklärbarkeit des menschlichen Verhaltens aufgrund des Fehlens einer Theorie der Entstehung von Präferenzen, die in engem Zusammenhang zu Sozialisation und Identität gesehen werden müssen und die dadurch bestehende Gefahr der Einführung von ad hoc-Annahmen.[565]

Abschließend soll noch einmal betont werden, daß die Erklärung des Entstehens von Identifikation und Identität und deren Auswirkungen auf das Wahrnehmen nationaler Optionen im Rahmen der Rational Choice-Theorie problembehaftet ist. Dem ist jedoch entgegenzuhalten, daß die Variabilität und Komplexität menschlicher Identität sowie deren Auswirkung auf das menschliche Handeln allgemein noch nicht hinreichend erforscht sind. Es handelt sich eher um ein generelles Problem der Sozialwissenschaften, bei dem die Modellbildung der Realität noch nicht gerecht werden kann, als um ein spezielles Problem der Theorie rationalen Handelns.[566]

---

bzw. wieso ethnischer Aktivismus zu unterschiedlichen Zeiten auf unterschiedlichen Gebieten auftritt. (vgl. Treisman, D.S. (1997), S. 216)

[565] vgl. zum Verhältnis von Identifikationen, Identitäten und Werten zur Entstehung und Veränderung von Präferenzen auch Weinreich, P. (1985), S. 507

[566] vgl. dazu auch Hechter, M. (1992a), S. 215 ff., der darauf hinweist, daß vier Hindernisse der Erforschung von Werten und deren Integration in Sozialtheorien, die auf absichtsvollem Handeln basieren, entgegenstehen: 1. Werte können viele verschiedene Formen annehmen, die jedoch alle nicht beobachtbar sind. 2. Die bestehenden theoretischen Traditionen liefern kaum Hinweise dafür, wie Werte Verhalten beeinflussen. 3. Das Voraussetzen von Werten bei der Erklärung von Verhalten ist nicht überzeugend, wenn die Prozesse unbekannt sind, die sie erzeugen. 4. Es existieren zahlreiche Meßbarkeitsprobleme. An selber Stelle finden sich auch ausführliche Erläuterungen zu den einzelnen Argumenten.

5. Chancen und Grenzen des Rational Choice-Ansatzes

5.1. Allgemeine Aspekte

Der Rational Choice-Ansatz ist auch mehr als zwanzig Jahre nach seinem erstmaligen Auftreten in der soziologischen Theoriebildung immer noch umstritten.

Seinen unbestreitbaren Vorteilen, welche er der Soziologie durch eine Abkehr vom rein systemorientierten Denken hin zur Integration des Individuums eröffnet, stehen gravierende Schwächen gegenüber, die Kritiker gelegentlich sogar dazu verleiten, einer Theorie rationalen Handelns jegliche Erklärungskraft für menschliches Verhalten abzusprechen.[567]

Eine ausführliche Diskussion über Für und Wider der Rational Choice-Theorie kann hier nicht geführt werden. Doch sollen einige Kritikpunkte herausgehoben werden, da eine Kritik des Explikationspotentials des ökonomischen Paradigmas für den Nationalismus die Grenzen dieses Ansatzes berücksichtigen muß.

Ein häufig gegen die Rational Choice-Theorie und ihren Erklärungsgehalt als verständliche Sozialtheorie ins Feld geführtes Argument ist ihre eingeschränkte Reichweite. Es wird davon ausgegangen, daß das ökonomische Verhaltensmodell nur dann echte explanatorische Kraft entfaltet, wenn es sich ohne Anreicherung mit diversen Zusatzannahmen der Betrachtung der ihm genuin zugedachten Gebiete widmet.[568]

---

[567] Parsons hat, im Rahmen seiner Utilitarismuskritik, Einwände gegen individualistische Erklärungsansätze in der Soziologie erhoben, welche jedoch von den Individualisten in der Soziologie weitgehend erfolgreich zurückgewiesen werden konnte. (vgl. z.B. Bohnen, A. (1975), S. 22 ff. u. (1986). oder Vanberg, V. (1975), S. 172 ff.) Parsons Kritik trifft jedoch für den rein austauschtheoretischen Erklärungsversuch sozialer Ordnung zu, dem Grenzen gesetzt sind, wie anhand des Gefangenen-Dilemmas demonstriert werden kann. Gelegentlich wird der Rational Choice-Ansatz gar in seiner moralischen Dimension kritisiert und in seinen Auswirkungen auf Politik und Gesellschaft als unmoralisch verworfen. (vgl. z.B. Zey, M. (1992), S. 9 oder die Kritik durch Miller, M. (1994), S. 5 ff.. Vgl. aber auch die Entgegnung von Esser, H. (1994), S. 16 ff.) Nichtsdestoweniger ist die normative Überhöhung des Handlungsmodells des homo oeconomicus als zumindest fragwürdig zu betrachten. (vgl. dazu z.B. die Diskussion bei Zintl, R. (1990), S. 281 ff.)

[568] vgl. Bohman, J. (1992), S. 224

M. Taylor identifiziert in diesem Zusammenhang vier Annahmen, unter denen menschliches Verhalten strengen Rationalitätsannahmen am ehesten entspricht: 1) die Handlungsoptionen sind begrenzt; 2) Zumindest einige dieser Handlungsoptionen sind klar definiert; 3) Es ist von Bedeutung, welche Handlungsoption gewählt wird; 4) Es hat vor der Wahlsituation mehrere gleiche analoge Situationen gegeben.[569]

Als ein Vorteil des ökonomischen Ansatzes wird, etwa von S. Lindenberg oder E. Weede, angesehen, daß er auf schwer zu erhebende Individualdaten und persönliche Merkmale verzichtet, da es ja in der Soziologie und Ökonomie, im Gegensatz zur Psychologie, primär um die Analyse kollektiver Phänomene gehe.[570]

Dieses Argument sucht aus der Schwäche der strikten Vereinfachung der Motive menschlichen Handelns eine Stärke zu machen, welche die Erklärung komplexer kollektiver Phänomene erlaubt.

Coleman erachtet es für wichtig, daß in einer aus Makro-Mikro, individueller und Mikro-Makro-Komponente bestehenden Sozialtheorie die individuelle Ebene besonders einfach strukturiert ist, um große heuristische Kraft zu erreichen.[571]

Eine individualistisch orientierte Theorie auf Basis des Modells rationalen Handelns kann demzufolge der Soziologie aus dem Dilemma des Soziologismus helfen, dessen Überzeugung, Strukturen könnten allein aus Strukturen erklärt werden, als gescheitert angesehen werden kann.[572]

Der Rational Choice-Ansatz bleibt jedoch vereinfachend und kann nicht immer der Komplexität politischer und sozialer Beziehungen gerecht werden. Dies rührt nicht zuletzt daher, daß das Individuum auf das (fast) allen

---

[569] vgl. Taylor, M. (1989), S. 150

[570] vgl. Lindenberg, S. (1985a), S. 250 f. und Weede, E. (1989), S. 26

[571] vgl. Coleman, J.S. (1991), S. 23

[572] vgl. Esser, H. (1992), S. 130. Umstritten bleibt aber weiterhin, woraus individuelle Handlungen resultieren. So stimmt z.B. Blau zwar der Auffassung Colemans' zu, daß soziale Phänomene nicht ohne die Beantwortung dreier Fragen erklärt werden können: Der Frage nach den Motiven für die Ursachen solcher Phänomene, der Frage, wie diese individuelles Verhalten beeinflussen, und der Frage, wie die Handlungen interdependenter Individuen zu sozialen Phänomenen führen. Blau ist jedoch der Ansicht, daß Makrostrukturen nicht auf Mikrokfundierungen beruhen können, sondern daß strukturelle Bedingungen die Wahlmöglichkeiten des Individuums eingrenzen. Für Blau muß man Colemans Theorie „mit der richtigen Seite nach oben stellen". (vgl. Blau, P.M. (1993), S. 3 ff.)

Individuen gemeinsame Merkmal der Rationalität reduziert wird und man es somit „entindividualisiert". [573]

Der berechtigten Kritik am traditionellen homo oeconomicus der Mikroökonomik hat der ökonomische Erklärungsansatz durch die Entwicklung des REMM- bzw. RREEMM-Modells Rechnung getragen. Zudem wurde eine strenge Rationalitätsannahme durch eine weiter gefaßte Definition ersetzt, die als Minimalinhalt lediglich eine gewisse Konsistenz menschlicher Entscheidungshandlungen postuliert, sowie, daß das Individuum im Rahmen des Möglichen seine Lage zu verbessern sucht.[574]

Die Aufnahme der Prinzipien des „satisficing" und der „bounded rationality" in die Rational Choice-Theorie haben zu größerer Realitätsnähe beigetragen. Die Integration weiterer Zusatzannahmen wie der Kosten der Informationsbeschaffung, perzipierter Handlungsalternativen, Präferenzen und subjektive Wahrscheinlichkeiten soll sie in die Lage versetzen, menschliches Handeln noch adäquater zu erklären.[575]

Jedoch müssen an diesem modifizierten Modell des homo oeconomicus noch Abstriche gemacht werden, da neben der Nutzenmaximierung als der grundsätzlichen Entscheidungsgrundlage menschlichen Handelns in den Randbedingungen affektuale und normative Beweggründe einbezogen werden, die nur schwer nach dem Prinzip der Nutzenmaximierung bewertet werden können.[576]

---

[573] Coleman weist selbst auf Schwächen einer Theorie rationalen Handelns hin. Er stellt fest, daß diese Probleme bei der Bestimmung von Zielen oder Präferenzen hat, und daß sie weder zufällige noch systematische Abweichungen von der Rationalität erklären kann, so daß sie sowohl unvollkommen als auch ungenau ist. Auf der anderen Seite betrachtet Coleman die Theorie rationalen Handelns als einzige, die gleichzeitig verständlich ist und dabei Aussagekraft besitzt. (vgl. Coleman, J.S. (1992a), S. 120)

[574] vgl. Zintl, R. (1986), S. 228 u. Kliemt, H. (1984), S. 16 ff.

[575] vgl. Weede, E. (1989), S. 24. Schanz weist auf die Vernachlässigung des Problems menschlicher Motivation als Schwäche der Annahme der begrenzten Rationalität hin, er spricht von einer ad hoc-Annahme. (vgl. Schanz, G. (1979), S. 265) In die gleiche Richtung zielt Turner, der die Problematik anspricht, daß die Verwendung des Rationalmodells und der Annahme eigeninteressierten Handelns die Gefahr der Akzeptanz einer unvollkommenen Erklärung als adäquate Beschreibung menschlichen Verhaltens in sich birgt. Dies ist dann der Fall, wenn Rationalmodelle als Abkürzung von Theorien oder Hypothesen dienen, indem die Handlungsziele und die sie determinierenden Werte als gegeben angenommen werden, die vom Akteur gemachten Erfahrungen keine Berücksichtigung finden und die Ursachen des rationalen Handelns unergründet bleiben. (vgl. Turner, R.H. (1991), S. 100) Turner weist außerdem auf weitere Probleme der Verwendung des Rational Choice-Ansatzes, speziell bei der Erklärung mikrosoziologischer Phänomene, hin.

[576] vgl. z.B. Esser, H. (1991), S. 61 u. 84 f.

Problematisch ist dies deshalb, weil die Randbedingungen aufgrund vorherigen Handelns im Nachhinein konstituiert werden, so daß aus nutzenorientiertem Handeln eigentlich keine anderen Handlungsorientierungen entstehen können. Die Hilfsannahme, daß normatives oder affektuales Verhalten aus Nutzenaspekten vorgenommen wird, scheint im Fall der Normbefolgung aus Furcht vor möglichen Sanktionen durchaus schlüssig. Im Fall der Emotionen hingegen greift diese Argumentation kaum.[577]

Aus dieser Problematik der Wirklichkeitsadäquanz resultiert ein weiterer Einwand gegen den ökonomischen Erklärungsansatz, der Vorwurf der Tautologie. Wenn aus dem Handeln von Individuen auf deren Präferenzen geschlossen wird und gleichzeitig das Handeln der Individuen aus ihren Präferenzen erklärt werden soll, ergibt sich eine leere Aussage.[578]

Dieses Problem will die Rational Choice-Theorie aus dem Weg gehen, indem sie die Präferenzen als konstant annimmt und Veränderungen des menschlichen Verhaltens aus Veränderungen der Handlungsrestriktionen zu erklären trachtet.[579]

Gegen den Vorwurf der Realitätsferne einer solchen Annahme kann mit Taylor eingewendet werden, daß die Annahme konstanter Präferenzen zwar den Rational Choice-Ansatz limitiert, aber nicht grundsätzlich in Frage stellt, da jede Art der Erklärung irgend etwas als gegeben annehmen muß.[580]

Hieraus ergibt sich aber das Dilemma, daß scheinbar gleiche Individuen unterschiedliche Entscheidungen aufgrund unterschiedlicher Präferenzen treffen sollen. Individuen handeln trotz fester und transitiver Präferenzen

---

577 vgl. Schwinn, T. (1993), S. 370. Zur Vernachlässigung der Emotionen in der Theorie des Rational Choice vgl. Scheff, T.J. (1992). Ein weiterer, speziell gegen Colemans Vorstellung menschlicher Transaktionen als Austausch von Kontrolle über Handlungen erhobener Einwand ist eine mangelhafte Berücksichtigung der Erlebenskomponente, die große Klassen von Phänomenen dem Zugriff der Theorie rationalen Handelns entziehe. (vgl. Stichweh, R. (1995), S. 402) Für den Versuch der Entwicklung eines „emotional man" als Komplement der Modelle des „normative man" und des „rational man" vgl. auch Flam, H. (1990), S. 42 ff..

578 vgl. z.B. Hechter, M. (1987), S. 31

579 vgl. zu den Vorteilen einer solchen Vorgehensweise z.B. Lindenberg, S. (1985a), S. 253. Vgl. aber auch Kirchgässner, G. (1988), S. 136, der darauf hinweist, daß der Entstehungsprozeß von Präferenzen und die sie beeinflussenden Faktoren nicht aus der wissenschaftlichen Analyse ausgeklammert werden dürfen. Vgl. ebenfalls Hodgson, G.M. (1994), S. 24, der kritisiert, daß das Individuum von der ökonomischen Theorie zum Sklaven seiner fixierten Präferenzordnungen gemacht wird; Wahlakte und Handlungen erfolgten rein mechanisch.

580 vgl. Taylor, M. (1989), S. 119

widersprüchlich und irrational. Das Problem der Werte der Individuen kann nicht hinreichend erklärt werden. Falls jedoch die Präferenzen aus idiosynkratischen Gründen variieren und nicht transitiv sind, verliert die Rational Choice-Theorie einen großen Teil ihrer Aussagekraft.[581]

Eine rationale Handlungstheorie, die durch Einführung zu vieler Nebenannahmen und Hilfstheorien zwar ein breiteres Spektrum an Handlungsvarianten erfassen kann, untergräbt damit jedoch die Erklärungskraft ihrer Aussagen und entleert sich letztendlich selbst.[582]

Ein zentrales Problem für jede Rational Choice-Theorie ist die Unterscheidung zwischen individueller und kollektiver Rationalität. Dieses wurde in der vorliegenden Arbeit durch den Rückgriff auf das Konzept der „öffentlichen Güter" zu illustrieren versucht.

Eine Reduktion des Problems öffentlicher Güter auf ein Modell nach Art des Gefangenen-Dilemmas vernachlässigt indes den Gedanken der Selbstorganisation von Gruppen, wohingegen Olson das Vorhandensein einer Organisation bereits voraussetzt, die selektive Anreize schaffen oder Sanktionen verhängen kann. Die Sanktionierung sowie die Schaffung von Anreizen müssen jedoch als erneute Probleme kollektiven Handelns betrachtet werden.[583]

Aufgrund der Notwendigkeit der Lösung des Trittbrettfahrerproblems zweiter Ordnung, also der Durchsetzung von Sanktionen als zwingendes Element der Realisierung sozialer Normen kann sich eine Kette von weiteren Sanktionsproblemen ergeben; gleichsam die Sanktionierung der Sanktionierung, so daß die Gefahr besteht, daß sich eine normgenerierende Sozialstruktur durch ein, wie P. Kappelhoff es nennt, „komplexes Feld aufeinander bezogener Sanktionsandrohungen" auflöst. Es kann so zum oben beschriebenen infiniten Regreß kommen.[584]

---

581 vgl. Levi, M./Cook, K.S./O'Brien, J.A./Faye, H. (1990), S. 7. In diesem Zusammenhang soll noch einmal auf die oben angesprochenen Erkenntnisse von Tversky und Kahnemann über die Inkonsistenz von Präferenzen verwiesen werden, die von Kritikern des Rational Choice-Ansatzes als Beweis für die Beschränktheit des Rationalmodells und die Irrationalität menschlichen Handelns angesehen werden.

582 vgl. dazu auch die Kritik bei Simon, H.A. (1986), S. S222, der der neoklassischen Ökonomie vorwirft, daß diese, um das Postulat der Nutzenmaximierung zu retten, auch bereit ist, Zusatzannahmen einzuführen, die keine empirische Grundlage besitzen.

583 Zur Kritik an dieser Annahme Olsons' vgl. Trapp, M. (1986), S. 336. An gleicher Stelle weist Trapp darauf hin, daß es rational handelnden Individuen auch in den Sinn kommen könnte, nicht das einzige defektierende Gruppenmitglied zu sein, und sie durch Furcht vor einem Zusammenbruch der Gruppe und der Nichtbeschaffung des öffentlichen Gutes aufgrund einer Massendefektion dazu veranlaßt werden könnten zu kooperieren.

584 vgl. Kappelhoff, P. (1992), S. 235

Empirische Untersuchungen bezeugen Abweichungen von den auf Basis des ökonomischen Verhaltensmodells entwickelten theoretischen Aussagen. Solche Abweichungen finden sich etwa beim Wählerverhalten in Demokratien, wo es der Rationalität und des Trittbrettfahrens zum Trotz vielfach zu hohen Wahlbeteiligungen kommt, während doch der einzelne davon ausgehen muß, mit seiner Stimme nichts zu bewegen und für das Nichtwählen kaum sanktioniert wird. Eine ökonomische Erklärung des Handelns scheint, wie dieses Beispiel nahelegt, nur dort zu greifen, wo die Kosten für die Handlungen der Akteure eine vernachlässigbar geringe Höhe übersteigen.[585]

Die Interpretation des rationalen Handelns von Individuen als Austausch engt die Vielfältigkeit menschlicher Erfahrungen ein und ist oft nur schwer operationalisierbar. Dies kann dazu führen, daß man nachträglich jedes Verhalten als Austausch aufgrund von zu erzielenden Vorteilen uminterpretiert, und dem Modell so seine Aussagekraft nimmt.[586]

Eine Austauschtheorie wirft speziell bei der Betrachtung korporativer Akteure und komplexer Strukturen Probleme auf. Gemeinhin reduziert sie den sozialen Austausch auf den Zwei-Parteien-Austausch, sodaß sie die Komplexität sozialer Strukturen nicht immer erfaßt.[587]

Ferner muß dabei berücksichtigt werden, daß Tauschbeziehungen einer normativen oder institutionellen Komponente bedürfen, die einem wirksamen sozialen Austausch das Gerüst verleiht und zu Stabilität verhilft.[588]

Ein generelles Problem ergibt sich durch die Frage nach der Aussagekraft der Spieltheorie in Gefangenen-Dilemma-Situationen, welche die Basis für fast alle Theorien der Normentstehung und des kollektiven Handelns bil-

---

585 vgl. zu verschiedenen empirischen Abweichungen ausführlich: Raub, W. (1984), S. 57 f. und die dort angegebenen Literaturhinweise. Zu den kognitiven Begrenzungen der Individuen vgl. wiederum die Laboruntersuchungen von Kahnemann und Tversky. Vgl. auch Sciulli, D. (1992), S. 175 ff., der neben dem Paradox des Wählerverhaltens das Phänomen der Höflichkeit als zweite „Sackgasse" der Rational Choice-Theorie identifiziert. Vgl. aber auch wiederum Coleman, J.S. (1991), S. 377 f., der den Akt des Wählens und die dadurch ausgeübte, wenn auch sehr schwache Kontrolle des Wahlergebnisses durch den einzelnen Wähler als externen Effekt für die anderen Akteure bezeichnet. Dadurch entstehe der Bedarf nach einer Wahlnorm, was bei Überwindung des Trittbrettfahrerproblems zweiter Ordnung zur Emergenz einer Norm führen kann.

586 vgl. Gäfgen, G./Monissen, H.G. (1978), S. 129

587 vgl. Vanberg, V. (1982), S. 61

588 vgl. Wiesenthal, H. (1987), S. 436. Eine solche Annahme korrespondiert mit Durkheims „vorvertraglichem Moment im Vertrag", seine Anerkennung bedeutet den Verzicht auf strikten Individualismus. Behilft man sich mit der Einführung dieser Komponente als Randbedingung, stellt man wiederum die Möglichkeit der Evolution von Institutionen durch eigeninteressierte Individuen in Frage.

den. Während das Modell durch seine Klarheit und Einfachheit besticht, erscheint seine empirische Aussagekraft fraglich.

Bei der Erklärung des Entstehens von Konventionen, also im Fall von Koordinationsproblemen, bei denen es für alle Beteiligten vorteilhaft ist zu kooperieren und das Trittbrettfahrerproblem nicht existiert, kann die Spieltheorie befriedigende Ergebnisse vorweisen. Solche Konventionen können als Gleichgewichtspunkte begriffen werden, d.h. Konstellationen, in denen keiner der Beteiligten durch eine Veränderung seines Verhaltens einen Vorteil realisieren kann. Sie sind aber in der Praxis selten.[589]

Bei der Erklärung der Entstehung von Kooperation mit Hilfe iterierter PD-Situationen ergibt sich die Problematik des Vorhandenseins mehrerer Gleichgewichtspunkte. Man muß ferner die idealisierende Annahme der perfekten Information der Beteiligten machen.[590]

Diese impliziert, daß die Überwachungskosten gleich null sind. Diese Annahme erhöht zwar die Wahrscheinlichkeit einer Pareto-optimalen Lösung beträchtlich, ist in der Realität jedoch nicht haltbar. Je größer die Gruppe ist, desto höher sind die Kosten der Überwachung der einzelnen Beteiligten.[591]

Fraglich ist ohnehin, ob eine Konstellation wie das iterierte Gefangenen-Dilemma überhaupt von empirischer Relevanz sein kann, wie wahrscheinlich es also ist, daß die gleichen Akteure in sich wiederholenden Situationen mit den gleichen Beteiligten und unter gleichen Bedingungen die gleichen Entscheidungen treffen. Dies dürfte, speziell bei n-Personen-Problemen, nur äußerst selten der Fall sein.[592]

Wenn aber auch keine absolut gleichen, so treten doch in Netzwerken ähnliche Interaktionssituationen wiederholt auf, sodaß ein gewisses erkennbares Verhaltensschema das Miteinander der Individuen erleichtern kann.

---

589 vgl. Hechter, M. (1990a), S. 15

590 vgl. Hechter, M. (1990b), S. 241

591 vgl. hierzu ausführlicher: ebd., S. 243 ff. und die dort angegebene Literatur zur mathematischen Analyse. Als Lösung solcher Probleme schlägt Hechter die Installation formeller Kontrollen vor, welche die Integrität der Investition der Individuen schützen sollen. (vgl. Hechter, M. (1987) u. (1990a))

592 vgl. jedoch Coleman, J.S. (1990), S. 255, der das Beispiel zweier Personen, die zu wiederkehrenden Treffen entweder pünktlich (Kooperation) oder zu spät (Defektion) erscheinen können, anführt. Das Verhalten der Parteien beim vorhergegangenen Treffen übt dabei direkten Einfluß auf das Verhalten beim aktuellen Treffen aus. Je mehr Personen jedoch beteiligt sind, desto unwahrscheinlicher wird eine solche Konstellation.

Aber auch das Konzept der Internalisierung von Normen auf der Basis rationalen Handelns bietet Anlaß zur Kritik.

R.H. Frank stellt zu Recht fest, daß Coleman eine entscheidende Frage offengelassen hat: warum Eltern nicht, wie es unter der Annahme der Rationalität zu erwarten wäre, ihre Kinder lediglich zur Kooperation gegenüber der eigenen Familie, nicht aber gegenüber Außenstehenden erziehen. Oben wurde gezeigt, daß das Problem nicht wirklich gelöst ist.[593]

Probleme wirft die Internalisierung von Normen aber auch in anderer Hinsicht auf. Es wird nicht klar ersichtlich, vor welchem Hintergrund die Sozialisation erfolgt, inwiefern die Sozialisatoren selbst geprägt sind und wodurch grundsätzliche Erwägungen wie die oben angesprochenen zivilisatorischen Werte ihren Eingang in den Sozialisationsprozeß finden, obwohl sie keinen eigentlichen Nutzen repräsentieren und ihre Vermittlung im Sinne des Trittbrettfahrerverhaltens strenggenommen irrational ist.

Die Berücksichtigung der Unvollkommenheit menschlicher Information und der Kosten der Informationsbeschaffung weicht zwar die Rational Choice-Theorie auf, ist aber hilfreich beim Versuch, die menschliche Ideologieanfälligkeit zu erklären. Die Menschen besitzen nur unvollkommene Information, so daß die daraus resultierenden Wahlakte bestenfalls substantielle Rationalität widerspiegeln. Trotz aller Kritik existiert bis jetzt kein besseres Modell. Allerdings gibt es auch Situationen gesellschaftlicher Entscheidungen oder der Ressourcenallokation, die das Modell substantieller Rationalität schlecht voraussagen kann.[594]

Ein Hauptargument für die Anwendung des Modells rationalen Verhaltens ergibt sich daraus, daß zur Zeit keine individualistische Handlungstheorie existiert, die der Rational Choice-Theorie überlegen ist, ähnliche heuristische Kraft entfaltet und die angesprochenen Schwächen vermeiden kann. Denn nicht die Existenz von Schwächen und Anomalien macht eine Theorie obsolet, sondern nur das Ersetzen durch eine neue, bessere Theorie.

Mit diesem Umstand eng verknüpft ist ein allgemeines Problem der Soziologie, der es noch immer an einer Handlungstheorie mangelt, die in der Lage wäre, die Dichotomie zwischen Mikro- und Makro-Ebene zu überwinden.

---

[593] vgl. Frank, R.H. (1992a), S. 150

[594] vgl. Denzau, A.T./North, D.C. (1994), S. 5 f.. Beispiele sind Situationen mit hoher Unsicherheit ohne ähnlich gelagerte Erfahrungen seitens des Individuums oder Situationen mit hoher Komplexität.

Dies betonen auch J.S. Coleman und T.J. Fararo, die von einer völlig zufriedenstellenden soziologischen Theorie die Erfüllung verschiedener Kriterien verlangen: Der Bereich von Phänomenen, der durch die Theorie erklärt werden soll, ist das Verhalten sozialer Systeme und nicht das Verhalten von Individuen. Die Erklärung des Verhaltens sozialer Systeme erfordert eine Erklärung in Begriffen des Verhaltens der Akteure im System. Daher muß eine Theorie der Übergänge zwischen der Ebene des Verhaltens des sozialen Systems und der Ebene des Verhaltens individueller Akteure existieren. Dies wird häufig als Mikro-Makro-Problem formuliert. Es bedarf ferner einer psychologischen Theorie oder eines Modells der Ursprünge individueller Handlung.[595]

Die Mikroanalyse befaßt sich dabei mit den Präferenzen, Attitüden und Handlungen einzelner Entscheidungseinheiten, während die Makroanalyse kollektive Phänomene zum Gegenstand hat.

Zu Recht fordert R.K. Merton daher: „...daß die strukturelle Analyse (...) sich nacheinander erfolgreich mit Mikro- und Makrophänomenen befassen muß (...) [und sie] sieht sich (...) daher mit dem äußerst schwierigen Problem konfrontiert, (...) Begriffe, Methoden und Daten zu entwickeln, die Mikro- und Makroanalyse verbinden."[596]

Im Rahmen einer solchen sich auf mehreren Ebenen bewegenden Analyse soll das Problem untersucht werden, wie Zusammenhänge auf der individuellen Ebene mit Zusammenhängen der gleichen Variablen auf der Aggregatebene verknüpft sind. Mit anderen Worten, wie die Eigenschaften und Handlungen der Akteure durch den sozialen Kontext beeinflußt werden und wie umgekehrt Stabilität und Wandel des sozialen Kontextes durch die Eigenschaften und Handlungen der Akteure erklärt werden können.[597]

Angestrebt wird dabei die Entwicklung einer Handlungstheorie, die beide Elemente, individuelles Handeln und funktionalistische Besonderheiten, zu einer konsistenten, schlüssigen Erklärung menschlichen Verhaltens verbindet.[598]

---

[595] vgl. Coleman, J.S./Fararo, T.J. (1992), S. ix

[596] s. Merton, R.K. (1978), S. 36

[597] vgl. Hernes, G. (1976), S. 514 ff.

[598] Gefordert ist also ein, wie Schimank es nennt, „Einbezug intentionaler Akteure in die systemtheoretische Begrifflichkeit" (s. Schimank, U. (1985), S. 421), aber auch die Berücksichtigung verschiedener Einflüsse des Systems auf die Akteure.

Damit soll die soziologistische und funktionalistische Negierung menschlicher Entscheidungshandlungen ebenso vermieden werden wie die Vernachlässigung der Existenz und Wirkung sozialer Strukturen durch die reduktionistisch-individualistische Soziologie.[599]

Die Individuen modifizieren durch ihre Anstrengungen, ihre soziale Lage zu verbessern, die soziale Struktur, ändern Kapazitäten, generieren neue Interessen und revidieren ihre Erwartungen. Indem die Präferenzen, Ressourcen und Informationen des Akteurs inhaltlich durch die Umwelt bestimmt werden, ergibt sich eine weitere Verbindung zwischen Mikro- und Makroebene. Das real existierende Subjekt repräsentiert quasi einen Schnittpunkt zwischen generellen Annahmen und dem historischen und gesellschaftlichen Kontext, in dem es handelt.[600]

Coleman nennt die Verknüpfung von Mikro- und Makroebene „Metatheorie". Er modelliert ein Makro-Mikro-Makro-Schema, unter Berücksichtigung einer Mikro-Kerntheorie, einer sozialen Konstitution der Handlungssituation via Makro-Mikro-Übergang und einer Transformation der individuellen Handlung auf die Systemebene.[601]

Eine solche Synthese individualistischer und kollektivistischer Ansätze führt zu einem Modell, in dem sozialisierte Individuen Gesellschaft als einen kollektiven Zwang durch kontingente, freiheitliche Handlungen wieder erschaffen.[602]

Die Interdependenz zwischen individuellem Handeln und seinen Umwelten faßt Alexander schlüssig zusammen: „Die kollektiven Umwelten des Handelns inspirieren und begrenzen dieses zugleich. Wenn ich den Begriff des Handelns richtig gefaßt habe, dann sind diese Umwelten als seine Produkte zu sehen; wenn ich den Begriff der Umwelten richtig gefaßt habe, dann wird Handeln als ihr Resultat zu sehen sein."[603]

---

[599] Zur besonderen Eignung von Rationalmodellen als Mikrofundierung einer Mehrebenenanalyse vgl. auch Zintl, R. (1989), S. 56 ff.

[600] vgl. Hernes, G. (1976), S. 518

[601] vgl. Kappelhoff, P. (1992), S. 222

[602] vgl. Alexander, J.C./Giesen, B. (1987), S. 14. Der streng individualistische Ansatz beinhaltet, in Alexanders und Giesens Terminologie, daß rationale, entschlossene Individuen Gesellschaft durch kontingente, freiheitliche Handlungen erschaffen. Der soziologistische Ansatz Durkheims impliziert, daß sozialisierte Individuen Gesellschaft durch die Übertragung bestehender sozialer Umgebung in den Mikrobereich reproduzieren. Vgl. aber auch die Kritik bei Haynor, A.L. (1989), S. 452.

[603] s. Alexander, J.C. (1993), S. 213. Vgl. auch Schimank, U. (1985), S. 428, der, unter Bezugnahme auf die von Berger und Luckmann entwickelten Ideen zur Institutionalisierung

Ferner sind die Umwelten des Handelns offen, so daß Handeln als ein sich vom reinen Ritual bis zur Rationalität erstreckendes Kontinuum gesehen werden kann.[604]

Der Weg hin zu einer umfassenden allgemeinen sozialen Handlungstheorie ist jedoch noch immer weit, wenn auch die Versuche der Integration beider Ebenen, die in den letzten Jahren gemacht wurden, einen gewissen Fortschritt gebracht haben. Es existiert allerdings bis heute in der Soziologie keine Theorie, die alle genannten Kriterien erfüllt, die Coleman und Fararo von einer völlig befriedigenden soziologischen Theorie fordern. Ein Modell rationalen Handelns, das nicht in Reduktionismus verfällt, kann jedoch ein Schritt in Richtung auf eine solche Theorie sein.[605]

(vgl. Berger, P.L./Luckmann, T. (1969), S. 49 ff.) Handeln als nicht nur strukturell determiniert, sondern als strukturiert und strukturierend zugleich erachtet.

604 vgl. Alexander, J.C. (1993), S. 225

605 Ungelöst muß an dieser Stelle allerdings die Frage nach der Existenz einer übergeschichtlichen individuellen Rationalität bleiben, die zwar von der Theorie rationalen Handelns impliziert ist, welche aber die Hermeneutik verneint. Mit dieser Problematik verbundene Aspekte werden im nächsten Abschnitt aufgriffen. Vgl. dazu auch Riker, W.H. (1990), S. 175, der das Argument, daß die Bedeutung von Handlungen nur im speziellen kulturellen Kontext begründet ist, zwar als fundamental für die Hermeneutik ansieht, welche sich in ihren sozialen Studien jedoch lediglich auf die Deutung spezieller Ereignisse beschränkt. Deren Vertreter hätten jedoch nicht verstanden, daß vernünftige Menschen, welche die selben Ziele haben, sich unter gleichen Umständen gleich verhalten würden, was die Basis der Generalisierung von Absichten sei. Für eine Kritik des Rational Choice-Modells aus hermeneutischer Sicht vgl. aber z.B. Priddat, B. (1995), S. 127 ff.

5.2. Erklärungspotential für den Nationalismus

Das ökonomische Paradigma kann nicht alle Bereiche menschlichen Handelns erklären. Diese Schwäche schlägt sich notwendigerweise auch auf die Theorie des Nationalismus nieder. Wenn man die hohe emotionale und affektive Besetzung des Begriffs „Nation" in Betracht zieht, müssen besonders die Probleme des Rational Choice-Ansatzes bei der Erfassung von Emotionen auf die Erklärung des Nationalismus zurückschlagen. Das gilt speziell für das Appellieren an primordiale Gefühle der Individuen durch die Führer der Bewegung, für die Konzepte von Schuld, Sühne und Ehre und ebenso für historische Aspekte, wenn eine möglicherweise über Generationen empfundene Demütigung als starke, alles überstrahlende nationalistische Motivation existiert.[606]

Andererseits bleibt jedoch festzuhalten, daß durch die Berücksichtigung des rationalen Handelns der Individuen auch innerhalb der Nationalismusforschung ein Schritt nach vorne gemacht werden kann. Es mangelt aber noch immer an einer umfassenden Theorie.

Der Nationalismus muß nicht als notwendige Folge der Nationalität betrachtet werden. Er ist vielmehr nach der hier gegebenen Analyse in erster Linie eine politische Veranstaltung, die von rationalen politischen Überlegungen geleitet wird und vor allem dort Aussicht auf Erfolg hat, wo die Opposition gegen ein vorhandenes Staatswesen sich diesem gegenüber der vorgeblichen Interessen der Nation bedienen kann.[607]

Speziell die demokratisch artikulierten Nationalismen in der westlichen Welt erscheinen dem Modell rationaler Wahl gut zugänglich. Das mag an der gesellschaftlichen Ausrichtung der modernen westlichen Demokratie liegen, in der die Betonung des Individuums einen breiten Raum einnimmt

[606] vgl. Calhoun, C. (1991), S. 63 ff., der auf die Bedeutung von Ehre und Schuld in verschiedenen kulturellen und gesellschaftlichen Milieus hervorhebt. Zur Verknüpfung von Stolz und Schande mit ethnischem Nationalismus vgl. auch Scheff, T.J. (1994), S. 285 ff.. Für eine Betrachtung der Verbindung von Nation und Emotion vgl. bspw. François, E./Siegrist, H./Vogel, J. (1995), S. 15 ff.. Zur Rolle, die ein Ressentiment der „Erniedrigten und Beleidigten" und ein Gefühl des Neides für soziale Veränderungen und Revolutionen spielen können vgl. z.B. Schöck, H. (1966), S. 357 ff..

[607] vgl. dazu auch Breuilly, J. (1982), S. 382 f.. Der Nationalismus stellt folglich, solange er sich nur im Sinne einer gemeinsamen Identität oder einer Erfindung von Intellektuellen präsentiert, in erster Linie ein Epiphänomen dar. Erst wenn er die politische Sphäre betritt, wird deutlich, wie selbst eine letztlich irrationale Ideologie eine rationale Form politischer Strategie hervorbringen kann.

und Interessen die Leidenschaften als Hauptbeweggründe des Handelns abgelöst haben.[608]

Aus diesem Grunde hat sich die vorliegende Arbeit auch auf die demokratisch artikulierten modernen Nationalismen konzentriert und die Entstehung des Nationalismus überhaupt sowie die revolutionären Nationalismen nur gestreift.

Auch die sich aus dem Zusammenbruch multinationaler Staaten ergebenden Konflikte eröffnen sich dem Zugang durch das ökonomische Paradigma. Dies läßt sich an der Situation in der ehemaligen Sowjetunion zeigen, wo ökonomischen Beweggründe eine bedeutende Rolle für das Streben früherer Sowjetrepubliken nach Unabhängigkeit spielen, insbesondere durch den Reichtum an Rohstoffen, dessen Vermarktung in den Händen der staatlichen Machthaber liegt. Daraus ergibt sich beinahe zwangsläufig ein lebhaftes Interesse der regionalen Eliten an der Übernahme staatlicher Macht, ebenso wie sich daraus für einen breiten Teil der Mittelschicht gut dotierte Positionen innerhalb einer neu zu schaffenden Bürokratie ergeben können. Dies kann aufgrund des vielfach nur unzureichend entwickelten privatwirtschaftlichen Sektors mit seinen begrenzten Aufstiegs- und Verdienstmöglichkeiten einen starken Anreiz für nationalistische Ambitionen darstellen.[609]

Zu berücksichtigen sind dabei jedoch nicht nur die rein ökonomischen Interessen, sondern auch Status und Prestige, die mit der Besetzung einer Position in einem staatlichen Machtgefüge verbunden sind. Für eine solche Nutzung des Nationalismus zur Verwirklichung von ökonomischen und von Statusinteressen sind neben den Bestrebungen auf dem Gebiet der ehemaligen Sowjetunion auch die separatistischen Nationalismen des Westens beispielhaft.

---

608 vgl. zu dieser Unterscheidung Hirschman, A.O. (1987). Vgl. auch Ebbighausen, R. (1990), S. 290 ff. zum Zusammenhang von indvidualistisch-rationalistischem Denken und gesellschaftsgeschichtlichem Kontext.

609 vgl. speziell die Erkenntnisse bei Treisman, D.S. (1997), S. 233 ff. u. S. 249, der konstatiert, daß ethnoregionale Forderungen nicht primär aufgrund ethnischer Identifikationen erfolgen, sondern auf der Basis rationaler Überlegungen, was sie erreichen können. Vgl. auch Zaslavsky, V. (1992), S. 107, der die Bedeutung der Interessenlage der Eliten und der Mittelklasse bei der Auswahl der Ziele einer ethnischen Bewegung hervorhebt, die allerdings nicht notwendigerweise nationalistisch sein muß. Vgl. weiterhin Waldron, A.N. (1985), S. 433, der auf die Attraktivität des Nationalismus als Mittel der Machtgewinnung für gesellschaftliche Gruppen, besonders in außereuropäischen Staaten, verweist. Er kann zu konkurrierenden nationalistischen Bewegungen führen.

Als weiterer Vorteil der Anwendung der Rational Choice-Theorie auf den Nationalismus kann angesehen werden, daß er insbesondere die Theorie ungleicher Entwicklung konkretisieren kann. Durch Verzicht auf die vom Strukturalismus implizierte Auffassung, daß ein gemeinsames Gruppeninteresse auch notwendigerweise gemeinsames Handeln der Gruppe nach sich zieht, bzw. daß relative regionale Deprivation hinreicht, um zu einer nationalistischen Bewegung zu führen, kann ein wesentlicher Kritikpunkt an dieser Theorie entschärft werden. Aspekte des Gruppenhandelns rücken damit in den Fokus der Betrachtung.

Dies wird auch daran deutlich, daß sich Hrochs Drei-Phasen-Schema und die Auffassung, daß der Übergang von Phase B zu Phase C den entscheidenden Moment für die nationalistische Bewegung darstellt, relativ leicht in der Terminologie des Rational Choice-Ansatzes rekonstruieren lassen:

Phase A: Kultureller Protonationalismus kann durch eine Vereinigung zur Herstellung privater Güter, in erster Linie Unterhaltung und gegenseitige Anerkennung, sein, welche zum einen eine gewachsene Gruppenzusammengehörigkeit schafft, zum anderen die Ressourcen zusammenbringt, eine größere Organisation in Angriff zu nehmen. Das Erbringen von Leistungen auf Gegenseitigkeit ist für die Entstehung einer zumindest marginalen Organisations- und Autoritätsstruktur hilfreich.

Phase B: Erste Versuche der sozialen Mobilisierung, ausgehend von einer Elite, deren Mitglieder konkrete private Güter wie die Aussicht auf materielle Vorteile, Positionen und Prestige als persönliche Anreize für ein Engagement besitzen. Der entscheidende Punkt ist in diesem Fall die Schaffung einer Organisation, welche in der Lage ist, selektive Anreize zu bieten und ein breites Spektrum der Bevölkerung anzusprechen sowie die Erfolgsaussichten der Bewegung zu erhöhen, was ihr wiederum weiteren Zulauf bringen sollte. Außerdem ist die Organisation desto eher in der Lage, selektive Anreize zu schaffen, je größer sie ist und je mehr Ressourcen sie zur Verfügung hat.

Phase C: Ein korporativer Akteur ist etabliert, der den Individuen gegen Investition ihrer Ressourcen Vorteile verschafft und eine funktionierende Anreiz- und Kontrollstruktur besitzt, ebenso wie eine allgemein akzeptierte Verfassung, welche die Rechte adäquat verteilt. Die Basis für die Implementierung eines eigenen Nationalstaates ist geschaffen.

Ebenso liefert das Modell rationalen Handelns in Zusammenhang mit der Theorie ethnischen Wettbewerbs wertvolle Erkenntnisse. Es läßt sich die Vorstellung entkräften, daß Ethnizität an sich ein Konfliktpotential inhärent sei. Vielmehr wird Ethnizität als eines der Mittel aufgefaßt, derer sich

Individuen im Wettbewerb um Ressourcen bedienen, um Verbündete und Gegner identifizieren zu können.[610]

Der Nationalismus kann als Vehikel zur Erreichung bestimmter individueller Ziele gelten, die sowohl ökonomischer, sozialer als auch politischer Natur sein können, wobei alle drei Aspekte als interdependent anzusehen sind.

Fraglich ist allerdings, ob nationalistische bzw. ethnische Bewegungen tatsächlich, wie H. Esser meint, den selben Regeln kollektiven Handelns unterliegen wie alle anderen sozialen Bewegungen. Esser führt explizit aus: „Soziologisch gesehen machen ethnische Bewegungen in modernen Gesellschaften keinen Unterschied z.B. zur Frauenbewegung, zu den Grauen Panthern oder zu den militanten Tierschützern."[611]

Wenn auch dieser Auffassung in Verlaufe dieser Arbeit weitgehend gefolgt wurde und die Erkenntnisse der Forschung im Bereich sozialer Bewegungen zur Erhellung nationalistischer Prozesse herangezogen wurden, ist jedoch eine außergewöhnlich hohe Sensibilität auch der breiten Bevölkerung für die nationale Thematik festzustellen. Man kann nicht umhin, der Nation eine deutlich stärkere motivationale Wirkung auf die Menschen zuzubilligen, als dies bspw. eine politische Einstellung oder ein Klassenbewußtsein zu induzieren vermag.

Die Nation bezieht sich ja, anders als die Klasse, das Geschlecht oder gar die Mensch-Tier-Beziehung den „ganzen Menschen" ein und ähnelt insofern der Religion. Außerdem haftet der Nation, ähnlich wie der religiösen Sekte, vielfach ein bestimmtes Ausmaß an Totalitarität an, mit dem das Leben der Mitglieder dominiert wird.[612]

Daraus ergibt sich auch die Frage nach der Beliebigkeit der Ethnizität und den Möglichkeiten ihrer Konstruktion. Wenn das ethnische Substrat auch manipulierbar ist, bleibt dennoch die Tatsache bestehen, daß es in rein instrumentalistischen Begriffen nicht völlig erfaßbar ist. Verhalten, das

---

[610] vgl. Hooghe, L. (1992), S. 25. Ethnizität ist dabei nicht nur als eine Ressource für Identitätsbildung und Orientierung anzusehen, sondern auch als eine Ressource für Monopolisierung von Chancen und Möglichkeiten, für die Organisation von Interessen und für die Legitimierung dieser Ressourcenmonopolisierung. Ethnische Identifikation, ethnisch orientierte Ausgrenzungen und sogar ethnische motivierte Gewalt erscheinen vor diesem Hintergrund nicht mehr nur als rein irrationale Akte. (vgl. Dittrich, E./ Lentz, A. (1995), S. 37 f.)

[611] s. Esser, H. (1988), S. 243

[612] Bspw. kann durch strenge Auflagen und Stigmatisierung die Teilnahme an anderen Aktivitäten enorm verteuert werden, so daß potentielle Mitglieder vor die Wahl gestellt werden, ganz oder gar nicht zu partizipieren. Vgl. dazu auch Iannacone, L.R. (1992), S. 276

sowohl primoridiale als auch instrumentalistische Aspekte integriert, existiert in allen ethnischen Gruppen und wirkt sich auf die ethnische Affiliation der Individuen aus.[613]

Es muß anhand der Gewaltexzesse, die im Namen der Nation stattgefunden haben und stattfinden, die Frage virulent bleiben, ob sich tatsächlich nationale Gefühle in einen rationalen Rahmen integrieren lassen oder bei ihnen doch primordiale Emotionen eine Rolle spielen, die sich dem Zugang des ökonomischen Verhaltensmodells entziehen. Diese Arbeit konnte sie zwar nicht lösen, hofft aber zu ihrer Klärung beigetragen zu haben.

Andererseits läßt sich oft beobachten, wie ein fanatischer nationalistischer Führungszirkel in der Lage ist, durch gezielten Einsatz ökonomischer, sozialer und politischer Instrumente eine breite Masse, die nationalistischen Bestrebungen nicht notwendig positiv gegenüberstehen muß, zu einem Engagement in einer nationalistischen Bewegung zu veranlassen. Daraus ergibt sich deren zumindest partieller Konstruktcharakter.[614]

Insbesondere durch die Berücksichtigung sozialer Anreize positiver und negativer Natur kann man sich von einer einseitig materialistischen Sichtweise auf den Nationalismus lösen. Der Prestige- und Machtaspekt sowie der Wettbewerb um knappe Ressourcen aller Art sind wichtige Gesichtspunkte innerhalb der Betrachtung des Nationalismus, die keinesfalls vernachlässigt werden dürfen und für die politische Aktivierung ethnischer und nationaler Gruppen in vielen Fällen entscheidend sind.

Durch eine solche Einbeziehung immaterieller Aspekte als soziale Anreize kann man zwar eine verbesserte Abbildung der Realität erreichen, setzt sich jedoch der Gefahr der ad hoc-Argumentation und der Tautologie aus. Allerdings ist es wissenschaftlich sinnvoller, die Sinnentleerung der Theorie in Kauf zu nehmen, um zu einer gehaltvolleren Deutung der Realität

---

[613] vgl. Roeder P.G. (1991), S. 230

[614] Dies scheint genau dem zu entsprechen, was Hobsbawm die Konstruktion der Nation von oben nennt, die man jedoch von unten analysieren müsse. Sie sei nur richtig zu verstehen, wenn man sie vor dem Hintergrund der Sehnsüchte, Annahmen, Hoffnungen, Bedürfnisse oder Interessen der kleinen Leute betrachte, die nicht unbedingt national und noch weniger nationalistisch seien. (vgl. Hobsbawm, E.J. (1991), S. 21 f.) Auf einen ähnlichen Umstand weist Taylor hin, wenn er meint, der Übergang von der Elite zur Massenbasis erfolge durch die Verknüpfung des Nationalismus mit drängenden Nöten der Massen. (vgl. Taylor, C. (1995), S. 192)

nationalistischer Bewegungen zu kommen. Immerhin sind Theorien der Wirklichkeit halber da und nicht umgekehrt.[615]

Eine Erklärung der Entstehung, im Unterschied zum bloßen Funktionieren, einer nationalistischen Bewegung auf Basis des Rational Choice-Modells bedarf allerdings der Annahme einer Anzahl hochmotivierter Akteure, die sich als politische Unternehmer betätigen, die Startkosten übernehmen und die Etablierung eines funktionierenden Anreiz- und Sanktionssystems betreiben.

Die Motivationsstruktur eines solchen Führungszirkels ist für den Rational Choice-Ansatz schwer erfaßbar. Dessen Mitglieder werden zwar am meisten von einem Erfolg profitieren, nehmen andererseits aber auch teilweise enorme Kosten auf sich und tragen ein hohes Risiko, während die Wahrscheinlichkeit eines Erfolgs und die aus ihm resultierenden individuellen Vorteile vielfach verschwindend gering sind.[616]

Durch die Annahme einer hochmotivierten Gruppe von Initiatoren wird die Beobachtung verständlicher gemacht, daß nationalistische Bewegungen in fast allen Fällen von einer Elite ausgehen, deren wirtschaftlicher, sozialer oder politischer Aufstieg blockiert ist. Sie versprechen sich von der nationalistischen Alternative zumindest langfristig einen manifesten Vorteil.[617]

Die Existenz einer in ihren Aufstiegsambitionen blockierten Elite führt aber nicht automatisch zu nationalistischer Betätigung. Es existieren potentielle Nationen, die über das Stadium einer gewissen kulturellen Betätigung der Intellektuellen nicht hinweggekommen sind. Als moderne Beispiele mögen Sorben, Friesen und Rätoromanen dienen. Die Erkenntnis der

[615] Bereits Riker und Ordeshook weisen aber darauf hin, daß die Vorteile, die Menschen durch politische Betätigung suchen, nicht immer in Begriffen des Effekts ihrer Handlungen auf Ergebnisse oder in monetären Vorteilen zu messen sind. Durch die Beteiligung bekommen die Menschen auch Prestige, Freundschaft, Spaß beim Spielen des Spiels, die Freude, sich mit etwas zu identifizieren usw.. (vgl. Riker, W.H./ Ordeshook, P.C. (1973), S. 60)

[616] So stellt Hechter fest: „Nearly every country has its handful of martyrs who gave their lives not out of the belief that salvation awaited them after death, but rather out of the conviction that their nation was worth dying for.“ (s. Hechter, M. (1987), S. 61)

[617] vgl. dazu auch Waldmann, P. (1993), S. 405. Diesen Vorteil müssen sie allerdings nicht selbst realisieren können. Auch das Erreichen von Vorteilen für die Nachkommen kann nationalistisches Handeln auslösen. Dieser Umstand beruht vor allem auf der Identifikation der Eltern mit ihren Kindern, wie sie sich auch in der Sozialisation zeigt.

Aussichtslosigkeit des politischen Nationalismus seitens der Elite kann man in diesen Fällen als Erklärung heranziehen.[618]

Eine solche Erkenntnis kann einen Ansatzpunkt zur Begründung des Umstandes liefern, daß, wie Gellner bemerkt, auf zehn potentielle Nationalismen nur ein tatsächlicher kommt.[619]

Entscheidend für die Entstehung einer nationalistischen Bewegung scheint die Möglichkeit zu sein, selektive Anreize bereitzustellen. Eine Bewegung in statu nascendi besitzt, wenn überhaupt, nur in sehr unzureichendem Maße Ressourcen und Möglichkeiten, potentielle Aktivisten mit selektiven Anreizen zu versorgen. Es erscheint zumindest fraglich, ob sie überhaupt jemals in der Lage sein wird, dies zu tun.

Selbst wenn man annimmt, daß das Interesse an einem öffentlichen Gut den Akteuren als Anreiz dient, wird für die Mehrzahl der Individuen das Kollektivgut der nationalen Souveränität zu abstrakt erscheinen, als daß sich daraus eine konkrete Handlungsmotivation ableiten ließe. Insofern ist die Frage der selektiven Anreize in diesem Zusammenhang weiterhin ungelöst.[620]

Auch irrationale Fanatiker können mittels des Einsatzes selektiver Anreize rational handelnde Menschen zu einem Engagement für die nationale Sache bewegen. Umgekehrt ist es möglich, daß rational kalkulierende Politiker, welche die transzendentale oder Gefühlsebene der Massen ansprechen, dabei ihre persönlichen Interessen verfolgen.[621]

Oben ist ausführlich auf Konstruktion und Manipulation der Nation und der sie begleitenden Begriffe eingegangen worden. Diese Konstruktion

618 Andererseits kann und soll nicht verschwiegen werden, daß auch Gegenbeispiele existieren, in denen es trotz verschwindend geringer Erfolgsaussichten zu Auflehnungen kam und kommt. Speziell die Kurden scheinen ein solches Beispiel zu geben.

619 vgl. Gellner, E. (1991), S. 71 f.. Gellner schließt aus diesem Umstand allerdings, daß der Drang, die eigene kulturelle Gemeinschaft zur Grundlage eines Staates zu machen, doch nicht so mächtig sei.

620 vgl. auch Whiteley, P.F. (1995), S. 216, der hervorhebt, daß, allen theoretischen und empirischen Unzulänglichkeiten zum Trotz, selektive Anreize dennoch als bedeutendster Aspekt zur Induzierung kollektiven Handelns und zur Erklärung politischer Beteiligung angesehen werden sollten.

621 Eine solche Argumentation löst sich jedoch von dem Anspruch, eine allgemeine soziologische Handlungstheorie zu repräsentieren. Vgl. auch Newman, S. (1991), S. 463, der die Meinung vertritt, die Akzeptanz rationalen Entscheidens bei den ethnischen Eliten erfordere die Verneinung rationalen Verhaltens bei deren Anhängern. Dafür spricht, daß überproportional viele Menschen den Verlockungen nationaler Rhetorik erliegen, ohne Aussicht auf Gegenleistungen zu besitzen. Dieser Umstand ist kaum mit den dargestellten Besonderheiten rationalen Handelns vereinbar ist.

muß in unmittelbarem Zusammenhang zur begrenzten menschlichen Wahrnehmungsfähigkeit gesehen werden.

Ein Teil des Erfolges von Ideologien erklärt sich daraus, daß sie die Komplexität der Umgebung reduzieren, mit der sich der Akteur auseinanderzusetzen hat. Solange sie ihm eine für ihn ausreichende Approximation an die Wirklichkeit liefern, wäre es für ihn irrational, unter Inkaufnahme hoher Kosten weitere Informationen ungesicherten Werts zu sammeln. Eine systematische Manipulation der verfügbaren Information, verknüpft mit Indoktrination durch die nationsbildende Elite, kann die Menschen dazu bringen, ihre Interessen mit denen der Nation gleichzusetzen.[622]

Durch die Anwendung der Theorie kollektiven Handelns auf interne Organisationsprobleme einer nationalistischen Bewegung sowie auf die Beeinflussung der Risiko-Belohnungs-Struktur des einzelnen kann ein deutlicher Erkenntnisfortschritt erzielt werden.[623]

Gelingt es der Bewegung nicht, eine ausreichend große und mächtige Gruppe zu formieren, die die Forderung nach Eigenstaatlichkeit artikuliert und möglicherweise gewaltsam durchsetzt, steht zu erwarten, daß sich der Nationalismus wieder in das Interesse einzelner an der Kultur der Nation zurückbildet. Ein solcher kultureller Nationalismus kann aber erneut zur Basis für eine politische Bewegung werden, wenn sich die Rahmenbedingungen ändern oder eine neue Gruppe auftritt, die sich nationalistischem kollektivem Handeln verschreibt. So können latente nationale Konflikte

---

[622] vgl. Hartle, D.G./Bird, R.M. (1971), S. 444. Kann eine Elite die Informationsströme kontrollieren, besitzt sie ein machtvolles Werkzeug zur Manipulation der Massen, auch auf rationaler Ebene. Indoktrination ist aber nur da wirklich fruchtbar, wo sie bereits existierende Werturteile verstärkt, aber nicht erzeugen muß. Zu überzeugen ist nur, wer auch tatsächlich überzeugt werden will. (vgl. Jeismann, M. (1993), S. 14) Andererseits wird hier der limitierte Einfluß der Sozialisation auf das menschliche Handeln deutlich; gäbe es fertig geformte Personen nach der Sozialisation, müßte die Indoktrination überflüssig sein, ebenso wie die Ideologisierung. Selbst wenn der Mensch durch die Sozialisation eine gewisse Disposition für Nationales erwirbt, bedarf es dennoch gewisser Anreize und Mittel, um Handlungen zu induzieren.

[623] Wenn auch die Neigung zum Trittbrettfahren in ethnischen Gruppen aufgrund des eher askriptiven Charakters der individuellen Mitgliedschaft weniger wahrscheinlich sein mag als in sich neu formierenden Interessengruppen, kann eine reine Betrachtung ethnischer Identität und eines primordialen Zusammengehörigkeitsgefühls, die nicht-rationale Aspekte in den Vordergrund rückt, keine überzeugende Begründung für die Mechanismen kollektiven Handelns liefern, speziell weil eine solche primordiale Logik nicht in der Lage ist, Veränderungen des kollektiven Handelns zu erklären. (vgl. Hechter, M. (1992), S. 273) Selbst Stammesgesellschaften, die sich als dauerhafte und effiziente Moralgemeinschaften kennzeichnen lassen, können nicht überleben, ohne Zwang und selektive Anreize anzuwenden. (Vgl. dazu die anthropologischen Erkenntnisse bei Douglas, M. (1991), S. 42 ff., die auch eine breite Palette an möglichen Anreizen identifiziert.)

durch das Fehlen einer Staatsgewalt akut werden. Das Risiko-Belohnungs-Verhältnis ändert sich dann nicht nur für die Gruppe an sich, sondern auch für den einzelnen. Ethnizität dient dabei als Vehikel für ökonomische und politische Machtinteressen. Neben dem Zusammenbruch eines multinationalen Reiches hinterläßt auch der Rückzug einer Kolonialmacht ein derartiges Vakuum.

Hinzu kommen Überlegungen zur Lebensfähigkeit des neuen Staates, die vielfach einer rationalen Kalkulation nicht standgehalten haben, jedoch im Zuge der Entwicklung moderner Militärtechnologie und supranationaler Bündnisse sowie der Globalisierung und des freien Welthandels zunehmend an Bedeutung verlieren; es bedarf heute kaum noch der einstmals nötigen Mindestgröße eines neuen Staates als Bedingung für dessen politisches und wirtschaftliches Überleben.[624]

Nationalismus als parteipolitische Strategie läßt sich, wie gesehen, in das Gerüst der ökonomischen Theorie der Demokratie integrieren. Er kann ein rationales Konzept zur Stimmenmaximierung darstellen, ohne daß bei der Führung und bei der Anhängerschaft auf irrationale Aspekte zurückgegriffen werden müßte. Dies gilt vornehmlich für die neuen westliche Nationalismen, weil sie sich im Rahmen einer demokratischen Verfassungsordnung artikulieren können und daher auch mit den Mitteln der Demokratie propagiert oder attackiert werden. Aufgrund des geringen Risikos für die Initiatoren und Unterstützer einer nationalistischen Partei bedarf es hier deutlich weniger selektiver Anreize als in totalitären Staaten, in denen sich die Mitglieder einer Unabhängigkeitsbewegung häufig ständigen staatlichen Repressalien und drakonischen Strafen ausgesetzt sehen und daher auch ihrerseits gewaltbereiter und irrationaler agieren.

Es zeigt sich also, daß ein mit zunehmender Härte ausgetragener Konflikt keineswegs immer auf Haß oder verwandten Emotionen beruhen muß. Er kann Konsequenz rationaler Überlegungen der beteiligten Akteure sein.

Eindeutige Schwächen besitzt die Theorie rationalen Handelns indes bei der Betrachtung nationaler Identität als Grundlage nationalistischen Handelns. Die Basis nationaler Identität wird vielfach im Kindesalter gelegt und stützt sich daher auf prärationale Erfahrungen und Eindrücke. Ebenso existieren bestimmte affektuale Bindungen. Gegenstände mit Symbolcha-

---

[624] vgl. auch Rogowski, R. (1985a), S. 380 f.. Dies erscheint auch der Grund für die immer kleiner werdenden Gebiete, die Autonomie und Unabhängigkeit fordern. Speziell diejenigen, die sich als fortschrittliche und verhältnismäßig reiche Regionen in einem Staat betrachten, bedürfen dessen Umverteilungs- und Schutzfunktionen nicht mehr und sind daher auch immer weniger bereit, dafür in Form von Transferleistungen zu bezahlen.

rakter und Symbole. Sie rufen emotionale Reaktionen hervor, werden mit Heimat und Vaterland assoziiert und entziehen sich dem Zugang des Rational Choice-Ansatzes.[625]

Die unzureichende Erklärbarkeit des Nationalgefühls durch rationale Erwägungen kann bis zur Hegelschen Idee des Volksgeistes führen. Ein solches Gefühl wird letztlich mittels der Sozialisation durch Generationen transportiert, selbst wenn es ansonsten zu einer weitgehenden Individualisierung und Rationalisierung des menschlichen Handelns kommt. Auch das Vorhandensein eines nur noch latenten Bewußtseins kann schon beträchtliche Auswirkungen auf die individuelle Identität und dadurch auch auf die individuellen Präferenzen haben. Dadurch kann es zu Schwierigkeiten bei einer Anwendung des Rationalmodells menschlichen Verhaltens kommen.

Eine damit verbundene Schwäche ist die einseitige Betrachtung der Wirkung von Symbolen auf die Individuen. Symbole und Rituale finden nur als Konventionen und Handlungsorientierungen Eingang in den Rational Choice-Ansatz. Ihnen werden jedoch keine eigenen handlungsmotivierenden Aspekte zugestanden. Neben ihren strukturierenden Effekten entwickeln Symbole aber auch eine eigene Dynamik in der menschlichen Psyche.

In der Abwendung von nicht mehr attraktiven Symbolen bringt eine neue Gemeinschaft eigene Symbole hervor, die der nationalen Bewegung als Orientierungsformen dienen sollen. Dabei kann es sich um Trachten, Grußformen, Lieder, Fahnen oder Verhaltensstilisierungen handeln, welche die Basis für Sympathie legen und eine aktive Rolle durch die menschliche Interaktion verliehen bekommen. Es kann zu einer Vermischung von Sympathie und Symbol kommen, die Gesellschaft und Kultur eine transindividuelle Geltung verleiht.[626]

Die Theorie rationalen Handelns vernachlässigt die Kultur und ihrer Einflüsse. Dies ist eine ihrer anerkannten Schwächen. Das betrifft auch die

---

[625] vgl. auch Calhoun, C. (1994), S. 312, der darauf hinweist, daß nationale Identität etwas sei, was Individuen forme und nicht völlig der freien individuellen Entscheidung unterliege. Andererseits erkennt Calhoun aber auch die unzulässige Vereinfachung nationaler Identität, durch deren Annahme als primordial.

[626] vgl. Stagl, J. (1986), S. 130 f.. Symbole entfalten ihr Bedeutungspotential in Interaktionen und ihre tiefere Bedeutung erst in Krisensituationen und können neben ihrer Klammerfunktion von Natur, Kultur und Gesellschaft auch die Ursache individueller Handlungsmotivationen bilden. Man denke in diesem Zusammenhang nur an die enorme Wirkung, die das Verbrennen einer Nationalflagge sowohl bei den Verbrennenden als auch bei den Angehörigen derjenigen Nation, deren Fahne verbrannt wurde, hervorruft.

Wirkung kultureller und historischer Eigenheiten auf den subjektiv empfundenen individuellen Nutzen. Dies wirft wiederum Probleme bei der Falsifizierbarkeit der Aussagen auf. Das ökonomische Paradigma setzt, wie ihr E. Rambo vorwirft, die Kultur nur als ad hoc-Variable ein, etwa als zur Selbstlegitimation konstruiertes Vehikel für eine neue gemeinsame Identität.[627]

In vorliegender Arbeit wurde die Kultur speziell als Determinante der Sozialisation behandelt. Keine zwei Individuen haben genau gleiche Wahrnehmungen der Welt. Eine der entscheidenden Aufgaben der menschlichen Entwicklung ist das Ersetzen der tabula rasa-Situation bei der Geburt durch verschiedenste Formen indirekten Lernens, die eine Ähnlichkeit der Menschen in einer Gesellschaft herbeiführen. Das kulturelle Erbe liefert ein Mittel zu Reduzierung von Unterschieden in den mentalen Modellen, die Menschen in einer Gesellschaft besitzen, und konstituiert auch ein Mittel für die intergenerationale Vermittlung vereinigender Wahrnehmungen.[628]

Derartig geprägte Menschen sind aber leichter für kollektives Handeln zu mobilisieren, speziell dann, wenn gerade ihre Gemeinsamkeit und Abhebung von Außenstehenden thematisiert wird.

Aus dem Blickwinkel des rationalen Handelns erscheint auch die Affinität des Nationalismus zur Religion problematisch. Sie ist nur durch die Annahme der Begrenztheit menschlicher Rationalität und der daraus resultierenden Probleme der Menschen im Umgang mit der Realität in das ökonomischen Verhaltensmodell integrierbar. Dies gelingt nur dann, wenn

---

[627] vgl. z.B. Rambo, E. (1995), S. 146, der Kultur als große ad hoc-Kategorie innerhalb der Rational Choice Theorie bezeichnet.

[628] vgl. Denzau, A.T./ North, D.C. (1994), S. 14 f., ebenso Kasfir, N. (1979), S. 366, der eine gemeinsame Wahrnehmung als Grundlage für Solidarität betrachtet. Vgl. auch Lindenberg, S. (1990a), S. 273, der Sozialisation als Bindeglied von Kultur und rationaler Wahl betrachtet. Vgl. weiterhin Hechter, M. (1992), S. 271, der konstatiert, daß durch die Geburt eines Individuums in eine bestimmte Gruppe eine Disposition für bestimmte Präferenzen durch den kulturellen Einfluß und die Akzeptanz bestimmter kultureller Besonderheiten der Umgebung erfolgt. Insgesamt läßt sich sagen, daß sich das Individuum die Handlungsalternativen, mit denen es sich auseinandersetzt, im Rahmen des Sozialisationsprozesses aneignet. Sowohl die individuellen Ziele als auch die zu deren Erreichung zur Verfügung stehenden Mittel sind gesellschaftlich erlernt. (vgl. Hill, P.B./Schnell, R. (1990), S. 36) Das bedeutet allerdings, daß die subjektiven Interessen kulturell und historisch spezifisch sein können, woraus sich das Problem ihrer Identifizierung und wiederum die Gefahr von ad hoc-Annahmen ergibt. Vgl. aber auch wiederum Coleman, J.S. (1992), S. 244, der bemerkt, daß sich die subjektiven Interessen aus verschiedenen Positionen des Individuums im sozialen Gefüge ergeben, und der als Kriterium für ein solches Interesse neben anderen, wie Alter, Geschlecht oder Religion, auch ethnische Zugehörigkeit heranzieht.

man davon ausgeht, daß die Realität in ihrer Komplexität verschiedener Deutungsmuster bedarf, die sie für die menschlichen Kapazitäten überhaupt erst erfaßbar machen. Der Mensch strebt nach einer Reduzierung von Kontingenz und nach Sinn. Einen solchen Sinn vermittelt die Religion, den sie der menschlichen Wahrnehmung der Endlichkeit und Sinnlosigkeit des individuellen Lebens unterlegt. Mit der Säkularisierung hat die Religion in der Neuzeit viel von ihrem Einfluß verloren, sodaß sich die Frage nach anderen Institutionen der Sinnvermittlung stellte. Der Nationalismus transformiert ebenso wie die Religion die Kontingenz des menschlichen Lebens in Kontinuität.[629]

Es läßt sich also nicht auf jeden Fall behaupten, daß eine individuelle nationalistische Grundeinstellung und ein Engagement in einer nationalistischen Bewegung immer rational sind. Die Erklärung eines solchen Sachverhaltes geht über den Erklärungsanspruch des Rational Choice-Paradigmas jedoch hinaus.

Es konnte indes gezeigt werden: Ein Phänomen wie der Nationalismus, dem extreme Irrationalität attestiert wird, enthält ein breites Spektrum vernunftbetonter Elemente. Es kann rational kalkulierenden Individuen als nutzenmaximierende Handlungsalternative dienen, ebenso wie sich aggregiert auf der Makro-Ebene Ergebnisse einstellen, die der sozialen Realität bemerkenswert nahe kommen.

Ein Aspekt, der noch diskutiert werden muß, ist die Frage nach der empirischen Anwendbarkeit der theoretischen Annahmen. Einen systematischen Versuch der Prüfung der Aussagekraft des ökonomischen Paradigmas für nationalistisches Verhalten und der Wirkung verschiedener Anreize auf die individuelle Beteiligung an nationalistischen Aktionen scheint es noch nicht zu geben. Es gibt zwar empirische Untersuchungen zum Protestverhalten, die jedoch alle in demokratischen Gesellschaften westlichen Typs vorgenommen worden sind und Bewegungen von geringerer Reichweite und Kraft betreffen als sie der Nationalismus besitzt.

Eine empirische Anwendung in dieser Arbeit angestellter Überlegungen wäre sicherlich instruktiv, wobei freilich die Operationalisierung des ökonomischen Paradigmas problembehaftet ist. Insbesondere das Problem der

---

[629] vgl. Pagano, U. (1995), S. 191, der sich gleichzeitig bewußt ist, daß es widersprüchlich scheint, durch eine bewußt gewählte Identität die Existenzprobleme überwinden zu wollen, denn nur wenn man sich erwählt fühlt, kann man sich auch als Teil eines größeren Ganzen fühlen und aus dieser Reinheit symbolischen Nutzen ziehen. Vgl. auch Jeismann, M (1993), S. 21 f., der davon spricht, daß die Nation von der Religion die Funktion der kollektiven und individuellen Sinnstiftungsinstanz übernommen hat.

Quantifizierung von Nutzen und die Frage nach Entstehungshintergrund von Präferenzen sind weiterhin ungelöst. Aber nur auf empirischem Wege läßt sich der heuristische Fortschritt, welchen das Modell rationalen Handelns für die Nationalismusforschung zu liefern vermag, abschätzen. Dies gilt vor allem wegen des Fehlens einer umfassenden und schlüssigen Theorie des Nationalismus. Die vorliegende Arbeit möchte den Anstoß zu stärkeren Berücksichtigung des Akteurbezuges bei der Untersuchung das Nationalismus liefern.

Es soll an dieser Stelle einer gewissen Skepsis Ausdruck gegeben werden, inwiefern eine solche Theorie aufgrund des Facettenreichtums des Nationalismus als auch der Komplexität seiner Auswirkungen auf die menschliche Psyche überhaupt möglich ist. Als ganzheitliches, die Grenzen der Einzelwissenschaften überschreitendes Phänomen kann der Nationalismus von jeder beteiligten Disziplin nur in Teilaspekten erfaßt werden. Die Addition dieser Ergebnisse löst das Problem nicht von selbst. Es bedarf dazu interdisziplinärer theoretischer Anstrengungen.

Zum Teil ähnliche Probleme wie in der Nationalismusforschung wirft der Rational Choice-Ansatz auch in der Transitionsforschung auf. Dazu gehört die Frage nach der Gewichtung individueller Wahlmöglichkeit und struktureller Zwänge in ihrem Einfluß auf das Geschehen insgesamt. Zum anderen stellt die Identifizierung der verhaltensbeeinflussenden Präferenzen, Interessen und Wahrnehmungen der Individuen eine weitgehend unlösbare Aufgabe dar, so daß man eher von der Brauchbarkeit des Ansatzes für eine ex-post Analyse auszugehen hat.[630]

Aus dem Bisherigen ist jedoch deutlich geworden: Der Nationalismus vermag individuell wie kollektiv sozialen Nutzen wie Schaden zu stiften.

Aber es hat sich auch gezeigt, daß eine Rekonstruktion einer nationalistischen Bewegung auf der Basis der Annahme rational handelnder Individuen möglich ist, wenn auch die Bedeutung der Begrenztheit der Rationalität dabei größer ist als bei anderen Formen sozialen Handelns. Nur durch diese Limitation der subjektiven Rationalität läßt sich die Empfänglichkeit der Menschen für Ideologie und Indoktrination begreifen. Ebenso liegen viele mit dem Nationalismus verbundenen Handlungsweisen im Grenzbereich menschlicher Rationalität.

---

[630] vgl. Bos, E. (1996), S. 104. Vgl. auch Mueller, D.C. (1989), S. 175, der feststellt, daß der Rational Choice-Ansatz zwar einen Einblick in die Ursachen gibt, warum sich revolutionäre Erhebungen abspielen können, jedoch keine breite Palette testabler Hypothesen liefert.

6. Zusammenfassung und Ausblick

Der Nationalismus bildet im Zeitalter der europäischen Einigung weiterhin eine der Haupttriebkräfte internationaler Politik. Die Suche nach einer Erklärung und Deutung der Ursachen des Nationalismus und seiner Anziehungskraft für die Massen stellt weiterhin eine Herausforderung für die Sozialwissenschaften dar.

In der vorliegenden Arbeit sollte untersucht werden, in welcher Weise eine Theorie rationalen Handelns einen Beitrag zu seiner Deutung leisten kann.

Dazu wurde zunächst das ökonomische Paradigma in der Soziologie, seine ideengeschichtlichen Ursprünge und Hauptaussagen zusammenfassend dargestellt. Ferner wurde dessen Zentralbegriff der Rationalität untersucht und in seinen verschiedenen Aspekten beleuchtet. Danach wurde das Menschenbild des Rational Choice-Ansatzes untersucht und anderen soziologischen Menschenbildern vergleichend gegenübergestellt.

Als zentrales Problem, das sich aus der Annahme rational handelnder Individuen ergibt, wurde dabei die Diskrepanz zwischen individueller und kollektiver Rationalität identifiziert. Diese Diskrepanz macht kollektives Handeln und die Beschaffung öffentlicher, d.h. allen, doch keinem im Besonderen zugute kommender Güter, erklärungsbedürftig.

Um dieses Problem einer Lösung näher zu bringen, wurde dann eine im ökonomischen Paradigma arbeitende Theorie der Entstehung sozialer Normen und deren Verbindung zu Sanktionen vorgestellt.

Sodann erfolgte eine Exposition des Begriffes der Nation. Dabei zeigte sich, daß es ein breites Spektrum an begrifflichen Bestimmungen für Nation gibt, es den Sozialwissenschaften aber weiterhin an einer allgemein verbindlichen Definition mangelt. Dies ist wohl auch aus der politischen Instrumentalisierung des Nationsbegriffes seit seiner Existenz zu erklären. Die Nation ist ein neuzeitliches Konstrukt, das aber in seiner relativ kurzen Geschichte schon zahlreiche Veränderungen durchgemacht hat.

Besondere Bedeutung gewinnt die Nation durch ihre Verbindung zum Staat. Dieser Anspruch auf einen eigenen Staat unterscheidet die Nation auch von der ethnischen Gruppe. Wie die Nation umfaßt der Staat die Gesamtheit der Leben seiner Bürger. Der Nationsbegriff war von Anfang an auch ein politischer Begriff, der ethnischen Gruppen nur übergestülpt worden ist.

Die Rechte und Möglichkeiten, aber auch die Pflichten der Bewohner eines Staates sind für deren Zufriedenheit mit dem staatlichen System elementar. Das gilt für die Individuen, aber auch für die Gruppen, die auf seinem Territorium beheimatet sind. Eine dieser Gruppen, und wie sich im Verlaufe der neuzeitlichen Geschichte herausgestellt hat, die einflußreichste, ist die Nation in ihrem Streben nach der Kongruenz von kulturellen und politischen Grenzen.

Das Verhältnis von Nation und Staat muß schon allein aus dem Grund als latent spannungsbehaftet betrachtet werden, weil es mehr aktuelle und potentielle Nationen auf der Welt gibt als Staaten. Die Kongruenz von Nation und Staat wird zwar immer wieder gefordert, ist aktuell aber kaum in irgendeinem Nationalstaat verwirklicht. Der überwiegenden Anzahl von Nationen bleibt die Eigenstaatlichkeit verwehrt, sehr viele siedeln auf dem Territorium mehrerer Staaten. Die Nation als historische und damit auch sich wandelnde Größe ist ein ständiger Faktor der Unruhe im Staatensystem, wenn sie sich in ihrer jeweiligen Erscheinungsform im Nationalstaat realisieren will.

Ebenso wie die Nation stellt sich der Nationalismus als vielschichtiges Phänomen dar, das im Laufe seiner Existenz diverse Wandlungen durchlaufen hat. Er kann verschiedene Ausprägungen annehmen und sich auf unterschiedlichen Sektoren äußern.

Ob und wo sich Nationalismus herausbildet, hängt von einer Vielzahl verschiedener historischer, politischer, ökonomischer und sozialen Faktoren ab. Die Entstehung eines politischen Nationalismus scheint jedoch mit Unzufriedenheit und der Hoffnung auf eine Verbesserung der Situation der Nation oder wenigstens einer nationalen Elite in direktem Zusammenhang zu stehen. Eine völlig befriedigende Theorie zur Erklärung der Entstehung und Wirkung von Nationalismus existiert bis jetzt nicht.

Aufgrund der Komplexität und Breite des Begriffs Nationalismus konnte der Fokus nur auf einen kleinen Ausschnitt aus dessen Bedeutungsspektrum gerichtet werden, nämlich auf den modernen Minderheitsnationalismus bzw. Separatismus, der die Existenz eines Nationalstaates voraussetzt und einen Interessengegensatz zwischen einer Nation und dem Staat impliziert.

Ein solcher Nationalismus erscheint, nach den Annahmen der Rational Choice-Theorie, nur dann als eine Alternative für menschliches Verhalten, wenn sein Nutzen die anfallenden Kosten übersteigt und er zudem in der

Lage ist, präferierte Güter zu einem geringeren Preis zur Verfügung zu stellen, als dies konkurrierende Institutionen können.

Der Nutzen des Nationalismus für das Individuum kann direkt oder indirekt sein. Er entsteht entweder durch die Erwartung von mit der Eigenstaatlichkeit verbundenen Vorteilen oder auch schon solcher Vorteile, welche ein Einsatz für die Bewegung in früheren Stadien mit sich bringt. Freilich sind die Vorteile durch die staatliche Souveränität auch ohne die Beteiligung an nationalistischen Aktivitäten zu erlangen.

Die Frage, ob eine nationalistische Grundeinstellung individuell immer rational ist, konnte im Rahmen dieser Arbeit nicht geklärt werden. Sie geht über den Erklärungsanspruch des Rational Choice-Paradigmas hinaus.

Dieser Sachverhalt erscheint auch nicht entscheidend. Bedeutsam ist vielmehr, daß gezeigt werden konnte, daß sich durch die Anwendung der Theorie rationalen Handelns auf den Nationalismus eine beträchtliche, möglicherweise unerwartete Annäherung an die Realität erreichen läßt. Es wurde eine breite Palette von rationalen Beweggründen für das Engagement in einer nationalistischen Bewegung sichtbar. Sie macht einsichtig, daß Phänomene der Makroebene sich unter Rückgriff auf mikrosoziologische Grundlagen erklären lassen.

Es hat sich auch gezeigt, daß der individuelle Hauptnutzen meist bei den Initiatoren und Führern nationalistischer Bewegungen liegt. Diesen Führern kommt als politischen Unternehmern eine Schlüsselrolle bei der Organisation kollektiven Handelns zu. Sie können durch ein gezieltes Manipulieren von Informationen und durch den Einsatz selektiver Anreize eine große Anzahl von Individuen für nationalistisches Handeln mobilisieren und dadurch Macht und andere ihnen sonst nicht zugängliche Gratifikationen gewinnen.

Insgesamt ist zu konstatieren, daß die Anwendung des Rational Choice-Ansatzes auf den Nationalismus dieselben Schwächen offenbart, die diesem soziologischen Paradigma allgemein zu eigen sind. Insbesondere die starke emotionale Besetzung des Nationalismus und deren Auswirkungen auf die individuelle Identität beschränkt die Aussagekraft dieses Ansatzes. Die in vielen Nationalismen vorzufindende Mischung aus Angst, Aggression und Sinnbedürfnis verschließt sich dem Rational Choice-Ansatz.

Dennoch liefert das Modell rationalen Handelns brauchbare Ansatzpunkte für die Analyse moderner Nationalismen speziell der westlichen Welt. Es lassen sich mit seiner Hilfe zumindest Teilbereiche des modernen Nationalismus erklären: von der Etablierung einer nationalistischen oder regionalistischen Partei bis hin zu gewalttätigen Auseinandersetzungen mit einem Zentralstaat, die auf beiden Seiten aufgrund rationaler Überlegungen mit zunehmender Härte geführt wird.

Auch der antikoloniale Nationalismus, auf den hier wegen seiner besonderen Rahmenbedingungen nur am Rande eingegangen werden konnte, und der stark mit ökonomischen Erwägungen verbunden ist, erscheint durch eine Theorie rationalen Handelns in wesentlichen Teilen als erschließbar. Allerdings ergibt sich in diesem Zusammenhang das Problem von der westlichen Rationalität abweichender Rationalitäten.

Unbeschadet der verschiedenen anderen diskutierten Ursachen erfolgreichen kollektiven Handelns bleiben dennoch selektive Anreize auf individueller Ebene ein wesentliches Element für ein nationalistisches Engagement. Diese Anreize müssen nicht immer materieller Art sein. Auch soziale Anreize können einen bedeutenden Einfluß ausüben. Diese müssen jedoch möglichst präzise spezifiziert werden. Interpretiert man jegliches Handlungsmotiv als ein solchen Anreiz, wird die Theorie rationalen Handelns gegen Falsifizierung immunisiert und tautologisch.

Damit soziale Komponenten eine verhaltensbeeinflussende Kraft entfalten, ist die Existenz sozialer Netzwerke unerläßlich, die Individuen in soziale Strukturen einbinden. Hier können bereits existierende ethnische Netzwerke der nationalistischen Bewegung entscheidende Vorteile bei der Rekrutierung von Mitgliedern und bei der Implementierung von Normen liefern. Ohne die Existenz solcher Strukturen wird die Aufstellung einer nationalistischen Bewegung bedeutend schwieriger, wenn nicht gar unmöglich.

Wer von sozialen Anreizen spricht, kann also nicht von einer abstrakten Rationalität ausgehen, sondern er muß die Präexistenz ethnischer Gegebenheiten anerkennen, die durch nationalistische Bewegungen nur modifiziert werden.

Abschließend erscheint ein kritischer Blick auf die Zukunft des Nationalismus angebracht. Es steht zu erwarten, daß Globalisierung und ökonomische Internationalisierung ihn nicht überwinden werden. Ihre Folgen können sogar immer kleinere Einheiten dazu ermutigen, separatistische Bestrebungen zu initiieren. Insbesondere wirtschaftlich starke Regionen profitieren in immer geringerem Maße vom Staat als Wirtschaftsraum und Umverteilungsinstanz. Sie sind daher bestrebt, regional erwirtschaftete

Profite nicht als Transferleistungen in wirtschaftlich unterentwickelte Regionen abfließen zu sehen.

Auch die europäische Einigung hat bisher nicht die erhofften Auswirkungen, unter anderem das Verschwinden des Nationalismus in Europa, erbracht. Vielmehr hat sie auch kleineren regionalen Nationalismen die Möglichkeit eröffnet, sich (wieder) zu artikulieren.[631]

Bei der Analyse und Erklärung solcher Vorgänge kann das ökonomische Verhaltensmodell einen wichtigen Beitrag leisten, auch wenn es in seiner Funktion als Basis einer allgemeinen Theorie des Nationalismus limitiert ist. Letzteres liegt also nicht nur an der Schwäche der Theorie, sondern auch an der Vielgestaltigkeit und Wandelbarkeit des Nationalismus.

Der Weg der Soziologie zu einer allgemeinen Handlungstheorie, die in der Lage ist, die verschiedenen Paradigmen zu vereinen, ist wohl noch sehr lang. Dies gilt auch für eine die Grenzen der Einzeldisziplinen überschreitende, umfassende Theorie des Nationalismus, die nicht nur die vergangenen Exzesse erklären, sondern auch zur Verhinderung zukünftiger beitragen kann.

Der Nationalismus vereinigt in sich rationale und irrationale Elemente. Gerade das macht seine enorme Anziehungskraft und seine Stärke aus.

Zudem bietet er ein Zugehörigkeitsgefühl und eine Orientierungshilfe an, wie sie sonst nur vormoderne „globale Gesellschaften“, etwa die Familie, die Gemeinde oder die Religionsgemeinschaft bieten, derer die Menschen wahrscheinlich jenseits aller Rationalisierung und Individualisierung weiterhin bedürfen. Somit muß der Erklärungshorizont des Rational Choice-Ansatzes notwendigerweise begrenzt bleiben.

---

[631] vgl. dazu erst jüngst wieder die Bewegung der Flamen, wie bspw. bei Schümer, D. (1998), S. 39 beschrieben, für die ein „Europa der Regionen“ die Möglichkeit der Propagierung eines eigenen Kleinstaates bietet, der sie von den Transferleistungen an die Wallonie befreien würde.

7. Literaturverzeichnis

Abelson, R.P/Levi, A. (1985): Decision Making and Decision Theory, in: Lindzey, G./Aronson, E. (Hrsg.): Handbook of Social Psychology, Vol. I, 3rd Edition, New York 1985, S. 231-309

Akerlof, G.A. (1991): Procrastination and Obedience, in: American Economic Review Papers and Proceedings, Vol. 81 (1991), S. 1-19

Albert, H. (1965): Zur Theorie der Konsum-Nachfrage, in: Jahrbuch für Sozialwissenschaften, Jg. 16 (1965), S. 139-198

Albert, H. (1968): Erwerbsprinzip und Sozialstruktur, in: Jahrbuch für Sozialwissenschaften, Jg. 19 (1968), S. 1-65

Albert, H. (1977): Individuelles Handeln und soziale Steuerung. Die ökonomische Tradition und ihr Erkenntnisprogramm, in: Lenk, H (Hrsg.): Handlungstheorien interdisziplinär IV, Müchen 1977, S. 177-226

Alchian, A.A./Allen, W.R. (1972): University Economics, Third Edition, Belmont 1972

Alexander, J.C. (1993): Soziale Differenzierung und kultureller Wandel, Frankfurt/Main; New York 1993

Alexander, J.C./Giesen, B. (1987): From Reduction to Linkage: The Long View of the Micro-Macro Debate, in: Alexander, J.C./Giesen, B./Münch, R./Smelser, N.J. 0(Hrsg.): The Micro-Macro Link, Berkeley, 1987, S. 1-44

Alter, P. (1985): Nationalismus, Frankfurt am Main 1985

Anderson, B. (1988): Die Erfindung der Nation, Frankfurt/New York 1988

Anderson, J. (1988): Nationalist Ideology and Territory, in: Johnston, R.J./Knight, D.B./Kofman, E. (Hrsg.): Nationalism, Self-Determination and Political Geography, London/New York/Sydney 1988, S. 18-39

Arni, J.-L. (1994): Handlungserklärung – Handlungsrationalität, in: Nida-Rümelin, J. (Hrsg.): Praktische Rationalität, Berlin/New York 1994, S. 31-107

Arrow, K.J. (1986): Rationality of Self and Others in an Economic System, in: Journal of Business, Vol. 59 (1986), S. S385-S399

Ashkenasi, A. (1990): Nationalism and National Identity, Berlin 1990

Axelrod, R. (1986): An Evolutionary Approach to Norms, in: American Political Science Review, Vol. 80 (1986), S. 1095-1111

Axelrod, R. (1987): Die Evolution der Kooperation, München 1987

Badelt, C. (1987): Altruismus, Egoismus und Rationalität, in: Heinemann, K. (Hrsg.): Soziologie wirtschaftlichen Handelns, Sonderheft 28 der Kölner Zeitschrift für Soziologie und Sozialpsychologie, Opladen 1987, S. 54-72

Balibar, E./Wallerstein, I. (1990): Rasse, Klasse, Nation, Hamburg/Berlin 1990

Balla, B. (1995): Nation – Zentralthema der Soziologie?, in: Meyer, S./Schulze, E. (Hrsg.): Einsichten, Ansichten und Übersichten – Ein soziologisches Kaleidoskop, Berlin 1995, S. 9-25

Banton, M. (1980): Ethnic groups and the theory of rational choice, in: UNESCO (Hrsg.): Sociological theories: race and colonialism, Paris 1980, S. 475-499

Barry, B.M. (1975): Neue Politische Ökonomie, Frankfurt/New York 1975

Bauböck, R. (1991): Nationalismus versus Demokratie, in: Österreichische Zeitschrift für Politikwissenschaft, Jg. 20 (1991), S. 73 -90

Bauböck, R. (1996): Nation, Migration und Staatsbürgerschaft, in: von Beyme, K./Offe, C. (Hrsg.): Politische Theorien in der Ära der Transformation, Opladen 1996, S. 325-348

Bauböck, R. (1997): Why stay together?: A pluralist approach to secession and federation, Wien 1997

Bauer, O. (1924): Die Nationalitätenfrage und die Sozialdemokratie, Zweite Auflage, Wien 1924

Becker, G.S. (1982): Der ökonomische Ansatz zur Erklärung menschlichen Verhaltens, Tübingen 1982

Bélanger, S./Pinard, M. (1991): Ethnic Movements and the Competition Model: Some Missing Links, in: American Sociological Review, Vol. 56 (1991), S. 446-457

Bell, D. (1975): Ethnicity and Social Change, in: Glazer, N./Moynihan, D.P. (Hrsg.): Ethnicity – Theory and Experience, Cambridge and London 1975, S. 141-174

Berejikian, J. (1992): Revolutionary Collective Action and the Agent-Structure Problem, in: American Political Science Review, Vol. 86 (1992), S. 647-657

Berger, P.L./Luckmann, T. (1969): Die gesellschaftliche Konstruktion der Wirklichkeit, Frankfurt am Main 1969

Bergmann, J.R. (1987): Klatsch, Berlin 1987

Bibo, I. (1992): Die Misere der osteuropäischen Kleinstaaterei, Frankfurt am Main 1992

Biervert, B./Wieland, J. (1990): Gegenstandsbereich und Rationalitätsform der Ökonomie und Ökonomik, in: Biervert, B./Held, K./Wieland, J. (Hrsg.): Sozialphilosophische Grundlagen ökonomischen Handelns, Frankfurt am Main 1990, S. 7-32

Bikchandani, S./Hirshleifer, D./Welch, I. (1992): A Theory of Fads, Fashion, Custom, and Cultural Change as Informational Cascades, in: Journal of Political Economy, Vol. 100 (1992), S. 992-1026

Birch, A.H. (1978): Minority Nationalist Movements and Theories of Political Integration, in: World Politics, Vol. 30 (1978), S. 325-344

Birch, A.H. (1989): Nationalism and National Integration, London 1989

Birnbaum, P. (1988): States and collective action: the European experience, Cambridge 1988

Birtsch, G. (1989): Erscheinungsformen des Patriotismus, in: Aufklärung, Jg. 4 (1989), S. 3-7

Björklund, U. (1987), Ethnicity and the welfare state, in: International Social Science Journal, Vol. 111 (1987), S. 19-30

Blaschke, J. (1985): Volk, Nation, Interner Kolonialismus, Ethnizität, Berlin 1985

Blau, P.M. (1964): Exchange and Power in Social Life, New York 1964

Blau, P.M. (1993): Putting Coleman's Transition Right-Side Up, in: Analyse & Kritik, Jg. 15 (1993), S. 3-10

Bohman, J. (1992): The Limits of Rational Choice Explanation, in: Coleman, J.S./Fararo, T.J. (Hrsg.): Rational Choice Theory, Newbury Park/London/New Delhi 1992, S. 207-228

Bohnen, A. (1975): Individualismus und Gesellschaftstheorie, Tübingen 1975

Bohnen, A. (1986): Anmerkungen zum Anti-Individualismus im soziologischen Denken, in: Analyse & Kritik, Jg. 8 (1986), S. 150-177

Bonacich, E. (1972): A Theory of Ethnic Antagonism: The Split Labor Market, in: American Sociological Review, Vol. 37 (1972), S. 547-559

Bos, E. (1996): Die Rolle von Eliten und kollektiven Akteuren in Transitionsprozessen, in: Merkle, W. (Hrsg.): Systemwechsel 1, 2. Auflage, Opladen 1996, S. 81-109

Boudon, R. (1979): Widersprüche sozialen Handelns, Darmstadt und Neuwied 1979

Boudon, R. (1987): The Individualistic Tradition in Sociology, in: Alexander, J.C./Giesen, B./Münch, R./Smelser, N.J. (Hrsg.): The Micro-Macro Link, Berkeley 1987, S. 45-70

Boudon, R. (1989): Subjective Rationality and the Explanation of Social Behavior, in: Rationality and Society, Vol. 1 (1989), S. 173-196

Boudon, R. (1990): Subjektive Rationalität und die Theorie der Ideologie, in: Haferkamp, H. (Hrsg.): Sozialstruktur und Kultur, Frankfurt am Main 1990, S. 384-414

Boudon, R./Bourricaud, F. (1992): Soziologische Stichworte, Opladen 1992

Bourdieu, P. (1983): Ökonomisches Kapital, kulturelles Kapital, soziales Kapital, in: Kreckel, R. (Hrsg.): Soziale Ungleichheiten, Göttingen 1983, S. 183-198

Brand, J.A. (1985): Nationalism and the Noncolonial Periphery, in: Tiryakian, E.A./Rogowski, R. (Hrsg.): New Nationalisms of the Developed West, Boston 1985, S. 277-293

Braun, N./Franzen, A. (1995): Umweltverhalten und Rationalität, in: Kölner Zeitschrift für Soziologie und Sozialpsychologie, Jg. 47 (1995), S. 231-248

Breton, A. (1964): The Economics of Nationalism, in: Journal of Political Economy, Vol. 72 (1964), S. 376-386

Breton, A./Breton, M. (1995): Nationalism revisited, in: Breton, A./Galeotti, G./Salmon, P./Wintrobe, R. (Hrsg.): Nationalism and rationality, Cambridge 1995, S. 98-115

Breuilly, J. (1982): Nationalism and the State, Manchester 1982

Brunn, G. (1978): Regionalismus und sozialer Wandel: Das Beispiel Katalonien, in: Dann, O. (Hrsg.): Nationalismus und sozialer Wandel, Hamburg 1978, S. 157-185

Brunner, K. (1987): The Perception of Man and the Conception of Society: Two Approaches to Understanding Society, in: Economic Inquiry, Vol. 25 (1987), S. 367-388

Buchanan, J.M. (1984): Die Grenzen der Freiheit, Tübingen 1984

Buchheim, H. (1995): Das Prinzip „Nation" und der neuzeitliche Verfassungsstaat, in: Zeitschrift für Politik, Jg. 42 (1995), S. 60-67

Burger, R. (1994): Patriotismus und Nation, in: Leviathan, Jg. 22 (1994), S. 161-170

Calhoun, C. (1991): The Problem of Identity in Collective Action, in: Huber, J. (Hrsg.): Macro-Micro Linkages in Sociology, Newbury Park/London/New Delhi 1991, S: 51-75

Calhoun, C. (1993): Nationalism and Ethnicity, in: Annual Review of Sociology, Vol. 19 (1993), S. 211-239

Calhoun, C. (1994): Nationalism and Civil Society: Democracy, Diversity and Self-Determination, in: Calhoun, C. (Hrsg.): Social Theory and the Politics of Identity, Oxford 1994, S. 304-335

Camic, C. (1979): The Utilitarians Revisited, in: American Journal of Sociology, Vol. 85 (1979), S. 516-550

Camic, C. (1986): The Matter of Habit, in: American Journal of Sociology, Vol. 91 (1986), S. 1039-1087

Coleman, J.S. (1974): Processes of concentration and dispersal of power in social systems, in: Social Science Information, Vol. 13/2 (1974), S. 7-18

Coleman, J. S. (1978): Soziale Struktur und Handlungstheorie, in: Blau, P.M. (Hrsg.): Theorien sozialer Strukturen, Opladen 1978, S. 76-92

Coleman, J.S. (1979): Macht und Gesellschaftsstruktur, Tübingen 1979

Coleman, J.S. (1983): Freeriders and Zealots, in: Sodeur, W. (Hrsg.): Ökonomische Erklärungen sozialen Verhaltens, Duisburg 1983, S. 135-165

Coleman, J.S. (1988): Free Riders and Zealots: The Role of Social Networks, in: Sociological Theory, Vol. 6 (1988), S. 52-57

Coleman, J.S. (1990): Norm-Generating Structures, in: Cook, K.S./Levi, M. (Hrsg.): The Limits of Rationality, Chicago 1990, S. 250-272

Coleman, J.S. (1991): Grundlagen der Sozialtheorie, Band 1, Handlungen und Handlungssysteme, München 1991

Coleman, J.S. (1992): Grundlagen der Sozialtheorie, Band 2, Körperschaften und die moderne Gesellschaft, München 1992

Coleman, J.S. (1992a): The Vision of *Foundations of Social Theory*, in: Analyse & Kritik, Jg. 14 (1992), S. 117-129

Coleman, J.S. (1993): The Role of Rights in a Theory of Social Action, in: Journal of Insititutional and Theoretical Economics, Vol. 149 (1993), S. 213-232

Coleman, J.S. (1994): A Rational Choice Perspective on Economic Sociology, in: Smelser, N.J./Swedberg, R. (Hrsg.): The Handbook of Economic Sociology, Princeton 1994, S. 166-180

Coleman, J.S. (1995): Rights, rationality, and nationality, in: Breton, A./Galeotti, G./Salmon, P./Wintrobe, R. (Hrsg.): Nationalism and rationality, Cambridge 1995, S. 1-13

Coleman, J.S./Fararo, T.J. (1992): Introduction, in: Coleman, J.S./Fararo, T.J. (Hrsg.): Rational Choice Theory, Newbury Park/London/New Delhi 1992, S. ix-xxii

Collins, R. (1981): On the Microfoundations of Macrosociology, in: American Journal of Sociology, Vol. 86 (1981), S. 984-1014

Congleton, R.D. (1995): Ethnic clubs, ethnic conflict, and the rise of ethnic nationalism, in: Breton, A./Galeotti, G./Salmon, P./Wintrobe, R. (Hrsg.): Nationalism and rationality, Cambridge 1995, S. 71-97

Connor, W. (1971): Nation-Building or Nation-Destroying, in: World Politics, Vol. 24 (1971), S. 319-355

Connor, W. (1978): A nation is a nation, is a state, is an ethnic group is a ..., in: Ethnic an Racial Studies, Vol. 1 (1978), S. 377-400

Connor, W. (1984): Eco- or ethno-nationalism?, in: Ethnic and Racial Studies, Vol. 7 (1984), S. 342-359

Connor, W. (1992): The Nation and its Myth, in: International Journal of Comparative Sociology, Vol. 23 (1992), S. 48-57

Conze, W. (1992): Gesellschaft – Staat – Nation, Stuttgart 1992

Crenson, M.A. (1987): The private stake in public goods: overcoming the illogic of collective action, in: Policy Sciences, Vol. 20 (1987), S. 259-276

Dahrendorf, R. (1965): Homo Sociologicus, 5. Auflage, Köln und Opladen 1965

Dahrendorf, R. (1993): Die Sache mit der Nation, in: Jeismann, M./Ritter, H. (Hrsg.): Grenzfälle: Über neuen und alten Nationalismus, Leipzig 1993, S. 101-117

Dann, O. (1978): Funktionen des Nationalismus in modernen Gesellschaften, in: Dann, O. (Hrsg.): Nationalismus und sozialer Wandel, Hamburg 1978, S. 209-222

Dann, O. (1991): Begriffe und Typen des Nationalen in der frühen Neuzeit, in: Giesen, B. (Hrsg.): Nationale und kulturelle Identität, Frankfurt am Main 1991, S. 56-73

Dann, O. (1993): Nation und Nationalismus in Deutschland 1770-1990, München 1993

della Porta, D. (1988): Recruitment Processes in Clandestine Political Organizations: Italian Left-Wing Terrorism, in: Klandermans, B./Kriesi, H./Tarrow, S. (Hrsg.): International Social Movement Research, Vol. 1, Greenwich and London 1988, S. 155-169

Denzau, A.T./North, D.C. (1994): Shared Mental Models: Ideologies and Institutions, in: Kyklos, Vol. 47 (1994), S. 3-31

Deutsch, K.W. (1969): Nationalism and Social Communication, Second Edition, Third Paperback Printing, Cambridge 1969

Diekmann, A./Preisendörfer, P. (1992): Persönliches Umweltverhalten. Diskrepanzen zwischen Anspruch und Wirklichkeit, in: Kölner Zeitschrift für Soziologie und Sozialpsychologie, Jg. 44 (1992), S. 226-251

Diekmann, A./Preisendörfer, P. (1993): Zur Anwendung der Theorie rationalen Handelns in der Umweltforschung. Eine Antwort auf die Kritik von Christian Lüdemann, in: Kölner Zeitschrift für Soziologie und Sozialpsychologie, Jg. 45 (1993), S. 125-134

Dion, S. (1995): The reemergence of secessionism: Lessons from Quebec, in: Breton, A./Galeotti, G./Salmon, P./Wintrobe, R. (Hrsg.): Nationalism and rationality, Cambridge 1995, S. 116-142

Dittrich, E./Lentz, A. (1995): Die Fabrikation von Ethnizität, in: Kößler, R./Schiel, T. (Hrsg.): Nationalstaat und Ethnizität, 2. Aufl., Frankfurt am Main 1995, S. 23-43

Douglas, M. (1991): Wie Institutionen denken, Frankfurt am Main 1991

Downs, A. (1968): Ökonomische Theorie der Demokratie, Tübingen 1968

Ebbighausen, R. (1990): Grenzen des utilitaristischen Handlungsmodells für die Analyse politischer Insitutionen heute, in: Göhler, G./Lenk, K./ Schmalz-Bruns, R. (Hrsg.): Die Rationalität politischer Institutionen, Baden-Baden 1990, S. 289-300

Eisenstadt, S.N. (1991): Die Konstruktion nationaler Identitäten in vergleichender Perspektive, in: Giesen, B. (Hrsg.): Nationale und kulturelle Identität, Frankfurt am Main 1991, S. 21-38

Eisermann, G. (1962): Vilfredo Paretos System der allgemeinen Soziologie, Stuttgart 1962

Elster, J. (1987): Subversion der Rationalität, Frankfurt/Main 1987

Elster, J. (1989): The cement of society, Cambridge 1989

Elster, J. (1993): Some Unresolved Problems in the Theory of Rational Behavior, in: Acta Sociologica, Vol. 36 (1993), S. 179-190

Elwert, G. (1989): Nationalismus und Ethnizität – Über die Bildung von Wir-Gruppen, Berlin 1989

Engelhardt, G. (1989): Imperialismus der Ökonomie, in: Schäfer, H.-B./ Wehrt, K. (Hrsg.): Die Ökonomisierung der Sozialwissenschaften, Frankfurt/New York 1989, S. 19-49

Erdheim, M. (1992): Das Eigene und das Fremde. Über ethnische Identität, in: Psyche, Jg. 66 (1992), S. 730-744

Eriksen, T.H. (1991): Ethnicity versus Nationalism, in: Journal of Peace Research, Vol. 28 (1991), S. 263-278

Eriksen, T. (1992): Linguistic Hegemony and Minority Resistance, in: Journal of Peace Research, Vol. 29 (1992), S. 313-332

Eriksen, T.H. (1993): Ethnicity and Nationalism, London/Boulder 1993

Esser, H. (1988): Ethnische Differenzierung und moderne Gesellschaft, in: Zeitschrift für Soziologie, Jg. 17 (1988), S. 235-248

Esser, H. (1990): „Habits", „Frames" und „Rational Choice", in: Zeitschrift für Soziologie, Jg. 19 (1990), S. 231-247

Esser, H. (1991): Alltagshandeln und Verstehen, Tübingen 1991

Esser, H. (1993): Soziologie, Frankfurt am Main 1993

Esser, H. (1994): Von der subjektiven Vernunft der Menschen und von den Problemen der kritischen Theorie damit, in: Soziale Welt, Jg. 45 (1994), S. 16-32

Esser, H. (1996): Die Definition der Situation, in: Kölner Zeitschrift für Soziologie und Sozialpsychologie, Jg. 48 (1996), S. 1-34

Estel, B. (1994): Grundaspekte der Nation, in: Estel, B./Mayer, T. (Hrsg.): Das Prinzip Nation in modernen Gesellschaften, Opladen 1994, S. 13-81

Ferrero, M. (1995): The economics of socialist nationalism, in: Breton, A./ Galeotti, G./Salmon, P./Wintrobe, R. (Hrsg.): Nationalism and rationality, Cambridge 1995, S. 204-244

Flam, H. (1990): Emotional ‚Man': I. The Emotional ‚Man' and the Problem of Collective Action, in: International Sociology, Vol. 5 (1990), S. 39-56

Fleishman, J.A. (1988): The Effect of Decision Framing and Other's Behavior on Cooperation in a Social Dilemma, in: Journal of Conflict Resolution, Vol. 32 (1988), S. 162-180

Findlay, R. (1995): Notes on the political economy of nationalism, in: Breton, A./Galeotti, G./Salmon, P./Wintrobe, R. (Hrsg.): Nationalism and rationality, Cambridge 1995, S. 143-158

Finkel, S.E./Muller, E.N./Opp, K.-D. (1989): Personal Influence, Collective Rationality, and Mass Political Action, in: American Political Science Review, Vol. 83 (1989), S. 885-903

Fireman, B./Gamson, W.A. (1979): Utilitarian Logic in the Resource Mobilization Perspective, in: Zald, M.N./McCarthy, J.D. (Hrsg.): The Dynamics of Social Movements, Cambridge 1979, S. 8-44

Francis, E.K. (1965): Ethnos und Demos, Berlin 1965

François, E./Siegrist, H./Vogel, J. (1995): Die Nation. Vorstellungen, Inszenierungen, Emotionen, in: François, E./Siegrist, H./Vogel, J. (Hrsg.): Nation und Emotion, Göttingen 1995, S. 13-35

Frank, R.H. (1992): Die Strategie der Emotionen, München 1992

Frank, R.H. (1992a): Melding Sociology and Economics: James Coleman's *Foundations of Social Theory*, in: Journal of Economic Literature, Vol. 30 (1992), S. 147-170

Franz, P. (1986): Der „Constrained Choice“-Ansatz als gemeinsamer Nenner individualistischer Ansätze in der Soziologie, in: Kölner Zeitschrift für Soziologie und Sozialpsychologie, Jg. 38 (1986), S. 32-54

Frey, B.S. (1980): Ökonomie als Verhaltenswissenschaft, in: Jahrbuch für Sozialwissenschaften, Jg. 31 (1980), S. 21-35

Frey, B.S. (1989): Möglichkeiten und Grenzen des ökonomischen Denkansatzes, in: Schäfer, H.-B./Wehrt, K. (Hrsg.): Die Ökonomisierung der Sozialwissenschaften, Frankfurt/New York 1989, S. 69-102

Frey, B.S. (1990): Ökonomie ist Sozialwissenschaft, München 1990

Friedman, D. (1977): A Theory of the Size and Shape of Nations, in: Journal of Political Economy, Vol. 85 (1977), S. 59-77

Friedman, D./Hechter, M. (1988): The Contribution of Rational Choice Theory to Macrosociological Research, in: Sociological Theory, Vol. 6 (1988), S. 201-218

Friedrich, J./Stolle, M./Engelbrecht, G. (1993): Rational Choice-Theorie: Probleme der Operationalisierung, in: Zeitschrift für Soziologie, Jg. 22 (1993), S. 2-15

Fritsch, M. (1983): Ökonomische Ansätze zur Legitimation kollektiven Handelns, Berlin 1983

Gäfgen, G. (1963): Theorie der wirtschaftlichen Entscheidung, 2. Aufl., Tübingen 1963

Gäfgen, G./Monissen, H.G. (1978): Zur Eignung soziologischer Paradigmen, in: Jahrbuch für Sozialwissenschaften, Jg. 29 (1978), S. 113-144

Ganzer, B. (1990): Zur Bestimmung des Begriffs der ethnischen Gruppe, in: Sociologus, Jg. 40 (1990), S. 3-18

Gellner, E. (1964): Thought and Change, London 1964

Gellner, E. (1991): Nationalismus und Moderne, Berlin 1991

Godelier, M. (1972): Rationalität und Irrationalität in der Ökonomie, Frankfurt am Main 1972

Goldstone, J.A. (1994): Is Revolution Individually Rational?, in: Rationality and Society, Vol. 6 (1994), S. 139-166

Goodin, R.E. (1990): Comment: De Gustibus Non Est Explanandum, in: Cook, K.S./Levi, M. (Hrsg.): The Limits of Rationality, Chicago 1990, S. 217-221

Gould, R.V. (1993): Collective Action and Network Structure, in: American Sociological Review, Vol. 58 (1993), S. 182-196

Gouldner, A.W. (1984): Reziprozität und Autonomie, Frankfurt am Main 1984

Granovetter, M. (1973): The Strength of Weak Ties, in: American Journal of Sociology, Vol. 78 (1973), S. 1360-1380

Granovetter, M. (1978): Threshold Models of Collective Behavior, in: American Journal of Sociology, Vol. 83 (1978), S. 1420-1443

Green, D.P./Shapiro, I. (1994): Pathologies of Rational Choice Theory, New Haven and London 1994

Green, L. (1982): Rational Nationalists, in: Political Studies, Vol. 30 (1982), S. 236-246

Greenfeld, L. (1992): Nationalism, Cambridge 1992

Grether, D.M./Plott, C.R. (1979): Economic Theory of Choice and the Preference Reversal Phenomenon, in: The American Economic Review, Vol. 69 (1979), S. 623-638

Greverus, I.-M. (1981): Ethnizität und Identitätsmanagement, in: Schweizerische Zeitschrift für Soziologie, Jg. 7 (1981), S. 223-232

Guiberneau, M. (1996): Nationalisms, Cambridge 1996

Gukenbiehl, H.J. (1994): Bezugsgruppen, in: Schäfers, B. (Hrsg.): Einführung in die Gruppensoziologie, 2. Aufl., Heidelberg/Wiesbaden 1994, S. 113-134

Haas, H. et. al. (1998): Verfeindete Brüder an der Grenze: Südböhmen/ Südmähren/Waldviertel/Weinviertel. Die Zerstörung der Lebenseinheit „Grenze“ 1938 bis 1945, Horn 1998

Hah, C.-D./Martin, J. (1975): Toward a Synthesis of Conflict and Integration Theories of Nationalism, in: World Politics, Vol. 27 (1975), S. 361-386

Hall, J.A. (1993): Nationalisms: Classified and Explained, in: Daedalus, Vol. 122 (1993), S. 1-28

Haller, M. (1993): Klasse und Nation, in: Soziale Welt, Jg. 44 (1993), S. 30-51

Hansen, J.M. (1985): The Political Economy of Group Membership, in: American Political Science Review, Vol. 79 (1985), S. 79-96

Hardin, R. (1982): Collective Action, Baltimore 1982

Hardin, R. (1988): Morality within the Limits of Reason, Chicago and London 1988

Hardin, R. (1995): Self-interest, group identity, in: Breton, A./Galeotti, G./Salmon, P./Wintrobe, R. (Hrsg.): Nationalism and rationality, Cambridge 1995, S. 14-42

Harsanyi, J.C. (1977): Rational Behavior and Bargaining Equilibrium in Games and Social Situations, Cambridge 1977

Hartle, D.G./Bird, R.M. (1971): The demand for local political autonomy: an individualistic theory, in: Journal of Conflict Resolution, Vol. 15 (1971), S. 443-456

Haynor, A.L. (1989): Micro-Macro Integration in Sociology: Whither Progress?, in: Sociological Forum, Vol. 4 (1989), S. 447-453

Hechter, M. (1974): The Political Economy of Ethnic Change, in: American Journal of Sociology, Vol. 79 (1974), S. 1151-1178

Hechter, M. (1975): Internal Colonialism, London 1975

Hechter, M. (1978): Group Formation and the Cultural Division of Labor, in: American Journal of Sociology, Vol. 84 (1978), S. 293-318

Hechter, M. (1985): Internal Colonialism Revisited, in: Tiryakian, E.A./Rogowski, R. (Hrsg.): New Nationalisms of the Developed West, Boston 1985, S. 17-26

Hechter, M. (1987): Principles of Group Solidarity, Berkeley 1987

Hechter, M. (1987a): Nationalism as group solidarity, in: Ethnic and Racial Studies, Vol. 10 (1987), S. 415-426

Hechter, M. (1990): The Attainment of Solidarity in Intentional Communities, in: Rationality and Society, Vol. 2 (1990), S. 142-155

Hechter, M. (1990a): The Emergence of Cooperative Social Institutions, in: Hechter, M./Opp, K.-D./Wippler, R. (Hrsg.): Social Institutions: Their Emergence, Maintenance and Effects, New York 1990, S. 13-34

Hechter, M. (1990b): On the Inadequancy of Game Theory for the Solution of Real-World Collective Action Problems, in: Cook, K.S./Levi, M. (Hrsg.): The Limits of Rationality, Chicago 1990, S. 240-249

Hechter, M. (1992): The Dynamics of Secession, in: Acta Sociologica, Vol. 35 (1992), S. 267-283

Hechter, M. (1992a): Should Values Be Written out of the Social Scientist's Lexicon?, in: Sociological Theory, Vol. 10 (1992), S. 214-230

Hechter, M./Friedman, D./Appelbaum, M. (1982): A Theory of Ethnic Collective Action, in: International Migration Review, Vol. 16 (1982), S. 412-434

Hechter, M./Levi, M. (1979): A comparative analysis of ethnoregional movements, in: Ethnic and Racial Studies, Vol. 2 (1979), S. 260-274

Heckathorn, D.D. (1988): Collective Sanctions and the Creation of Prisoner's Dilemma Norms, in: American Journal of Sociology, Vol. 94 (1988), S. 535-562

Heckathorn, D.D. (1989): Collective Action and the Second-Order Free-Rider Problem, in: Rationality and Society, Vol. 1 (1989), S. 78-100

Heckathorn, D.D. (1990): Collective Sanctions and Compliance Norms: A Formal Theory of Group-Mediated Social Control, in: American Sociological Review, Vol. 55 (1990), S. 366-384

Heckathorn, D.D. (1993): Collective Action and Group Heterogeneity, in: American Sociological Review, Vol. 58 (1993), S. 329-350

Heckathorn, D.D. (1996): The Dynamics and Dilemmas of Collective Action, in: American Sociological Review Vol. 61 (1996), S. 250-277

Heckmann, F. (1988): Volk, Nation, ethnische Gruppe und ethnische Minderheiten, in: Österreichische Zeitschrift für Soziologie, Jg. 13 (1988), S. 16-31

Heckmann, F. (1992): Ethnische Minderheiten, Volk und Nation, Stuttgart 1992

Heine, W. (1983): Methodologischer Individualismus, Würzburg 1983

Hernes, G. (1976): Structural Change in Social Processes, in: American Journal of Sociology, Vol. 82 (1976), S. 513-547

Hill, P.B./Schnell, R. (1990): Was ist "Identität"?, in: Esser, H./Friedrichs, J. (Hrsg.): Generation und Identität, Opladen 1990, S. 25-42

Hirsch, E.L. (1986): The Creation of Political Solidarity in Social Movement Organizations, in: The Sociological Quarterly, Vol. 27 (1986), S. 373-387

Hirsch, E.L. (1990): Sacrifice for the Cause: Group Processes, Recruitment, and Commitment in a Student Social Movement, in: American Sociological Review, Vol. 55 (1990), S. 243-254

Hirsch, F. (1980): Die sozialen Grenzen des Wachstums, Reinbek bei Hamburg 1980

Hirschman, A.O. (1974): Abwanderung und Widerspruch, Tübingen 1974

Hirschman, A.O. (1974a): "Exit, voice, and loyalty": Further reflections and a survey of recent contributions, in: Social Science Information Vol. 13/1 (1974), S. 7-26

Hirschman, A.O. (1984): Engagement und Enttäuschung, Frankfurt am Main 1984

Hirschman, A.O. (1987): Leidenschaften und Interessen, Frankfurt am Main 1987

Hirshleifer, J. (1985): The Expanding Domain of Economics, in: The American Economic Review, Vol. 75 (1985), S. 53-68

Hobsbawm, E.J. (1983): Introduction: Inventing Traditions, in: Hobsbawm, E.J./Ranger, T. (Hrsg.): The Invention of Tradition, Cambridge 1983, S. 1-14

Hobsbawm, E.J. (1989): Das imperiale Zeitalter 1875-1914, Frankfurt/Main 1989

Hobsbawm, E.J. (1991): Nationen und Nationalismus: Mythos und Realität seit 1780, Frankfurt/Main 1991

Hobsbawm, E.J. (1992): Nationalismus und Ethniziät, in: Die neue Gesellschaft – Frankfurter Hefte, Bd. 39 (1992); S. 612-619

Hodgson, G.M. (1994): Some remarks on 'economic imperialism' and international political economy, in: Review of International Political Economy, Vol. 1 (1994), S. 21-28

Höffe, O. (1984): Sittlichkeit als Rationalität des Handelns?, in: Schnädelbach, H. (Hrsg.): Rationalität, Frankfurt am Main 1984, S. 141-174

Hoffmann, L. (1991): Das ‚Volk': Zur ideologischen Struktur eines unvermeidbaren Begriffes, in: Zeitschrift für Soziologie, Jg. 20 (1991), S. 191-208

Holzinger, W. (1993): Einleitung: Nationalismus – Versuch einer Annäherung an ein komplexes Thema, in: Guggenberger, H./Holzinger, W. (Hrsg.): Neues Europa – Alte Nationalismen, Klagenfurt; Calovec 1993, S. 14-38

Homann, K./Schuchanek, A. (1989): Methodologische Überlegungen zum ökonomischen Imperialismus, in: Analyse & Kritik, Jg. 11 (1989), S. 70-93

Homans, G.C. (1968): Elementarformen sozialen Verhaltens, Köln und Opladen 1968

Homans, G.C. (1973): Soziales Verhalten als Austausch, in: Hartmann, H. (Hrsg.): Moderne amerikanische Soziologie, 2. umgearbeitete Auflage, Stuttgart 1973, S. 247-263

Hooghe, L. (1992): Nationalist Movements and Social Factors: a Theoretical Perspective, in: Coakley, J. (Hrsg.): The Social Origins of Nationalist Movements, London/Newbury Park/New Delhi 1992, S. 21-44

Horowitz, D.L. (1981): Patterns of Ethnic Separatism, in: Comparative Studies in Society and History, Vol. 23 (1981), S. 165-195

Horowitz, D.L. (1992): Irredentas and Secessions: Adjacent Phenomena, Neglected Connections, in: International Journal of Comparative Sociology, Vol. 33 (1992), S. 118-130

Hroch, M. (1985): Social Preconditions of National Revival in Europe, Cambridge 1985

Hroch, M. (1992): Social and Territorial Characteristics in the Composition of the Leading Groups of National Movements, in: Kappeler, A. (Hrsg.): The Formation of National Elites, Comparative Studies on Governments and Non-Dominant Ethnic Groups in Europe, 1850-1940, Volume VI, Dartmouth 1992, S. 257-275

Huntington, S.P. (1968): Political Order in Changing Societies, New Haven and London 1968

Hutchinson, J. (1992): Moral Innovators and the Politics of Regeneration: the Distinctive Role of Cultural Nationalists in Nation-Building, in: International Journal of Comparative Sociology, Vol. 23 (1992), S. 101-117

Iannacone, L.R. (1992): Sacrifice and Stigma: Reducing Free-riding in Cults, Communes, and Other Collectives, in: Journal of Political Economy, Vol. 100 (1992), S. 271-291

James, P. (1996): Nation Formation, London/Thousand Oaks/New Delhi, 1996

Jeismann, M. (1993): Alter und neuer Nationalismus, in: Jeismann, M./ Ritter, H. (Hrsg.): Grenzfälle: Über neuen und alten Nationalismus, Leipzig 1993, S. 9-26

Jenkins, J.G. (1983): Resource Mobilization Theory and the Study of Social Movements, in: Annual Review of Sociology, Vol. 9 (1983), S. 527-553

Johnston, H.G. (1965): A Theoretical Model of Economic Nationalism in New and Developing States, in: Political Science Quarterly, Vol. 80 (1965), S. 169-185

Jonas, F. (1976): Geschichte der Soziologie, Band 2, Reinbek bei Hamburg 1976

Juergensmeyer, M. (1993): The New Cold War?, Berkeley and Los Angeles 1993

Kahnemann, D./Tversky, A. (1984): Choices, Values and Frames, in: American Psychologist, Vol. 39 (1984), S. 341-350

Kappelhoff, P. (1992): Die Auflösung des Sozialen, in: Analyse & Kritik, Jg. 14 (1992), S. 221-238

Kamenka, E. (1976): Political Nationalism – The Evolution of the Idea, in: Kamenka, E. (Hrsg.): Nationalism, 2nd corrected edition, London 1976, S. 2-20

Kamenka, E. (1986): Europäischer Nationalismus, in: Fetscher, I./Münkler, H. (Hrsg.): Pipers Handbuch der politischen Ideen, Band 4, München Zürich 1986, S. 589-627

Kaschuba, W. (1994): Kulturalismus: Vom Verschwinden des Sozialen im gesellschaftlichen Diskurs, in: Berliner Journal für Soziologie, Jg. 4 (1994), S. 179-192

Kasfir, N. (1979): Explaining Ethnic Political Participation, in: World Politics, Vol. 32 (1979), S. 365-388

Katz, D. (1985): Nationalismus als sozialpsychologisches Problem, in: Winkler, H.A. (Hrsg.): Nationalismus, 2. erw. Aufl., Königstein/Ts. 1985, S. 67-84

Kedourie, E. (1971): Nationalismus, München 1971

Kelle, U./Lüdemann, C. (1995): „Grau, teurer Freund, ist alle Theorie...". Rational Choice und das Problem der Brückenannahmen, in: Kölner Zeitschrift für Soziologie und Sozialpsychologie, Jg. 47 (1995), S. 249-267

Kelle, U./Lüdemann, C. (1996): Theoriereiche Brückenannahmen, in: Kölner Zeitschrift für Soziologie und Sozialpsychologie, Jg. 48 (1996), S. 542-545

Kemiläinen, A. (1964): Nationalism, Jyväskylä 1964

Kern, L. (1996): Selten und die Separatisten, in: Berliner Journal für Soziologie, Jg. 6 (1996), S. 191-210

Kimmel, A. (1992): Die Rückkehr des Nationalismus, in: Forndran, E. (Hrsg.): Politik nach dem Ost-West-Konflikt, Baden-Baden 1992, S. 99-120

Kirchgässner, G. (1980): Können Ökonomie und Soziologie voneinander lernen?, in: Kyklos, Vol. 33 (1980), S. 420-448

Kirchgässner, G. (1988): Die neue Welt der Ökonomie, in: Analyse & Kritik, Jg. 10 (1988), S. 107-137

Kirchgässner, G. (1988a): Ökonomie als imperial(istische) Wissenschaft, in: Neue politische Ökonomie, Jg. 7 (1988), S. 128-145

Kirchgässner, G. (1991): Homo oeconomicus, Tübingen 1991

Kiser, E./Hechter, M. (1991): The Role of General Theory in Comparative-historical Sociology, in: American Journal of Sociology, Vol. 97 (1991), S. 1-30

Klages, H. (1995): Gesellschaftlicher Wertewandel und Identitätsentwicklung, in: Papalekas, J.C. (Hrsg.): Nationale Identität im kulturellen Spannungsfeld, Wien 1995, S. 23-33

Klandermans, B. (1984): Mobilization and Participation: Social-Psychological Expansions of Resource Mobilization Theory, in: American Sociological Review, Vol. 49 (1984), S. 583-600

Klandermans, B. (1997): The Social Psychology of Protest, Oxford 1997

Klandermans, B./Oegema, D. (1987): Potentials, Networks, Motivations, and Barriers: Steps towards Participation in Social Movements, in: American Sociological Review, Vol. 52 (1987), S. 519-531

Kliemt, H. (1984): Nicht-explanative Funktionen eines „Homo oeconomicus“ und Beschränkungen seiner explanativen Rolle, in: Holler, M.J. (Hrsg.): Homo oeconomicus II, München 1984, S. 7-50

Klopstech, A./Selten, R. (1984): Formale Konzepte eingeschränkt rationalen Verhaltens, in: Todt, H. (Hrsg.): Normengeleitetes Verhalten in den Sozialwissenschaften, Berlin 1984, S. 11-34

Knoke, D. (1981): Commitment and Detachment in Voluntary Associations, in: American Sociological Review, Vol. 46 (1981), S. 141-158

Knoke, D. (1988): Incentives in Collective Action Organizations, in: American Sociological Review, Vol. 53 (1988), S. 311-329

König, R. (1969): Soziale Normen, in: Bernsdorf, W. (Hrsg.): Wörterbuch der Soziologie, 2. neubearbeitete und erweiterte Ausgabe, Stuttgart 1969, S. 978-985

König, R. (1970): Einleitung zu: Durkheim, E.: Regeln der soziologischen Methode. Herausgegeben und eingeleitet von René König, 3. Auflage, Neuwied 1970, S. 21-82

Kößler, R./Schiel, T. (1995): Nationalstaaten und Grundlagen ethnischer Identität, in: Kößler, R./Schiel, T. (Hrsg.): Nationalstaat und Ethnizität, 2. Aufl., Frankfurt am Main 1995, S. 1-21

Kohn, H. (1962): Die Idee des Nationalismus, Frankfurt/Main 1962

Kohn, H. (1968): Nationalism, in: Sills, D.L. (Hrsg.): International Encyclopedia of the Social Sciences, Vol. 11, New York 1968, S. 63-70

Korthals-Beyerlein, G. (1979): Soziale Normen, München 1979

Koselleck, R./Gschnitzer, F./Werner, K.F./Schönemann, B. (1992): Volk, Nation, Nationalismus, Masse, in: Brunner, O./Conze, W./Koselleck, R. (Hrsg.): Geschichtliche Grundbegriffe Bd. 7, Stuttgart 1992, S. 141-431

Krempel, L. (1983): Zusammenfassung der Diskussion zu: Coleman, J.S: Freeriders and Zealots, in: Sodeur, W. (Hrsg.): Ökonomische Erklärungen sozialen Verhaltens, Duisburg 1983, S. 166-168

Krüsselberg, H.-G. (1983): Property Rights-Theorie und Wohlfahrtsökonomik, in: Schüller, A. (Hrsg.): Property Rights und ökonomische Theorie, München 1983, S. 45-78

Kuhn, T.S. (1976): Die Struktur wissenschaftlicher Revolutionen, 2. revidierte Auflage, Frankfurt am Main 1976

Kumer, A. (1997): Die Grundlagen des „nationalen Prinzips“ in Jugoslawien und seine Rolle im Prozeß der Unabhängigkeitserlangung Sloweniens, Salzburg 1997

Kuran, T. (1991): Now Out of Never, in: World Politics, Vol. 44 (1991), S. 7-48

Lafay, J.-D. (1995): Conservative nationalism and democratic institutions, in: Breton, A./Galeotti, G./Salmon, P./Wintrobe, R. (Hrsg.): Nationalism and rationality, Cambridge 1995, S. 159-172

Laitin, D.D. (1988): Language Games, in: Comparative Politics, Vol. 20 (1988), S. 289-302

Laitin, D.D. (1991): The National Uprisings in the Soviet Union, in: World Politics, Vol. 44 (1991), S. 139-177

Laitin, D.D. (1995): National revivals and violence, in: Archives Européennes de Sociologie, tome 36 (1995), S. 3-43

Lautmann, R. (1969): Wert und Norm, Köln und Opladen 1969

Leggewie, C. (1994): Ethnizität, Nationalismus und multikulturelle Gesellschaft, in: Berding, H. (Hrsg.): Nationales Bewußtsein und kollektive Identität, Frankfurt am Main 1994, S. 46-65

Lemberg, E. (1964): Nationalismus I – Psychologie und Geschichte, Reinbek bei Hamburg 1964

Lemberg (1964a): Nationalismus II – Soziologie und politische Pädagogik, Reinbek bei Hamburg 1964

Lenk, H. (1977): Der methodologische Individualismus ist (nur?) ein heuristisches Postulat, in: Eichner, K./Habermehl, W. (Hrsg.): Probleme der Erklärung sozialen Verhaltens, Meisenheim am Glan 1977, S. 34-45

Lepsius, M.R. (1986): „Ethnos“ und „Demos“, in: Kölner Zeitschrift für Soziologie und Sozialpsychologie, Jg. 38 (1986), S. 751-759

Lepsius, M.R. (1993): Nation und Nationalismus in Deutschland, in: Jeismann, M./Ritter, H. (Hrsg.): Grenzfälle: Über neuen und alten Nationalismus, Leipzig 1993, S. 193-214

Levi, M./Cook, K.S./O'Brien, J.A./Faye, H. (1990): Introduction: The Limits of Rationality, in: Cook, K.S./Levi, M. (Hrsg.): The Limits of Rationality, Chicago 1990, S. 1-16

Levi, M./Hechter, M. (1985): A Rational Choice Approach to the Rise and Decline of Ethnoregional Political Parties, in: Tiryakian, E.A./Rogowski, R. (Hrsg.): New Nationalisms of the Developed West, Boston 1985, S. 128-146

Lindenberg, S. (1981): Erklärung als Modellbau: Zur soziologischen Nutzung von Nutzentheorien, in: Schulte, W. (Hrsg.): Soziologie in der Gesellschaft, Bremen 1981, S. 20-35

Lindenberg, S. (1983): The New Political Economy: its potential and limitations for the social sciences in general and for sociology in particular, in: Sodeur, W. (Hrsg.): Ökonomische Erklärungen sozialen Verhaltens, Duisburg 1983, S. 7-66

Lindenberg, S. (1983a): Zur Kritik an Durkheims Programm für die Soziologie, in: Zeitschrift für Soziologie, Jg. 12 (1983), S. 139-151

Lindenberg, S. (1983b): Utility and Morality, in: Kyklos, Vol. 36 (1983), S. 450-468

Lindenberg, S. (1985): An Assessment For The New Political Economy: Its Potential For The Social Sciences And For Sociology in Particular, in: Sociological Theory, Vol. 3 (1985), S. 99-113

Lindenberg, S. (1985a): Rational Choice and Sociological Theory: New Pressures on Economics as a Social Science, in: Zeitschrift für die gesamte Staatswissenschaft, Jg. 141 (1985), S. 244-254

Lindenberg, S. (1989): Social Production Functions, Deficits, and Social Revolutions, in: Rationality and Society, Vol. 1 (1989), S. 51-77

Lindenberg, S. (1990): Homo Socio-oeconomicus: The Emergence of a General Model of Man in Social Sciences, in: Journal of Institutional and Theoretical Economics, Vol. 146 (1990), S. 727-748

Lindenberg, S. (1990a): Rationalität und Kultur, in: Haferkamp, H. (Hrsg.): Sozialstruktur und Kultur, Frankfurt am Main 1990, S. 249-287

Lindenberg, S. (1993): Rights to Act and Beliefs, in: Journal of Insititutional and Theoretical Economics, Vol. 149 (1993), S. 233-239

Lindenberg, S. (1996): Die Relevanz theoriereicher Brückenannahmen, in: Kölner Zeitschrift für Soziologie und Sozialpsychologie, Jg. 48 (1996), S. 126-140

Lindenberg, S. (1996a): Theoriegesteuerte Konkretisierung der Nutzentheorie, in: Kölner Zeitschrift für Soziologie und Sozialpsychologie, Jg. 48 (1996), S. 560-565

Lindenberg, S./Frey, B.S. (1993): Alternatives, Frames, and Relative Prices: A Broader View of Rational Choice Theory, in: Acta Sociologica, Vol. 36 (1993), S. 191-205

Luckmann, T. (1996): Über Moral und moralische Kommunikation in der modernen Gesellschaft, in: Sociologia Internationalis, 34. Bd. (1996), S. 1-11

Lüdemann, C. (1993): Eine Kritik der Untersuchung über „Persönliches Umweltverhalten: Diskrepanzen zwischen Anspruch und Wirklichkeit" von Andreas Diekmann und Peter Preisendörfer, in: Kölner Zeitschrift für Soziologie und Sozialpsychologie, Jg. 45 (1993), S. 116-124

Luhmann, N. (1985): „Neue Politische Ökonomie", in: Soziologische Revue, Jg. 8 (1985), S. 115-120

Mack, K. (1994): Nationalismus – Nationalitäten – Minderheiten, in: Kultursoziologie, Jg. 3 (1994), S. 43-59

Macy, M.W. (1990): Learning Theory and the Logic of the Critical Mass, in: American Sociological Review, Vol. 55 (1990), S. 809-826

Macy, M.W. (1991): Chains of Cooperation: Threshold Effects in Collective Action, in: American Sociological Review, Vol. 56 (1991), S. 730-747

Mandeville, B. (1968): Die Bienenfabel, Frankfurt am Main 1968

Marini, M.M. (1992), The Role of Models of Purposive Action in Sociology, in: Coleman, J.S./Fararo, T.J. (Hrsg.): Rational Choice Theory, Newbury Park/London/New Delhi 1992, S. 21-48

Marwell, G./Oliver, P.E./Prahl, R. (1988): Social Networks and Collective Action: A Theory of the Critical Mass III, in: American Journal of Sociology, Vol. 94 (1988), S. 502-534

Mayer, T. (1994): Kommunitarismus, Patriotismus und das nationale Projekt, in: Estel, B./Mayer, T. (Hrsg.): Das Prinzip Nation in modernen Gesellschaften, Opladen 1994, S. 115-128

McAdam, D. (1986): Recruitment to High-Risk Activism: The Case of Freedom Summer, in: American Journal of Sociology, Vol. 92 (1986), S. 64-90

McAdam, D./McCarthy, J.D./Zald, M.N. (1988): Social Movements, in: Smelser, N.J. (Hrsg.): Handbook of Sociology, Newbury Park/Beverly Hills/London/New Delhi 1988, S. 695-737

McCarthy, J.D./Zald, M.N. (1977): Resource Mobilization and Social Movements: A Partial Theory, in: American Journal of Sociology, Vol. 82 (1977), S. 1212-1241

McKenzie, R.B./Tullock, G. (1984): Homo Oeconomicus: Ökonomische Dimensionen des Alltags, Frankfurt am Main 1984

Meadwell, H. (1983): Forms of Cultural Mobilization in Québec and Britanny, 1870-1914, in: Comparative Politics, Vol. 15 (1983), S. 401-417

Meadwell, H. (1989): Ethnic Nationalism and Collective Choice Theory, in: Comparative Political Studies, Vol. 22 (1989), S. 139-154

Meadwell, H. (1991): A Rational Choice Approach to Political Regionalism, in: World Politics, Vol. 23 (1991), S. 401-421

Meadwell, H. (1993): Transitions to independence and ethnic nationalist mobilization, in: Booth, W.J./James, P./Meadwell, H. (Hrsg.): Politics and rationality, Cambridge 1993, S. 191-213

Meadwell, H. (1993a): The Politics of Nationalism in Quebec, in: World Politics, Vol. 45 (1993), S. 203-241

Meckling, W.H. (1976): Values and the Choice of the Model of the Individual in the Social Sciences, in: Schweizerische Zeitschrift für Volkswirtschaft und Statistik, Jg. 112 (1976), S. 545-559

Melucci, A. (1988): Getting Involved: Identity and Mobilization in Social Movements, in: Klandermans, B./Kriesi, H./Tarrow, S. (Hrsg.): International Social Movement Research, Vol. 1, Greenwich and London 1988, S. 329-348

Merton, R.K. (1978): Strukturelle Analyse in der Soziologie, in: Blau, P.M. (Hrsg.): Theorien sozialer Strukturen, Opladen 1978, S. 27-55

Miller, D. (1995): On Nationality, Oxford 1995

Miller, M. (1994): Ellbogenmentalität und ihre theoretische Apotheose, in: Soziale Welt, Jg. 45 (1994), S. 5-15

Minc, A. (1992): Die Wiedergeburt des Nationalismus in Europa, Hamburg 1992

Minogue, K. (1970): Nationalismus, München 1970

Mitra, S.K. (1995): The Rational Politics of Cultural Nationalism: Subnational Movements of South Asia in Comparative Perspective, in: British Journal of Political Science, Vol. 25 (1995), S. 57-78

Mommsen, H. (1979): Arbeiterbewegung und Nationale Frage, Göttingen 1979

Mühlmann, W.E. (1964): Rassen, Ethnien, Kulturen, Neuwied und Berlin 1964

Mueller, D.C. (1989): Public Choice II, Cambridge 1989

Muller, E.N./Opp, K.-D. (1986): Rational Choice and Rebellious Collective Action, in: American Political Science Review, Vol. 80 (1986), S. 471-487

Nagel, J. (1984): The Ethnic Revolution: The Emergence of Ethnic Nationalism in Modern States, in: Sociology and Social Research, Vol. 68 (1984), S. 417-434

Nagel, J. (1993): Ethnic Nationalism: Politics, Ideology, and the World Order, in: International Journal of Comparative Sociology, Vol. 34 (1993), S. 103-112

Nagel, J./Olzak, S. (1982): Ethnic Mobilization in New and Old States: An Extension of the Competition Model, in: Social Problems, Vol. 30 (1982), S. 127-143

Nairn, T. (1978): Der moderne Janus, in: Nairn, T./Hobsbawm, E./Debray, R./Löwy, M.: Nationalismus und Marxismus, Berlin 1978, S. 7-44

Nairn, T. (1981): The Break-Up of Britain, Second, Expanded Edition, London 1981

Navari, C. (1981): The Origins of the Nation-State, in: Tivey, L. (Hrsg.): The Nation-State, Oxford 1981, S. 13-38

Newman, S. (1991): Does Modernization Breed Ethnic Political Conflict?, in: World Politics, Vol. 43 (1991), S. 451-478

Nicholson, M. (1992): Rationality and the analysis of international conflict, Cambridge 1992

Nielsen, F. (1985): Toward a Theory of Ethnic Mobilization in Modern Societies, in: American Sociological Review, Vol. 50 (1985), S. 133-149

Nozick, R. (1976): Anarchie Staat Utopia, München 1976

Nozick, R. (1993): Vom richtigen, guten und glücklichen Leben, München 1993

von Neumann, J./Morgenstern, O. (1944): Theory of Games and Economic Behavior, Princeton 1944

Oberschall, A. (1973): Social Conflict and Social Movements, Englewood Cliffs 1973

Oberschall, A. (1979): Protracted Conflict, in: Zald, M.N./McCarthy, J.D. (Hrsg.): The Dynamics of Social Movements, Cambridge 1979, S. 45-70

Oegema, D./Klandermans, B. (1994): Why Social Movement Sympathizers Don't Participate: Erosion and Nonconversion of Support, in: American Sociological Review, Vol. 59 (1994), S. 703-722

O'Leary, B./McGarry, J. (1995): Regulating nations and ethnic communities, in: Breton, A./Galeotti, G./Salmon, P./Wintrobe, R. (Hrsg.): Nationalism and rationality, Cambridge 1995, S. 245-289

Oliver, P. (1980): Rewards and Punishments as Selective Incentives for Collective Action: Theoretical Investigations, in: American Journal of Sociology, Vol. 85 (1980), S. 1356-1375

Oliver, P.E./Marwell, G. (1988): The Paradox of Group Size in Collective Action: A Theory of the Critical Mass. II, in: American Sociological Review, Vol. 53 (1988), S. 1-8

Oliver, P./Marwell, G./Teixeira, R. (1985): A Theory of the Critical Mass. I. Interdependence, Group Heterogenity, and the Production of Collective Action, in: American Journal of Sociology, Vol. 91 (1985), S. 522-556

Olson, M. (1968): Die Logik des kollektiven Handelns, Tübingen 1968

Olson, M. (1991): Aufstieg und Niedergang von Nationen, 2., durchgesehene Auflage, Tübingen 1991

Olzak, S. (1983): Contemporary Ethnic Mobilization, in: Annual Review of Sociology, Vol. 9 (1983), S. 355-374

Opp, K.-D. (1978): Das „ökonomische Programm“ in der Soziologie, in: Soziale Welt, Jg. 29 (1978), S. 129-154

Opp, K.-D. (1983): Die Entstehung sozialer Normen, Tübingen 1983

Opp, K.-D. (1985): Sociology and Economic Man, in: Zeitschrift für die gesamte Staatswissenschaft, Jg. 141 (1985), S. 213-243

Opp, K.-D. (1986): Soft Incentives and Collective Action: Participation in the Anti-Nuclear Movement, in: British Journal of Political Science, Vol. 16 (1986), S. 87-112

Opp, K.-D. (1988): Grievances and Participation in Social Movements, in: American Sociological Review, Vol. 53 (1988), S. 853-864

Opp, K.-D. (1988a): Community Integration and Incentives for Political Protest, in: Klandermans, B./Kriesi, H./Tarrow, S. (Hrsg.): International Social Movement Research, Vol. 1, Greenwich and London 1988, S. 83-101

Opp, K.-D. (1989): Ökonomie und Soziologie – Die gemeinsamen Grundlagen beider Fachdisziplinen, in: Schäfer, H.-B./Wehrt, K. (Hrsg.): Die Ökonomisierung der Sozialwissenschaften, Frankfurt/New York 1989, S. 103-128

Opp, K.-D. (1989a): The Rationality of Political Protest, Boulder, San Francisco, and London 1989

Opp, K.-D. (1991): Das Modell rationalen Verhaltens. Seine Struktur und das Problem der „weichen“ Anreize, in: Bouillon, H./Andersson, G. (Hrsg.): Wissenschaftstheorie und Wissenschaften, Berlin 1991, S. 105-124

Opp, K.-D. (1993): Politischer Protest als rationales Handeln, in: Ramb, B.T./Tietzel, M. (Hrsg.): Ökonomische Verhaltenstheorie, München 1993, S. 207-246

Opp, K.-D./Friedrichs, J. (1996): Brückenannahmen, Produktionsfunktionen und die Messung von Präferenzen, in: Kölner Zeitschrift für Soziologie und Sozialpsychologie, Jg. 48 (1996), S. 546-559

Orridge, A.W. (1981): Uneven Development and Nationalism: 1, in: Political Studies, Vol. 29 (1981), S. 1-15

Orridge, A.W. (1981a): Uneven Development and Nationalism: 2, in: Political Studies, Vol. 29 (1981), S. 181-190

Pagano, U. (1995): Can economics explain nationalism?, in: Breton, A./Galeotti, G./Salmon, P./Wintrobe, R. (Hrsg.): Nationalism and rationality, Cambridge 1995, S. 173-203

Petersen, R. (1989): Rationality, ethnicity and military enlistment, in: Social Science Information, Vol. 28 (1989), S. 563-598

Pinard, M. (1991): The Dramatic Reemergence of the Quebec Independence Movement, in: Journal of International Affairs, Vol. 45 (1992), S. 471-497

Plamenatz, J. (1976): Two types of Nationalism, in: in: Kamenka, E. (Hrsg.): Nationalism, 2nd corrected edition, London 1976, S. 22-36

Polèse, M. (1985): Economic Integration, National Policies, and the Rationality of Regional Separatism, in: Tiryakian, E.A./Rogowski, R. (Hrsg.): New Nationalisms of the Developed West, Boston 1985, S. 109-127

Popitz, H. (1980): Die normative Konstruktion von Gesellschaft, Tübingen 1980

Popkin, S.L. (1988): Political entrepreneurs and peasant movements in Vietnam, in: Taylor, M. (Hrsg.): Rationality and Revolution, Cambridge 1988, S. 9-62

Popper, K.R. (1980): Die offene Gesellschaft und ihre Feinde II – Falsche Propheten, 6. Auflage, Tübingen 1980

Priddat, B.P. (1995): Rational Choice, Hermeneutik und Systemtheorie, in: Sociologia Internationalis, 33. Bd. (1995), S. 127-146

Prisching, M. (1983): Über die Karriere einer Handlungstheorie, in: Zeitschrift für philosophische Forschung, Bd. 37 (1983), S. 256-274

Ragin, C.C. (1979): Ethnic Political Mobilization: The Welsh Case, in: American Sociological Review, Vol. 44 (1979), S. 619-635

Ramb, B.-T. (1993): Der universale *homo oeconomicus*, in: Ramb, B.-T./ Tietzel, M. (Hrsg.): Ökonomische Verhaltenstheorie, München 1993, S. 1-31

Rambo, E. (1995): Conceiving Best Outcomes within a Theory of Utility Maximation: A Culture-Level Critique, in: Sociological Theory, Vol. 13 (1995), S. 145-162

Raub, W. (1984): Rationale Akteure, institutionelle Regelungen und Interdependenzen, Frankfurt am Main 1984

Raub, W./Voss, T. (1981): Individuelles Handeln und gesellschaftliche Folgen, Darmstadt und Neuwied 1981

Raub, W./Voss, T. (1986): Die Sozialstruktur der Kooperation rationaler Egoisten, in: Zeitschrift für Soziologie, Jg. 15 (1986), S. 309-323

Rawls, J. (1975): Eine Theorie der Gerechtigkeit, Frankfurt am Main 1975

Reimann, B.W./Wienold, H. (1994): Utilitarismus, in: Fuchs-Hemritz, W./Lautmann, R./Rammstedt, O./Wienold, H. (Hrsg.): Lexikon zur Soziologie, 3., völlig neu bearbeitete und erweiterte Auflage, Opladen 1994, S. 702

Reiterer, A.F. (1988): Die unvermeidbare Nation, Frankfurt/New York 1988

Reiterer, A.F. (1993): Nationen: Erfundene oder ewige Realitäten?, in: Guggenberger, H./Holzinger, W. (Hrsg.): Neues Europa – Alte Nationalismen, Klagenfurt; Calovec 1993, S. 39-50

Renan, E. (1993): Was ist eine Nation?, in: Jeismann, M./Ritter, H. (Hrsg.): Grenzfälle: Über neuen und alten Nationalismus, Leipzig 1993, S. 290-311

Renner, K. (1918): Das Selbstbestimmungsrecht der Nationen in besonderer Anwendung auf Österreich. Erster Teil: Nation und Staat, Leipzig und Wien 1918

Rerup, L. (1992): Channels of Communication, in: Kappeler, A. (Hrsg.): The Formation of National Elites, Comparative Studies on Governments and Non-Dominant Ethnic Groups in Europe, 1850-1940, Volume VI, Dartmouth 1992, S. 309-326

Richmond, A.H. (1987): Ethnic nationalism: social science paradigms, in: International Social Science Journal, Vol. 111 (1987), S. 3-18

Richter, D. (1994): Der Mythos der „guten Nation", in: Soziale Welt, Jg. 45 (1994), S. 304-321

Richter, D. (1996): Nation als Form, Opladen 1996

Riker, W.H. (1990): Political science and rational choice, in: Alt, J.E./ Shepsle, K.A. (Hrsg.): Perspectives on Positive Political Economy, Cambridge 1990, S. 163-181

Riker, W.H./Ordeshook, P.C. (1973): An Introduction to Positive Political Theory, Englewood Cliffs 1973

Ritzer, G. (1991): Metatheorizing in Sociology, Lexington 1991

Roeder, P.G. (1991): Soviet Federalism and Ethnic Mobilization, in: World Politics, Vol. 43 (1991), S. 196-232

Rönsch, H.D. (1994): Methodologischer Individualismus, in: Fuchs-Hemritz, W./Lautmann, R./Rammstedt, O./Wienold, H. (Hrsg.): Lexikon zur Soziologie, 3., völlig neu bearbeitete und erweiterte Auflage, Opladen 1994, S. 293

Rönsch, H.D. (1994a): Methodologischer Kollektivismus, in: Fuchs-Hemritz, W./Lautmann, R./Rammstedt, O./Wienold, H. (Hrsg.): Lexikon zur Soziologie, 3., völlig neu bearbeitete und erweiterte Auflage, Opladen 1994, S. 345

Rösel, J. (1995): Ethnic nationalism and ethnic conflict, in: Internationale Politik und Gesellschaft, Jg. 2 (1995), S. 117-130

Rogowski, R. (1985): Causes and Varieties of Nationalism, in: Tiryakian, E.A./Rogowski, R. (Hrsg.): New Nationalisms of the Developed West, Boston 1985, S. 87-108

Rogowski, R. (1985a): Conclusion, in: Tiryakian, E.A./Rogowski, R. (Hrsg.): New Nationalisms of the Developed West, Boston 1985, S. 374-387

Rokkan, S. (1974): Entries, voices, exits: Towards a possible genaralization of the Hirschman model, in: Social Science Information, Vol. 13/1 (1974), S. 39-53

Rokkan, S. (1975): Dimensions of State Formation and Nation-Building: A Possible Paradigm for Research on Variations within Europe, in: Tilly, C. (Hrsg.): The Formation of National States in Western Europe, Princeton 1975, S. 562-600

Ronen, D. (1997): The Challenge of Ethnic Conflict, Democracy and Self-Determination in Central Europe, London/Portland 1997

Rothschild, J. (1981): Ethnopolitics: A Conceptual Framework, New York 1981

Samuelson, P.A. (1947): Foundations of Economic Analysis, Cambridge 1947

Savage, L.J. (1954): The Foundations of Statistics, New York 1954

Schäfers, B. (1994): Entwicklung der Gruppensoziologie und Eigenständigkeit der Gruppe als Sozialgebilde, in: Schäfers, B. (Hrsg.): Einführung in die Gruppensoziologie, 2. Aufl., Heidelberg/Wiesbaden 1994, S. 19-36

Schanz, G. (1979): Ökonomische Theorie als sozialwissenschaftliches Paradigma?, in: Soziale Welt, Jg. 30 (1979), S. 257-274

Scheff, T.J. (1992): Rationality and Emotion: Homage to Norbert Elias, in: Coleman, J.S./Fararo, T.J. (Hrsg.): Rational Choice Theory, Newbury Park/London/New Delhi 1992, S. 101-119

Scheff, T.J. (1994): Emotions and Identity: A Theory of Ethnic Nationalism, in: Calhoun, C. (Hrsg.): Social Theory and the Politics of Identity, Oxford 1994, S. 277-303

Schelling, T.C. (1978): Micromotives and Macrobehavior, New York/ London 1978

Schieder, T. (1991): Nationalismus und Nationalstaat, Göttingen 1991

Schimank, U. (1985): Der mangelnde Akteurbezug systemtheoretischer Erklärungen gesellschaftlicher Differenzierung – Ein Diskussionsvorschlag, in: Zeitschrift für Soziologie, Jg. 14 (1985), S. 421-434

Schlicht, E. (1990): Rationality, Bounded or not, and Institutional Analysis, in: Journal of Institutional and Theoretical Economics, Vol. 146 (1990), S. 703-719

Schmid, M. (1995): Soziale Normen und soziale Ordnung II. Grundriß einer Theorie der Evolution sozialer Normen, in: Berliner Journal für Soziologie, Jg. 5 (1995), S. 41-66

Schnell, R. (1990): Dimensionen ethnischer Identität, in: Esser, H./Friedrichs, J. (Hrsg.): Generation und Identität, Opladen 1990, S. 43-72

Schöck, H. (1966): Der Neid, Freiburg/München 1966

Schöpflin, G. (1997): The Functions of Myth and a Taxonomy of Myths, in: Hosking, G./Schöpflin, G. (Hrsg.): Myths and Nationhood, London 1997, S. 19-35

Schotter, A. (1981): The economic theory of social institutions, Cambridge 1981

Schümer, D. (1998): Wallfahrt ins Abseits, in: Frankfurter Allgemeine Zeitung v. 28. August 1998 (Nr. 199), S. 39

Schüßler, R. (1988): Der homo oeconomicus als skeptische Vision, in: Kölner Zeitschrift für Soziologie und Sozialpsychologie, Jg. 40 (1988), S. 447-463

Schulze, H. (1994): Staat und Nation in der europäischen Geschichte, München 1994

Schumann, K.F. (1968): Zeichen der Unfreiheit, Freiburg i. Brsg. 1968

Schumpeter, J.A. (1965): Grundriss der ökonomischen Analyse, 2 Bde., Göttingen 1965

Schwinn, T. (1993): Literaturbesprechung zu: Esser, H.: Alltagshandeln und Verstehen, in: Kölner Zeitschrift für Soziologie und Sozialpsychologie, Jg. 45 (1993), S. 368-370

Sciulli, D. (1992): Weaknesses in Rational Choice Theory's Contribution to Comparative Research, in: Coleman, J.S./Fararo, T.J. (Hrsg.): Rational Choice Theory, Newbury Park/London/New Delhi 1992, S. 161-182

Selten, R. (1978): The Chain Store Paradox, in: Theory and Decision, Vol. 9 (1978), S. 127-159

Sen, A.K. (1977): Rational Fools: A Critique of the Behavioral Foundations of Economic Theory, in: Philosophy and Public Affairs Vol. 7 (1977), S. 317-344

Sen, A.K. (1987): Rational behavior, in: Eatwell, J./Murray, M./Newman, P. (Hrsg.): The New Palgrave, Volume 4, London 1987, S. 68-76

Senghaas, D. (1992): Vom Nutzen und Elend der Nationalismen im Leben von Völkern, in: Aus Politik und Zeitgeschichte, Jg. 42 (1992) Bd. 31-32, S. 23-32

Seton-Watson, H. (1977): Nations and States, London 1977

Shafer, B.C. (1955): Nationalism: Myth and Reality, New York 1955

Shoemaker, P.J.H. (1982): The Expected Utility Model: Its Variants, Purposes, Evidence and Limitations, in: Journal of Economic Literature, Vol. 20 (1982), S. 529-563

Silver, M. (1974): Political Revolution and Repression: An Economic Approach, in: Public Choice, Vol. 17 (1974), S. 63-71

Simon, H.A. (1955): A Behavioral Model of Rational Choice, in: Quarterly Journal of Economics, Vol. 69 (1955), S. 99-118

Simon, H.A. (1956): Rational Choice and the Structure of the Environment, in: Psychological Review, Vol. 63 (1956), S. 129-138

Simon, H.A. (1957): Models of Man, New York 1957

Simon, H.A. (1986): Rationality in Psychology and Economics, in: Journal of Business, Vol. 59 (1986), S. S209-S224

Simon, H.A. (1987): Satisficing, in: Eatwell, J./Murray, M./Newman, P. (Hrsg.): The New Palgrave, Volume 4, London 1987, S. 243-244

Singer, G. (1976): Person, Kommunikation und soziales System, Graz 1976

Smelser, N.J. (1992): The Rational Choice Perspective, in: Rationality and Society, Vol. 4 (1992), S. 381-410

Smith, A.D. (1971): Theories of Nationalism, London 1971

Smith, A.D. (1973): Nationalism, in: Current Sociology, Vol. 21 (1973), S. 3-178

Smith, A.D. (1979): Towards a theory of ethnic separatism, in: Ethnic and Racial Studies, Vol. 2 (1979), S. 21-37

Smith, A.D. (1981): The Ethnic Revival in the Modern World, Cambridge 1981

Smith, A.D. (1983): Nationalism and classical social theory, in: The British Journal of Sociology, Vol. 34 (1983), S. 19-38

Smith, A.D, (1986): The Ethnic Origins of Nations, Oxford 1986

Smith, A.D. (1986a): State-Making and Nation-Bulding, in: Hall, J.A. (Hrsg.): States in History, Oxford 1986, S. 228-263

Smith, A.D. (1991): National Identity, Reno/Las Vegas/London 1991

Snow, D.A./Zurcher, L.A./Ekland-Olson, S. (1980): Social Networks and Social Movements: A Microstructural Approach to Differential Recruitment, in: American Sociological Review, Vol. 45 (1980), S. 787-801

Snyder, L.L. (1990): Encyclopedia of Nationalism, Chicago/London 1990

Srubar, I. (1992): Grenzen des „Rational Choice"-Ansatzes, in: Zeitschrift für Soziologie, Jg. 21 (1992), S. 157-165

Stagl, J. (1986): Über den Einfluß kultureller Inhalte auf die sozialen Strukturen, in: Zeitschrift für Politik, Jg. 33 (1986), S. 115-147

Stagl, J. (1996): Volkskultur, Hochkultur, Nationalkultur, in: Balla, B./ Sterbling, A. (Hrsg.): Zusammenbruch des Sowjetsystems – Herausforderung für die Soziologie, Hamburg 1996, S. 213-227

Stagl, J. (1996a): Fremdheit und Akkulturation, in: Neohelicon, Jg. 23 (1996), S. 61-76

Stalin J. (1946): Marxismus und nationale Frage, dritte, neu durchgesehene Ausgabe, Berlin 1946

Steiner, J. (1985): Decision Modes Toward Separatist Movements, in: Tiryakian, E.A./Rogowski, R. (Hrsg.): New Nationalisms of the Developed West, Boston 1985, S. 147-156

Stern, P.C. (1995): Why do People Sacrifice for Their Nations?, in: Comaroff, J.L./Stern, P.C. (Hrsg.): Perspectives on Nationalism and War, Amsterdam 1995, S. 99-121

Stichweh, R. (1994): Nation und Weltgesellschaft, in: Estel, B./Mayer, T. (Hrsg.): Das Prinzip Nation in modernen Gesellschaften, Opladen 1994, S. 83-96

Stichweh, R. (1995): Systemtheorie und Rational Choice Theorie, in: Zeitschrift für Soziologie, Jg. 24 (1995), S. 395-402

Stigler, G.J./Becker, G.S. (1977): De Gustibus Non Est Disputandum, in: The American Economic Review, Vol. 67 (1977), S. 76-90

Stroebe, W./Frey, B.S. (1982): Self-interest and collective action: the economics and psychology of public goods, in: British Journal of Social Psychology, Vol. 21 (1982), S. 121-137

Sulzbach, W. (1962): Zur Definition und Psychologie von „Nation“ und Nationalbewußtsein, in: Politische Vierteljahresschrift, Jg. 3 (1962), S. 139-158

Suppan, A./Heuberger, V. (1991): Perspektiven des Nationalismus in Mittel-, Ost- und Südosteuropa, in: Österreichische Osthefte, Vol. 33 (1991), S. 199-213

Swanson, G.E. (1992): Doing Things Together: Some Basic Forms of Agency and Structure in Collective Action and Some Explanations, in: Social Psychology Quarterly, Vol. 55 (1992), S. 94-117

Tack, W.H. (1991): Rationales Handeln in sozialen Situationen, in: Zeitschrift für Sozialpsychologie, 1991, S. 151-165

Tamir, Y. (1995): The Enigma of Nationalism, in: World Politics, Vol. 47 (1995), S. 418-440

Tarrow, S. (1991): Kollektives Handeln und politische Gelegenheitsstruktur in Mobilisierungswellen: Theoretische Perspektiven, in: Kölner Zeitschrift für Soziologie und Sozialpsychologie, Jg. 43 (1991), S. 647-670

Tarrow, S. (1996): States and opportunities: The political structuring of social movements, in: McAdam, D./McCarthy, J.D./Zald, M.N. (Hrsg.): Comparative perspectives on social movements, Cambidge 1996, S. 41-61

Taylor, C. (1995): Nationalismus und Moderne, in: Transit, Heft 9 (1995), S. 177-198

Taylor, M. (1988): Rationality and revolutionary collective action, in: Taylor, M. (Hrsg.): Rationality and Revolution, Cambridge 1988, S. 63-97

Taylor, M. (1989): Structure, Culture and Action in the Explanation of Social Change, in: Politics and Society, Vol. 17 (1989), S. 115-162

Taylor, M. (1990): Cooperation and Rationality: Notes on the Collective Action Problem and Its Solutions, in: Cook, K.S./Levi, M. (Hrsg.): The Limits of Rationality, Chicago 1990, S. 222-239

Tenbruck, F.H. (1964): Soziale Normen, in: Raiser, L./Sauermann, H./Schneider, E. (Hrsg.): Das Verhältnis der Wirtschaftswissenschaft zur Rechtswissenschaft, Soziologie und Statistik, Berlin 1964, S. 270-281

Thaler, P. (1996): Der Stand der mitteleuropäischen Nationstheorie aus internationaler Sicht, in: Zeitschrift für Politik, Jg. 43 (1996), S. 23-32

Tietzel, M. (1981): Die Rationalitätsannahme in den Wirtschaftswissenschaften oder Der homo oeconomicus und seine Verwandten, in: Jahrbuch für Sozialwissenschaft, Bd. 32 (1981), S. 115-138

Tilly, C. (1978): From Mobilization to Revolution, Reading, Mass. 1978

Tilly, C. (1995): States and Nationalism in Europe 1492-1992, in: Comaroff, J.L./Stern, P.C. (Hrsg.): Perspectives on Nationalism and War, Amsterdam 1995, S. 187-204

Tiryakian, E.A. (1985): Introduction, in: Tiryakian, E.A./Rogowski, R. (Hrsg.): New Nationalisms of the Developed West, Boston 1985, S. 1-13

Tiryakian, E.A. (1988): Nationalism, Modernity, and Sociology, in: Sociologia Internationalis, 26. Bd. (1988), S. 1-17

Tiriakyian, E.A./Nevitte, N. (1985): Nationalism and Modernity, in: Tiryakian, E.A./Rogowski, R. (Hrsg.): New Nationalisms of the Developed West, Boston 1985, S. 57-86

Trapp, M. (1986): Utilitaristische Konzepte in der Soziologie, in: Zeitschrift für Soziologie, Jg. 15 (1986), S. 324-340

Treisman, D.S. (1997): Russia's "Ethnic Revival", in: World Politics, Vol. 49 (1997), S. 212-249

Tullock, G. (1971): The Paradox of Revolution, in: Public Choice, Vol. 11 (1971), S. 89-99

Turner, R.H. (1991): The use and misuse of rational models in collective behavior and social psychology, in: Archives Européennes de Sociologie, tome 32 (1991), S. 84-108

Tversky, A./Kahnemann, D. (1986): Rational Choice and the Framing of Decisions, in: Journal of Business, Vol. 59 (1986), S. 251-278

Tversky, A./Slovic, P./Kahnemann, D. (1990): The causes of Preference Revearsal, in: The American Economic Review, Vol. 80 (1990), S. 204-217

Uhlaner, C.J. (1989): "Relational goods" and participation: Incorporating sociability into a theory of rational action, in: Public Choice, 62 (1989), S. 253-285

Ullmann-Margalit, E. (1977): The Emergence of Norms, Oxford 1977

Vanberg, V. (1973): Wissenschaftsverständnis, Sozialtheorie und politische Programmatik, Tübingen 1973

Vanberg, V. (1975): Die zwei Soziologien, Tübingen 1975

Vanberg, V. (1978): Kollektive Güter und kollektives Handeln, in: Kölner Zeitschrift für Soziologie und Sozialpsychologie, Jg. 30 (1978), S. 652-679

Vanberg, V. (1979): Nachwort, in: Coleman, J.S.: Macht und Gesellschaftsstruktur, Tübingen 1979, S. 93-123

Vanberg, V. (1982): Markt und Organisation, Tübingen 1982

Vanberg, V. (1984): „Unsichtbare-Hand Erklärung" und soziale Normen, in: Todt, H. (Hrsg.): Normgeleitetes Verhalten in den Sozialwissenschaften, Berlin 1984, S. 115-146

Vanberg, V. (1988): Rules and Choice in Economics and Sociology, in: Neue Politische Ökonomie, Jg. 7 (1988), S. 146-167

Vanberg, V./Buchanan, J.M. (1988): Rational Choice and Moral Order, in: Analyse & Kritik, Jg. 10 (1988), S. 138-160

Voss, T. (1985): Rationale Akteure und soziale Institutionen, München 1985

Waldmann, P. (1985): Gewaltsamer Separatismus, in: Kölner Zeitschrift für Soziologie und Sozialpsychologie, Jg. 37 (1985), S. 203-229

Waldmann, P. (1993): Ethnoregionalismus und Nationalstaat, in: Leviathan, Jg. 21 (1993), S. 391-406

Waldron, A.N. (1985): Theories of Nationalism and Historical Explanation, in: World Politics, Vol. 27 (1985), S. 416-433

Weber, M. (1958): Gesammelte politische Schriften, 2., erweiterte Auflage, Tübingen 1958

Weber, M. (1976): Wirtschaft und Gesellschaft, 5. revidierte Auflage, Tübingen 1976

Weede, E. (1989): Der ökonomische Erklärungsansatz in der Soziologie, in: Analyse & Kritik, Jg. 11 (1989), S. 23-51

Weede, E. (1992): Mensch und Gesellschaft, Tübingen 1992

Weinreich, P. (1985): Rationality and irrationality in ethnic relations: a metatheoretical framework, in: Ethnic and Racial Studies, Vol. 8 (1985), S. 500-515

Weinstein, B. (1979): Language Strategists: Redefining Political Frontiers on the Basis of Linguistic Choices, in: World Politics, Vol. 32 (1979), S. 345-364

Weise, P. (1989): Homo oeconomicus und homo sociologicus, in: Zeitschrift für Soziologie, Jg. 18 (1989), S. 148-161

Whiteley, P.F. (1995): Rational Choice and Political Participation – Evaluating the Debate, in: Political Research Quarterly, Vol. 48 (1995), S. 211-233

Widmann, P. (1994): Die nationale Leidenschaft: Benedict Anderson und Eric Hobsbawm über die Nation, in: Leviathan, Jg. 22 (1994), S. 171-178

Wiesenthal, H. (1987): Rational Choice. Ein Überblick über Grundlinien, Theoriefelder und neuere Themenakquisition eines sozialwissenschaftlichen Paradigmas, in: Zeitschrift für Soziologie, Jg. 16 (1987) S. 434-449

Wimmer, A. (1995): Interethnische Konflikte, in: Kölner Zeitschrift für Soziologie und Sozialpsychologie, Jg. 47 (1995), S. 464-493

Winkler, H.A. (1985): Einleitung: Der Nationalismus und seine Funktionen, in: Winkler, H.A. (Hrsg.): Nationalismus, 2. erw. Aufl., Königstein/Ts. 1985, S. 5-46

Wintrobe, R. (1990): The Tinpot and the Totalitarian: An Economic Theory of Dictatorship, in: American Political Science Review, Vol. 84 (1990), S. 849-872

Wintrobe, R. (1995): Some economics of ethnic capital formation and conflict, in: Breton, A./Galeotti, G./Salmon, P./Wintrobe, R. (Hrsg.): Nationalism and rationality, Cambridge 1995, S. 43-70

Wippler, R. (1978): Nicht-intendierte soziale Folgen individueller Handlungen, in: Soziale Welt, Jg. 29 (1978), S. 155-179

Wippler, R. (1987): Kulturelle Ressourcen, gesellschaftlicher Erfolg und Lebensqualität, in: Giesen, B./Haferkamp, H. (Hrsg.): Soziologie der sozialen Ungleichheit, Opladen 1987, S. 221-254

Wippler, R./Lindenberg, S. (1987): Collective Phenomena and Rational Choice, in: Alexander, J.C./Giesen, B./Münch, R./Smelser, N.J. (Hrsg.): The Micro-Macro Link, Berkeley 1987, S. 135-152

Wiswede, G. (1987): Über die Entstehung von Präferenzen, in: Heinemann, K. (Hrsg.): Soziologie wirtschaftlichen Handelns, Sonderheft 28 der Kölner Zeitschrift für Soziologie und Sozialpsychologie, Opladen 1987, S. 40-53

Worsley, P. (1973): Die Posaune wird erschallen, Frankfurt 1973

Worsley, P. (1984): The Three Worlds, London 1984

Yamagishi, T. (1988): Seriousness of Social Dilemmas and the Provision of a Sanctioning System, in: Social Psychology Quarterly, Vol. 51 (1988), S. 32-42

Zaslavski, V. (1992): Nationalism and Democratic Transition in Postcommunist Societies, in: Daedalus, Vol. 121 (1992), S. 97-121

Zey, M. (1992): Criticisms of Rational Choice Models, in: Zey, M. (Hrsg.): Decision Making, Newbury Park/London/New Delhi 1992, S. 9-31

Zintl, R. (1986): Ökonomisches Rationalitätskonzept und normorientiertes Verhalten, in: Neue Politische Ökonomie 5 (1986), S. 227-239

Zintl, R. (1989): Der Homo Oeconomicus: Ausnahmeerscheinung in jeder Situation oder Jedermann in Ausnahmesituationen?, in: Analyse & Kritik, Jg. 11 (1989), S. 52-69

Zintl, R. (1990): Probleme des individualistischen Ansatzes in der neuen politischen Ökonomie, in: Göhler, G./Lenk, K./Schmalz-Bruns, R. (Hrsg.): Die Rationalität politischer Institutionen, Baden-Baden 1990, S. 267-287

REIMER

REIMER